GRöLS Verlage

„Bücher sind wie Fallschirme. Sie nützen uns nichts, wenn wir sie nicht öffnen."

Gröls Verlag

Redaktionelle Hinweise und Impressum

Das vorliegende Werk wurde zugunsten der Authentizität sehr zurückhaltend bearbeitet. So wurden etwa ursprüngliche Rechtschreibfehler regelmäßig *nicht* behoben, denn kleine Unvollkommenheiten machen das Buch – wie im Übrigen den Menschen – erst authentisch. Mitunter wurden jedoch zum Beispiel Absätze behutsam neu getrennt, um den Lesefluss zu erleichtern.

Um die Texte zu rekonstruieren, werden antiquarische Bücher von Lesegeräten gescannt und dann durch eine Software lesbar gemacht. Der so entstandene Text wird von Menschen gegengelesen und korrigiert – hierbei treten auch Fehler auf. Wenn Sie ebenfalls antiquarische Texte einreichen möchten, finden Sie weitere Informationen auf www.groels.de

Viel Freude bei der Lektüre wünscht Ihnen das Team des Gröls-Verlags.

Adressen

Verleger: Hermann-Josef Gröls,

Im Borngrund 26, 61440 Oberursel

Externer Dienstleister für Distribution & Herstellung:

BoD, In de Tarpen 42, 22848 Norderstedt

Unsere „Edition | Werke der Weltliteratur" hat den Anspruch, eine der größten und vollständigsten Sammlungen klassischer Literatur in deutscher Sprache zu werden. Nach und nach versammeln wir hier nicht nur die „üblichen Verdächtigen" von Goethe bis Schiller, sondern auch Kleinode der vergangenen Jahrhunderte, die – zu Unrecht – drohen, in Vergessenheit zu geraten. Wir kultivieren und kuratieren damit einen der wertvollsten Bereiche der abendländischen Kultur. Kleine Auswahl:

Francis Bacon • Neues Organon • **Balzac** • Glanz und Elend der Kurtisanen • **Joachim H. Campe** • Robinson der Jüngere • **Dante Alighieri** • Die Göttliche Komödie • **Daniel Defoe** • Robinson Crusoe • **Charles Dickens** • Oliver Twist • **Denis Diderot** • Jacques der Fatalist • **Fjodor Dostojewski** • Schuld und Sühne • **Arthur Conan Doyle** • Der Hund von Baskerville • **Marie von Ebner-Eschenbach** • Das Gemeindekind • **Elisabeth von Österreich** • Das Poetische Tagebuch • **Friedrich Engels** • Die Lage der arbeitenden Klasse • **Ludwig Feuerbach** • Das Wesen des Christentums • **Johann G. Fichte** • Reden an die deutsche Nation • **Fitzgerald** • Zärtlich ist die Nacht • **Flaubert** • Madame Bovary • **Gorch Fock** • Seefahrt ist not! • **Theodor Fontane** • Effi Briest • **Robert Musil** • Über die Dummheit • **Edgar Wallace** • Der Frosch mit der Maske • **Jakob Wassermann** • Der Fall Maurizius • **Oscar Wilde** • Das Bildnis des Dorian Grey • **Émile Zola** • Germinal • **Stefan Zweig** • Schachnovelle • **Hugo von Hofmannsthal** • Der Tor und der Tod • **Anton Tschechow** • Ein Heiratsantrag • **Arthur Schnitzler** • Reigen • **Friedrich Schiller** • Kabale und Liebe • **Nicolo Machiavelli** • Der Fürst • **Gotthold E. Lessing** • Nathan der Weise • **Augustinus** • Die Bekenntnisse des heiligen Augustinus • **Marcus Aurelius** • Selbstbetrachtungen • **Charles Baudelaire** • Die Blumen des Bösen • **Harriett Stowe** • Onkel Toms Hütte • **Walter Benjamin** • Deutsche Menschen • **Hugo Bettauer** • Die Stadt ohne Juden • **Lewis Caroll** • *und viele mehr….*

Der Wettflug der Nationen

Hans Dominik

Inhalt

Ein Testament wird eröffnet

Der große Saal im 30. Stockwerk des Reading-Hauses in New York war bis auf den letzten Platz gefüllt. Hier wurden gewöhnlich die Generalversammlungen der vielen zum Reading-Konzern gehörenden Gesellschaften abgehalten. Heute aber lag ein anderer Anlaß vor und anders war auch die Gesellschaft zusammengesetzt, die sich eingefunden hatte.

Man bemerkte unter den Erschienenen die meisten führenden Männer des Konzerns. Da fiel in der vordersten Reihe der scharf geschnittene durchgeistigte Philosophenkopf Frank Kellys, des Generaldirektors der Reading-Flugzeugwerke auf. In seiner Nähe saß Henrik Dahl Juve. Dessen vierschrötige Gestalt, sein breites von Gesundheit strotzendes Gesicht, hätten ganz gut zu einem Weizenfarmer aus den Weststaaten gepaßt und verrieten in keiner Weise, daß Henrik Juve sozusagen der Finanzminister des Reading-Konzerns und ein genialer Bankfachmann war. Man sah weiter Francis Flagg, der die Eisenbahninteressen des Konzerns verwaltete und äußerlich wie ein Methodistenpfarrer wirkte. In einer Gruppe standen James Harrow, Jack Gibson und Theodor Addington zusammen, denen die Betreuung der Bodenwerte des Konzerns in den verschiedenen amerikanischen Großstädten oblag. Aber der Schöpfer und langjährige Leiter dieses riesenhaften Wirtschaftsgebildes, Morgan Reading, selbst war nicht hier. Sein lebensgroßes Bild hing schwarz umflort an der Saalwand hinter dem Präsidententisch.

Die überwiegende Mehrzahl der Versammelten gehörte der Presse an. Alle großen amerikanischen Blätter waren durch ihre Berichterstatter vertreten. Die Telegraphenbüros aller Erdteile hatten ihre Korrespondenten entsandt. Alle Maßnahmen waren getroffen, um das, was sich hier ereignen sollte, schon wenige Minuten später in der ganzen Welt bekanntzugeben.

Gesprächsfetzen flogen hier und da durch den Raum... Also doch ein Testament!... Wem wird der alte Mann seine Millionen vermacht haben?... Milden Stiftungen... vielleicht der Heilsarmee?... oder dem Milchfonds?...

Gewaltig war die allgemeine Überraschung, als John Sharp, der Syndikus des Konzerns und mit dem Verstorbenen eng befreundet, die Weltpresse vor vierundzwanzig Stunden einlud, heute hierher zu kommen und der Eröffnung des Testamentes von Morgan Reading beizuwohnen. In dicken Schlagzeilen hatten die amerikanischen Blätter ihren Lesern sofort die Tatsache mitgeteilt, daß ein Testament vorhanden war, aber des Rätselratens war darum nicht weniger geworden. Man wußte ja, daß der Verstorbene keine direkten Erben besaß und frei über seinen Reichtum verfügen konnte. So blieb auch jetzt noch die Frage offen, wem die vielen Dollar-Millionen zufallen sollten.

Langsam waren die Zeiger der Saaluhr weiter gerückt. Jetzt hob sie zum Schlage aus. Vier helle, zwölf dunklere Schläge. Die Mittagsstunde, zu der die Eröffnung stattfinden sollte, war da. Noch zitterte der Klang des letzten Schlages durch den Raum, als John Sharp sich aus seinem Sessel am Präsidententisch erhob. Eine kurze knappe Verbeugung der fast überlangen hageren Gestalt gegen die Versammlung. Mit einem kurzen Ruck schob er die scharfen Brillengläser dichter an die Augen. Seine Linke griff nach einem mit fünf schweren Siegeln verschlossenen Briefumschlag. Unmittelbar danach begann er zu sprechen.

„Meine Herren, ich eröffne in Ihrer Gegenwart das Testament des verstorbenen Charles Francis Morgan Reading.“ Während er die Worte sagte, schnitt er den Umschlag auf, zog ein Dokument heraus und entfaltete es. Fuhr dann fort: „In Übereinstimmung mit dem Willen des Heimgegangenen gebe ich den Inhalt seiner letztwilligen Verfügung jetzt einer breiten Öffentlichkeit bekannt.“

Hundert Bleistifte standen über den Notizblocks gezückt bereit, jedes Wort festzuhalten, das jetzt kommen mußte. Doch vorläufig gab es noch nichts zum Schreiben. Das war ja kaum ein Testament, was John Sharp dort vorlas. Viel eher eine philosophische Abhandlung über die Vorzüge und Nachteile des Reichtums und die Verpflichtungen, die er seinem Besitzer auferlegt. Derartige Gedanken und Anwandlungen hätten die wenigsten der Hörer dem Toten zugetraut. Doch nun wurde es interessanter.

„Ich habe“, las John Sharp weiter, „immer die hochherzige Stiftung des schwedischen Ingenieurs Alfred Nobel bewundert, der die Erträgnisse seines Vermögens denen vermachte, die sich um die Fortschritte der Wissenschaft und die Verbrüderung der Völker besonderes Verdienst erwerben. Es ist meine Absicht, das von mir erworbene Vermögen in ähnlicher Weise in den Dienst der Menschheit zu stellen…“

Jetzt kamen Bleistifte und Füllfederhalter in fieberhafte Bewegung und ließen keines der Worte aus, die von Sharps Lippen fielen. Der las weiter:

„Meine Lebensarbeit galt besonders der Entwicklung des Flugwesens. Meine letzten Pläne, in langjähriger Arbeit entwickelt, sind für die Ausführung reif. Der Berufenste soll sie nach meinem Tode verwirklichen. Ich bestimme deshalb folgendes: Mein Testamentsvollstrecker John Sharp wird eine Woche nach der Eröffnung meines Testamentes einen internationalen Wettbewerb, den Wettflug der Nationen um die Welt, ausschreiben. Der Start zu diesem Flug soll am ersten Jahrestag meines Todes stattfinden. Weitere Bestimmungen über alle Einzelheiten des Wettbewerbes hat mein Testamentsvollstrecker in einem besonderen Schriftstück von mir erhalten.

Sieger des Fluges ist derjenige, der seinen Startpunkt zuerst wieder erreicht. Es gibt nur einen Sieger und nur einen Preis. Unter Umständen wird die Sekunde entscheiden.

Als Preis setze ich mein Vermögen aus. Nach Erfüllung aller gesetzlichen Verpflichtungen und nach Abzug der nachstehend aufgezählten Legate an einige mir nahestehende Personen wird es immer noch größer sein als die Summe, die Alfred Nobel in seine Stiftung gab.

Zu meinem Vermögen gehören die Reading-Flugzeugwerke in Bay City und meine zur Ausführung reifen Pläne für ein Stratosphären-Flugzeug. Der Sieger soll verpflichtet sein, diese Pläne unter vollem Einsatz der ihm als Preis zufallenden Vermögenswerte zur Ausführung zu bringen. Dieser Bedingung haben sich alle Teilnehmer an dem Wettbewerb vorher schriftlich zu unterwerfen. Ich hoffe, durch diese meine Stiftung dem Fortschritt und der friedlichen Entwicklung der Menschen am besten zu dienen.“

John Sharp ließ das Schriftstück sinken. „Das, meine Herren, ist vorläufig alles. Heute in acht Tagen werde ich hier in demselben Saal die genauen Bedingungen für den Wettflug der Nationen bekanntgeben…“

Schon während seiner letzten Worte stürmten die Pressevertreter hinaus, um ihren Redaktionen durch Telephone und Telegraphen das Testament

Morgan Readings bekanntzugeben. Nur die Angehörigen des Konzerns selbst blieben zurück.

Henrik Juve schüttelte unwillig den massigen Schädel. „Eine nette Überraschung, die uns der alte Mann bereitet hat, Sharp. Ein ganzes Jahr lang werden wir nicht wissen, wem der Reading-Konzern gehört, wer hier Koch oder Kellner ist." Frank Kelly war nähergetreten und nickte Juve beistimmend zu.

John Sharp funkelte die beiden durch seine scharfen Brillengläser an. „Für das nächste Jahr ist der Konzern mir, als dem Testamentsvollstrecker zu treuen Händen überantwortet. Sie und die übrigen Herren werden Ihre Posten nach wie vor nach bestem Wissen und Gewissen verwalten. Die wöchentliche Sitzung der Konzernleiter wird wie bisher im Reading-Haus, doch von jetzt an unter meinem Vorsitz stattfinden. Im übrigen wird für das nächste Jahr alles beim alten bleiben. Wir sehen uns in drei Tagen bei der ersten Konferenz."

Der Testamentsvollstrecker schüttelte den anderen die Hand zum Abschied und zog den Direktor der Flugwerke mit sich.

„Sie bekommen von mir noch die Quittung über die Pläne des Stratosphären-Flugzeuges, Kelly. Hier, bitte nehmen Sie sie. Übrigens... jedem von uns kann etwas Menschliches zustoßen. Ich muß Sie über die Aufbewahrung dieser Schriftstücke informieren. Wollen Sie mich begleiten."

Im Rapid-Lift fuhren die beiden Herren vom 30. Stockwerk bis in den dritten Tiefkeller des Reading-Hauses hinab und schritten einen langen, tunnelartigen Gang zwischen meterstarken Betonwänden entlang. An einer Stelle schien der Gang blind zu enden. Nur die schwache Umrißlinie eines etwa metergroßen Kreises zeichnete sich auf der Stirnwand ab. Drei kleine Bronzerosetten befanden sich innerhalb der Kreislinie an der Wandfläche.

John Sharp zog seine Uhr. „Fünf Minuten nach eins. Von eins bis zwei Uhr nachmittags geben die Zeitschlösser den Schrank frei." Aus der einen Rocktasche holte er ein Lederetui und entnahm ihm drei komplizierte Schlüssel. Dann drehte er die Rosetten zur Seite, führte die drei Schlüssel in drei freiwerdende Schlüssellöcher ein und schloß. Drückte danach auf einen Knopf an der Wand. Das Surren eines Elektromotors wurde hörbar, langsam schwenkte eine schwere, kreisförmige Stahltür aus der Stirnwand nach außen und gab den Blick in das Innere eines Panzerschrankes frei, der hier schon beim Bau des Reading-Hauses in die Betonfundamente eingegossen worden war.

John Sharp griff nach einem größeren, mehrfach versiegelten Paket und hielt es dem anderen hin. „Sie sehen, Kelly, hier liegen die Pläne noch ebenso verpackt und eingesiegelt, wie Sie sie mir übergaben. Ich fürchte, in den kommenden Monaten wird der sicherste Platz eben gerade sicher genug dafür sein. Nach dem Bekanntwerden von Readings Testament dürften sich mehr Leute für diese Dokumente interessieren als uns lieb ist."

Er legte das Paket in den Schrank zurück und drückte auf einen anderen Knopf. Die schwere Tür schloß sich. John Sharp drehte die drei Schlüssel herum, zog sie aus der Wand und ließ die Rosetten wieder über die Schlüssellöcher fallen.

„Ich will so verfahren, Kelly! Den einen Schlüssel hier bekommen Sie und nehmen ihn mit nach Bay City. Den anderen behalte ich. Der dritte wird in meinem Privatsafe in der First Saving-Bank deponiert. Berücksichtigen wir die Zeitschlösser, die den Tresor nur die eine Mittagsstunde freigeben und außerdem gewisse andere kleine Überraschungen, die wir hier für ungebetene Gäste vorgesehen haben, so haben wir wohl alles Menschenmögliche getan, um uns gegen einen Verlust der Pläne zu schützen."

Frank Kelly verbarg den feinen Stahlschlüssel sorgfältig in seiner Brieftasche.

„Gut, ich nehme ihn mit nach Bay City. Da will ich ihn verwahren, bis die neuen Herren ihn übers Jahr von uns fordern werden. Wenn nicht... ja, Sharp, was hindert eigentlich die Reading-Werke in Bay City, sich an dem Wettflug zu beteiligen...?"

„Nichts, Kelly! Natürlich! Sie können es, und ich erwarte stark, daß sie es tun werden. Es wäre nicht die schlechteste Lösung, wenn der große Reading-Preis an die Reading-Werke fiele."

Als Frank Kelly kurze Zeit darauf vor dem Haus in seinen Kraftwagen stieg, um nach Bay City zurückzufahren, verkauften die Zeitungsboys schon die neuesten Ausgaben mit allen Einzelheiten über das Testament Morgan Readings. „Riesenstiftung des verstorbenen Millionärs" leuchtete es ihm in starken Schlagzeilen aus allen Blättern entgegen. Und nicht anders als hier in New York war es zur gleichen Zeit in allen anderen amerikanischen Städten, war es einige Stunden später auch in den Morgenausgaben der europäischen Zeitungen zu lesen. Wie ein Lauffeuer flog die Kunde von Morgan Readings Vermächtnis um den Erdball.

***

Direktor Kelly hatte seinen Wagen glücklich aus dem Gewühl der Hudson-Metropole herausgebracht. Die letzten Häuser von Jersey City lagen hinter ihm. Jetzt, auf der neuen großen Autostraße nach Pittsburg konnte er endlich Vollgas geben und seine starke Maschine laufen lassen, was sie hergab. Mit 120 Stundenkilometern brauste der Wagen über den spiegelglatten Makadam nach Westen, wie Schatten huschten die Bäume und Kilometersteine an dem Fahrer vorüber.

Nach zweistündiger Fahrt kam Harriesburg in Sicht. Kelly warf einen Blick auf die Benzinuhr. Nur noch Betriebsstoff für eine Stunde. An der nächsten Tankstelle machte er halt. Während der Wärter mit dem Einfüllen begann, stieg Kelly aus dem Wagen. Er spürte das Bedürfnis, sich die Beine zu vertreten und eine Zigarette zu rauchen. Noch suchte er nach Feuer, als ein zweiter Wagen vor der Tankstelle anhielt. Einer der Insassen sprang hinaus und hielt dem Direktor dienstbereit ein brennendes Streichholz hin.

„Bitte, Mr. Kelly, bedienen Sie sich."

Mit tiefen Zügen sog der Direktor den Rauch ein. Dann erst kam ihm zum Bewußtsein, daß der andere ihn mit seinem Namen angeredet hatte.

„Sie kennen mich, Herr... Herr?"

„Tredjakoff ist mein Name. Wer sollte Sie nicht kennen, Herr Direktor? Das Bild des Leiters der Reading-Werke von Bay City war ja erst heute wieder in allen New Yorker Zeitungen zu sehen."

Frank Kelly lachte. „Also sozusagen über Nacht berühmt geworden. Ja... ja, die Zeitungen machen jetzt viel mit uns her, Herr... Herr, Verzeihung, wie war Ihr Name?"

„Tredjakoff, russischer Emigrant. Ich hatte bereits die Ehre Ihrer Bekanntschaft, Mr. Kelly. Vielleicht erinnern Sie sich?... Vor zwei Monaten bei einem Empfangsabend des französischen Generalkonsuls in New York?“

Schattenhaft kam dem Direktor ein kurzes damaliges Zusammentreffen wieder ins Gedächtnis.

„Ganz recht, ja. Jetzt erkenne ich Sie wieder, Mr. Tredjakoff, wir haben damals kurze Zeit miteinander gesprochen.“

„Ja, damals, Herr Direktor. Wie viel hat sich seit dem geändert. Damals lebte Morgan Reading noch in voller Gesundheit. Niemand konnte ahnen, daß sein Ende so nahe war.“ Während der Russe immer lebhafter sprach und Frank Kelly schnell in Rede und Gegenrede verwickelte, schlenderten sie ein Stück neben der Autostraße entlang. Nach einigen Minuten blieb Tredjakoff stehen und meinte scherzend: „Auf die Weise laufen wir so langsam zu Fuß nach New York zurück, Mr. Kelly. Wir wollen umkehren. Unsere Tanks dürften inzwischen gefüllt sein. Sie machen die lange Fahrt nach Bay City ganz allein, Mr. Kelly?“

„Ja, Herr Tredjakoff. Ich ziehe es vor, meinen Wagen selbst zu steuern.“

Kurze Zeit danach sauste Kellys Wagen schon wieder auf der großen Straße nach Westen. Das langsamere Gefährt, in dem Tredjakoff mit zwei Landsleuten ihm folgte, blieb zurück. Schnell war Harriesburg passiert. Danach wurde die Landschaft hügelig, die Straße hatte die letzten Ausläufer der Alleghanies zu überwinden.

Unruhig schaute Frank Kelly auf den Kilometerzeiger und horchte auf das Motorgeräusch. Irgend etwas schien da nicht in Ordnung zu sein. Die Maschine gab nur noch knapp 100 Kilometer her, begann hier und da Zündungen auszulassen. Zum Teufel, was war das? Hatte ihm der Tankwärter gepanschtes Benzin verkauft? War ein Tropfen Wasser in den Vergaser geraten, oder war am Magneten etwas in Unordnung?

Immer unregelmäßiger wurden die Zündungen und dann setzten sie ganz aus. Der Wagen blieb stehen. Mit einem Fluch zog Kelly die Bremse und stieg aus. Schöne Schweinerei! Weit und breit kein Haus in Sicht. Jetzt konnte er sich hier selber an die Arbeit machen und den Fehler suchen. Ärgerlich zog er den Rock aus, warf ihn in den Wagenfond und klappte die Motorhaube auf. Eben beugte er sich über den Vergaser, als ein anderes Auto dicht hinter ihm stoppte. Es war der Wagen Tredjakoffs und seiner Freunde.

„Eine Panne, Mr. Kelly? Hoffentlich nichts Ernsthaftes. Darf ich Ihnen behilflich sein?"

Ohne die Antwort abzuwarten verließen die drei Russen ihr Auto und traten an Kellys Wagen heran. Mit geschickten Handgriffen, die volle Kennerschaft verrieten, begann Tredjakoff die einzelnen Teile des Motors zu überprüfen, während seine Gefährten sich an anderen Stellen des Wagens zu schaffen machten.

„Scheint doch irgendein Kurzschluß oder Nebenschluß im Magneten zu sein", meinte Tredjakoff achselzuckend zu Kelly. „Wir müssen die Stromleitung im einzelnen verfolgen."

Tief steckten die beiden ihre Köpfe unter die Motorhaube. So konnte der Direktor nicht sehen, wie die Hände des zweiten Russen mit einer zauberhaften Fixigkeit die Taschen seines Rockes im Wagenfond durchsuchten, wie eine Brieftasche aufklappte und ein kleiner blanker Stahlschlüssel in zwei Sekunden auf einem Wachsblock abgedrückt wurde. Dann waren Schlüssel und Tasche wieder an ihrem alten Ort.

„Haben Sie schon den Stromverteiler untersucht?" fragte der fingerfertige Russe danach Tredjakoff.

„Noch nicht, Perow, ich werde es gleich tun." Tredjakoff beugte sich über den Stromverteiler, zupfte an den Zuführungskabeln und wischte dabei unauffällig ein wenig Öl, das merkwürdig metallisch schimmerte, von der Verteilerscheibe ab.

„Vielleicht lag der Fehler hier, Mr. Kelly. Wir wollen den Motor noch einmal anlassen."

Diensteifrig drückte der als Perow Angeredete auf den Startknopf. Die Maschine sprang an, der Motor lief wieder mit vollen Touren.

„Was ist es denn gewesen?" fragte Kelly.

„Eine harmlose Sache. Ein Wackelkontakt in einem der Verteilerkabel. Ich habe die Schrauben etwas nachgezogen, ich denke, Sie werden jetzt ohne Zwischenfall bis Bay City durchfahren können."

Der Direktor bedankte sich für die wirksame Hilfe, bestieg seinen Wagen und suchte durch beschleunigtes Tempo den Zeitverlust wieder einzuholen. Die drei Russen warteten, bis er ihren Blicken entschwunden war. Dann machten sie mit ihrem Wagen kehrt und fuhren zurück nach New York.

„Das ging verdammt schnell, Perow. Ich war überrascht, als Sie mir schon so bald das Stichwort gaben."

„Alles in bester Ordnung, Tredjakoff. War ja nur Kinderspiel. Wäre schwerer gewesen, wenn er den Schlüssel in der Hosentasche gehabt hätte. Dann wäre es an Bunnin gewesen, seine Kunst zu zeigen, aber dazu hätten wir den Herrn Direktor erst veranlassen müssen, unter seinen Wagen zu kriechen.

War schon besser so. Der Abdruck ist tadellos. Morgen bekommen Sie den Schlüssel. Unter Garantie auf den Hundertstel Millimeter genau."

„Gute Idee von Ihnen, Perow, da an der Tankstelle ein paar Tropfen kolloidaler Kupferlösung auf den Stromverteiler von Kellys Wagen zu spritzen", sagte Bunnin, der dritte Russe. „Die Panne ist auf die Minute genau eingetreten. Hoffen wir, daß alles andere ebenso klappt."

Tredjakoff krauste die Stirn. „Das war nur das erste und leichteste Stück. Vergessen Sie nicht, daß wir den zweiten Schlüssel bei John Sharp und den dritten aus der Saving-Bank holen müssen... und dann mit den drei Schlüsseln die Dokumente aus dem Tresor des Reading-Hauses. Es ist der schwierigste Auftrag, den ich jemals von Moskau bekommen habe."

Bunnin pfiff vor sich hin. „Ah bah, Tredjakoff, vielleicht gewinnen unsere Landsleute den Wettflug. Dann erledigt sich unser Auftrag von selbst."

Tredjakoff schüttelt den Kopf. „Sie sind im Irrtum, Bunnin. Wir müssen die Pläne haben, bevor der Wettflug entschieden ist. Nachher würde es zu spät sein. Es hilft nichts, wir müssen in New York sofort überlegen, wie wir weiter vorgehen wollen. Unser nächstes Ziel muß die Brieftasche von John Sharp sein."

Die anderen nickten. Das Gespräch verstummte. Schweigend legten sie den Rest des Weges zurück.

***

In Fieberspannung sah die Welt der zweiten Versammlung im Reading-Haus entgegen. Was würden das für Bedingungen sein, die John Sharp hier für den großen Wettflug der Nationen bekanntgeben wollte? Welche Propositionen mochte sich die exzentrische Phantasie des toten Millionärs für den Wettflug um den Erdball erdacht haben? Zahllos die Fragen, zahllos die Vermutungen in allen Ländern.

Dann kam der Tag heran. Auf die Sekunde pünktlich stand John Sharp wieder vor den Vertretern der Weltpresse und verlas die Bedingungen für den Wettflug. Zehn Minuten später waren sie durch Kurzwellenfunk über die ganze Erde verbreitet, und wo man sie vernahm, erregten sie eine unbeschreibliche Überraschung. Zum erstenmal, seitdem es Flugwettbewerbe und Luftrennen gab, wurden hier ganz neue, ganz eigenartige Bedingungen aufgestellt. Bedingungen, die sich zuerst ganz harmlos und einfach anhörten, aber bei genauerer Betrachtung nicht nur eine Fülle von Möglichkeiten, sondern auch ungeahnte Schwierigkeiten enthielten.

Da hieß es in den Propositionen für diesen Wettbewerb: „Jede Nation kann sich mit sechs Flugzeugen beliebiger Art, die in allen ihren Teilen im eigenen Lande hergestellt sein müssen, beteiligen. Die Wahl ihres Startpunktes ist jeder Nation freigestellt. Es ist jedoch Bedingung, daß eine Kontrollstation auf dem gegenüberliegenden Antipodenpunkt des Erdballes eingerichtet wird. Der Flug hat vom Start zur Kontrollstation und von dort möglichst gradlinig weiter um die andere Hälfte des Erdballes herum zurück zum Startpunkt zu führen.

Sämtliche Start-, Kontroll- und Zielpunkte sind mit Zeitnehmern zu besetzen, die ein vom Testamentsvollstrecker im Auftrag des Erblassers errichtetes Kuratorium stellen wird.

Alle diese Punkte werden durch das Kuratorium mit Rundfunksendern und -empfängern ausgerüstet.

Der Wettflug beginnt am 22. September um zwölf Uhr mittags nach New Yorker Zeit. Der Startschuß wird im großen Sendesaal der Radio-City von New York abgefeuert. Er wird an allen Startstellen durch die Lautsprecher der dortigen Empfangsstationen hörbar sein. Im Augenblick des

Startschusses beginnt das Rennen. Wer später startet, verliert die entsprechende Zeit.

An den Kontrollstellen wird die Sekunde der Ankunft festgelegt und sofort auf Geheimwelle an die Zentrale der Radio-City weitergegeben. In jeder Kontrollstelle wird jeder Rennteilnehmer dreißig Minuten festgehalten, die ihm nicht auf die Rennzeit angerechnet werden. Seine Ankunft am Ziel wird ebenfalls auf die Sekunde gewertet und sofort nach New York gefunkt. Jedem Teilnehmer stehen beliebige Zwischenlandungen frei. Jedes am Wettbewerb teilnehmende Flugzeug ist mit einer Sende- und Empfangsvorrichtung für Kurzwellen auszurüsten. Möglichst häufige Standortmeldungen während des Fluges sind erwünscht, aber nicht obligatorisch. Die Feststellungen der vom Reading-Kuratorium gestellten Zeitnehmer sind unanfechtbar."

Das waren in der Hauptsache die Bedingungen, die John Sharp am 7. Oktober bekanntgab. Fünfzig Wochen später sollte nach ihnen das große Rennen beginnen. Fünfzig Wochen, beinahe ein Jahr, und dennoch zu kurz die Frist, um etwa noch vollkommen neue Maschinentypen für die besonderen Verhältnisse dieses Wettbewerbes zu entwickeln, zu bauen und auch zu erproben. Schon diese Festsetzung des Termins für das Rennen zeigte, wie genau Morgan Reading sich seine Bedingungen überlegt hatte. Das klang so elegisch poetisch: Der Startschuß fällt, wenn die Stunde meines Todes sich jährt. Tatsächlich aber gab er durch diese Festsetzung gerade denjenigen Teilnehmern die größte Chance, die schon bisher das beste auf dem Gebiete des Flugzeugbaues geleistet hatten.

Und so wie diese erste, hatten auch alle die folgenden Bedingungen einen verborgenen tieferen Sinn, der sich zum Teil erst während des großen Rennens selbst offenbaren sollte.

Immer wieder tauchte die Frage auf: Warum hat der Verstorbene nicht eine einzige Rennstrecke für alle Teilnehmer festgelegt? Wäre die ganze Organisation und Kontrolle dann nicht viel einfacher, die Sicherheit der einzelnen Teilnehmer nicht größer? Hätte Morgan Reading auf diese Fragen aus seiner Marmorgruft her antworten können, er würde wohl in seiner wortkargen Weise gesagt haben: Konkurrenten auf dem gleichen Weg sind die größte Gefahr für einander.

Und dann kam jene dritte Bedingung der Kontrollstationen am Antipodenpunkt zur Debatte. Auch das schien auf den ersten Blick so harmlos und selbstverständlich zu sein. Wenn die Teilnehmer zwei gegenüberliegende Punkte des Erdballes berührten, so waren sie dadurch ja automatisch gezwungen, wirklich den ganzen Erdumfang in der Länge von 40 000 Kilometern auszufliegen. Jede Abkürzung des Weges, jeder Täuschungsversuch waren durch die Festlegung dieser beiden Punkte grundsätzlich unmöglich gemacht.

Aber bekanntlich kann man ja durch zwei derartige Punkte unendlich viele größte Kreise um den Erdball legen. Auch nach der Festlegung eines Startpunktes und der zugehörigen Kontrollstation blieb es daher immer noch der Tüchtigkeit der Teilnehmer überlassen, sich denjenigen Weg auszusuchen, auf dem ihnen Witterungsverhältnisse und atmosphärische Strömungen am förderlichsten waren. Auch hier leuchtete wieder der Grundgedanke Morgan Readings durch: Der beste Mann auf der besten Maschine soll den Preis gewinnen.

Ein Startpunkt war schnell gefunden. Jedes Land suchte ihn zuerst innerhalb seiner Grenzen in einem der großen Flughäfen. Doch wie stand es nun mit dem Antipodenpunkt, auf dem die Kontrollstation erreicht werden mußte? Auch der ließ sich rechnerisch leicht ermitteln. Man brauchte ja nur einen Apfel zu nehmen und eine Stricknadel durch seinen Mittelpunkt hindurchzustecken, um sich die Verhältnisse klarzumachen. Lag der Startpunkt unter x Grad nördlicher Breite, so war der Antipodenpunkt natürlich unter x Grad südlicher Breite zu suchen. Lag der Startpunkt unter y Grad westlicher Länge, so fand sich der Gegenpunkt unter 180-y Grad östlicher Länge. Das war so einfach, daß man kaum einen Globus dazu brauchte. Es genügte, im Atlas zu blättern, um Punkt und Gegenpunkt zu finden.

Und so geschah es. Ein mächtiges Wälzen von Atlanten, ein emsiges Blättern in ihnen hub an. In den flugtechnischen Gesellschaften, in den flugsportlichen Verbänden, in den Flugzeugwerken aller Staaten der Erde beschäftigte man sich damit. Auch auf die Schulen sprang es über und füllte die Geographiestunden aus. Wie eine Epidemie griff es immer weiter um sich.

Gegenpunktsuchen wurde in wenigen Wochen ein beliebiges Gesellschaftsspiel wie früher Mah Jong und Yoyo.

Aber sehr schnell entdeckte man dabei, daß auch hier wieder die Bedingungen Morgan Readings einen Haken hatten. Forderte er doch eine Errichtung der Kontrollstation auf festem Land. Mit einer konstanten Tücke aber lagen die Gegenpunkte zu all den Startstellen, an die man in den einzelnen Ländern zuerst gedacht hatte, irgendwo im offenen Weltmeer. Da hieß es nun noch einmal beginnen und die Wahl so treffen, daß beide Punkte im Trockenen lagen.

Man wollte die Startstelle begreiflicherweise gern im eigenen Lande haben. Man wollte, wenn irgendmöglich, auch die Kontrollstation am Gegenpunkt auf eigenem Gebiet, in irgendeiner Kolonie vielleicht, errichten. Doch nur die Engländer waren dank ihres ausgedehnten Kolonialreiches in der glücklichen Lage, sowohl den Start wie auch die Kontrolle auf anglosächsisches Gebiet zu legen. Man entschloß sich in London, als Start und Ziel die Festung Gibraltar zu wählen. Die englische Gegenstation war danach unter 36 Grad südlicher Breite und 174 Grad 31 Minuten östlicher Länge zu errichten. Sie lag auf der Nordinsel der Neuseelandgruppe nördlich von Auckland am Ostabhang des Haurakigebirges. Eine verhältnismäßig ausgedehnte Ebene an einer hafenartigen Meeresbucht gab dort gleich gute Gelegenheit zum Landen oder zum Wassern der konkurrierenden Flugzeuge. Ein Funkspruch übermittelte diesen Beschluß des englischen Aeroklubs an das Reading-Haus, und da er durchaus den Bedingungen des Preisstifters entsprach, erfolgte umgehend durch Gegenfunkspruch die Genehmigung des Kuratoriums.

Für die Vereinigten Staaten übernahm es das Kuratorium selbst, unter Hinzuziehung sportlicher und industrieller Führer des amerikanischen Flugwesens die Wahl zu treffen. Es gab eine Reihe von Sitzungen im New Yorker Reading-Haus, bei denen die Meinungen hart aufeinander platzten, denn auch hier mußte man erfahren, wie schwer die Bedingungen des Erblassers zu erfüllen waren.

Ärgerlich schlug Arthur G. Stangland, der Präsident des amerikanischen Aeroklubs, mit der Faust auf den Tisch.

„Dammie, Gentlemen! Sollte es denn wirklich auf diesem erbärmlichen Erdball keinen trockenen Gegenpunkt zu unserem gesegneten Land geben?“

„Wir haben die ›Trockenheit‹ zu lange hier im Lande gehabt. Darüber ist alles andere naß geworden“, versuchte Frank Kelly zu scherzen. „Aber Mr. Kelly!“ Mißbilligend blickte ihn Francis Flagg an, der für seine Person auch jetzt noch an der Prohibition festhielt.

Und dann standen die Herren des Kuratoriums in einer Ecke des Konferenzzimmers um einen zwei Meter großen Globus herum. Aber vergeblich drehten sie den gewaltigen Ball nach allen Richtungen. Umsonst schnitten sie einen großen Bogen Papier nach den Grenzen der Union aus und rutschten damit auf der Gegenseite dieses künstlichen Erdballes herum. Nichts als Wasser lag darunter, das ungeheure insellose Gebiet des südlichen Indischen Ozeans.

Frank Kelly schlug sich vor die Stirn. „So geht's nicht, Gentlemen! Aber wir haben ja auch die Philippinen, haben sie zum Mißvergnügen des japanischen Inselreiches immer noch. Wie wär's, wenn wir den Start auf der Insel Luzon, etwa auf unserem großen Flugplatz bei Manila annehmen?“

„Wäre ein Vorschlag, der sich hören läßt“, meinte John Sharp. „Wäre ein Start auf amerikanischem Gebiet. Sehen wir uns mal den Gegenpunkt an.“

Der Gegenpunkt war schnell ermittelt, aber ebenso schnell wurden die Gesichter lang und immer länger. Der Punkt lag unter 14 Grad 21 Minuten südlicher Breite und 59 Grad westlicher Länge im Tale des Rio Juruena in Brasilien, mitten im tropischen Urwald, mehr als hundert Kilometer von der nächsten Ortschaft entfernt. Eine berüchtigte Gegend, in der vor Jahren der Forscher Fawzett mit seinen Begleitern verschollen war.

Frank Kelly zuckte die Achseln. „Schade, Gentlemen, wäre so schön gewesen. Sehe aber selbst ein, daß es nicht zu machen ist. Mit den Indios und ihren Giftpfeilen ist nicht zu spaßen. Dazu Urwald, Fieber, allerhand wilde Bestien... werden was anderes unternehmen müssen.“

John Sharp hatte sich einen Hocker herangezogen, saß vor der großen Globuskugel und studierte unter Zuhilfenahme einer Lupe lange und eingehend die Stelle im brasilianischen Urwald, die als Gegenpunkt zur Stadt Manila in Betracht kam. Dann zog er eine Nadel aus seinem Rockaufschlag.

Es war eines jener vielen Vereinsabzeichen, welche die Yankees in Ermangelung von Orden so gern tragen; eine hübsche Juwelierarbeit in Emaille auf Goldunterlage, eine kleine Nachbildung des amerikanischen Sternenbanners. Er drückte die Spitze der Nadel in die Globusfläche hinein.

„Hier, Gentlemen, wird unsere Kontrollstation sein. Es ist die einzige Möglichkeit, wenigstens Ziel und Start auf dem Boden unseres Landes zu haben. Fassen wir gleich unseren Beschluß, dann brauchen wir in dieser Angelegenheit nicht wieder zusammenzukommen."

Funksprüche flogen zwischen dem Reading-Haus in New York und dem Weißen Haus in Washington hin und her, andere Funksprüche dann zwischen Washington und Buenos Aires. Die brasilianische Regierung hatte nichts dagegen einzuwenden, daß die Nordamerikaner ihre Kontrollstelle in das Tal des Rio Juruena legten. Wenn bei dieser Gelegenheit etwas Zivilisation in diese gottverlassene Gegend käme, sollte es ihr auch recht sein. Irgendwelche Garantien für die Sicherheit der nordamerikanischen Expedition bedauerte sie freilich, nicht geben zu können, und sie besaß zweifellos gute Gründe für ihr Verhalten.

Mit dieser Konzession in der Tasche wurde das Reading-Kuratorium plötzlich sehr aktiv und die ›Errungenschaften der Zivilisation‹ wurden in das Tal des Rio Juruena gebracht. Allerdings geschah das in jener etwas explosiven und hemdsärmeligen Art und Weise, welche die Nordamerikaner bei ihren politischen und wirtschaftlichen Unternehmungen bisweilen bevorzugen.

Strahlend wie immer nach dem Ende der Regenzeit war die Sonne um sechs Uhr morgens über dem Horizont erschienen und vergoldete die Osthänge der Sierra dos Parecis. Tausendstimmig begrüßte das fliegende und laufende Getier der dichten Waldungen den jungen Tag. Dann mischte sich ein dumpfer dröhnender Klang in dies Konzert, der von Minute zu Minute stärker wurde.

Von Norden her kam's heran, eine Flottille von sechs großen Lastflugzeugen. Silberweiß schimmerten die mächtigen Metallrümpfe am stahlblauen Himmel, glitzernde Kreise mahlten die Propeller in die flimmernde Atmosphäre. Tausend Meter hoch kamen sie in Kiellinie heran, folgten dem Juruena ein Stück Weges stromaufwärts und begannen dann an einer Stelle zu kreisen wie Raubvögel, die eine Beute im Tale erspähen.

Das Tierzeug in Busch und Sumpf kümmerte sich wenig um die fremden Vögel, aber viele Hunderte menschlicher Augen beobachteten ihren Flug vom ersten Morgenlicht an. Zu fast nackten rostroten Gestalten, die verborgen in der Wildnis hausten, gehörten die Augen.

Im Kommandoraum des ersten Lastflugzeuges ließ der Navigationsoffizier McGill den Sextanten sinken. Seine Rechte notierte die eben genommene Sonnenhöhe, mit der Linken fuhr er über die Zahlenreihen eines aufgeschlagenen Buches, warf neue Zahlen auf das Papier, wandte sich dann an den Kommandanten des Flugzeuges.

„Hier ist's, Mr. Eddington. 59 Grad westlich, 14 Grad 21 Minuten südlich. Sieht wenig erbaulich aus, die Gegend hier. Undurchdringlicher Urwald. Keine Spur einer menschlichen Ansiedlung, soweit man sehen kann."

„Um so besser, McGill! Da brauchen wir keine zeitraubenden Rücksichten zu nehmen. Können gleich mit unserem Geschäft anfangen. Geben Sie Befehl in unsere Bombenkammer und an die anderen."

Es sah aus, als ob der mächtige Vogel im Fluge ein Ei verloren hätte. Wie ein großer weißer Ball fiel es aus seinem Leib und stürzte in die Tiefe. Immer schneller wirbelte es herab, tauchte in das dunkle Grün da unten und war verschwunden. Noch immer mehr solcher Eier ließ das Flugzeug fallen, ein gutes Dutzend und mehr wohl noch, und seine fünf Gefährten spielten das gleiche Spiel. Überall tropfte es aus der Höhe und schweigend schluckte der Urwald fast an hundert Bälle.

Ruhig zogen die sechs Flugzeuge ihre Kreise weiter, gespannt beobachteten ihre Besatzungen die Wildnis aus der Höhe. Würden die kombinierten Thermit-Petroleumbomben halten, was man von ihnen erwartete? Man kannte ihre verheerenden Brandwirkungen gegen Baulichkeiten aller Art. Gegen den saftstrotzenden Urwald hier versuchte man sie zum erstenmal.

Die Minuten summten sich zur Viertelstunde. Dann arbeitete sich – erst hier, dann dort, dann da – Rauch durch das Gipfelgewirr empor. Dünn, grau zuerst, schwarzer dichter Qualm danach. Der Urwald brannte, brannte an den hundert Stellen, wo die hundert Bomben niedergefallen waren. Immer stärker wurden die Rauchwolken. Schon züngelte es sich hier und dort spitz und rot aus dem Laubdach, schon begannen sich schwarze Brandflecken auf grünen Flächen zu bilden, die ein feiner roter Saum von dem Grün trennte.

Eine Stunde noch kreiste die Luftflottille über dem Brandherd, dann bog sie nach Osten ab, um auf einem ruhigen Seitenarm des Rio Juruena nieder zu gehen.

Wochenlang ankerte sie dort. Nur bisweilen stieg der eine oder andere der ehernen Vögel auf und überflog die Brandstelle. Wo immer dort das Feuer im Begriff stand, die Grenzen, die man ihm bestimmt hatte, zu überschreiten und sich weiter in den Urwald hineinzufressen, da ließ das Flugzeug Löschbomben fallen. Die zerbrachen, wo sie den Boden trafen, viele hundert Liter flüssiger Kohlensäure entströmten der geborstenen Schale und fast augenblicklich erloschen die Flammen. Als die letzte Bombe die letzten Flammen erstickte, stellte sich der Brandfleck als ein großes Quadrat dar, zwei Kilometer breit und zwei Kilometer lang, so sauber und gerade abgegrenzt, als habe es irgendein Fabelriese mit Zirkel und Lineal gezeichnet.

Schon zog jene erste Flottille, die dies Werk verrichtete, wieder nach Norden fort. Andere Flugschiffe kamen dafür. Die brachten Maschinen von mancherlei Art. Traktoren und Exkavatoren, die den Platz von allen Resten des verbrannten Urwaldes säuberten und ebneten. Ein hoher Drahtzaun entstand, der das Quadrat gegen den Urwald abgrenzte, Brunnen wurden gebohrt, Wellblechbaracken wuchsen aus dem Boden und wurden mit Hausgerät und Lebensmitteln versehen. Brennstoffspeicher wurden angelegt, die Antennentürme einer Radioanlage reckten sich hoch über die Kronen des Urwaldes hinaus. Keuchend trieben die Motoren eines Kraftwerkes ihre Dynamomaschinen und lieferten Strom für den Sender des Platzes, für die Beleuchtung und noch für manches andere. Ein Vierteljahr nach dem Erscheinen jener ersten Flugzeugflottille war der Kontrollpunkt der amerikanischen Union für das Reading-Rennen fix und fertig.

Die Indios des brasilianischen Urwaldes sahen den Platz entstehen, ohne selbst gesehen zu werden. Sie hielten sich verborgen, bis das letzte Flugzeug nach Norden abzog und nur vier Mann zur Bewachung der Anlagen zurückblieben.

Es war in der Nacht danach. Scott Campbell, der Platzkommandant, saß zusammen mit dem Ingenieur Jack Williamson im Maschinenhaus und rauchte seine Pfeife.

„Verdammt eintöniger Job hier", meinte der Ingenieur. „Werden uns die Monate bis zum Rennen schwer langweilen. Ein Glück, daß wir Pokerkarten und Schachspiel mitgenommen haben."

Campbell pfiff durch die Zähne. „Ich fürchte, Williamson, wir werden hier in den nächsten Wochen mehr Abwechselung haben, als uns lieb ist. John Sharp weiß sehr genau, warum er uns hierher geschickt hat. Sehen Sie mal, da scheint sich schon etwas zu rühren." Er wies bei diesen Worten auf einen Strommesser der Schalttafel. Dessen Zeiger hatte bisher auf Null gestanden, jetzt zuckte er in wilden unregelmäßigen Ausschlägen über die Skala.

„Zum Teufel, Campbell, was ist da los? 5 Ampere... 10 Ampere... Donnerwetter! 30 Ampere... haben wir einen Nebenschluß in unserer Zaunleitung?"

Campbell nickte. „Mehrere Nebenschlüsse, lieber Williamson! Ich taxiere, daß eben ein paar Dutzend Indios versucht haben, über den Zaun zu klettern und an der Hochspannung klebengeblieben sind. Schalten Sie die Zaunladung mal auf 30 Sekunden ab, aber bitte nur auf 30 Sekunden."

Der Ingenieur, die Uhr in der Hand, ging zum Schaltbrett, legte einen Hebel um, drehte ihn nach einer halben Minute wieder in die alte Stellung zurück.

„Sehen Sie, Williamson, nur noch 10 Ampere. Reichlich die Hälfte der braunen Herrschaften ist nach der Stromunterbrechung von den Drähten abgefallen. Die andere Hälfte klebt noch. Da hilft nun nichts. Tot sind sie ja doch alle, die müssen wir bis morgen schmoren lassen. In der Dunkelheit dürfen wir uns nicht in die Nähe des Zaunes wagen."

„Warum nicht, Campbell? Wir haben doch Maschinengewehre und Revolverkanonen in erfreulicher Menge hier, um der Bande den Standpunkt klarzumachen."

„Stimmt, Sir! Wette mit Ihnen hundert Dollars gegen einen, daß wir die Dinger in den nächsten Tagen kräftig gebrauchen werden. Aber nicht jetzt!

Diese Nacht mag sich die Gesellschaft die Finger an der Hochspannung verbrennen. Sehen Sie, das Instrument zeigt schon wieder 70. Die scheinen von der ersten Kostprobe noch nicht genug zu haben und versuchen jetzt, das Gitter im Sturm zu nehmen.“ Während er die Worte sprach, war der Zeiger schon bis an die Hundert geklettert. Williamson kratzte sich hinterm Ohr. „Gut, daß der Stromkreis auf 800 Ampere gesichert ist. Verflucht, wenn die Sicherung durchginge und wir ohne den Schutz der Hochspannung hier säßen.“

„Wäre höchst fatal, Williamson! Die brasilianischen Indios schießen mit ihren Giftpfeilen auf 300 Meter verteufelt sicher. Hoffen wir, daß die Sicherung wenigstens so lange hält, bis der Tag anbricht. Beklagen Sie sich übrigens immer noch über Langeweile?“

Der Ingenieur schüttelte den Kopf. „Danke, nein, Herr. Aber sehr kurzweilig kann ich die Geschichte auch nicht finden.“

„Warten Sie bis morgen, Williamson. Da werden Sie auf Ihre Rechnung kommen.“

Der Morgen zog herauf und im Sonnenlicht sahen sie, was in der Nacht geschehen war. Durch scharfe Gläser beobachteten sie es und hüteten sich, näher als 500 Meter an das schützende Gitter heranzukommen. Dutzendweise lagen da braune Gestalten verkrampft, versengt, von der Hochspannung erschlagen in dem offenen Streifen zwischen Zaun und Urwald. Bis zur Unkenntlichkeit verkohlt klebten einzelne noch an den todbringenden Drähten.

„Unmöglich hinzugehen, Williamson.“ Der Platzkommandant hielt den Ingenieur am Arm fest. „Eine Wolke von Giftpfeilen könnte uns empfangen. Aber unsere Kanönchen wollen wir mal kräftig bellen lassen. Zum Spaß hat man uns ja nicht die hunderttausend Schuß Munition mitgegeben.“

Das rollende Tacken der Revolverkanonen setzte ein. In dichten Garben fuhren ihre mit Zeitzündern versehenen Sprenggeschosse in den Urwald und räumten mit allem Lebendigen auf, was sich dort vielleicht verborgen halten mochte.

„Viertausend Schuß über jede Seite des Platzes", hatte der Kommandant befohlen. „Sechzehntausend im ganzen." Der letzte Schuß war verfeuert. Kommandant Campbell strich sich über die Stirn.

„Das dürfte gewirkt haben. Jetzt die Hochspannung ausgeschaltet und den Zaun gesäubert. Dann wieder Spannung darauf und dann mag's in Dreiteufelsnamen weitergehen."

Es ging weiter, aber nicht mehr allzulange. Nach vier Wochen hatten die Indios die Gegend verlassen. Zu unheimlich war der Platz ihnen geworden, auf dem auch zu jeder Nachtstunde das rote Mündungsfeuer von Revolverkanonen und Maschinengewehren aufblitzte und nach allen Seiten Tod und Verderben in den Urwald spie, sobald der Stromzeiger im Kraftwerk auch nur eine verdächtige Bewegung machte. Nun gab es nur noch blinden Alarm, wenn sich gelegentlich Schlangen oder Affen an dem Gitter fingen. Die amerikanische Kontrollstation war jetzt wirklich betriebsbereit.

In den Eggerth-Werken

Nordwestlich von Bitterfeld liegen die Eggerth-Werke. Mehrere Montagehallen bilden einen langgestreckten Komplex, flankiert von einer Reihe mehrstöckiger Bauten, in denen sich die Werkstätten und Laboratorien befinden. Äußerlich nimmt sich das ganze ziemlich bescheiden aus. Irgendein kleineres Werk unter den vielen Werken dieser industriereichen Gegend, könnte wohl ein oberflächlicher Beobachter denken. Auffallend vielleicht nur, daß die hohe, aus gelben Bitterfelder Ziegelsteinen errichtete Fabrikmauer nicht nur die Baulichkeiten des Werkes, sondern auch noch eine ebene und völlig unbebaute Fläche von etwa anderthalb Kilometern im Quadrat umschließt. Aber dieses scheinbar nutzlose Gelände ist keineswegs unwichtig. Es ist der Flugplatz, über dem die von den Eggerth-Werken herausgebrachten Flugzeuge eingeflogen werden und von dem aus sie danach immer weiter ausgedehnte Probeflüge in die Umgebung unternehmen.

Als Professor Eggerth sich hier mehrere Jahre vor dem Weltkriege niederließ und zuerst ganz bescheiden mit einer kleinen Werkstatt anfing, wurde manch absprechendes Urteil über ihn gefällt. Der typische deutsche Gelehrte, sagte man, der allen Dingen mit professoraler Wissenschaftlichkeit auf den Grund gehen will, in einer Baracke, die er hochtrabend „Forschungsinstitut“ nennt, zwecklose, kostspielige Versuche anstellt, und vor lauter Versuchen nicht zum Bauen kommt. Doch die folgenden Jahre hatten solche Kritiken bald verstummen lassen. Die Flugzeuge, die Professor Eggerth nach einer freilich nicht eben kurzen Vorbereitungszeit herausbrachte, erwiesen sich als unübertrefflich und eroberten den Eggerth-Werken schnell eine führende Stellung in der deutschen Flugzeug-Industrie.

Dabei scheute sich dieser wissenschaftliche Revolutionär nicht, alte, von der Technik als gut befundene Wege kurz entschlossen zu verlassen, sobald er bessere Möglichkeiten sah. So hatte er schon während des Weltkrieges gegen den Widerspruch der gesamten Fachwelt und der militärischen Stellen das erste Ganzmetall-Flugzeug herausgebracht. Wie hatte man damals über die „fliegende Konservenbüchse“ gespottet. Und doch begann sich die neue Bauart schon während des Krieges allgemein durchzusetzen und um 1940 erinnerte man sich nur noch dunkel, daß man dreißig Jahre früher einmal Flugzeuge aus Holz, Leinewand und ähnlichen brennbaren und auch sonst bedenklichen Stoffen gefertigt hatte.

Es ging oft so mit den bahnbrechenden Erfindungen des Professors, daß man sie erst verlachte, dann allgemein annahm und den Erfinder darüber vergaß. Der alte Eggerth war es nachgerade gewohnt und ertrug es mit philosophischer Gelassenheit. Dabei arbeitete er heute noch ebenso unermüdlich wie vor einem Vierteljahrhundert und vertrat die Ansicht, daß das Flugzeug von einem Abschluß seiner Entwicklung noch weit entfernt sei.

Im Gegensatz zu manchen anderen Flugzeugfabriken befaßten sich die Eggerth-Werke auch mit dem Bau der Flugzeugmotoren, und ein gutes Stück der Lebensarbeit des Professors steckte darin. „Der Motor ist das Herz des großen Vogels“, pflegte er zu sagen. „Wie kann ich die Herzen meiner Flugzeuge, von denen alles abhängt, bei fremden Leuten kaufen?“ Nach diesem Grundsatz arbeitete er und hatte schließlich schnellaufende Dieselmotoren geschaffen, die höchste Zuverlässigkeit und Lebensdauer mit geringstem Gewicht und einem phantastisch niedrigen Brennstoffverbrauch vereinigten.

Bei solcher Lage der Dinge ist es selbstverständlich, daß das Vermächtnis Morgan Readings Professor Eggerth in höchstem Maße interessierte. Er war nicht nur entschlossen, sich am Wettflug der Nationen zu beteiligen, er hatte auch die feste Absicht, den großen Preis unter Einsatz des Besten, was seine Werke je hervorgebracht, für sein Land und für sich zu gewinnen.

Es war ein trüber Dezembertag in der Woche zwischen den Festen. Der Himmel, diesig grau, ließ die Sonne nicht durchkommen. Die weite Ebene um Bitterfeld lag unter einer leichten Schneedecke. Professor Eggerth saß in seinem Arbeitszimmer, einen Folioblock mit vielen Notizen vor sich, einen Bleistift in der Hand. In den Sessel zurückgelehnt, hörte er, was der Lautsprecher auf dem Schreibtisch vor ihm in kürzeren und längeren Zwischenpausen zu sagen hatte und notierte sofort, was in Morsezeichen von der Membrane zu ihm klang.

So jetzt wieder: „Von Bord der ›Seeschwalbe‹. Flugzeit 19 Stunden 30 Minuten. Flugstrecke 5850 Kilometer. Noch Brennstoff für eine gute Stunde. Wollen das Dreieck noch dreimal abfliegen."

Der Professor strich sich durch das volle weiße Haar. Ein Lächeln der Befriedigung glitt über sein Gesicht. Die „Seeschwalbe" erfüllte genau die Bedingungen, die er bei ihrer Berechnung und Konstruktion zugrunde gelegt hatte. Um vier Uhr nachmittags war sie gestern vom Flugplatz des Werkes aufgestiegen. Unablässig flog sie seitdem das 100 Kilometer lange Dreieck Bitterfeld, Halle, Köthen ab und vollendete ihre Runden mit mathematischer Regelmäßigkeit. Fast auf die Sekunde genau strich sie alle 20 Minuten in 1000 Meter Höhe über den Flugplatz des Werkes hin. Man hätte eine Uhr nach dem Kommen und Wiederverschwinden des Motorgeräusches stellen können.

Professor Eggerth schrieb ein paar Zeilen auf den Notizblock. 40 000 Kilometer der Flug für den Reading-Preis. 300 Stundenkilometer die Geschwindigkeit der „Seeschwalbe". In 133 Stunden reiner Flugzeit würde sie es schaffen.

Er fuhr sich über die Stirn. Sollte er die „Seeschwalbe" in das Rennen schicken? Ihre Zuverlässigkeit war hundertprozentig, davon war er überzeugt. Sie würde nicht nur 133, sie würde auch 500, ja 1000 Stunden ebenso sicher durch den Äther ziehen wie jetzt. Doch, wenn nun ein anderer Bewerber eine Maschine in das Rennen brachte, die ebenso zuverlässig war und vielleicht zehn, oder zwanzig, oder fünfzig Kilometer mehr in der Stunde flog? Was dann?...

Ein Klopfen an der Tür riß den Professor aus seinen Gedanken.

„Herein!... Sie sind's Vollmar. Was gibt's denn?“

„Ich habe die Japaner durch das Werk geführt, Herr Professor. Augenblicklich sitzen die Herren im Kasino und tun dem dargebotenen Frühstück alle Ehre an.“

„So... so. Bitte, lieber Vollmar, nehmen Sie Platz.“ Der Professor bot seinem Oberingenieur einen Stuhl an. „Wer von unseren Herren war an der Führung beteiligt?“

„Außer mir selbst Hansen und Berkoff, Herr Professor. Die frühstücken jetzt mit ihnen im Kasino. Ich hielt es im Interesse einer besseren Überwachung für angebracht, für jeden unserer Gäste einen Führer zu nehmen. Wir haben, wie verabredet, nach Schema C geführt. Der neue Windstromkanal und der Erweiterungsbau des Motorenwerkes sind nicht gezeigt worden.“

Professor Eggerth nickte zustimmend. „Ist auch besser so. Wir haben zwar sonst die besten Beziehungen zu ihnen. Aber die besonderen Verhältnisse – Sie wissen, der Reading-Preis – Vorsicht ist geboten. Der Wissensdurst der Herrschaften schien mir ungewöhnlich stark zu sein. Wie war es bei der Führung?“

Der Oberingenieur zuckte die Achseln. „Natürlich die alte Geschichte, Herr Professor. Jeder von den dreien hatte die bewußte Knopflochkamera unter der Weste. Was ihnen interessant erschien, haben sie mit ziemlicher Unverfrorenheit geknipst.“

Professor Eggerth lachte. „Nun, ich werde die Herrschaften selber über den langen Gang in unsere Forschungsanstalt führen.“

Oberingenieur Vollmar konnte nicht umhin, ebenfalls zu lachen. Der „lange Gang“ war eine Spezialerfindung des Professors. Hinter den dünnen Holzplanken, die seine Seitenwände bildeten, standen gewaltige

Röntgenröhren, die eine Strahlung von größter Stärke und Härte quer über den Gang aussandten. Wer da mit einer photographischen Kamera durchkam, dem wurden die Filme restlos geschwärzt. Schon mancher allzuneugierige Besucher der Eggerth-Werke hatte das zu seinem Schaden erfahren müssen.

Professor Eggerth fragte weiter. „Haben sich die Herren über den kaufmännischen Teil ihrer Mission geäußert?“

„Doch etwas. Sie haben die Absicht, mit schnellster Lieferfrist zwei Maschinen vom Typ der ›Seeschwalbe‹ zu erwerben. Außerdem fragten sie recht interessiert nach unseren letzten Fortschritten auf dem Gebiete des Höhenflugzeuges.“

Professor Eggerth pfiff durch die Zähne. „Was haben Sie ihnen gesagt?“

„Daß wir noch in den Entwicklungsarbeiten stecken und an eine Lieferung vor ein bis anderthalb Jahren nicht zu denken ist.“

Eggerth horchte auf ein Motorengeräusch in den Lüften. „Die ›Seeschwalbe‹ beginnt eben ihre letzte Runde. In zwanzig Minuten dürfte sie hier landen. Gehen Sie einstweilen auch zu unseren Gästen ins Kasino. Ich will unsere braven Piloten bei der Landung in Empfang nehmen. Dann werde ich auch hinüberkommen.“

Der Oberingenieur empfahl sich. Professor Eggerth war wieder allein und überlegte. Der Geschäftsgang des Werkes ließ im Augenblick zu wünschen übrig... zwei Maschinen vom Typ der „Seeschwalbe“... es würde sich lohnen, den Auftrag mitzunehmen. Vor dem März konnten die Maschinen kaum geliefert werden. Dann war's noch ein halbes Jahr, bis zu dem Wettflug um den Reading-Preis. Natürlich würden die Käufer die beiden Flugzeuge in Japan sofort auseinandernehmen und für ihre eigenen Rennmaschinen davon zu kopieren versuchen, was ihnen brauchbar schien. In sechs Monaten ließ sich mancherlei nachbauen. Damit mußte man rechnen... versuchen einen Weg zu finden... der Professor grübelte lange Minuten, wie er den Auftrag ausführen könne, ohne seine eigenen Aussichten bei dem Wettflug zu verschlechtern.

Hein Eggerth, die Hände fest am Steuer der „Seeschwalbe“, tat einen langen Schluck aus der Kaffeeflasche, die sein Nachbar ihm an den Mund hielt.

„Das hat gut getan, Bert“, schrie er dem zu, um sich bei dem Motorgeräusch verständlich zu machen. „Nachgerade wird's doch Zeit, daß wir mal wieder aus unserem Kahn rauskommen. Seit zwanzig Stunden trommelt uns der Motor die Ohren voll. Na, da kommt ja schon der Giebichenstein unserer treuen Stadt Halle in Sicht. Noch acht Minuten, dann kann ich in Bitterfeld landen und meinem alten Herrn gerührt in die Arme sinken.“ Bert Röge, der zweite Pilot der „Seeschwalbe“ schlug ihm lachend aus die Schulter.

„Junge, Junge! Du klöhnst jetzt schon nach lumpigen zwanzig Stunden. Wie soll denn das werden, wenn wir erst um den Reading-Preis fliegen. Da können's doch siebenmal zwanzig Stunden hintereinander werden.“

Hein Eggerth antwortete nicht. Mit zusammengekniffenen Augen starrte er durch die Zellonscheibe. Gerade voraus wurde am diesigen Horizont eben der Wasserturm der Eggerth-Werke sichtbar. Mit gespreizten Fingern streckte er die rechte Hand über die Schulter. Das war das verabredete Zeichen für Kurt Schmieden, den dritten Mann am Bord, die bevorstehende Landung zu funken.

Dann strich die „Seeschwalbe“ über den Flugplatz. Eine Schalterbewegung und wie abgeschnitten hörte das Donnern des Motors auf. Fast unheimlich wirkte die plötzliche Stille nach dem vielstündigen Dröhnen auf die drei an Bord. Im Gleitflug ging die Maschine in langen Schleifen zur Erde nieder. Jetzt setzten die Räder, die zwischen den Schwimmkörpern hervorragten, auf den Boden auf. Noch ein kurzer Auslauf, dann stand der große Vogel regungslos still. Nur ein leises Rauschen des Wassers im Kühler, ein leises Knistern der heißen Maschinenteile verriet etwas von dem zwanzigstündigen Probeflog.

Hein Eggerth kletterte als erster aus der Maschine, stampfte ein paar Schritte über den Schnee und tat dann, was er vor kurzem Bert Röge angekündigt hatte. Er fiel dem Professor, der dort schon wartend stand, um den Hals. „Hurra, Vater, 6000 Kilometer in zwanzig Stunden! Die ›Seeschwalbe‹ hat sich gut gehalten. Ich denke, mit der können wir in das Rennen gehen.“

Der Alte schüttelte ihm die Hände und begrüßte auch seine beiden Gefährten.

„Brav gemacht, Jungens. Euch drei werde ich zusammen ins Rennen schicken. Vielleicht mit der ›Seeschwalbe‹? Vielleicht mit einem noch besseren Vogel? Das zu entscheiden haben wir noch zehn Monate Zeit. Kommt jetzt mal erst ins Kasino und erholt euch von euren Strapazen. Aber erzählt nicht mehr als nötig. Wir haben ausländische Gäste da. Drei Japaner, die ziemlich wißbegierig sind."

Sie saßen alle zusammen an dem großen runden Tisch in dem gemütlichen Gastzimmer des Kasinos. Die Herren Yoshika, Kyushu und Hidetawa aus Tokio waren äußerst liebenswürdige Herren, die ein erträgliches Deutsch sprachen und mit ihrem Lob der Eggerth-Werke nicht hinter dem Berge hielten. Zwischen Braten und Kompott wurde von ihnen der Auftrag auf zwei Maschinen vom Typ der „Seeschwalbe" unterschrieben und mit einigen Gläsern alten Rheinweins besiegelt. Mit aufrichtigem Bedauern mußte Professor Eggerth es ablehnen, heut schon in Verhandlungen wegen seines Höhenflugzeuges einzutreten, weil dieser Typ noch einer längeren Entwicklungszeit bedürfe. Auch dem mißtrauischsten Beobachter hätte an dem Benehmen der Gäste kaum etwas auffallen können. Daß jeder von ihnen im Laufe der Mahlzeit einmal für kurze Zeit die Toilettenräume aufsuchte, durfte bei der Menge und Güte der dargebotenen Getränke nicht wundernehmen. Daß dabei winzige Filmrollen ihren Platz wechselten und aus Photoapparaten in Bleikapseln wanderten, blieb nach Lage der Sache natürlich verborgen. Ein guter Mokka beschloß das Mahl. Zum Schluß forderte der Professor seine Gäste zu einer kurzen Besichtigung der Forschungsanstalt auf, in der es auch noch mancherlei Interessantes zu sehen gab. Mit ihrem ewig gleichbleibenden Lächeln nahmen die japanischen Herren die Einladung an. Mit dem gleichen Lächeln verabschiedeten sie sich danach von ihrem Gastgeber. Das Werkauto brachte sie zu ihrem Hotel in der Stadt zurück. Hier erst im Badezimmer, das Yoshika sofort als Dunkelkammer einrichtete, wich die lächelnde Maske. Mit gespannter Aufmerksamkeit betrachteten die drei beim schwachen Schimmer der roten Lampe die Filme im Entwicklerbad.

Kam was? Hatte die starke Bleikapsel die lichtempfindliche Schicht vor den tückischen Strahlen geschützt... oder hatte die Röntgenstrahlung den Panzer durchdrungen...?

Jetzt wurde etwas sichtbar. Hier ein paar Linien dort ein paar Umrisse. Aber stark verschwommen blieb das Ganze. Wie ein dichter Schleier schien es über den Filmen zu liegen. Mit langen Gesichtern besahen sich die drei ihre Aufnahmen, bevor sie sie in das Fixierbad legten. Allzuviel waren diese Filme bestimmt nicht wert. Auch die starkwandigen Bleikapseln hatten die Schwärzung nicht völlig verhindern können. Im Kasino der Eggerth-Werke rieb sich Oberingenieur Vollmar die Hände. „Der Bande habe ich den Spaß versalzen, Herr Professor", brummte er vergnügt, „unsere größte Röhre habe ich mit 400 000 Volt Anodenspannung arbeiten lassen. Wenn die was auf ihren Filmen finden, dann kann es höchstens den Boxkampf zweier Neger in einem dunklen Tunnel darstellen."

Der alte Eggerth zuckte die Achseln.

„Mehr als töricht ist diese Photographiererei während der Werkbesuche. Am Ende können sich es die Herrschaften doch selber an den Fingern abzählen, daß wir ihnen nach solchen Erfahrungen die wirklich wichtigen Dinge gar nicht mehr zeigen. Von ›St 1‹ haben sie hoffentlich nichts zu sehen bekommen?"

„Selbstverständlich nicht, Herr Professor", beantwortete Hansen die Frage. „Weiß der Teufel, woher die Herrschaften Wind von der Existenz des ›St 1‹ bekommen haben. Alle Berechnungen und Pläne sind von Berkoff und mir hinter verschlossenen Türen angefertigt worden. Sogar die Lichtpausen haben wir selber gemacht, um nicht unnötig viel Leute ins Vertrauen zu ziehen..."

„Sie vergessen die Werkstatt, mein lieber Hansen", unterbrach ihn der Professor. „Ein Stratosphärenschiff mit seinem luftdichten, druckfesten Rumpf und den großen Kompressoranlagen ist nun doch einmal etwas ganz anderes als die gewöhnlichen Typen. Es ist fast unausbleiblich, daß die Werkleute sich allerlei Gedanken machen und auch darüber sprechen. Nicht nur in der Werkstatt, sondern auch wo anders, beispielsweise beim Glas Bier in irgendeiner Wirtschaft. Und da kann denn am Nebentisch irgendein Zeitgenosse sitzen, der vielleicht sehr harmlos aussieht, aber durchaus nicht harmlos zu sein braucht. Der hört's und sehr bald danach wissen die ausländischen Interessenten um die Sache."

„Ist doch aber scheußlich“, brauste Hansen auf. „Ich hätte geglaubt, daß unsere Werkleute besser dichthalten würden.“

Der alte Eggerth schüttelte den Kopf. „So etwas läßt sich nun einmal nicht vermeiden. Was schadet es auch schließlich, wenn Fremde wissen, daß wir ein Stratosphärenflugzeug entwickeln. Die Hauptsache ist, daß alle wichtigen Konstruktionsdaten wirklich geheimbleiben, und das dürfte denn doch bisher der Fall sein.“

„Bestimmt, Herr Professor“, beteuerte Hansen. „Während des Baues habe ich die Zeichnungen jeden Abend wieder an mich genommen und im Tresor verschlossen. Seitdem wir ›St 1‹ im Prüfstand haben, ist überhaupt keine Zeichnung mehr draußen.“

„Ja der Prüfstand“, unterbrach ihn der Professor, „ich wollte Sie schon heute früh danach fragen. Was haben die ersten Probeläufe im Stand ergeben?“

Wolf Hansen, der Konstrukteur des neuen Stratosphärenflugzeuges „St 1“ holte sein Notizbuch hervor und schlug eine mit Zahlen eng bedeckte Seite auf. Ein Ausdruck stolzer Befriedigung glitt über seine Züge, als er jetzt zu sprechen begann.

„Die ersten Proben sind so glänzend verlaufen, daß ich am liebsten noch heute mit ›St 1‹ aufsteigen möchte. Es war eine phänomenale Idee von Ihnen, Herr Professor, das ganze Schiff für die Probeläufe in die große Vakuumkammer zu bringen, wo es den gleichen Bedingungen unterworfen ist, wie in der Stratosphäre selbst…“

Eggerth machte eine abwehrende Bewegung. „Nicht so üppig, mein Lieber! Die fünfzig und mehr Grad Kälte, die wir in der Stratosphäre haben, können wir in unserer Vakuumkammer leider nicht nachmachen.“

„Zugegeben, Herr Professor. Aber alles andere war doch da und das Schiff hat sich tadellos bewährt. Daß der Rumpf absolut druckfest und luftdicht ist, brauche ich als selbstverständlich wohl kaum zu erwähnen. Aber bei einer Luftverdünnung, die einer Flughöhe von 14 Kilometern entspricht, geben die Maschinen noch die volle Leistung her und die Propeller entwickelten eine Zugkraft, die rechnerisch eine Stundengeschwindigkeit von erheblich mehr als tausend Kilometer erwarten läßt. Ich glaube nicht, daß es auf der Erde ein

Höhenflugzeug gibt, das auch nur entfernt an die Leistungen unseres ›St 1‹ heranreicht.“

Er schwieg. Auch Professor Eggerth saß geraume Zeit überlegend da. Dann begann er zu sprechen. Langsam… stockend, als wolle er jedes Wort auf die Goldwaage legen.

„Mehr als tausend Stundenkilometer… es müßte den sicheren Sieg bedeuten, wenn ›St 1‹ auch nur 40 Flugstunden durchhält… aber es kommt mir nicht ganz fair vor, mit einer derartig überlegenen Maschine in das Rennen zu gehen… ich habe ein Gefühl dabei, als sollte ich mit einem Maschinengewehr gegen unbewaffnete Wilde losgehen… ich weiß nicht…“

Die anderen, sein Sohn Hein an der Spitze, fielen ihm ins Wort, sprachen und riefen durcheinander… „Keine falsche Bescheidenheit!… Keine unnötige Rücksicht!… Wer weiß denn, mit was für Maschinen unsere Konkurrenten ins Rennen gehen werden… wer die Trümpfe hat, muß sie ausspielen…“

Der Professor ließ sie eine Weile reden. Dann nickte er.

„Gut, ich erkenne das Gewicht eurer Gründe an… es ist vielleicht doch richtig, bei diesem Spiel einen starken Trumpf in Hinterhand zu haben. Aber kein Fremder darf um diesen Trumpf wissen. Wir werden die Probeläufe mit ›St 1‹ im Vakuumraum fortsetzen, bis die Maschine ihre Höchstleistung ununterbrochen durch 100 Stunden hergegeben hat. Das ist unbedingt notwendig, denn mit den Probeflügen dürfen wir erst beginnen, wenn wir unserer Sache absolut sicher sind. Irgendein Zwischenfall, eine Notlandung könnte verhängnisvoll für uns werden. Und dann, meine Herren, werden wir morgen früh mit dem beschleunigten Bau eines zweiten gleichartigen Schiffes beginnen. Auch ›St 2‹ muß bereits voll erprobt sein, wenn das große Rennen seinen Anfang nimmt. Und noch eins! Kein Wort von dem, was wir hier besprachen, zu irgendeinem dritten! Sie haben vorher gehört, was dabei herauskommen kann.“

Professor Eggerth verließ das Kasino und auch die anderen begaben sich wieder an die Arbeit.

In der City von New York

John Sharp hatte den engeren Ausschuß des Kuratoriums zu einer Besprechung ins Reading-Haus gebeten.

„Meine Herren", eröffnete er die Sitzung, „ich habe Ihnen einige Mitteilungen zur Beschlußfassung zu unterbreiten. Der Aëro-Klub von Frankreich beabsichtigt, den Flughafen von Marseille als Start und Ziel für sein Rennen zu wählen. Als Gegenpunkt ergibt sich dafür die Ostküste der Insel Warekauri, östlich der Neuseeland-Gruppe. Es bieten sich dort gleichgute Gelegenheiten zum Wassern und zum Landen. Außerdem ist diese Insel nicht allzu weit von dem auf der Nordinsel der Neuseeland-Gruppe gelegenen englischen Kontrollpunkt entfernt. Wir könnten unsere Zeitnehmer mit dem gleichen Schiff zu den beiden Stellen schicken. Ich bin der Meinung, daß wir den französischen Vorschlag gutheißen."

Ausnahmslos gaben die Anwesenden ihre Zustimmung. Schon wenige Minuten später flog die Antwort des Kuratoriums auf Ätherwellen nach Frankreich und John Sharp fuhr in seinem Bericht fort.

„Die Russen wollen in ihrem neuen sibirischen Industriezentrum starten. Als Startpunkt schlagen sie den Flugplatz von Udinsk südlich vom Baikal-See im Tale des Chilok-Flusses vor. Als Gegenstation ergibt sich für sie San José am Rio Gallegos, eine argentinische Niederlassung im südlichsten Zipfel des amerikanischen Festlandes. Ich schlage vor, daß wir auch diesem Antrag ohne weitere Debatte unsere Zustimmung erteilen."

Ebenso schnell wie der französische wurde auch der russische Antrag vom Kuratorium genehmigt und die Entscheidung sofort nach Moskau gefunkt.

„Nun zu unseren eigenen Angelegenheiten", sagte John Sharp, „die Arbeiten an unserer Kontrollstelle in Brasilien machen gute Fortschritte, wir können schon immer an die Festlegung unserer Flugroute denken. Am besten sehen wir uns die Sache gleich auf dem Globus an."

Wieder standen die Mitglieder des Kuratoriums um den großen Globus herum und John Sharp spannte eine feine Schnur vom Startpunkt bei Manila um die Globuswölbung bis zum Gegenpunkt in Brasilien und über die andere Seite der Kugel weiter zurück bis zum Startpunkt. Während er die Schnur leicht hin und her schob, gab er seine Erklärungen.

„Ich schlage vor, daß wir das Rennen in West-Ost-Richtung fliegen und die Route über Hawai gehen lassen. Unsere Flieger finden dann eine ganze Reihe von Stützpunkten im Stillen Ozean. Sie könnten nötigenfalls noch auf den Galapagos-Inseln tanken, würden das südamerikanische Festland bei Kap Parina erreichen und in der Nähe von Porto Alegre wieder verlassen. Der Flug von dort bis zur Walfisch-Bay in Südafrika führt allerdings 5800 Kilometer weit über ein inselfreies Meer. Auf dieser Strecke werden wir wohl oder übel einige Tankschiffe als Stützpunkte einsetzen müssen. Dafür ist der Rest der Route über den Indischen Ozean wieder reichlich mit natürlichen Stützpunkten versehen."

Die anderen Mitglieder des Kuratoriums waren den Ausführungen John Sharps mit Aufmerksamkeit gefolgt. Als er jetzt schwieg, versuchten sie selbst das Spiel auf dem Globus. Hin und her wurden die zwischen Punkt und Gegenpunkt gespannten Schnüre bewegt, aber bald mußten sie zugeben, daß John Sharps Vorschlag die beste Lösung bedeutete. Nur wenn man die natürlichen Stützpunkte im Stillen Ozean, darunter in erster Linie die Hawai-Inseln ausnutzte, könnte man hier ohne kostspielige Entsendung von Schiffen auskommen. Durch die Annahme der Stadt Kealakekua als eines dritten Punktes zu den beiden bereits gegebenen Punkten für Start und Kontrolle, war aber natürlich die Route für das ganze Rennen eindeutig festgelegt.

Geraume Zeit ging die Debatte über die Annahme dieser Fluglinie noch hin und her. Nur sehr schwer ließ sich Arthur Stangland, der Präsident des amerikanischen Aëro-Klubs von seiner Lieblingsidee abbringen, die amerikanische Route über die beiden Pole des Erdballs zu legen. Er verteidigte sein Projekt in einer temperamentvollen Rede, die in die Worte ausklang: „Ich betrachte es als eine besondere Fügung des Schicksals, Gentlemen, daß unser Rennen gerade auf die Zeit der Tag- und Nachtgleiche fällt. An beiden Polen würden unsere Flieger am 22. September Helligkeit und Sonnenlicht finden. Welche Ehrung wäre es für unseren unvergeßlichen Morgan Reading, welch neuer Ruhm für unsere glorreiche Nation, wenn wir diesem Winke der Vorsehung folgten und unser Rennen über die beiden Erdpole gehen ließen."

Die Meinung der Versammlung schwankte, als Stangland seine Rede schloß. Nur allzu verlockend schien vielen seine kühne Idee. Es bedurfte sehr ernster Vorstellungen John Sharps, um die Anwesenden zu seinem eigenen Vorschlag zurückzubringen. Nur der schroffe Hinweis darauf, daß auch bei Tageslicht jeder Flieger und jedes Flugzeug, die in den Eiswüsten der Polarregionen notlanden müßten, rettungslos verloren seien, verschaffte seiner eigenen Ansicht wieder Geltung. Nach langem Hin und Her kam schließlich sein Antrag zur Annahme und wurde zur Nachprüfung dem meteorologischen Zentralbüro überwiesen.

John Sharp saß wieder allein in seiner Office im Reading-Haus, als ihm der Legationssekretär Roberto Rapagnetta von der italienischen Botschaft gemeldet wurde.

„Führen Sie ihn herein“, sagte er dem Clerk, „und vergessen Sie nicht, mich in zehn Minuten an den Beginn einer wichtigen Konferenz zu erinnern!“

Signor Rapagnetta trat ein und begann seine Mission mit südländischer Lebhaftigkeit in einem brauchbaren Englisch vorzubringen. Allerdings wirkten seine Ausführungen in dem nüchternen anglosächsischen Idiom nicht so überzeugend, wie sie vielleicht in der Sprache seiner Heimat geklungen hätten.

„Italien, Signor Sharp, das Mutterland der lateinischen Kultur, Italien, von jeher führend im Flugwesen, wird seine bewährten Maschinen in das Reading-Rennen entsenden...“

John Sharp quittierte die Mitteilung mit einem kurzen „All right, Sir.“ Der Italiener fuhr fort.

„Ziel und Start für unser Rennen soll die Hauptstadt unseres Landes sein. Nur die Paläste und Tempel der ewigen Roma können die würdige Umgebung für das große internationale Fest bilden, zu dem das Reading-Rennen auszugestalten unsere Regierung entschlossen ist. Die ragenden Säulen des foro romano, die ehrwürdigen Paläste unserer alten Kaiser, die gewaltigen Kuppeln des Pantheons und des Peterdoms sollen dem Sieger entgegenleuchten, wenn er dem Ziele zueilt...“

John Sharp hielt die Hand vor den Mund, um ein Hüsteln zu verbergen. „All right, Sir. Wo gedenken Sie Ihre Gegenstation zu errichten? Nach meiner

Erinnerung – wir haben uns in letzter Zeit oft mit diesen Fragen befassen müssen – liegt der Gegenpunkt von Rom irgendwo im südlichen Teil des Stillen Ozeans. Haben Sie eine passende Insel gefunden?“

Einen Moment stockte der Italiener, dann hub er zu neuer Rede an.

„Mein Vaterland, Signor Sharp, so reich an Erfindungen und Erfindern, wird sich seinen Kontrollpunkt selbst schaffen, wo es ihn braucht. Wir werden...“

„Ah, das ist interessant“, unterbrach ihn John Sharp, „wie es scheint, beabsichtigen Sie im Stillen Ozean am Gegenpunkt eine Insel aufzuschütten. Besitzen Sie bereits Lotungen der Stelle? Der Ozean ist in jener Gegend ziemlich tief...“

„Ihre Annahmen treffen nicht zu, Signor Presidente“, unterbrach ihn Roberto Rapagnetta. „Wenn ich sagte, wir werden uns unseren Kontrollpunkt selber schaffen, so bitte ich Sie, das bildlich zu verstehen. Meine Regierung hat den Entschluß gefaßt, die beiden größten Flugzeugmutterschiffe unserer Kriegsmarine unter dem Geleit von vier Panzerkreuzern zu der als Gegenpunkt ermittelten Stelle zu schicken. Diese Flotte von sechs stolzen Schiffen, verankert, noch unter sich durch starke Kabel verbunden, soll dort den italienischen Boden bilden, auf dem unsere Piloten niedergehen und nach der Weisung der Rennleitung wieder aufsteigen werden.“

Schon während der letzten Worte des Italieners hatte John Sharp nach einem Schriftstück gegriffen und darin geblättert. Jetzt hielt er es dem Legationssekretär hin und deutete mit dem Finger auf einen Absatz.

„Wollen Sie bitte diese Stelle selbst lesen, Herr Rapagnetta? Wie Sie sehen, hat Morgan Reading ausdrücklich verfügt: ›Die Kontrollstelle ist am Antipodenpunkt der Startstelle auf festem Land zu errichten.‹ Ich kann, so leid es mir tut, dem Plan Ihrer Regierung nicht zustimmen. Als Testamentsvollstrecker bin ich gezwungen, mich wörtlich genau an die Verfügungen des Testators zu halten. Schon in Rücksicht auf die anderen Teilnehmer des Rennens muß ich es tun. Es würde sicher Einsprüche und wahrscheinlich sogar gerichtliche Klagen geben, wenn ich an einer einzigen Stelle davon abwiche. Sie müssen Ihr Ziel so wählen, daß auch der

Kontrollpunkt der Forderung des Erblassers entsprechend auf festem Boden liegt.“

Vergeblich versuchte Signor Rapagnetta den Amerikaner von seinem Standpunkt abzubringen. Vergeblich wies er darauf hin, daß sich zu dem ganzen italienischen Stiefel kein Gegenpunkt auf festem Land finden ließe. John Sharp blieb unerschütterlich bei seiner Meinung. Geduldig ließ er den Redefluß des Italieners über sich ergehen, bis der Clerk in das Zimmer kam und ihn in nicht mißzuverstehender Weise an die wichtige Konferenz erinnerte. Unverrichteter Dinge mußte Rapagnetta das Reading-Haus verlassen.

Das Scheitern seiner Mission löste einen lebhaften Depeschenwechsel aus. Mit fanatischer Zähigkeit hielt Rom an seinem Plan fest und drohte, sich überhaupt nicht an dem Rennen zu beteiligen. Aber John Sharp hatte die besseren Karten in diesem Spiel, und der hohe Preis, um den das Rennen ging, war zu verlockend. Nach langem Hin und Her mußte sich Italien endlich doch entschließen, die amerikanischen Bedingungen anzunehmen, aber es versuchte sie auf geschickte Weise mit dem ursprünglichen Plan zu vereinigen, indem es die Flugroute über Rom gehen ließ.

Die Italiener wählten jetzt für Start und Ziel einen Punkt in ihrer Kolonie Tripolis unter 19 Grad östlicher Länge und 27 Grad nördlicher Breite etwa zweihundert Kilometer westlich von der großen Oase Audjila. Die gewählte Stelle lag unmittelbar neben der kleinen Oase Abunaim. Einige Palmengruppen und eine ergiebige Frischwasserquelle machten den Aufenthalt hier erträglich. Freilich mußten alle Materialien und Betriebsstoffe auf Raupenschleppern durch die Wüste angefahren werden.

Die Ortsbestimmung des italienischen Startpunktes mußte sehr genau erfolgen, denn den Gegenpunkt bildeten die Haymetklippen in der Südsee, weltverlassene öde Felsenriffe von nur geringer Ausdehnung. Man konnte dort zwar die Kontrollstation entsprechend den Bedingungen Morgan Readings auf festem Land errichten, den Flugzeugen bot sich jedoch nur Gelegenheit zum Wassern.

„Gott sei Dank und Lob, daß wir mit den zähen Dagos endlich einig sind“, seufzte John Sharp, als er die Annahme des italienischen Vorschlags durch das Reading-Kuratorium nach Rom funken ließ. „Bin nur neugierig, was uns die Japaner jetzt noch für Späne machen werden."

Aber seine Befürchtung, daß es auch mit dem Reich im fernen Osten Schwierigkeiten geben würde, erwiesen sich als grundlos. Selbstverständlich wollten auch die Japaner wenigstens Start und Ziel im eigenen Lande haben. In Ermangelung eines trockenen Gegenpunktes zu den großen japanischen Inseln verlegten sie ihren Start nach der von ihnen als Mandat verwalteten Insel Jap in der Südsee. Als Gegenpunkt ergab sich dafür die Doppelstadt Petrolina-Joazeiro am Rio San Francisco in Brasilien. Alles für die Kontrollstation Erforderliche konnte dorthin sowohl auf dem Fluß wie auch von Bahia her auf der Bahn bequem transportiert werden.

Der Vorschlag war so klar und einwandfrei, daß das Kuratorium ihn ohne jede Debatte annahm. Nur John Sharp schüttelte den Kopf.

„Merkwürdig, höchst merkwürdig", brummte er vor sich hin, als er die Bestätigungsdepesche aufsetzte. „Das geht mir zu glatt. Ich fürchte, wir werden später um so mehr Scherereien mit ihnen haben."

Es darf nicht verschwiegen werden, daß diese Ahnung John Sharps sich im weiteren Laufe der Ereignisse leider als richtig erweisen sollte.

***

Es ging in die zweite Februarwoche. Einer der in New York nicht seltenen lauen Vorfrühlingstage erfüllte die tiefen Straßenschluchten zwischen den Wolkenkratzern mit ein wenig Sonnenlicht und Wärme.

In Begleitung von Frank Kelly und Henrik Juve trat John Sharp durch das Portal des Reading-Hauses auf die Straße. Auf dem Bürgersteig blieb er stehen und sog in tiefen Zügen die frische Luft ein.

„Es riecht nach Frühling, Juve. Wollte Gott, daß wir erst ein paar Monate weiter wären! Mir brummt der Schädel. Freund Reading hat uns da mit seinem Testament eine verdammt harte Nuß zum Knacken hinterlassen."

Sie gingen die Straße entlang. Nach etwa fünfzig Schritt blieb er wieder stehen.

„Was ist denn da drüben los, Kelly? Eine neue Sache wie's scheint.“ Er deutete nach einem Wolkenkratzer auf der anderen Straßenseite. „Die Buchstaben sehen so frisch aus, als ob sie erst kürzlich angebracht worden wären.“

In riesigen goldenen Lettern zog sich dort drüben in der Höhe des dritten Stockwerkes eine Firmeninschrift über die ganze Hausbreite hin: Harrow & Bradley, Bookmakers. Henrik Juve schüttelte seinen fleischigen roten Kopf.

„Merkwürdige Idee von den Leuten, auf dem teuersten Pflaster von New York eine ganze Etage für ein Wettbüro zu mieten. Zweifle stark, ob die Leute mit ihrer Spekulation auf die Kosten kommen.“

Frank Kelly hatte währenddes die Vorgänge vor dem Gebäude beobachtet. In dichten Scharen strömte das Publikum in das Haus hinein. Man konnte durch die offenen Türen sehen, wie sich die Menge vor zehn Fahrstühlen staute, die in kürzesten Pausen aufwärts und abwärts verkehrten. Zu anderen Türen strömte das Publikum wieder in hellen Scharen hinaus und es war auffällig, wie viele von ihnen Zettel in den Händen hielten, die sie auf der Straße erst noch mal durchlasen, bevor sie sie sorgfältig in ihre Taschen wegsteckten. Die meisten dieser Papiere waren weiß, aber auch lichtgrüne, grellrote und blaue Scheine waren dazwischen.

„Das Geschäft da drüben scheint ja blendend zu gehen“, wandte er sich an Sharp, „ich wette mit Ihnen 1:100, daß das alles Wettzettel sind, weiß der Teufel, was in das Volk gefahren ist?“

Von der gegenüberliegenden Straßenseite schlängelte sich ein Mensch geschickt durch die Kraftwagen hindurch und erreichte den Bürgersteig dicht neben Kelly. In der Hand hielt er noch einen roten Zettel.

„Hallo, Mr. Tredjakoff“, rief Kelly ihn an, „vermute, Sie waren drüben bei Harrow & Bradley. Darf man wissen, was Sie gewettet haben?“

„Gern, Herr Direktor“, der Russe reichte Kelly das Papier. Der überflog es und staunte. Der Schein trug den in den Vereinigten Staaten für Wettbescheinigungen gebräuchlichen Vordruck, aber er unterschied sich doch recht wesentlich von den für die Wetten bei Pferderennen oder Boxkämpfen üblichen Formularen.

„Sie gestatten, Mr. Tredjakoff", er hielt den Zettel John Sharp hin. Der las und war nicht minder überrascht. Da stand: Harrow & Bradley, Buchmacher, bestätigen erhalten zu haben Dollar fünf von Mr. – der Name war mit Tintenstift ausgefüllt – Tredjakoff, für eine Wette auf 140 Stunden als die offizielle Zeit des Siegers beim Reading-Rennen, über die reine Stundenzahl hinausgehende Minuten und Sekunden sind nicht gewettet und bleiben unberücksichtigt. Harrow & Bradley verpflichten sich, dem Inhaber dieses Scheins den Betrag von Dollar 500 am Tage nach Beendigung des Rennens auszuzahlen, wenn die offizielle Zeit des Siegers mit 140 Stunden beginnt.

John Sharp rieb sich die Stirn. „Ist denn die ganze Welt verrückt geworden? Wir Reading-Leute haben noch keine blasse Ahnung, in welcher Zeit der Sieger das Rennen machen wird und hier wird schon auf die Stundenzahl gewettet... und offenbar in größtem Maßstabe...", er wies auf das Haus gegenüber, in das die Menge nach wie vor hineinströmte, „By Jove, das könnte mich doch interessieren, Näheres über den Betrieb zu erfahren."

Kelly machte den Russen mit Sharp und Juve bekannt. „Ich bin überzeugt, Mr. Sharp, daß Herr Tredjakoff uns gern seine Erfahrungen mitteilen wird. Wie wär's, wenn wir zusammen zum Lunch gingen?"

„Sehr liebenswürdig, Herr Direktor, aber ich habe meinen Freund Bunnin hier, er muß jeden Augenblick da drüben herauskommen."

„All right, Mr. Tredjakoff", unterbrach ihn Sharp, „wir nehmen Ihren Freund auch mit." Noch während er sprach, kam Bunnin über den Fahrdamm. In der Hand hielt er mehrere Zettel verschiedener Farbe. Mit Vergnügen nahm er die Einladung John Sharps an.

„Um so besser", lachte Sharp mit einem Blick auf die Zettel in Bunnins Hand, „da werden wir ja gute Informationen über den Betrieb der Herren Harrow & Bradley bekommen."

Henrik Juve empfahl sich, er hatte noch an der Börse zu tun. Die anderen Herren gingen ein paar Straßenblocks weiter zu einem kleinen aber exquisiten Restaurant, in dem Sharp den Lunch zu nehmen pflegte. In einer gemütlichen Nische fanden sie Platz und machten ihre Bestellungen. John Sharp studierte derweilen die anderen Zettel, die ihm Bunnin bereitwillig überlassen hatte.

„Nun schießen Sie los!“ sagte er, als der Kellner die ersten Gerichte auf den Tisch gestellt hatte, „ich verstehe diesen ganzen Wettschwindel nicht. Ich begreife vor allen Dingen nicht, wie die Herren Bradley & Harrow die Wetten zu dem wahnsinnigen Satz von 1:100 annehmen können. Ich habe überhaupt nur eine Erklärung, die Herrschaften werden mit den kassierten Einsätzen nach Kanada verduften, bevor es zum Auszahlen der Wetten kommt.“

Tredjakoff schüttelte den Kopf. „Das glaube ich nicht, Mr. Sharp, Harrow & Bradley sind erfahrene und solide Buchmacher. Sie werden die Gewinne zur gegebenen Zeit auszahlen und dabei ein großes Geschäft machen.“

Sharp zuckte die Achseln. „Das geht über meinen Verstand.“

„Jeder Buchmacher gewinnt schließlich, wenn er es versteht, sein Buch rund zu machen“, warf Tredjakoff ein.

„Ist mir erst recht unverständlich“, brummte Sharp, „was heißt rundes Buch? Ich kenne nur Bücher mit vier Ecken.“

„Erlauben Sie mir, Ihnen die Sache mathematisch wissenschaftlich zu erklären“, mischte sich Bunnin ins Gespräch.

„Also her mit der Mathematik und Wissenschaft“, seufzte Sharp.

„Wir müssen da zunächst die Frage stellen“, fuhr der Russe fort, „innerhalb welcher Grenzen man die Zeit des Siegers vernünftigerweise suchen darf...“

„Sehr richtig!“ entfuhr es Kelly und Sharp fast gleichzeitig.

„Nehmen wir als denkbare Höchstleistung an, daß ein Monstre-Flugzeug die 40 000 Kilometer mit 1000 Kilometer Stundengeschwindigkeit bewältigt, so kommen wir auf 40 Stunden Rennzeit. Das würde wohl die unterste Grenze sein. Selbstverständlich... ich möchte das gleich nebenbei bemerken... sind die Herren Harrow & Bradley auch mit Vergnügen bereit, gegen jede kürzere Zeit zu wetten.“

„Kann ich mir denken“, warf Kelly ein, „da kommen sie bestimmt nicht in die Verlegenheit, auszahlen zu müssen.“

„Es bleibt nun die zweite Frage“, setzte Bunnin seine Erklärungen fort, „wie lange sich das Rennen bei ungünstigeren Verhältnissen hinziehen kann. Man muß dabei berücksichtigen, daß doch eine große Anzahl erstklassiger Flugzeuge und Piloten konkurrieren werden. Mögen auch viele davon während des Rennens ausscheiden oder durch Pannen stark aufgehalten werden, so darf man nach der Wahrscheinlichkeitsrechnung doch annehmen, daß der Sieger von diesen Zwischenfällen nicht betroffen wird und das Rennen mit einer Durchschnittsgeschwindigkeit von etwa 150 Stundenkilometern beendet. Das ergibt auf dem Weg von 40 000 Kilometern eine Zeit von 266 Stunden. Man darf die Stundenzahl des Siegers also in dem Intervall von 40 bis 266 als wahrscheinlich annehmen. Es stehen demnach 226 verschiedene Stundenzahlen als Möglichkeiten offen, von denen nur eine gewinnen kann. Die übrigen 225 müssen verlieren. Die Gewinnchance für die einzelne Stundenzahl beträgt nur 1:226. Sie werden jetzt begreifen, meine Herren, daß Harrow & Bradley ein vorzügliches Geschäft machen, wenn sie die Stundenwetten 1:100 legen."

Frank Kelly nickte, John Sharp rieb sich die Stirn.

„Ich glaube, ich habe Ihre Ausführungen verstanden, Mr. Bunnin", begann er zögernd. „Aber wenn es der Zufall will, daß die meisten Wetter gerade auf die Siegeszahl gesetzt haben, dann ist der Buchmacher ja doch bankerott."

„Das war es ja, was ich vorhin meinte", warf Tredjakoff ein, „als ich sagte, der Buchmacher muß sein Buch rund machen. Im vorliegenden Falle heißt das, daß er möglichst gleich hohe Wetten auf die verschiedenen als wahrscheinlich in Betracht kommenden Stundenzahlen abschließen muß. Wenn die Herren Harrow & Bradley beispielsweise Einsätze von je 10 000 Dollar auf jede der 226 möglichen Stundenzahlen bekommen, wäre ihr Buch vollkommen rund. Sie hätten dann eine Einnahme von 2,26 Millionen Dollar. Für die 10 000 Dollar, die auf die richtige Stundenzahl des Siegers gesetzt wurden, zahlen sie eine Million Dollar aus und können einen Reingewinn von 1,26 Millionen Dollar in die Tasche stecken. Wie Sie sehen, ist das für die Herren Harrow & Bradley ein sicheres Geschäft, ohne jedes Risiko."

John Sharp stützte das Kinn in die Hand. „Sie meinen, Mr. Tredjakoff, daß Summen in dieser Höhe auf das Reading-Rennen gewettet werden?"

„Ich wählte die Zahlen nur beispielsweise, Mr. Sharp, um Ihnen den Begriff des Rundmachens zu erklären. Ich vermute, daß die Summen in Wirklichkeit sehr viel höher sind. Die Wettzettel über einen Dollar sind weiß. Sie haben wohl die Tausende von Leuten gesehen, die dort mit weißen Zetteln herauskamen. Jeder kleine Angestellte, jede Stenotypistin in unserer Zehnmillionenstadt riskiert unbedenklich einen Dollar für die Chance, hundert Dollar zu gewinnen. Auch die roten Zettel über fünf Dollar waren noch recht stark vertreten. Das ist ja das glänzende Geschäft von Harrow & Bradley, daß sie für das Reading-Rennen die hohen Odds 1:100 bieten können, die bei Pferderennen oder Boxkämpfen natürlich niemals möglich sind. Seitdem sie ihre Office hier eröffneten, stürmten ihnen die Leute das Haus und das wird so weiter gehen, bis... ja zum mindesten, bis der Startschuß zum Rennen fällt."

„Und während des Rennens selbst?" fragte John Sharp, „für Pferderennen werden meines Wissens noch Wetten angenommen während das Rennen schon gelaufen wird."

Tredjakoff zögerte mit der Antwort. „Das ist eine etwas komplizierte Geschichte, Mr. Sharp. Die Dinge liegen beim Reading-Rennen anders als bei einem Pferderennen. Ich müßte etwas länger ausholen, um Ihnen das zu erklären. Wenn Sie es wünschen, bin ich gern bereit."

Direktor Kelly hatte schon ein paarmal auf seine Uhr gesehen. Jetzt erhob er sich. „Lieber Sharp, es wird höchste Zeit für mich, wenn ich den Chikagoer Expreß noch erreichen will. Entschuldigen Sie mich für heut, Sie haben ja interessante Gesellschaft an den Herren hier."

John Sharp schüttelte ihm die Hand. „All right, Kelly, kümmern Sie sich um Ihren Zug. Es bleibt bei unserer Verabredung, übermorgen sehe ich Sie in Bay City." Während er zu Kelly sprach, entging es ihm, daß Bunnins Hand einmal wie spielend über sein Trinkglas hinfuhr.

Frank Kelly war gegangen. John Sharp hörte mit Interesse, was ihm die beiden Russen über die Schwierigkeiten der Buchmacher erzählten, auch noch während des großen Reading-Rennens ihre Bücher rund zu erhalten.

„Ganz recht, Mr. Tredjakoff. Ich verstehe Sie vollkommen. Wenn das Rennen schon hundert Stunden im Gange ist... fallen die Stundenzahlen von

40 bis 100 aus... die Odds müssen immer kleiner...", nur noch mit Anstrengung hatte er die letzten Worte herausgebracht, als ob er mit schwerer Schläfrigkeit zu kämpfen hatte. Jetzt ließ er sich in den bequemen Sessel zurücksinken. Den Kopf an die Seitenlehne gestützt ließ er sich vom Schlaf überwältigen...

Ein schneller Blickwechsel zwischen den Russen. Im Augenblick stand Bunnin neben dem Schlummernden. Mit einer unbeschreiblichen Gewandtheit glitten seine langen geschickten Finger in dessen Kleidung. Kein Zweifel, es war ein Meister der Taschendiebe, der sich hier betätigte, ein Meister von hohen Graden. In wenigen Sekunden waren seine geschmeidigen, beweglichen Hände bis zu den Geheimtaschen John Sharps vorgedrungen. Eine Anzahl von Schlüsseln wurden abgedrückt. Eine Brieftasche wurde durchblättert. In fliegender Hast notierte Tredjakoff das Kennwort für einen Banksafe, das Bunnin ihm zuraunte.

Mit einem tiefen Atemzug richtete John Sharp sich wieder im Sessel auf. Kaum eine Minute hatte er geschlafen. In sein Ohr drangen die Worte Tredjakoffs, der ihm die Schwierigkeiten auseinandersetzte, die Odds für die Wetten während des Reading-Rennens den veränderten Gewinnchancen anzugleichen.

„Ich weiß nicht, Mr. Tredjakoff... ich glaube, ich war einen Augenblick nicht ganz anwesend..."

„Oh, ein Unwohlsein, Mr. Sharp?... Vielleicht die ungewohnte Frühlingsluft heut?... Darf ich Ihnen etwas Eiswasser einschenken?"

Sharp trank aus dem dargebotenen Glase. In wenigen Minuten fiel die Müdigkeit von ihm ab. Er konnte den Mitteilungen der Russen wieder folgen. Mit leisem Zweifel hörte er, daß Bunnin die Summe, die in den Vereinigten Staaten voraussichtlich auf das Reading-Rennen gewettet werden würde, auf eine Milliarde Dollar schätzte. Als er sich von seinen Gästen trennte, nahm er die Erinnerung an eine höchst anregende und interessante Stunde mit.

***

An der Westseite der Bucht, der Bay City seinen Namen verdankt, liegen die Reading-Werke. Weit ausgedehnte Fabrikanlagen und Montagehallen, von denen aus der verstorbene Morgan Reading während vieler Jahre Amerika mit seinen Flugzeugen versorgte, wie es ähnlich Henry Ford vor der großen Wirtschaftskrise von Detroit aus mit Kraftwagen tat. Am laufenden Band wurden hier die kleinen Privatflugzeuge zusammengebaut, die besonders nach Kanada hin reißenden Absatz fanden. Andere Abteilungen der Werke beschäftigten sich mit der Serienfabrikation der großen mehrmotorigen Postflugzeuge, die für den Verkehr auf den offiziellen Luftlinien der Vereinigten Staaten bestimmt waren. Überall wurde nach den Methoden einer aufs höchste rationalisierten Fabrikation gearbeitet. Jede Minute dröhnte ein Glockenschlag und das breite Montageband, auf dem viele Dutzende der schimmernden Flugzeugrümpfe ruhten, rückte um einen Arbeitsakt vorwärts. Andere Transportbänder stießen aus den großen Seitenschiffen der großen Montagehalle rechtwinklig auf das Hauptband zu und brachten alle Einzelteile auf die Sekunde pünktlich so heran, wie sie im Gang der Montage benötigt wurden.

Jede Minute ein Arbeitsakt! Das bedeutete, daß jede Minute ein fertiges Flugzeug das Hauptband verlassen mußte. Sechzig Flugzeuge in der Stunde, 480 Flugzeuge im Verlauf des achtstündigen Arbeitstages waren das Ergebnis der konzentrierten Tätigkeit, die hier unter Zuhilfenahme aller technischen Mittel geleistet wurde.

Wie oft hatte John Sharp in diesen Räumen geweilt und mit der Uhr in der Hand das präzise Ineinandergreifen der Arbeitsvorgänge verfolgt. Heut galt sein Interesse anderen Dingen. Mit Frank Kelly stand er vor den Montagehallen am Ufer des Lake Huron und ließ sich die Luft um die Stirn wehen. Ein kräftiger Südwest war über Nacht aufgekommen, hatte das Eis in der Bucht zerbrochen und in den offenen See hinausgetrieben. Tiefblau schimmernd und blitzend im Sonnenschein dehnte sich die wogende Wasserfläche, so weit das Auge reichte. Wie Scharen wilder Schwäne ließen sich die Flugzeuge, so wie sie aus der laufenden Fabrikation der Werke kamen, darauf nieder, stiegen wieder auf, flogen Runden, wasserten danach von neuem. Ein berückendes Bild war es, das sich hier bot, aber John Sharp hatte auch dafür kaum einen Blick übrig. Alle seine Gedanken kreisten um den Reading-Preis und die Möglichkeiten, ihn für die Reading-Werke zu gewinnen.

„Wir haben es mit einer schweren Konkurrenz zu tun, Kelly“, sagte er, „die letzten Nachrichten aus Europa machen mir Sorgen.“

Frank Kelly machte eine abwehrende Bewegung. „Ach was, Sharp! So leicht lassen wir uns hier in Bay City nicht ins Bockshorn jagen. Was sind denn das für Nachrichten, die Ihnen den Appetit verderben?“

John Sharp faßte ihn unter den Arm und schritt mit ihm den langen Landungssteg entlang, der vor den Werken in die Bucht hinausgebaut war.

„Das sind zunächst die Meldungen der Italiener.“

Kelly schüttelte den Kopf. „Ah, bah, die Italiener! Sehen Sie sich nur ihre Flugroute an! Nur aus Prestigegründen haben sie diesen Weg gewählt. Es kann sie im Falle von Havarien teuer zu stehen kommen. Von Tripolis nach Rom. Weiter über Schottland, Grönland und Baffins-Land nach Vancouver. Danach der lange Seeflug nach den Haymet-Klippen und von dort der noch viel längere nach Lourenco Marques. Eine unsinnige Route! Mehr als der halbe Erdumfang ist Wasserweg ohne natürliche Stützpunkte.“

„Ich verstehe Sie nicht recht, Kelly. Was hat die Wahl dieses Weges mit dem italienischen Prestige zu tun?“

„Aber das ist doch vollkommen klar, Sharp. Sie berühren gleich im ersten Teil des Fluges ihre Hauptstadt, und wenn sie das Glück haben sollten, den Preis zu gewinnen, fliegen sie das kurze Stück von ihrem Ziel in Tripolis bis nach ihrer Hauptstadt weiter und veranstalten dort eine rauschende Siegesfeier. Die Idee ist gar nicht einmal ungeschickt, denn sie erfüllen dabei die Bedingungen Morgan Readings und können für sich selbst doch einen Flug herausrechnen, der Rom als Start und Ziel hat. Aber dafür müssen sie den langen Überseeflug in Kauf nehmen und das dürfte ihre Aussichten auf einen Sieg doch sehr stark verringern. Bei Notwasserungen sind die Chancen viel schlechter als bei Notlandungen. Ich glaube die Herrschaften werden ihren Entschluß noch bitter bereuen.“

„Und ich glaube, Kelly, daß Sie sich da in einem schweren Irrtum befinden. Die italienische Regierung beabsichtigt eventuell diese Überseestrecke mit mehreren hundert gecharterten Schiffen zu besetzen. Soviel ich gehört habe, soll der Abstand der einzelnen Schiffe voneinander nur hundert Kilometer betragen. Stellen Sie sich einmal vor, was das bedeuten würde. Etwa alle zwanzig bis dreißig Minuten fänden die italienischen Piloten ein Schiff ihres Landes mit allem Nötigen an Bord. Diese Seestrecke würde dadurch viel sicherer als die langen Landstrecken, die von anderen Nationen überflogen werden müssen. Mir sind geradezu Bedenken aufgestiegen, ob wir unsere eigene Rennstrecke sehr glücklich gewählt haben."

Kelly überlegte einen Augenblick. „Nun ja, Sie mögen recht haben. Durch die Anlegung einer derartigen Etappenstraße verliert der Überseeflug viel von seinen Gefahren."

„Ich sage Ihnen, Kelly, diese italienische Organisation wäre genial, und was ich über die Flugzeuge gehört habe, die Rom in das Rennen schicken will, kann mich auch nicht gerade heiter stimmen. Sechs Maschinen vom gleichen Typ. Die berühmten dreimotorigen Gamma-Romea-Flugzeuge. Gut und gern 350 Kilometer Stundengeschwindigkeit... die Maschinen sind so zuverlässig, daß wenigstens eine von ihnen das Rennen wohl sicher ohne Panne beenden dürfte. Ich halte die Italiener für unsere gefährlichsten Nebenbuhler. Aber auch das, was mir über die englischen und französischen Maschinen zu Ohren kam, läßt einen äußerst scharfen Kampf um den Reading-Preis erwarten."

Frank Kelly zündete sich nachdenklich eine Zigarette an. „Hm... hm... 350 Stundenkilometer sollen die italienischen Maschinen leisten? Wissen Sie auch etwas über die Geschwindigkeiten der Engländer und Franzosen?"

„Nichts Definitives. Man munkelt von einer englischen Maschine mit 400 Stundenkilometer. 350 müßten wir auf jeden Fall in die Rechnung stellen. Ich wiederhole Ihnen, das wird ein schweres Rennen werden."

Mit einem vergnügten Lächeln warf Kelly den Rest seiner Zigarette in den See. „Kommen Sie mit, Sharp, und sehen Sie sich den Eagle an. Das wird Sie auf bessere Gedanken bringen." Er zog Sharp mit sich fort. Während sie zu einer der großen Hallen gingen, fragte der verwundert: „Eagle...? Adler...? Was soll das sein...?"

„Sie werden's gleich sehen. Vorher wird nichts verraten", meinte Kelly geheimnisvoll.

Und dann standen sie in der Halle vor einem funkelnden neuen Flugzeug, bei dessen Anblick John Sharp einen Ausruf der Überraschung nicht unterdrücken konnte. Mit Kenneraugen betrachtete er die wunderbar schnittigen Formen des ganz in Leichtmetall gehaltenen Apparates. Alles war hier zur Erzielung geringsten Luftwiderstandes in vollkommenen Stromlinien entwickelt und die vier mächtigen Propeller an den Stirnseiten der Schwingen verrieten, daß auch die nötige Maschinenkraft vorhanden war, um den mächtigen Metallvogel mit einer ganz außerordentlichen Geschwindigkeit durch die Lüfte zu reißen. ›The Eagle‹ stand in großen schwarzen Buchstaben auf dem Rumpf des Flugzeuges.

Lange Minuten stand John Sharp in Gedanken versunken davor, bis Kelly ihn anstieß.

„Nun? Was sagen Sie zu meinem Eagle, Sharp?"

„Fabelhaft... einfach fabelhaft... wenn die Maschine hält, was ihr Aussehen verspricht."

„Wollen wir wetten, Sharp? Ich gebe Ihnen 100 Dollars für jeden Kilometer, den der Eagle unter 500 bleibt, Sie zahlen mir 100 Dollars für jeden Kilometer, den er darüber macht."

„Angenommen, Kelly! Die Wette halte ich. Hoffentlich muß ich Ihnen recht viel zahlen." Bekräftigend schlug er in die dargebotene Rechte Kellys.

„Ihr Scheckbuch haben Sie doch wohl bei sich", fragte der trocken.

„Warum, Kelly?"

„Weil wir die Wette gleich austragen wollen." Er trat zu einem Telephonapparat an der Hallenwand und gab Befehle.

Automatisch gingen die gewaltigen Schiebetüren an der Stirnwand in der Halle auseinander. Dutzende eifriger Hände zogen und schoben den schimmernden Vogel ins Freie. Die Propeller wurden angeworfen, knatternd und fauchend setzte das Spiel der Motoren ein. Kelly gab neue Befehle. „Hobby und Pender sollen kommen. Probeflug mit dem Eagle!“...

Er wandte sich wieder an Sharp. „Es sind unsere besten Piloten. Ich beabsichtige sie mit dem Eagle in das Rennen zu schicken.“

Die Gerufenen erschienen und kletterten in den Führerstand der Maschine. Sharp und Kelly folgten ihnen nach. Schneller wirbelten die Propeller. Unter ihrem Zug rollte das Flugzeug über den Strand in das Wasser.

„Nehmen Sie Ihre Uhr in die Hand und merken Sie sich die Zeit, Sharp“, sagte Kelly. „Von hier quer über den See bis nach Mattawa drüben in Kanada sind es genau 500 Kilometer. Notieren Sie unsere Startzeit und nachher die Minute, in der wir über Mattawa wenden.“

Noch einen kurzen Befehl an die Piloten. Im Augenblick ging das Knattern der Motoren in ein wildes Dröhnen und Donnern über. Schnell und immer schneller glitt der Eagle über den See. Schon hoben sich seine Schwimmer aus dem Wasser. Jetzt lag er frei in der Luft, schoß mit einer phantastischen Geschwindigkeit vorwärts und stieg dabei unablässig. ›Ein Uhr drei Minuten gestartet‹ notierte sich John Sharp mit einem Bleistift auf seiner Manschette. Als er damit fertig war, lag der Seespiegel tief unter ihnen. In tausend Meter Höhe raste das Flugzeug auf Nordostkurs durch die Lüfte. Schon waren die Reading-Werke weit hinter ihnen. Kelly wies mit der Hand nach Steuerbord.

„Da rechts voraus muß bald Port Austin am Ausgang der Saginaw-Bucht in den Lake Huron in Sicht kommen. Notieren Sie die Zeit, wenn wir es überfliegen. Es ist gerade hundert Kilometer von Bay City entfernt.“

›Ein Uhr sechzehn Minuten‹ kritzelte John Sharp auf seine Manschette, als die Häuser von Port Austin hinter dem Eagle zurückblieben. Dann begann er zu rechnen. „Hundert Kilometer in dreizehn Minuten... in einer Minute den dreizehnten Teil... in sechzig Minuten sechzigmal soviel... Kelly, das sind ja nur 460 Stundenkilometer! 40 zu wenig. Ich glaube, Sie sind mir 4000 Dollar schuldig.“

Kelly lachte. „Erst abwarten und dann Tee trinken! Wir werten die Zeit zwischen unserem Abflug und unserer Rückkunft in Bay City für die Streckenlänge von tausend Kilometern.“

„Aber immerhin, Kelly, bis jetzt, ich muß dabei bleiben, bis jetzt waren's nur 460 Stundenkilometer."

„Nach Ihrer Messung, Sharp. Aber Sie haben die Zeit von Port Austin erst genommen, als wir das Nest schon im Rücken hatten. Sie müssen weiter bedenken, daß der Eagle erst tausend Meter steigen mußte. Das bedeutet natürlich Geschwindigkeitsverlust. Sie müssen schließlich berücksichtigen, daß die Tanks der Maschine im Augenblick Betriebsstoff für 3000 Kilometer enthalten. Die große Last drückt auch auf die Geschwindigkeit. Aber mit jedem Kilometer, den wir weiter kommen, wird der Eagle durch den Brennstoffverbrauch leichter und schneller."

„Wir werden sehen, Kelly. Sie dürfen sicher sein, daß ich Ihnen nach unserer Rückkehr mit Vergnügen jede Summe bezahlen werde. Je höher, desto lieber."

Der Eagle hatte inzwischen eine Höhe von 2000 Metern erklommen und jagte in pfeilgeradem Kurs über den See. Eine halbe Stunde mochte vergangen sein, da kam voraus Land in Sicht. Eine schmale Halbinsel, welche die Georgian-Bay vom Huronen-See trennt. Noch einmal ein Wasserflug von zehn Minuten, dann schoß der Eagle über die kanadische Ebene dahin, machte über dem Flecken Mattawa eine scharfe Schleife und raste den gleichen Kurs zurück, auf dem er hierher gekommen war. Im Moment der Wendung zeigte Sharps Chronometer genau zwei Uhr. Wieder begann er zu rechnen. 500 Kilometer in 57 Minuten... er dividierte und multiplizierte angestrengt... „Alle Wetter, Kelly, das macht ja 526 Stundenkilometer. Mir scheint's, jetzt bin ich Ihnen 2600 Dollar schuldig."

Kelly schmunzelte vergnügt. „Ich hoffe, daß es bis Bay City noch etwas mehr werden. Jetzt ist der Eagle erst so recht in Schuß. Ich hoffe, die Wette wird Sie allerlei kosten."

Er griff zum Telephon und sprach zu den Piloten. Und dann heulten die Motoren des großen Vogels noch stärker, wirbelten seine Propeller noch schneller. Schon lag der See wieder unter ihnen, schon kam die Saginaw-Bucht wieder in Sicht. Dann lagen die Reading-Werke wieder vor ihnen.

›Zwei Uhr 49 Minuten 30 Sekunden‹ las John Sharp vom Zifferblatt seines Chronometers ab, als die Schwimmer des Eagle den Seespiegel berührten.

Eifrig begann er zu rechnen. Frank Kelly klopfte ihm auf die Schulter. „Unnötige Mühe, lieber Freund. Ich habe das Resultat schon. Mit durchschnittlich 560 Stundenkilometern hat der Eagle den Flug gemacht. 6000 Dollars dürfte Sie der Spaß kosten."

„Mit Vergnügen, Kelly, mit größtem Vergnügen." John Sharp zog sein Scheckbuch und füllte ein Blatt daraus auf den Betrag aus.

Während sie zusammen über den Werkplatz schritten, rechnete er weiter. Sprach dabei: „560 Stundenkilometer... wenn ich richtig gerechnet habe, Kelly, macht das eine reine Flugzeit von 71 Stunden und 30 Minuten für den Weg um den Erdball... wenn's beim Rennen ebenso klappt. Rechnen wir zehn Zwischenlandungen für Betriebsstoffaufnahme mit zusammen etwa sieben bis zehn Stunden dazu... Ich glaube, Kelly, man könnte jetzt die Stundenzahlen von 80 bis 85 mit einiger Aussicht auf Gewinn bei den Herren Harrow & Bradley wetten."

„Kann sein, daß Sie recht haben. Trotzdem möchte ich Ihnen dringend davon abraten." John Sharp sah ihn verwundert an.

„By Jove, Kelly, ich verstehe Sie nicht, warum soll ich nicht ebenso wetten können wie jeder andere Bürger der Vereinigten Staaten?"

„Weil Sie der Präsident des Reading-Kuratoriums sind. Wenn Sie... sei es persönlich, sei es durch Mittelmänner... eine Wette bei Harrow & Bradley legen, würde es schneller bekannt werden, als Sie ahnen. Unsere Konkurrenten würden aus den von Ihnen gesetzten Zahlen sofort ihre Rückschlüsse auf die Geschwindigkeit unserer Maschinen ziehen und danach ihre Maßnahmen treffen."

John Sharp strich sich über die Stirn.

„Sie haben recht, Kelly. Das darf nicht sein. Die Leistungen des Eagle müssen geheim bleiben, bis der Startschuß zum Rennen fällt."

„Durchaus geheim, lieber Sharp. Ich gehe noch weiter und sage sogar, die Existenz des Eagle und seiner beiden Schwestermaschinen muß der Welt bis zum Beginn des Rennens verborgen bleiben. Die Reading-Werke werden mit zwei dieser Maschinen in das Rennen gehen und... hoffentlich den Preis gewinnen."

Während dies Gespräch vor der großen Montagehalle der Reading-Werke stattfand, stand im European-Hotel in Mattawa Herr Hidetawa am Fernsprecher und telephonierte mit Yoshika in Bay City.

„Das neue Viermotorenflugzeug der Reading-Werke hat Mattawa um zwei Uhr überflogen und gewendet."

Yoshika notierte die Zeitangabe zu anderen Ziffern auf einem Block, auf dem das Wort Eagle zu lesen war.

***

Je weiter die Zeit vorschritt, um so stärker nahm das kommende Reading-Rennen das allgemeine Interesse in Anspruch. Auch bei dem Empfang, den der französische Generalkonsul in New York, Monsieur Gérardin, am 15. März in seinen Gesellschaftsräumen des Konsulates abhielt, war reichlich viel davon zu spüren.

Eben drangen noch die Klänge eines Tango aus dem Lautsprecher, nach dessen Rhythmus sich elegante Paare auf dem Parkett des großen Gesellschaftssaales bewegten. Jetzt verstummten sie und Worte flatterten aus der Membrane:

„Nachricht vom Reading-Rennen: Gestützt auf die Erfahrungen des Herrn von Gronau hat sich die deutsche Regierung entschlossen, für Start und Ziel einen Punkt an der Ostküste Grönlands unter 35 Grad westlicher Länge zu wählen. Die Stelle liegt auf dem nördlichen Polarkreis in der Schreckensbucht. Der Gegenpunkt liegt in Claryland am Rand des antarktischen Kontinents. Die deutsche Regierung hat sich zu dieser Wahl entschlossen, weil an beiden Stellen schon seit längerer Zeit deutsche meteorologische Stationen bestehen und zum Teil bereits überwintert haben. Sie gedenkt die wissenschaftlichen Niederlassungen für die Organisation der Rennstrecke nutzbar zu machen."

Die Meldung war beendet und wurde durch die Melodie eines English Waltz abgelöst. Unter den Gästen wurde die Nachricht lebhaft besprochen. ›Poor Germany!‹ konnte man an mehr als einer Stelle hören, ›das arme Deutschland muß mit seinen Stationen in die Fremde gehen...‹

Monsieur Gérardin nahm ein Glas mit Eissorbet von dem Tablett, das ein livrierter Diener anbot.

„Ja, mein lieber Tredjakoff“, sagte er mit einem etwas boshaften Lächeln zu seinem Gegenüber, „so kann es kommen, wenn man seine Kolonien verloren hat. Die Schreckensbucht… ich finde, das ist nicht gerade ein sehr ermutigender Name für Start und Ziel eines solchen Rennens.“

Der Russe schüttelte den Kopf. „Die Deutschen sind nicht abergläubisch, Herr Generalkonsul. Sie werden sich die Sache sehr genau überlegt haben. Zufälligerweise sind mir die Verhältnisse an der Ostküste Grönlands ein wenig bekannt. Es gibt da unmittelbar an der Küste vielfach eisfreies ruhiges Meer. Die deutsche meteorologische Station liegt auf einem völlig ebenen, allerdings vergletscherten Plateau. Die Bedingungen dürften für ein Wassern oder Landen gleich gute sein. Ich glaube, der Platz ist sogar recht geschickt ausgesucht worden.“

„Sapristi! Ist das wirklich Ihre Meinung, Herr Tredjakoff? Haben wir es da vielleicht mit einem besonderen Trick der Deutschen zu tun?“

„Das will ich nicht sagen, Herr Gérardin. Aber betrachten Sie die Lage. Genau genommen ist ja Deutschland ohne seine Kolonien bei diesem Rennen in einer günstigeren Situation als alle anderen Staaten. Es braucht keine Rücksichten auf irgendwelche Prestigegründe zu nehmen, sondern kann sich seine Punkte überall auf dem Erdball suchen, wie es ihm am günstigsten scheint. Manchmal, mein verehrter Herr Generalkonsul, ist der ärmste Mann der reichste.“

Sichtlich verstimmt schlürfte Monsieur Gérardin seinen Sorbet.

„Man hört auffallend wenig über die Rennvorbereitungen in Ihrem alten Vaterland, Herr Tredjakoff“, sagte er nach einer Weile. „Es wäre doch wichtig, irgend etwas darüber zu erfahren. Ich weiß nicht, ob Sie noch Beziehungen dorthin haben…“

Tredjakoff machte eine abwehrende Bewegung. „Ich habe mit den Mördern in Moskau keine Beziehungen, Herr Gérardin. Nur gelegentlich kam mir durch andere Emigranten, denen es in letzter Zeit gelang, aus der bolschewistischen Hölle zu fliehen, das eine oder andere über die russischen Vorbereitungen zu Ohren. Ich weiß nicht, ob diese Nachrichten authentisch sind, aber ich muß sagen, daß sie sich auffallend mit meinen eigenen Anschauungen decken."

„Oh, das interessiert mich, Herr Tredjakoff. Würden Sie mir verraten, was das für Anschauungen und für Nachrichten sind?"

„Warum nicht? Nach meiner Ansicht wird das Reading-Rennen für Rußland eine grandiose Blamage werden. Das ist übrigens auch die Meinung meines Freundes Bunnin, der sich heut die Ehre gab, Ihrer Einladung zu folgen. Er wird es Ihnen gern bestätigen."

Monsieur Gérardin zuckte die Achseln. „Ich begreife, Herr Tredjakoff, Sie sind kein Freund der Sowjets. Aber ist Ihre Anschauung nicht doch ein wenig voreingenommen?"

„Ich kann nur sagen, daß sie durch das Wenige, was mir aus Moskau und Udinsk zugetragen wurde, unterstützt wird. Die Sowjets beabsichtigen mit sechs Paradestücken ihrer neuen sibirischen Industrie in das Rennen zu gehen. Sie werden bis zum letzten Moment bestrebt bleiben, das Schönste und Beste und Schnellste in die Konkurrenz zu schicken. Aber gerade dadurch werden sich ihre Chancen verderben, denn logischerweise müssen das unerprobte Maschinen sein."

Der Konsul nickte. „Es klingt nicht unwahrscheinlich, mein lieber Tredjakoff. Bis jetzt hat man wirklich noch nichts von irgendwelchen hervorragenden Leistungen der neuen russischen Industrie vernommen. Hörten Sie zufälligerweise auch etwas von den japanischen Absichten?"

„Nur wenig, Herr Gérardin, und das Wenige ohne Gewähr. Es ist Ihnen ja auch bekannt, wie verschlossen die Herrschaften aus dem fernen Osten sind und wie sie ihre Geheimnisse zu wahren wissen. Gerüchtweise hieß es einmal, daß die Japaner zwei Flugzeuge modernster Art von den deutschen Eggerth-Werken gekauft haben und dabei sind, nach diesen Vorbildern eigene, noch bessere Maschinen zu entwickeln. Aber wer weiß, ob diese Nachricht nicht schon wieder überholt ist. Die Herren in Tokio haben ihre Agenten wahrscheinlich überall in der Welt und werden sicherlich redlich bemüht sein, aus den Erfindungen und Arbeiten der anderen das Beste für sich selbst zu machen."

Mr. Owens, Korrespondent der New Yorker Morning-Post, der mit zwei anderen Herren an einem Nachbartisch saß, wunderte sich über die plötzliche Zerstreutheit seiner Tischgenossen. Noch bis vor kurzem hatten die Herren Hidetawa und Yoshika seinen Ausführungen über die Wahlaussichten der New Yorker Demokraten interessiert zugehört. Jetzt schien ihre ganze Aufmerksamkeit dem Tisch des Generalkonsuls zu gehören. Angespannt versuchten sie kein Wort von dem zu verlieren, was dort gesprochen wurde. Es dauerte mehrere Minuten, bevor der Mann von der Morning-Post wieder Gehör für seine politischen Weisheiten bei ihnen fand... oder doch wenigstens scheinbar fand, denn in Wirklichkeit waren die Gedanken der Herren Hidetawa und Yoshika ganz wo anders.

Was war das für ein Russe da bei Monsieur Gérardin, der sich als Emigrant ausgab und sich so merkwürdig genau über die japanischen Absichten informiert zeigte? Möglicherweise ein Agent der Sowjets, der hier unter zaristischer Maske seine Geschäfte betrieb? Konnte man es vielleicht versuchen, den Mann zu kaufen?...

Während Mr. Owens kurze Zeit mit einem Vorbeigehenden sprach, wechselten sie hastig japanische Worte. Wurden sich im Moment einig, daß der Versuch gemacht werden müsse.

Der Empfang im Konsulat ging seinem Ende zu. In größeren und kleineren Gruppen verabschiedeten die Gäste sich von Monsieur Gérardin, um zu den Garderoben zu gehen. Gerade als er den Herren Tredjakoff und Bunnin die Hand zum Abschied drückte, trat auch Hidetawa hinzu und hatte noch Gelegenheit, ihre Namen aus dem Munde des Konsuls zu hören. Wie von selbst machte es sich, daß Hidetawa auch neben ihnen stand, als sie ihre Garderobe in Empfang nahmen. Ein besonderes Glück war es freilich, daß der Wagen des Japaners in dem Gewühl des New Yorker Straßenverkehrs demjenigen der Russen bis zum Buchanan-Hotel in der 43. Straße folgen konnte. Es war um die Mittagszeit des folgenden Tages. Im Restaurant des Buchanan-Hotels saßen Tredjakoff und Hidetawa zusammen. Sie hatten sich einen Tisch in einer Wandnische ausgesucht, wo sie vor unerwünschten Zuhörern sicher, ungestört miteinander sprechen konnten. Schon eine Stunde währte ihre Unterhaltung.

Tredjakoff konnte eine gewisse Aufregung und Beunruhigung nicht unterdrücken. Das Gesicht des Japaners war unbewegt und gleichmütig. Der stereotype Schimmer eines Lächelns verbarg alle Gedanken und Gefühle, die er etwa hegen mochte. Es arbeiteten aber mancherlei Gedanken hinter dieser Maske.

›... Unter den Sowjets sind die Russen ebenso käuflich wie unter der Zarenherrschaft‹, dachte der Japaner. ›Man bekommt alles von ihnen, was man haben will, man muß ihnen nur den richtigen Preis bieten. Mit dem hier werde ich auch einig werden.‹

Die Gedanken Tredjakoffs waren von anderer Art. Wie hatte der verfluchte Hund es nur herausbekommen, daß er und Bunnin Sowjetagenten waren? Wie hatte er ihn an dem Tisch hier Schritt für Schritt in die Enge getrieben! Er verwünschte sich selbst, daß er gestern dem Generalkonsul auch über die japanischen Vorbereitungen gesprochen hatte. Dadurch hatte er den andern erst auf die richtige Spur gebracht. Jetzt war er in einer fatalen Zwangslage. Bekamen seine Auftraggeber in Moskau von diesen Dingen Wind, dann war seine Rolle hier ausgespielt. Dann würde er als unfähig zurückgerufen, hatte Untersuchung, Gefängnis, eine Kugel ins Genick zu erwarten... Sollte er auf das Anerbieten des anderen eingehen, ein doppeltes Spiel spielen?... Die Lage wurde dadurch vielleicht noch gefährlicher... aber die Gefahr einer sofortigen Entdeckung wurde geringer... Und der Preis, den der Japaner bot... verlockend hoch war der...

Die eigentliche große Aufgabe, die Beschaffung der Reading-Pläne... die mußte natürlich vollkommen geheim bleiben. Aber mancherlei andere wertvolle Nachrichten über die Vorbereitungen der Konkurrenten für das Rennen... warum sollte man die den Japanern nicht zu möglichst hohen Preisen verkaufen...? Es würde sich niemals feststellen lassen, von wem die Gegenpartei ihre Informationen hatte...

Die Stimme Hidetawas riß ihn aus seinem Grübeln.

„Haben Sie sich meinen Vorschlag überlegt, Herr Tredjakoff? Ich zahle Ihnen sofort fünftausend Dollar, wenn Sie noch eine Stunde hier mit mir sitzenbleiben und alle meine Fragen nach bestem Wissen beantworten. Eine Quittung über diese Summe verlange ich nicht von Ihnen. Unsere ferneren

Beziehungen würden sich ganz nach dem größeren oder geringeren Wert entwickeln, den Ihre jetzigen Mitteilungen für mich haben."

Während Hidetawa sprach, hatte er ein Bündel Banknoten aus der Tasche gezogen und ließ die einzelnen Scheine wie spielend durch die Finger gleiten. Unter halb geschlossenen Lidern beobachtete er dabei, wie die Blicke des Russen nach dem Notenbündel schielten.

Der raffte sich jetzt zur Antwort auf. „Meinetwegen, Mr. Hidetawa. Wenn Sie meinen, daß meine Mitteilungen diesen Wert für Sie haben könnten..."

Der Japaner schob ihm das Notenbündel hin, das schnell in Tredjakoffs Tasche verschwand.

„Denken Sie daran, Mr. Tredjakoff, wenn Sie mir jetzt meine Fragen beantworten, daß Sie diese Summe noch öfter verdienen können. Es wird alles vom Wert Ihrer Antworten abhängen."

Tredjakoff warf einen Blick auf seine Uhr. „Ich habe mich Ihnen für eine Stunde verpflichtet. Bitte stellen Sie Ihre Fragen, Mr. Hidetawa."

„Meine erste Frage lautet: Was wissen Sie über die Vorbereitungen der Amerikaner für das Rennen?"

Tredjakoff überlegte einen Augenblick. Dann begann er.

„Unter den amerikanischen Bewerbern stehen die Reading-Werke an erster Stelle. Sie werden mit zwei Maschinen der neuen Eagle-Type in das Rennen gehen..."

Mit keiner Miene verriet der Japaner, daß ihm die Existenz des Eagle bereits bekannt war, aber er machte sich eifrig Notizen, als Tredjakoff ihm jetzt eine Fülle von Konstruktionsdaten dieser Type mitteilte. Stärke und Zylinderzahl der Motoren, Hub, Bohrung, Umdrehungszahlen, Kompression und noch vieles andere mehr rasselte der herunter, als ob er es auswendig gelernt hätte. Hidetawa schrieb und staunte, wie die Russen sich diese Daten verschafft haben mochten. Schon jetzt schienen ihm die fünftausend Dollar ein recht gut angelegtes Kapital zu sein. Aber der Russe war mit seiner Antwort noch längst nicht zu Ende. Er berichtete weiter von den beiden Maschinen der Liberty-Werke in Ohio, von der Goodyear-Maschine und von denjenigen der Rexton-Werke in Saint-Louis. Bei jeder Type gab er eine Fülle von

Konstruktionszahlen, als ob er die betreffenden Pläne lange studiert hätte. Nur mit Mühe konnte Hidetawa alle Zahlen zu Papier bringen. Endlich war der Russe damit fertig.

„So, Mr. Hidetawa“, sagte er mit einem Seufzer der Erleichterung, „jetzt bin ich leer wie ein umgekippter Schubkarren. Was ich von Amerika weiß, wissen Sie jetzt auch. Sind Sie mit meiner Antwort zufrieden?“

Hidetawa machte ihm eine leichte Verbeugung. „Ich bewundere Ihren Nachrichtendienst, Mr. Tredjakoff. Ihr Material ist lückenlos. Ich glaube, Sie haben Ihre Vertrauensleute in allen amerikanischen Flugzeugwerken.“

›Bleibe nur bei deinem Glauben‹, dachte Tredjakoff für sich. ›Ein Glück, daß du die Zahlen nicht kontrollieren kannst.‹ Laut fuhr er fort:

„Was hätten Sie weiter zu fragen, Mr. Hidetawa?“

„Wissen Sie Näheres über die deutschen Vorbereitungen?“

„Da bedaure ich Ihnen nur wenig sagen zu können. Die Eggerth-Werke sollen dabei sein, die Maschinenstärke ihres ›Seeschwalbe-Typs‹ noch bedeutend zu erhöhen. Man munkelt von einer neuen Erfindung Professor Eggerths auf dem Gebiet des Zweitaktmotors. Bei sonst gleichbleibenden Verhältnissen und Gewichten soll die ›Seeschwalbe‹ dadurch auf fast 500 Stundenkilometer gebracht worden sein...“ Hidetawas Lächeln wurde bei dieser Mitteilung etwas säuerlich. Tredjakoff, der um den Kauf der Japaner in den Eggerth-Werken wußte, konnte sich den Grund dafür unschwer denken.

„Aber das sind natürlich nur unsichere Informationen“, fuhr er fort, „Mitteilungen, die man uns aus Moskau gab, um einen gewissen Maßstab für unsere eigenen Ermittlungen hier in Amerika zu haben. Dazu gehören auch die Gerüchte um ein Stratosphärenflugzeug der Eggerth-Werke. Es darf heut als fast sicher gelten, daß Professor Eggerth dies Flugzeug nicht in das Rennen schicken wird, weil es noch nicht genügend entwickelt ist. Aus dem gleichen Grunde verzichten die Rabe-Werke darauf, ihre Schwingenflieger an der Konkurrenz teilnehmen zu lassen. Deutschland wird ausschließlich durch Ganzmetalleindecker mit Geschwindigkeiten zwischen 300 und 500 Stundenkilometern in dem Rennen vertreten sein.“

Im Anschluß an diese Mitteilung gab der Russe wiederum eine Reihe von Konstruktionsdaten zum besten, die der Japaner sich eifrig notierte. Dann fehlten noch zehn Minuten an der ausgemachten Stunde, und Hidetawa benutzte sie, um noch möglichst viel über die englischen und französischen Vorbereitungen zu erfahren. Aber was ihm Tredjakoff darüber erzählen konnte, ging an keiner Stelle über dasjenige hinaus, was die japanischen Agenten schon selbst in diesen Ländern ermittelt hatten. In der Hauptsache galt hier das gleiche wie für Deutschland. Weder die Engländer noch die Franzosen dachten daran, ihre ultraschnellen Sportmaschinen in das lange Rennen zu schicken, weil sie die Gefahrpunkte dieser Typen zur Genüge kannten. Was nutzte es denn, mit Rekordmaschinen von 800 Stundenkilometern in das Rennen zu gehen, wenn man mit ziemlicher Sicherheit bei der ersten Wasserung Kleinholz erwarten mußte. Tredjakoff nahm seine Uhr vom Tisch. „Mr. Hidetawa, unsere Stunde ist um. Sind Sie mit meinen Nachrichten zufrieden?“

„Durchaus, Mr. Tredjakoff! Meine Adresse ist Ihnen bekannt. Ich bitte Sie zu mir zu kommen, sobald Sie neues Material haben.“

Nach langem Überlegen entschloß sich Tredjakoff, seinen Mitarbeitern Bunnin und Perow nichts von den eben so schnell verdienten Dollars zu erzählen. Verschwiegenheit schien ihm bei solchen etwas dunklen Geschäften das Gegebene, und in diesem besonderen Falle enthob ihn sein Schweigen der Notwendigkeit, die Summe mit zwei anderen zu teilen.

Wieder in den Eggerth-Werken

Professor Eggerth hatte seine engsten Mitarbeiter zu einer Besprechung gebeten. Vor ihm lag das Protokoll über die letzten Dauerflüge der ›Seeschwalbe‹ mit den verbesserten Zweitaktmotoren, daneben ein Stoß Zeitungen und andere Schriftstücke. Hein Eggerth beugte sich zu ihm hin und tippte selbstbewußt mit dem Zeigefinger auf das Protokoll.

„Ich glaube, Vater, mit der ›Seeschwalbe‹ können wir jetzt zufrieden sein. Oder hast du etwa noch irgendeine neue große Überraschung für uns in petto?“

Der Professor deutete auf den Kalender. „Mein lieber Junge, wir schreiben heut den 15. Mai. Da ist für Überraschungen und Neukonstruktionen keine Zeit mehr. Unsere Arbeitspläne stehen fest. Außer den beiden Maschinen, mit denen ihr die Erprobungsflüge machtet, haben wir eine Serie von zehn Maschinen der gleichen Type im Bau. In demselben Tempo wie die Maschinen fertig werden, müssen sie eingeflogen werden. Abänderungen irgendwelcher Art gibt es jetzt nicht mehr."

„Sie wären meiner Meinung nach auch absolut überflüssig, Vater. Ich denke, unsere Ziffern sprechen für sich selbst. Beim letzten Flug 9000 Kilometer in 20 Stunden... nicht der kleinste Zwischenfall... keine Spur einer Störung... die Motoren haben während der ganzen Zeit mit der Präzision eines Uhrwerkes gearbeitet..."

Während er sprach, blätterte der Professor in den Protokollen. An einer Stelle blieb sein Blick haften.

„Ihr habt den Betriebsstoff während des Fluges hier über unserem Platz von ›Seeschwalbe 2‹ auf ›Seeschwalbe 1‹ übernommen. Durchschnittlich immer nach 3000 Kilometern."

„Ich hatte vorgeschlagen, in der Luft zu tanken, Herr Professor", sagte Oberingenieur Vollmar. „Es ließ sich gut machen, weil wir die beiden völlig gleichen Maschinen zur Verfügung hatten."

Der Alte nickte. „Ich habe das Überfüllen selbst mit angesehen. Mein Kompliment, meine Herren. Es klappte wirklich ganz wunderbar. Sobald Maschine 2 in gleichem Kurs über Maschine 1 flog, ging der Füllschlauch hinunter, und in fünf Minuten hatte Maschine 1 ihre Brennstoffladung für die nächsten 3000 Kilometer im Leib. In der Tat sehr schön und praktisch. Nur dürfen Sie nicht vergessen, daß sich solche Tankgelegenheiten während des Reading-Rennens nicht bieten werden. Da heißt es eben je nach den Umständen wassern und landen, wenn neuer Betriebsstoff genommen werden soll."

„Ich könnte mir immerhin eine Organisation denken, Herr Professor", sagte der Oberingenieur, „die auch während des Reading-Rennens selbst ein Tanken in der Luft ermöglicht. Es wäre dazu nur erforderlich, an unseren

Betriebsstofflagern auf der Rennstrecke auch noch geeignete Flugzeuge zu stationieren."

Professor Eggerth schüttelte den Kopf. „Ist ausgeschlossen, Herr Vollmar! Es würde die Organisation unnötig komplizieren und verteuern. Nein, meine Herren, das Problem liegt anders herum. Die Maschinen, die wir in das Rennen schicken, müssen imstande sein, mit denkbar größter Betriebssicherheit jederzeit zu landen oder wassern zu können. Die Zuverlässigkeit unserer neuen ›Seeschwalbe‹ in der Luft während des Dauerfluges haben wir erprobt. Unsere nächste Arbeit muß darauf gerichtet sein, die unvermeidlichen Zwischenlandungen ebenso zuverlässig zu gestalten."

Bert Röge und Kurt Schmieden sahen den Professor fragend an. Hein Eggerth unterbrach das Schweigen. „Wie denkst du dir das, Vater?" Der Alte lachte.

„Üben, mein Junge! Da heißt es einfach üben und immer wieder üben! Hier auf unserem Flugplatz landen, irgendwo auf der Elbe wassern, bis ihr alle Eigenheiten der ›Seeschwalbe‹ vollkommen kennt und beherrscht."

„Aber erlaube, Vater! Bis jetzt hat noch keiner von uns Bruch mit der Maschine gemacht." Röge und Schmieden nickten ihm beistimmend zu.

„Ist richtig, meine Lieben. Wenn ihr welchen gemacht hättet, würde ich's euch auch nicht übel genommen haben. Die Landungsschwierigkeiten bei derartig schnellen Maschinen sind groß. Das weiß ich ebenso gut wie ihr. Man muß vor dem Landen oder Wassern... das bleibt sich gleich... die Geschwindigkeit bis zu einem kritischen Punkt abdrosseln. Drosselt man ein wenig zu stark, so sackt das Flugzeug ab und fällt wie ein Stein zu Boden. Drosselt man zu wenig, so ist die Geschwindigkeit im Augenblick der Bodenberührung noch gefährlich hoch, es kann schweren Bruch und anderes Unglück geben."

Die drei Piloten der ›Seeschwalbe‹ sahen sich verwundert an. Warum erzählte ihnen der Alte hier Dinge, die ihnen seit langem geläufig waren? Der fuhr unbeirrt fort: „Da heißt es also, sich durch fortgesetzte Übung... durch hundertmaliges... noch besser durch tausendmaliges Landen jenes feinste Fingerspitzengefühl für die richtige Landungsgeschwindigkeit zu erwerben.

Das ist mit der Grund, weshalb ich zwölf Maschinen vom Seeschwalben-Typ bauen lasse. Du, Hein, und auch Sie, Herr Röge und Herr Schmieden, müssen während der nächsten Monate soviel Maschinen zur Verfügung haben, daß gelegentliches Kleinholz Ihre Übungen nicht stört.

Verstehen Sie mich richtig! Zweierlei will ich haben, wenn das Rennen beginnt. Erstens wenigstens ein halbes Dutzend vollkommen eingeflogener Maschinen, von denen ich mir im letzten Augenblick die beste für das Rennen aussuche, und zweitens einen Stab von Piloten, die mit diesen Maschinen absolut vertraut sind."

Hein Eggerth nahm das Wort für die anderen.

„Ich glaube dich zu verstehen, Vater. Aber geht deine Vorsicht, fast möchte ich sagen, deine übertriebene Sorge in diesem Punkt nicht zu weit?"

Der Professor griff nach dem Stoß zu seiner Rechten und zog daraus eine englische Zeitung hervor.

„Bitte lies das, lies es laut vor! In den deutschen Blättern hat darüber noch nichts gestanden, man scheint die Nachricht von englischer Seite unterdrücken zu wollen."

Hein Eggerth überflog die Notiz und gab sie dann verdeutscht wieder.

„Schwerer Flugzeugunfall an der Kanalküste, zwei Tote. Eine Rennmaschine von Fisher & Ferguson machte gestern Probeflüge zwischen der Insel Wight und Kap Portland. Es soll dabei eine Stundengeschwindigkeit von 820 Kilometern erreicht worden sein. Beim Wassern gab es einen Unfall. Die Maschine wurde vollkommen zerstört. Die beiden Piloten konnten nur als Leichen geborgen werden."

Hein Eggerth ließ das Blatt sinken. „Nun ja, Vater. 820 und 450 Stundenkilometer, das ist ein gewaltiger Unterschied. Wir haben die ›Seeschwalbe‹ im Moment des Aufsetzens auf etwa 180 Kilometer abgedrosselt. Die verunglückte englische Maschine mußte doch mit wenigstens der doppelten Geschwindigkeit wassern.

Nehmen wir für den Moment des Aufsetzens mal 360 Stundenkilometer an. Das sind hundert Meter in der Sekunde, etwa Büchsenkugelgeschwindigkeit. Solchen Geschwindigkeiten gegenüber verhält sich ja das Wasser fast wie ein starrer Körper. Nur ein wenig zu hart aufgesetzt, und die Maschine muß zu Bruche gehen. Ich begreife nicht, wie Fisher & Ferguson sich auf derartig gefährliche Sachen überhaupt einlassen konnten."

Während der junge Eggerth sprach, suchte der Professor ein Schriftstück aus dem Stapel heraus und blätterte darin. Jetzt unterbrach er seinen Sohn:

„Du mußt die Engländer nicht für so töricht halten, Hein. Es ist ja für jeden Menschen, der etwas von der Sache versteht, vollkommen klar, daß sich eine Geschwindigkeit von 820 Stundenkilometern in der dichten Atmosphäre nur mit äußerst stark reduzierten Tragflächen erreichen läßt. Mit Tragflächen, die jedenfalls ein einigermaßen sicheres Aufsteigen und Landen nicht mehr gestatten. Das war den Herren Fisher & Ferguson natürlich auch bekannt.

Ich habe hier einen Bericht unseres Londoner Vertreters, der ziemlich genauen Aufschluß über den Unfall gibt. Das englische Flugzeug war mit ausschiebbaren Hilfsschwingen ausgerüstet..."

Oberingenieur Vollmar pfiff durch die Zähne. „Wenn das so leicht wäre", murmelte er vor sich hin. „Da können wir ja auch ein Lied von singen."

„Unser Vertreter schreibt", fuhr Professor Eggerth fort, „daß die ausgeschobenen Hilfsschwingen sich während des Aufstieges etwas verbogen haben müssen. Es gelang zwar, sie einzuholen, als sie aber vor der Wasserung wieder ausgeschoben werden sollten, versagte der Mechanismus. Offenbar ist er in Unordnung geraten, als die unter vollem Luftdruck stehenden Hilfsschwingen mit übermäßiger Gewalt eingezogen wurden. Jedenfalls steht das Ergebnis fest, daß es nicht möglich war, sie im kritischen Moment wieder auszuschieben. Die Piloten mußten infolgedessen mit einer überhohen Geschwindigkeit wassern und die Katastrophe war unvermeidlich. Der Rumpf der englischen Maschine wurde buchstäblich in Fetzen zerrissen, die Leiber der Piloten beim Aufschlag auf die See zerschmettert... Der Bericht schließt mit der Mitteilung, daß Fisher & Ferguson nach diesem Unglück nicht mehr die Absicht haben, ihre ultraschnellen Flugzeuge mit ausreckbaren Hilfsschwingen in das Rennen zu schicken."

Eine Weile herrschte Schweigen im Raum. Der jähe Fliegertod der englischen Kameraden ging den jungen Piloten der Eggerth-Werke nahe.

„Ikariden-Schicksal", sprach der Professor vor sich hin. „Unser Vertreter nahm an der Beisetzung der verunglückten Flieger teil und hat für unser Werk einen Kranz niedergelegt...", er fuhr sich mit der Hand über die Stirn, „lassen wir die Toten ruhen. Der Kampf geht weiter. Ich glaube, daß wir mit der neuen ›Seeschwalbe‹ gute Aussichten auf einen Erfolg haben."

„Sollen unsere St-Maschinen dem Rennen fernbleiben?" fragte Georg Berkoff. Der Professor warf ihm einen Blick zu.

„Die Entscheidung darüber, Herr Berkoff, behalte ich mir bis zur Nennung unserer Maschinen für den Reading-Preis vor. Es wird ganz davon abhängen, mit was für Maschinen unsere Konkurrenten antreten. Das kann ich Ihnen aber schon heute sagen, fernbleiben werden unsere drei Maschinen der St-Type dem Rennen nicht. Unter allen Umständen würde ich sie auf unserer Strecke als Hilfsschiffe einsetzen, um unsere im Rennen befindlichen Flugzeuge jederzeit unterstützen zu können.

Für die Stratosphärenschiffe gilt das gleiche wie für die Maschinen vom Typ der ›Seeschwalbe‹. Sie müssen bis zum 22. September gut eingeflogen und vollkommen in der Hand ihrer Piloten sein. Herr Berkoff und Herr Schmieden und die übrigen Führer der Stratosphärenschiffe werden ebenso unablässig zu üben haben wie die Bemannungen der anderen Typen. Dabei muß ich Ihnen immer wieder größte Vorsicht ans Herz legen. Sie dürfen nur bei Dunkelheit von unserem Platz aufsteigen und auch nur bei Dunkelheit irgendwo wassern. Es hat sich zwar leider nicht vermeiden lassen, daß über die Existenz unserer Stratosphärenschiffe allerlei bekannt wurde. Ihre wirklichen Leistungen aber müssen bis zum Augenblick unbedingt geheim bleiben."

„Danach handeln wir selbstverständlich, Herr Professor", erwiderte Georg Berkoff, „wir waren gestern mit ›St 1‹ über der Schreckensbucht. Da wird es ja jetzt überhaupt nicht mehr recht dunkel. In zehn Kilometer Höhe haben wir ein paar Schleifen über der Bucht geflogen und die meteorologische Station mit der Tele-Kamera aufgenommen. Kein Mensch hat da unten auch nur eine Spur von uns gemerkt. Die Aufnahmen habe ich übrigens bei mir, wenn es Sie interessiert", er reichte dem Professor einige Photos. Der betrachtete sie mit Interesse.

„Der Platz sieht ja ganz manierlich aus, Herr Berkoff. Soviel sich erkennen läßt, weithin eisfreies Wasser. Das Plateau mit der Station... es scheint ziemlich eben zu sein... trotzdem werden wir uns hier und überall dort, wo es angängig ist, nur auf Wassern einlassen. Doch davon wird später noch zu reden sein. Ich gedenke unseren Piloten für das Rennen genaue Anweisungen mitzugeben, entsprechend etwa den Segelanweisungen für die Wasser-Schiffahrt...“

Das Klingeln des Telephons unterbrach ihn. Er griff zum Hörer.

„Wie?... Was sagen Sie da, Wulicke?... In flagranti abgefaßt... Sie haben den Kerl doch richtig festgesetzt?... Im Sicherheitsraum der Werkzeugausgabe?... Da dürfte er in Numero Sicher sein... Sie haben ihn gründlich revidiert und ihm alles abgenommen... kommen Sie mit den Sachen gleich zu mir ins Konferenzzimmer.“ Er legte den Hörer wieder auf und wandte sich den anderen zu.

„Schöne Schweinerei, meine Herren. Da hat Meister Wulicke einen unserer Leute beim Skizzieren erwischt...“

Oberingenieur Vollmar fuhr zusammen. „Meister Wulicke?! Das heißt in der Montage der St-Schiffe. Mein Gott, wie ist so etwas möglich?“

Der Professor machte eine beschwichtigende Handbewegung. „Gedulden Sie sich, Herr Vollmar! Wir werden es gleich hören.“

Noch während sie sprachen, klopfte es an die Tür. Meister Wulicke kam herein. Er war noch außer Atem. Sein Haar war in Unordnung, eine frische Schramme auf seiner linken Wange verriet, daß es bei der Festnahme des Übeltäters nicht ganz friedlich zugegangen sein mochte.

Der Professor deutete auf einen Stuhl. „Setzen Sie sich, Meister, und berichten Sie uns.“

„Ja also, Herr Professor, da, jetzt eben in der Mittagpause... manche von den Leuten gehen ja in die Kantine, aber manche bleiben auch in der Werkstatt und essen da ihr Mitgebrachtes... also da sehe ich doch, wie der Schlosser Schulze 3 mit seinem Stullenpaket nach der Nordwestecke der Halle geht. Ich denke mir, der Mann wird sich da auf die Feilbank setzen wollen und achte nicht weiter darauf. Nach zehn Minuten gucke ich mal zufällig aus meiner Bude raus. Ich kann durch die Scheiben auch die Feilbänke übersehen, aber da sitzt kein Schulze 3.

Ih! denke ich mir, wo ist denn der geblieben? Und da habe ich doch so eine Ahnung, als ob da was nicht stimmt, und sage mir, du mußt doch mal sehen, wo Schulze 3 geblieben ist. Ich pirsche mich also vorsichtig durch den Mittelgang an die Feilbänke ran. Der Herr Professor wissen, zwischen dem Mittelgang und den Feilbänken steht der Rumpf von ›St 3‹. Ganz vorsichtig schleiche ich an dem Rumpf lang und was soll ich Ihnen sagen, da hat sich's doch mein Schulze da drin bequem gemacht und seine Stullen ausgepackt. Ich will gerade rangehen und ihn da mit einem Donnerwetter rausjagen, da denke ich doch plötzlich, der Schlag soll mich treffen. Hat der Kerl seine Stullen ausgewickelt, hat das weiße Stullenpapier vor sich... Herr Professor können hier noch die Fettflecken sehen..." Bei diesen Worten legte Meister Wulicke einige Blatt weißen Papiers auf den Tisch, denen ihre frühere Verwendung als Einwickelpapier für ein ziemlich fettes Frühstück deutlich anzumerken war.

„Also da hat doch der Kerl", fuhr der Meister fort, „das Papier vor sich, fingert da mit dem Zollstock an den Motoren rum und skizziert auf Deibelkommraus.

Na, ich duckte mich gleich wieder weg. Er hatte mich noch nicht gemerkt. Ich hole mir schnell zwei von unseren Leuten. Die beiden von der einen Seite ran an Schulze 3, ich von der andern Seite, na, und da hatten wir dann ja den Musjö. Mit der einen Hand hielt ich ihn am Kragen, mit der anderen hatte ich ihm sein Papier weggenommen. Aber gewehrt hat sich der Mensch. Mir hat er doch erst noch eine reingehauen, ehe wir ihn dann richtig beim Wickel hatten und in dem Sicherheitsraum verstauten..."

Schon während des letzten Teiles von Wulickes Worten hatte der Professor sich in die Zeichnungen auf dem Einwickelpapier vertieft. Kopfschüttelnd betrachtete er sie, hielt sie ein paarmal gegen das Licht. Jetzt unterbrach er den Meister.

„Sitzt der Kerl auch wirklich sicher fest?"

„Aber der Herr Professor wissen doch. Der Sicherheitsraum der Werkzeugausgabe. Da kommt so leicht keiner rein. Also denke ich, da wird auch keiner rauskommen."

Professor Eggerth hatte inzwischen das Papier mit einer Lupe betrachtet, und war dabei immer nachdenklicher geworden.

„Meine Herren", sagte er jetzt, „die Sache liegt ernster, als es auf den ersten Blick scheint. Wir haben hier in Bleistift eine ziemlich harmlose Skizze, wie sie sich wohl ein wißbegieriger Schlosser machen kann. Daneben entdecke ich aber Linien und Zahlen, die mit irgendeinem chemischen Stift, dem Auge kaum sichtbar, aufgezeichnet sind, und die, meine Herren, verraten die Hand eines sachkundigen Ingenieurs, der ganz genau weiß, worauf es ankommt. Wir werden diese Linien mit geeigneten Chemikalien besser sichtbar machen. Ich denke, das wird unsere Forschungsanstalt wohl können...

Aber was ist das für ein Mensch, dieser Schulze 3? Wie lange ist der bei uns? Wie sind Sie an den gekommen?"

Meister Wulicke tauschte einen Blick mit Oberingenieur Vollmar. Der nickte leicht. „Sprechen Sie nur ganz offen, Meister. Das wird für alle Teile am besten sein."

„Ja, also, Herr Professor, wir brauchten doch neue Leute, als wir ›St 3‹ auf Stapel legten. Da habe ich mich an den Städtischen Arbeitsnachweis gewandt. Allzuviele Bewerber mit guten Erfahrungen im Flugzeugbau waren nicht da. Etwa ein Dutzend kamen in Betracht. Von denen habe ich mir die Papiere geben lassen und Herrn Oberingenieur vorgelegt."

Vollmar nickte bestätigend. „Das ist richtig, Herr Professor. Die Papiere der neueingestellten Leute haben mir vorgelegen. Ich erinnere mich, daß dieser Schulze ganz ausgezeichnete Zeugnisse über eine mehrjährige Tätigkeit in den Berka-Werken hatte."

Professor Eggerth zuckte die Achseln. „Die Berka-Werke haben leider vor einem halben Jahr zugemacht. Da konnte man natürlich keine Erkundigungen mehr einziehen."

„So ist es, Herr Professor, aber ich habe die Unterschriften auf den Originalzeugnissen mit gleichen Unterschriften in unserer Korrespondenz verglichen. Wenn die gefälscht sind, dann gibt es überhaupt keinen Schutz mehr gegen Fälschungen."

Professor Eggerth zwang sich zu einem Lächeln. „Wer kann das wissen, mein lieber Herr Vollmar. Vielleicht sind die Unterschriften sogar echt und der Schulze, den wir hier erwischt haben, ist gefälscht. Vielleicht hat ein Dritter dem echten Schulze während seiner Arbeitslosigkeit die Zeugnisse abgekauft oder gestohlen. Seit wann ist der Mensch bei uns beschäftigt, Meister?"

Wulicke rechnete an den Fingern. „Seit neun Tagen, Herr Professor."

„Hm... hm! Neun Tage! In neun Tagen kann schon viel Malheur passiert sein. Wir müssen die Kriminalpolizei benachrichtigen und Haussuchung halten lassen. Vielleicht kann man doch noch einiges sicherstellen, obgleich..." der Professor schüttelte den Kopf, „meistens geben solche Leute alles belastende Material sofort an zweite und dritte Hände weiter. Wollen Sie die Güte haben, Herr Vollmar, gleich alles Nötige bei der Polizei zu veranlassen."

Sechs starke Arme hatten den immer noch Widerstand leistenden Flugzeugschlosser Schulze 3 mit kräftigem Schwung in den Sicherheitsraum der Werkzeugausgabe gestoßen. Die mit Stahlblech beschlagene Tür fiel hinter ihm ins Schloß. Er hörte, wie der Schlüssel zweimal umgedreht wurde. Es war stockdunkel in dem Raum.

Eine Weile befühlte der Eingeschlossene seine verschiedenen Körperteile. Es schmerzte ihn hier und dort. Besonders die Maulschelle, die ihm Meister Wulicke noch zum Abschied verpaßt hatte, war nicht von schlechten Eltern gewesen. Verfluchte Geschichte, daß er von dem Meister beim Skizzieren erwischt worden war! Da hatte er sich eine böse Suppe eingebrockt. Wie verheißungsvoll hatte die Sache vor drei Wochen in Straßburg ausgesehen, als der Japaner Kyushu zu ihm kam und ihm so verlockende Vorschläge machte. Einen falschen Paß und prima Zeugnisse hatte ihm der gegeben, hatte ihm gleichzeitig eine Summe in die Hand gedrückt, die ein Vielfaches von dem war, was er als Flugzeugingenieur in Straßburg während eines Jahres verdienen konnte... und jetzt saß er hier eingesperrt in einem finsteren Loch. Wie lange würde es noch dauern, dann kam die Polizei. Man würde ihn verhaften, vor Gericht stellen... verurteilen... es gab jetzt in Deutschland saftig Zuchthaus für solche Dinge...

Er fuhr zusammen. Das durfte nicht sein. Weg von hier...! Erst mal sehen, wo er war... er tastete sich zur Tür zurück, fand den Lichtschalter und drehte ihn an. Aha!... In die Werkzeugausgabe hatten die ihn eingesperrt. Ein höhnisches Lächeln ging über seine Züge... nicht besonders schlau von Meister Wulicke, ihn gerade hierhin zu stecken. Was er etwa an Werkzeug für einen Ausbruch benötigte, war hier jedenfalls bequem zu finden.

Er suchte, sich in Gedanken über die Örtlichkeit klar zu werden. Die Werkzeugausgabe lag, wie er sich jetzt erinnerte, in der Südwestecke der großen Halle, nur wenige Meter von der Umfassungsmauer des Werkes entfernt... Die beiden Fenster dort mußten auf den schmalen Streifen zwischen Halle und Mauer hinausgehen... Fenster?... ja, da waren zwar Fenster... aber sie waren innerhalb des Raumes selbst durch Läden aus schwerem Stahlblech verschlossen. Starke stählerne Querbalken davor verstärkten noch die Sicherung. Die Leitung der Eggerth-Werke hatte alles Erdenkliche getan, um sich gegen einen Einbruch in das Lager wertvoller Spezialwerkzeuge zu schützen. Daß freilich jemand einmal den Drang haben könnte, auch aus diesem Raum auszubrechen, daran hatte sie nicht gedacht und hatte mit Fug und Recht auch nicht daran zu denken brauchen...

Der Gefangene sah sich die Querbalken des einen Fensters genau an. Dann ging er zu einem der Werkzeugregale. Mit einer kräftigen Schraubenkluppe kehrte er zu dem Fenster zurück. Er steckte sie in die Öse eines Vorhängeschlosses. Ein Rucken und Wuchten an der langen Kluppenstange, ein Knirschen und Krachen. Das Schloß war frei. Der Querbalken ließ sich fortnehmen. Noch zweimal das gleiche Manöver und die Läden waren frei. Vorsichtig zog er den einen Flügel etwas zurück. Da lag im Mittagssonnenschein dicht vor ihm die Umfassungsmauer. Soweit er blicken konnte nirgends ein Mensch zu sehen. Die mochten wohl alle in der großen Halle stecken und über seine Gefangennahme schwatzen.

Jetzt nur schnell raus und weg!... Aber wie über die drei Meter hohe Mauer kommen?... Er musterte die Werkzeugregale. Da in einem Fach lagen Flaschenzüge von allen Arten und Größen. Ein Seilzug... ein rettendes Seil, das ihm über die Mauer helfen konnte...

Es war nicht ganz leicht, einen Halt für das Seil zu finden. Ein Glück, daß die Mauerkrone zum Schutz gegen ungebetene Gäste mit Glasscherben gepflastert war. In dem Zement der Kronenabdeckung staken neben unzähligen kleineren Scherben auch zur Hälfte abgeschlagene Champagnerflaschen. Ein dutzendmal wurde die Seilschlinge vergeblich geworfen. Dann fing sie sich um eine solche Flasche. Und dann war der Mann, der unter dem Namen Schulze 3 eine kurze Gastrolle in den Eggerth-Werken gegeben hatte, auf der anderen Seite der Mauer und lief querfeldein davon.

„Na, denn wollen wir den Kerl mal rausholen!“ sagte Kriminalwachtmeister Kunze zu Wulicke.

„Sehen Sie sich aber vor, Herr Wachtmeister, der Mensch ist zu allem fähig“, meinte Wulicke, während er die Tür zum Sicherheitsraum aufschloß. Es war dunkel darin und nichts rührte sich.

„Kommen Sie raus, Mann!“ rief Kunze und machte seine Pistole schußfertig. Derweil hatte Meister Wulicke das Licht angedreht. Ein Blick auf die zerbrochenen Schlösser zeigte, was geschehen. Der verdächtige Vogel war ausgeflogen. Alle Versuche, ihn wiederzufangen, blieben erfolglos.

Der Startschuß fällt

Mitte Juli tagte das Kuratorium wieder einmal vollzählig.

„Uff, Gentlemen!“ stöhnte der dicke Henrik Juve und fuhr sich mit einem rotseidenen Taschentuch von achtunggebietenden Dimensionen über die Stirn. „Ist ja mal wieder eine Bullenhitze in unserem alten New York. Kalkuliere, heute haben wir draußen wenigstens hundert Grad im Schatten. War eine glänzende Idee vom seligen Morgan, daß er das ganze Reading-Haus für elektrische Kühlung einrichten ließ. Immer schön gleichmäßig achtundsechzig Grad Fahrenheit, egal wie warm oder kalt es draußen ist. Heut mag die Sitzung meinetwegen lange dauern, hier läßt sich's aushalten.“

„Wird auch wahrscheinlich der Fall sein“, sagte Präsident Stangland, „die Tagesordnung ist ziemlich lang.“

„Gentlemen“, eröffnete John Sharp die Sitzung, „zu Punkt eins der Tagesordnung möchte ich Sie über die Maßnahmen orientieren, die wir für die Sicherung unserer eigenen Route treffen wollen und zum Teil schon getroffen haben. Wie Sie wissen, starten wir von Manila nach Osten.“ Bei diesen Worten deutete er auf den großen Globus, der mit einem Netz verschiedenfarbiger Schnüre bespannt und mit zahlreichen Flaggen der konkurrierenden Nationen besteckt war. „Im Stillen Ozean legen wir Brennstoffdepots in Asuncion, Wake und Hawai sowie auf den Gallego- und Galapagos-Inseln an. Außerdem wird die Regierung drei Kreuzer unserer Pazific-Flotte auf diesem Teil der Flugstrecke stationieren. In Payta, an der peruanischen Küste, wo sich unsere Strecke mit der englischen kreuzt, in Cruz do Sul und Santa Madueira in Brasilien liegen die nächsten Landdepots.

Danach kommt der Kontrollpunkt. Ich berichtete Ihnen bereits, daß er betriebsfertig ist. Während der letzten Monate hat sich dort nichts von Belang ereignet. Die Indianer sind aus der Nachbarschaft vollkommen verschwunden. Zwischen dem Kontrollpunkt und Porto Alegre legen wir zwei Brennstoffdepots auf brasilianischem Gebiet in größeren Siedlungen an. Sie können die Einzelheiten auf dem Globus sehen. Auf dem weiteren Wege über den Süd-Atlantik berührt unsere Route nur die Insel Trinidad, auf der wir selbstverständlich ein Depot haben. Auf der restlichen Wasserstrecke bis zur Walfisch-Bay, die immerhin fast fünftausend Kilometer lang ist, werden drei Kreuzer unserer Atlantik-Flotte patrouillieren. Der Sicherheit halber haben wir auch ein Depot auf Sankt Helena vorgesehen, doch dürfte es nur im dringendsten Falle benutzt werden, da es fast tausend Kilometer aus dem Wege liegt. Die afrikanische Landstrecke von der Walfisch-Bay bis Moçambique ist mit zwei Zwischenstationen ausgerüstet. Es kommt danach die Wasserstrecke über den Indischen Ozean. Hier sind Brennstoffdepots auf Madagaskar, den Tschagos-Inseln und Atschin auf der Nordspitze Sumatras vorgesehen. Für alle Fälle sollen auch zwei Kreuzer unserer Philippinen-Flotte auf dieser Strecke und weiter ein Kreuzer im südchinesischen Meer patrouillieren…“

Während John Sharp sprach, waren die meisten seiner Zuhörer an den Globus getreten und verfolgten dort seine Ausführungen. Die blau-rot-weiße Schnur, welche die amerikanische Route markierte, war nicht zu übersehen und die kleinen Sternenbanner an den einzelnen Brennstoffdepots machten es leicht, die von Sharp genannten Orte zu finden.

„Ich glaube, Gentlemen“, fuhr er fort, „wir haben, von unserer Regierung aufs beste unterstützt, alles Erdenkliche für die Sicherheit unserer Piloten und Flugzeuge getan. Unsere Route vermeidet, ich darf wohl sagen recht geschickt, alle Gegenden mit ungünstigen Witterungsverhältnissen, wie beispielsweise die Fundlandsbänke. Wirkliche Gefahrpunkte kann ich auf der ganzen Strecke nirgends entdecken. Gleichviel, ob unser Volk den Preis gewinnt oder nicht, glaube ich die sichere Hoffnung aussprechen zu dürfen, daß uns der Wettflug keine Menschenleben kosten wird...“

Cheers und Händeklatschen der Anwesenden begleiteten seine letzten Worte und steigerten sich noch, als er schloß: „Ich hoffe aber auch, daß Piloten und Maschinen unseres Landes den Preis erringen werden.“

Es dauerte geraume Zeit, bis der dröhnende Beifall nachließ und noch viel länger, bis John Sharp weitersprechen konnte. Fragen und Antworten schwirrten durch den Raum, und die Person Frank Kellys war Mittelpunkt des allgemeinen Interesses. War etwas Wahres an den Gerüchten, die sich schon seit Wochen mit einer seltenen Hartnäckigkeit erhielten? Bereiteten die Reading-Werke in Bay City einen ganz großen Schlag vor, durch den der Reading-Preis an den Reading-Konzern fallen würde? Die Antwort Kellys auf alle diese Fragen war sehr allgemein gehalten. ›Selbstverständlich würden die Reading-Werke ihr Bestes tun, um den Preis zu gewinnen.‹ Aber das vielsagende Lächeln, mit dem er diese Auskunft gab, ließ vermuten, daß doch etwas an den Gerüchten war, daß man sich auf erfreuliche Überraschungen gefaßt machen durfte.

„Warum spielen Sie den Geheimnisvollen, Kelly?“ rief Juve. „Wir gehören doch zum Bau. Vor uns können Sie Ihre Trümpfe offen auf den Tisch legen.“

„Ich kann Ihnen nicht mehr sagen, Juve, als ich schon gesagt habe. Die Reading-Werke werden mit zwei Maschinen in das Rennen gehen, die alles, was wir früher herausgebracht haben, an Schnelligkeit und Betriebssicherheit weit hinter sich lassen."

„Haben wir also sichere Aussichten, den Preis zu gewinnen?"

Frank Kelly zuckte die Achseln.

„Das hängt von der Konkurrenz ab. Wenn andere ebenso zuverlässige noch schnellere Maschinen ins Rennen schicken, dann"... er machte eine zweifelnde Handbewegung.

„Meinen Sie die Deutschen, Kelly? Glauben Sie, daß die Eggerth-Werke das etwa könnten?"

Mit einigem Zögern antwortete Kelly: „Das glaube ich nicht, Juve. Wenigstens bis jetzt nicht. Nach den letzten Berichten unserer Agenten sind die Eggerth-Maschinen um achtzig Stundenkilometer langsamer als unsere."

„Hurra, Kelly!" Der dicke Juve sprang auf und vollführte einen Freudentanz. „Die Eggerth-Maschinen sind langsamer als unsere! Mir fällt ein Stein vom Herzen, Kelly. Das sind die einzigen Konkurrenten, die ich wirklich fürchte. Jetzt glaube ich bestimmt, daß wir das Rennen machen werden."

Frank Kelly schüttelte den Kopf. „Triumphieren Sie nicht zu früh, Juve. Es wohnen auch noch andere Leute hinter den Bergen. Die Engländer, Franzosen und Italiener sind nicht zu verachtende Gegner."

„Ich hörte, Gentlemen", mischte sich John Sharp in das Gespräch, „daß in England nach der Katastrophe von Fisher & Ferguson große Entmutigung herrschen soll." Kelly nickte ihm zu.

„Das stimmt bis zu einem gewissen Grade, Mr. Sharp. Fisher & Ferguson haben eingesehen, daß ihre Konstruktion ausschiebbarer Schwingen für einen Wettbewerb von der Größe des Reading-Rennens noch nicht genügend betriebssicher ist. Aber auch mit ihren anderen Maschinen bleiben sie gefährliche Konkurrenten. Was unsere Vertreter über die letzten Leistungen der Gamma-Romea-Maschinen aus Italien melden, ist auch nicht auf die leichte Achsel zu nehmen. Das eine kann ich Ihnen jedenfalls schon heut sagen. Dieses Rennen wird das schwerste und schärfste werden, das es seit der Erfindung des Flugzeuges jemals gegeben hat. Gewinnen kann es wirklich nur der beste Mann auf der besten Maschine, wie es Morgan Reading wollte."

Dahl Juve schlug ihn auf die Schulter. „Ich bin sicher, Kelly, die Reading-Werke werden diese beste Maschine und den dazugehörigen besten Mann stellen. Wir werden den Preis selber gewinnen, und dann bleibt in unserm Konzern Gott sei Dank alles beim alten.

Wirklich, meine Herren, ich muß es offen sagen, die Unsicherheit, in der wir nun schon seit mehr als acht Monaten leben, geht mir nachgerade an die Nerven. Der Gedanke, daß hier vielleicht in kurzer Zeit Fremde zu befehlen haben könnten, wirkt nicht gerade ersprießlich auf die Führung der Geschäfte."

„Ich glaube, Sie befinden sich da in einem Irrtum", unterbrach ihn John Sharp. „Auch wenn die Reading-Werke in Bay City den Preis gewinnen, würde nicht alles beim alten bleiben."

„Wie meinen Sie das, Sharp?" fragte Juve verwundert.

„Das meine ich so. Wenn die Reading-Werke den Preis gewinnen, werden sie nach dem Wortlaut des Testaments Besitzer des ganzen Konzernvermögens. Mr. Kelly wäre dann unser Generaldirektor. Das Kuratorium hätte ihn nur darauf zu kontrollieren, ob er das Vermögen im Sinne des Erblassers verwendet."

Frank Kelly machte eine abwehrende Bewegung. „Ich bitte Sie, meine Herren, wir wollen doch das Fell des Bären nicht verteilen, bevor wir ihn erlegt haben."

„Sie haben recht", stimmte ihm Sharp bei. „Kehren wir lieber zu unserer Tagesordnung zurück. Es ist am besten, wir gehen wieder zu dem Globus. An den gespannten Schnüren können Sie am bequemsten die Routen der verschiedenen Teilnehmer verfolgen. Die Fluglinien liegen jetzt zum größten Teil fest.

Sehen Sie hier die englische Linie. Sie läuft von Gibraltar über das Mittelmeer nach Jaffa und Jerusalem, dann weiter südlich von Maskat über die Nordostecke Arabiens. Danach überschneidet sie die Südspitze von Vorderindien, geht über die Kokos-Inseln und trifft den australischen

Kontinent bei der Stadt Onslow. Sie verläßt ihn wieder bei Sidney, um in Neuseeland den Kontrollpunkt zu erreichen. Die zweite Hälfte des englischen Fluges geht über die Oster-Insel nach Payta in Peru, das auch von unserer Route berührt wird, über dem Orinoco-Delta verläßt sie das amerikanische Festland und führt über den Atlantik nach Gibraltar zurück.

Da die französischen Start- und Kontrollpunkte den englischen verhältnismäßig nahe liegen, haben sich die Franzosen zu einem Entschluß aufgerafft, den man bei der ewigen Eifersüchtelei der beiden Nationen kaum erwarten konnte. Sie haben ihre ganze Fluglinie möglichst dicht an die englische herangebracht, so daß zum Teil eine gemeinsame Etappenorganisation möglich wird. Wie sie hier auf dem Globus sehen, verlaufen die englische und französische Route fast parallel, auf einer größeren Teilstrecke sogar in einem Abstand von noch nicht 100 Kilometern."

Kelly schüttelte den Kopf.

„Was würde wohl Morgan Reading zu diesem Abkommen sagen, Sharp? Der meinte immer, zwei Konkurrenten auf demselben Weg, das täte niemals gut."

„Soll nicht unsere Sorge sein", rief Juve, „wie die Herrschaften dabei fahren oder richtiger gesagt fliegen werden."

„Immerhin dürfte das Rennen zwischen England und Frankreich verteufelt scharf werden", warf Kelly mit einem Blick auf den Globus ein. „Beide werden im Moment des Startschusses nach Osten abfliegen. Marseille liegt fast tausend Kilometer östlicher als Gibraltar. Sobald der Engländer auf dem langen Wege den Franzosen einholt, hat der das Rennen eigentlich schon verloren... steht zum mindesten in Gefahr es zu verlieren, wenn er seinen Vorsprung nicht zurückgewinnt. Ich glaube, Gentlemen, da dürfen wir uns auf ein spannendes Duell zwischen England und Frankreich gefaßt machen."

Noch lange Zeit standen die Mitglieder des Kuratoriums um den großen Globus herum, auf dem ihnen John Sharp die Fluglinien der übrigen Konkurrenten erläuterte. Den russischen Flug, der von Udinsk in südwestlicher Richtung über Gibraltar und die Ostküste von Brasilien zum Kontrollpunkt in Patagonien gehen sollte. Die deutsche Strecke, die von der

Schreckensbucht nach Südwesten über Baffinsland und Los Angeles führte, um den Kontrollpunkt nach einem langen Flug über den Stillen Ozean zu erreichen. Auch der deutsche Rückflug enthielt eine lange Seestrecke bis zum Golf von Aden. Die Route lief dann über Arabien, Kleinasien und das Schwarze Meer zur Schreckensbucht zurück.

„Etwas viel Geographie heute", stöhnte Dahl Juve und fächelte sich die Stirn mit seinem rotseidenen Tuch. „Schlimmer war's auf der Schule auch nicht, Sharp. Sind Sie bald fertig mit Ihrem Segen?"

„Nur noch die japanische Strecke, Juve, dann sind Sie erlöst", beruhigte ihn Sharp, „über diese Strecke brauche ich nicht viel zu sagen. Ähnlich wie die englischen und französischen liegen auch die japanischen und unsere eigenen Kontrollpunkte dicht zusammen, und die Japaner haben sich eine Strecke gesucht, die von unserer nicht sehr entfernt liegt. Wir haben aber dafür gesorgt, daß sie uns nicht allzu dicht auf den Leib rücken. Im allgemeinen bleiben die beiden Strecken doch fast tausend Kilometer auseinander. Daß sie zwei Schnittpunkte haben, den einen in Hawai, den anderen an der Ostküste Südafrikas, läßt sich ja nach den Gesetzen der Geometrie nicht vermeiden."

Mit der Bekanntgabe der japanischen Strecke war die Tagesordnung erschöpft.

„Verflucht viel Land auf diesem Globus! Viel zu wenig davon amerikanisch!" brummte Juve, als er mit den anderen aufbrach.

John Sharp kehrte in sein Arbeitszimmer zurück, um sich den laufenden Geschäften des Kuratoriums zu widmen, über einen Mangel an Tätigkeit brauchte er sich dabei nicht zu beklagen. Jede neue Post brachte bündelweise Korrespondenz, die das Rennen betraf. Fast unaufhörlich arbeiteten die Morseapparate im Hause, ständig war er genötigt, wichtige Entscheidungen zu treffen.

Eben legte ein Boy ein Radiogramm von der amerikanischen Kontrollstation am Juruena vor ihn hin. Er überflog es und runzelte die Stirn. Herr des Himmels, was hatten die Leute in ihrer Wildnis alles für Wünsche und Bedürfnisse. Da hatte er früher einmal gedacht, im Urwald können die ja Gott sei Dank nichts ausgeben, und jetzt lief die Sache doch höllisch ins

Geld. Er griff zum Telephon, um mit Mr. Jefferson, einem der Leiter der First Saving Bank die Finanzdispositionen zu besprechen. Nach wenigen Sekunden war er mit dem verbunden, aber das Gespräch verlief anders, als er gedacht.

„Oh, Mr. Sharp, freut mich Ihre Stimme zu hören. Sind Sie wohlauf? Ich glaubte, Sie wären ernstlich erkrankt.“

„Was meinen Sie, Jefferson? Ich krank? Ich denke gar nicht daran. Wie kommen Sie zu der Vermutung?“

„So... Sharp... Sie waren gar nicht krank?... Hm... hm... das ist ja merkwürdig... recht merkwürdig...“

„Sagen Sie mal, Jefferson“, unterbrach ihn Sharp ärgerlich, „haben Sie etwa selber unter der augenblicklichen Hitze gelitten? Wie kommen Sie denn auf die Idee?“

„Deshalb Sharp, weil vor zwei Stunden ein Bevollmächtigter von Ihnen hier war, um etwas aus Ihrem Safe zu holen. Er sagte uns, Sie wären erkrankt, könnten nicht selber kommen.“

„Was, Jefferson, mein Bevollmächtigter?... War an meinem Safe? Hören Sie mal, das können wir hier am Telephon nicht erledigen. Ich fahre sofort zu Ihnen.“

Eine Viertelstunde später saß Sharp in der First Saving Bank. Mit Staunen und wachsender Besorgnis hörte er, was da geschehen war. Um die gleiche Zeit, zu der er mit den Mitgliedern des Kuratoriums die Sitzung abhielt, war ein Herr in der Bank erschienen, der sich durch ein ordnungsgemäßes Dokument und außerdem durch die Kenntnis des Paßwortes und den Besitz des Safeschlüssels einwandfrei als der Bevollmächtigte von John Sharp auswies...

„Durch den Besitz des Schlüssels?“ Sharp fuhr in die Tasche und holte ein Bund heraus. „Hier ist mein Safeschlüssel. Ich habe ihn niemals aus der Hand gegeben.“

Jefferson pfiff leise vor sich hin. „Dann müßte man annehmen, daß noch ein zweiter Schlüssel existiert, denn der Mann ist unten in der Stahlkammer gewesen und hat Ihren Safe aufgeschlossen.“ John Sharp sprang auf. „Ist mir ganz unbegreiflich! Was hat der Mensch da zu suchen gehabt? Wertgegenstände im eigentlichen Sinne habe ich in meinem Safe nicht. Bevor wir weiterreden, Jefferson, muß ich erst selber in die Kammer gehen und nachsehen, was genommen wurde."

In Begleitung des Direktors fuhr er zu den Kellergewölben hinab. Derselbe Beamte, der vor zwei Stunden den Mann mit der Vollmacht bedient hatte, geleitete ihn in den Saferaum. Gleichzeitig steckten Sharp und der Beamte ihre Schlüssel in die Stahltür. Das Schloß sprang auf, Sharp griff nach der Blechkassette, die in dem Safe stand, und ging mit ihr zu einem Tischchen. „Bleiben Sie nur hier", sagte er zu dem Bankbeamten, der sich diskret zurückziehen wollte. „Ich habe keine Geheimnisse hier drin."

In der Kassette lag etwa ein halbes Dutzend Mappen. John Sharp nahm eine nach der anderen heraus. Sie enthielten, wie die Aufschriften auf den Deckeln zeigten, lediglich Privatpapiere. Da in der ersten sein Vertrag mit dem Reading-Konzern, seine Ernennung zum Testamentsvollstrecker und seine Bestallung als Kurator. Dann weiter seine Abmachungen mit den verschiedenen Gesellschaften des Konzerns, in deren Aufsichtsrat er saß. Die nächste Mappe enthielt Familienpapiere, die dritte Aufzeichnungen über sein Vermögen und so ging es bis zur letzten weiter.

Sorgfältig durchblätterte er Mappe um Mappe, und konnte bald feststellen, daß kein Schriftstück, nicht einmal ein einzelnes Blatt fehlte. Kopfschüttelnd band er die Mappen wieder zu. Die Kassette war leer. Auf ihrem Boden lagen nur noch ein paar Kleinigkeiten. Ein billiges silbernes Medaillon, ein Erbstück seiner Mutter, das er hier verwahrte, ein paar verblaßte Photographien und ein kleiner stählerner Schlüssel... er erinnerte sich jetzt, das war der dritte Schlüssel zu dem Tresor im Reading-Haus, in dem die Konstruktionspläne lagerten.

Kopfschüttelnd nahm er die einzelnen Gegenstände in die Hand. Immer unlöslicher wurde das Rätsel. Hatte der mysteriöse Unbekannte hier in seinem Privatsafe Kostbarkeiten vermutet und war enttäuscht wieder abgezogen, als er sie nicht fand... oder was sonst war der Grund für dies unerklärliche Unternehmen?...

Langsam packte er die verschiedenen Gegenstände wieder in die Kassette und stellte sie in den Safe zurück. Der Bankbeamte sah ihn fragend an. Sharp zuckte die Achseln. „Es fehlt nichts. Es fehlt absolut nichts. Ich habe keine Erklärung für das Ganze. Sie haben doch mit dem Manne gesprochen. Was war das für ein Mensch?... Ich meine, war irgend etwas Auffallendes an ihm, was uns helfen könnte, ihn zu fassen?“

Der Beamte schüttelte den Kopf. „Nicht, daß ich wüßte, Mr. Sharp. Der Herr sah aus, wie hundert andere auch, denen man auf dem Broadway oder im Central-Park begegnet...“

„Damit kommen wir nicht weiter“, unterbrach ihn Sharp ungeduldig, „ich meine, hatte er irgend etwas Besonderes an seiner Kleidung oder in seiner Sprache?“

„Kleidung... nein, Sir, das war die richtige amerikanische Kleidung... aber seine Sprache... ein geborener Amerikaner war's bestimmt nicht. Auch kein Kanadier oder Engländer. Er sprach mit einem fremden Akzent... ein Dutchman oder ein Dago war's aber auch nicht. Eher etwas Polnisches oder Russisches. Ich kenne hier ein paar russische Emigranten. So ähnlich wie die hat der Herr auch gesprochen.“

Mißmutig brach John Sharp die Unterhaltung ab. Er verließ das Bankgebäude, nachdem er den strikten Auftrag gegeben hatte, jeden Menschen, der noch einmal mit einer Vollmacht zu seinem Safe wollte, sofort verhaften zu lassen. Doch die Gelegenheit dazu sollte sich nicht bieten. Es blieb bei diesem einmaligen Vorkommnis.

In einer kleinen Werkstatt oben im nördlichen New York am Harlem River sahen Tredjakoff und Bunnin Perow interessiert bei seiner Arbeit zu. Er betätigte sich fachkundig mit Schleifscheiben und Mikrometermaßen, bis er Tredjakoff einen blinkenden Stahlschlüssel in die Hand legen konnte, den dritten Schlüssel zum Reading-Tresor.

***

Der Flugzeugschlosser Schulze 3 – oder wie in seinem richtigen französischen Paß zu lesen stand Ingenieur Jacques Philippe Beumelé de Strasbourg – hatte bei allem Pech doch noch einiges Glück entwickelt. Wie ein gehetztes Wild war er damals nach seinem Ausbruch aus dem Sicherheitsraum der Eggerth-Werke querfeldein in der Richtung auf die Stadt davongelaufen.

Im Schutze der ersten Häuser blieb er keuchend stehen. Was sollte er tun? So wie er hier ging und stand, in der schmierigen Werkstattskleidung, ohne nennenswerte Geldmittel in der Tasche war eine sofortige Flucht mit der Eisenbahn unmöglich. Er mußte erst zurück in seine Wohnung... aber die war in diesem Augenblick vielleicht schon von der Kriminalpolizei besetzt. Und selbst wenn das noch glückte, bestand nicht die andere Gefahr, daß er auch auf dem Bahnhof Polizeibeamten und Leuten aus dem Werk, die ihn genau kannten, in die Hände fiel?

Nur eine Möglichkeit sah er in diesem Dilemma. Den Mittelsmann der Japaner treffen, dem er an den vorhergehenden Abenden seine Skizzen übergeben hatte. Doch wie den finden? Bisher hatten sie sich jeden Abend um neun Uhr an einer Straßenecke der Innenstadt getroffen. Da würde der ihn auch heut wieder erwarten, aber bis dahin waren es noch acht Stunden. Würde es ihm möglich sein, sich so lange zu verbergen und unerkannt zu der verabredeten Stelle zu gelangen? Gelegenheiten, sich hier in dieser fast baumlosen eintönigen Gegend zu verstecken, gab es kaum.

Während er noch stand und alle Möglichkeiten überdachte, sah er ein starkes Auto auf der Landstraße von den Eggerth-Werken herkommen. Erschreckt duckte er sich hinter einen Zaun. Waren die aus dem Werk vielleicht schon mit Kraftwagen hinter ihm her? Dann standen die Dinge ja noch schlimmer für ihn als er bisher gefürchtet. Mit klopfendem Herzen beobachtete er durch eine Lücke zwischen den Zaunplanken den Wagen. Auffallend langsam fuhr der, nach einer Verfolgung sah das eigentlich nicht aus. Jetzt, noch etwa hundert Meter von dem Zaun entfernt, hielt der Wagen sogar. Behutsam beugte Monsieur Jacques Beumelé sich etwas vor, und was er da erblickte, ließ ihn noch schärfer hinschauen. Da stand ein Mann in dem Auto und beobachtete durch ein fernrohrartiges Instrument irgend etwas am Himmel.

Das Gehirn des Flüchtlings arbeitete fieberhaft. Was konnte der da mit dem Glas in der Höhe suchen?... ›St 1‹?! Das Stratosphärenflugzeug?... Das hätte er auf dem Flugplatz einfacher haben können. Also gehörte der Mann wohl nicht zu den Werken, ein Fremder... der hier auch spionierte?... Ein Spion? Das konnte ihm helfen. Nur die anständigen Leute und die Polizei hatte Monsieur Beumelé im Augenblick zu fürchten.

Der Mann im Auto hatte seine Beobachtungen beendet. Wie er das Instrument jetzt zusammenklappte, konnte der Flüchtling auch erkennen, daß es ein kompletter Höhenmesser war, ein Fernrohr in Verbindung mit einem Winkelkreis.

Langsam setzte sich der Wagen wieder in Bewegung, auf die Stadt zu. Jetzt oder nie! dachte Monsieur Beumelé, als das Gefährt an dem Zaun vorbeikam. Mochte es kommen wie es wollte, es war die einzige Möglichkeit einer Rettung. Mit einem Satz sprang er in den Weg und rief den Wageninsassen an. Der stutzte und hielt. Die große Autobrille wirkte wie eine Maske und machte sein Gesicht ziemlich unerkenntlich, aber der Klang der Stimme, die jetzt zu Beumelés Ohren drang, war dem wohlbekannt. Ein Stein fiel ihm vom Herzen. Das war ja der mysteriöse Herr Schmidt, jener Mittelsmann, an den er seine Skizzen weitergegeben hatte. In fliegender Hast erzählte er, was eben im Werk passiert, daß er selbst auf der Flucht und in größter Gefahr wäre. Ein Wink von Schmidt und er saß in dessen Wagen, der sofort mit großer Geschwindigkeit nach der Innenstadt fuhr.

In Schmidts Wohnung erhielt Beumelé andere Kleidung und Reisegeld. Dann brachte ihn Schmidt im Kraftwagen nach Halle und setzte ihn dort in den Personenzug nach Frankfurt am Main mit dem gemessenen Befehl, den Zug schon in Offenbach zu verlassen und mit der Straßenbahn weiterzufahren.

Die Frankfurter Adresse, die ihm Schmidt mitgegeben hatte, lautete auf ein Haus in der Bockenheimer Landstraße. Er suchte es auf und stand dem Japaner Kyushu gegenüber, der ihn in Straßburg angeworben hatte. Kyushu war über das Wiedersehen nicht besonders erfreut. Man hatte damals verabredet, daß Beumelé etwa vier Wochen in den Eggerth-Werken bleiben und das vollständige Konstruktionsmaterial von ›St 1‹ liefern solle. Das war nun mißlungen, die Möglichkeit, einen anderen Spion in das Werk hineinzuschmuggeln so gut wie ausgeschlossen. Dabei wußte der Straßburger schon zu viel über die japanische Flugzeugspionage in Deutschland; es war nicht mehr angängig, ihn ohne weiteres abzuschütteln.

Die nächsten Tage blieb Beumelé im Hause in der Bockenheimer Landstraße. In dieser Zeit hatte er längere Unterredungen mit seinem Gastgeber, die sich vorzugsweise um Betriebsstoffe drehten. Die wirklich gediegenen Fachkenntnisse, die er dabei entwickelte, bestärkten Kyushu in der Auffassung, daß sein unfreiwilliger Gast doch noch vorteilhaft für die japanischen Pläne und Absichten zu verwenden wäre.

Vierzehn Tage später wurde Herrn Yoshika in New York ein Besuch gemeldet. Die gedruckten Worte auf der Visitenkarte: Jacques Philippe Beumelé, Strasbourg, sagten ihm nicht viel, desto mehr aber die wenigen mit Bleistift in eine Ecke der Karte gekritzelten japanischen Buchstaben. Er ließ den Herrn sofort bitten und hatte eine Unterhaltung mit ihm, die merkwürdigerweise ebenfalls Betriebsstofffragen betraf.

Vor allen Dingen wünschte Herr Yoshika möglichst Genaues über das Aussehen und die äußere Beschaffenheit der von den Eggerth-Werken für ihre Flugzeugmotoren benutzten Treiböle zu wissen, und da konnte ihm Monsieur Beumelé von seiner früheren Tätigkeit als ›Schulze 3‹ her auch ganz gute Auskunft geben. So verlief diese Besprechung durchaus zur beiderseitigen Zufriedenheit, und zum Schluß konnte Monsieur Beumelé eine hübsche Anzahl Zehndollarnoten in seine Brieftasche stecken. Er verließ die Wohnung Yoshikas mit dem Auftrag, sich in der Nähe einzumieten und für die nächste Zeit zur Verfügung zu halten.

Nordwestlich von New York, etwa fünfzehn Kilometer von der Stadt entfernt, liegt das Landstädtchen Hackensack. Hier hatten die Herren Yoshika und Hidetawa ein einzeln stehendes Landhaus gemietet, in dem sie auch unter anderem ein kleines Laboratorium unterhielten. Es sah nicht gerade verlockend in diesem Labor aus und roch auch nicht gut darin. Fettflecken aller Formen und Farben verrieten, daß hier mit Ölen gearbeitet wurde. Verschiedene Säureballons und ein gewisser an bittere Mandeln erinnernder Geruch deuteten darauf hin, daß man die Fette einer weiteren chemischen Behandlung unterzog. Wer sich mit diesen Arbeiten befaßte, war nicht zu ersehen, denn es befand sich niemand in dem Labor, als Yoshika und Hidetawa es an einem der ersten Tage des August in Gesellschaft des Monsieur Beumelé betraten. Auf einem Tisch war eine größere Anzahl gläserner Schalen aufgebaut und mit Treibölen in verschiedenen Färbungen gefüllt.

„Erinnern Sie sich bitte recht genau, Herr Beumelé", sagte Hidetawa in deutscher Sprache, „es liegt uns sehr viel daran, genau den Farbenton des Eggerth-Öls zu treffen. Finden Sie hier in den Gläsern die richtige Farbe?"

Der Gefragte beschaute die Schalen lange und prüfte sie sorgfältig. Dann wies er auf zwei Gefäße.

„Diese beiden Öle hier, meine Herren. Dies tiefschwarze entspricht vollkommen dem Teeröl, das die Werke aus dem Rheinland beziehen, dies hellere hier einem Leuna-Öl, das sie außerdem verwenden."

Yoshika ergriff die beiden Schalen und stellte sie auf einen anderen Tisch. „Sie irren sich bestimmt nicht?" fragte Hidetawa.

„Unter keinen Umständen. Je länger ich die Öle ansehe, um so sicherer werde ich meiner Sache."

„Das genügt uns für heute, wir danken Ihnen. Unser Chauffeur wird Sie nach New York zurückbringen."

Beumelé verließ den Raum. Die beiden Japaner blieben allein zurück.

„Sie glauben, Hidetawa, daß die Nitrierung der Öle die richtige ist?"

Hidetawa verzog das Gesicht zu einem maskenhaften Lächeln. „Ich habe nicht umsonst vier Semester Chemie in Deutschland gehört, Yoshika. Doch ich will es Ihnen gleich in der Explosionsbombe demonstrieren."

Mit einem großen Schraubenschlüssel drehte er den Verschlußkopf eines bombenartigen Stahlgefäßes auf. Unter Benutzung eines Glastrichters goß er eine winzige Ölmenge aus der einen Schale hinein und schraubte danach den Verschluß wieder zu.

„Achten Sie auf das Manometer, Yoshika. Ich gebe Zündung."

Während er es sagte, drückte er auf einen elektrischen Knopf. Einen Augenblick war's, als ob ein Ruck durch den schweren Stahlkörper der Bombe ging. Im gleichen Augenblick schnellte der Zeiger des Manometers auf 350 Atmosphären. Der nickte beifällig. „Wir müssen natürlich mit einer beträchtlichen Verdünnung unseres Öles rechnen. Die Deutschen werden vielleicht schon tanken, wenn ihre Behälter noch halbvoll sind. Trotzdem, Hidetawa, ich glaube die Brisanz dieses Treibstoffes wird genügen. Auch bei der Verdünnung mit gewöhnlichem Öl wird der Explosionsdruck noch übermäßig stark sein. Die Motoren dürften dadurch nach wenigen Kilometern betriebsunfähig werden."

„Das ist sicher. Es ist gut, daß die Eggerth-Maschinen Dieselmotoren haben. Bei einfachen Explosionsmotoren würden sie die Sache durch das Klopfen in den Zylindern zu schnell merken. So werden sie erst dahinter kommen, wenn es zu spät ist. Fragt sich nur noch, ob es uns gelingen wird, den Franzosen und unser Öl in die deutsche Etappe in Los Angeles hineinzubekommen."

„Das lassen Sie meine Sorge sein, Hidetawa. Es ist alles bestens organisiert. Sie haben es ja selbst gehört, der Mann spricht deutsch wie ein Deutscher. Wir haben einen guten deutschen Paß für ihn besorgt und alles andere vorbereitet. Der Mann wird zur rechten Zeit auf seinem Posten in Los Angeles sein und nach unseren Weisungen arbeiten."

Hidetawa zog die Uhr. „Ich denke, der Chauffeur muß bald zurück sein. Ich habe Sehnsucht nach dem Broadway und der Bowery. Es ist kein reines Vergnügen, hier wochenlang im Labor zu stecken." Der Klang einer Hupe vor dem Hause zeigte, daß seine Vermutung richtig war. Yoshika und Hidetawa waren in recht zufriedener Stimmung, während der schnelle Wagen sie nach New York brachte. Viel weniger zufrieden waren die Herren Tredjakoff, Bunnin und Perow. Die hatten leider feststellen müssen, daß sie auch im Besitz der drei Tresorschlüssel noch recht weit von dem ersehnten Ziel entfernt waren. Durch einen Zufall hatten sie erfahren, daß schwere Zeitschlösser den Tresor im Reading-Hous dreiundzwanzig Stunden des Tages sperrten und nur für die Mittagszeit von eins bis zwei freigaben. Jeder Versuch, sich nachts mit den glücklich erbeuteten Nachschlüsseln an den Panzerschrank zu machen, wurde dadurch illusorisch. Sie hatten lange und vorläufig noch fruchtlose Beratungen, um einen Ausweg aus dieser fast hoffnungslosen Lage zu finden.

***

Seit den ersten Tagen des September hatten die Frontseiten aller Zeitungen der Welt nur noch Platz für das Reading-Rennen. Mochten sich noch so großartige Bankbrüche, noch so saftige Korruptionsskandale ereignen, mochten politische Neuordnungen ihren Urhebern noch so bedeutend erscheinen, sie wurden doch von den Redaktionen unerbittlich auf die zweite Seite geschoben, denn die Redakteure wußten genau, was ihre Leser verlangten. Die wollten nur täglich, stündlich und wenn der Rundfunk einsprang viertelstündlich das Neueste vom Kriegsschauplatz des Reading-Rennens erfahren. Dieser Schauplatz aber faßte die ganze Erde.

Fieberhaft wurden die Reisen der verschiedenen Teilnehmer zu ihren Startpunkten verfolgt und ihre Ankunft dort ausführlich beschrieben. Die Namen der amerikanischen Zeitnehmer, die das Kuratorium zu den Start- und Kontrollpunkten entsandte, waren jetzt mehr in aller Munde als diejenigen der berühmtesten Filmstars und Boxer. Fast schien eine weitere Steigerung der allgemeinen Spannung und Aufregung nicht mehr denkbar zu sein und doch ging die Kurve dieses Sensationsfiebers, von dem die ganze Welt befallen war, noch immer weiter in die Höhe. Am 18. September entschlossen sich die Rundfunkgesellschaften der Vereinigten Staaten zu einem permanenten Dienst, um ihren Hörern auch zu jeder Nachtstunde das Neueste bringen zu können. Am 19. folgten sämtliche europäischen Sendegesellschaften dem amerikanischen Beispiel. Die Zeitungen überboten sich in der Ausgabe von Extrablättern, um dem Funkdienst einigermaßen nachzukommen.

In Eisenbahnen und Autobussen hörte man von nichts anderem als dem Reading-Rennen. Wildfremde Menschen sprachen sich auf der Straße an und je nach dem Temperament der betreffenden war bald eine friedliche Debatte oder der schönste Streit im Gange. An den Börsen und in den Büros, gleichviel ob in Europa oder in Australien, erlitt die Abwicklung der Geschäfte empfindliche Störungen. Die Nachricht etwa von einem geringfügigen Rohrbruch an einer der englischen Maschinen wurde viel ernsthafter behandelt, als ein Umsatz von tausend Kuxen. Die Meldung, daß einer der italienischen Piloten sich den Daumen verstaucht habe, erregte viel größere Beunruhigung, als der Sturz des Weltpreises für Kupfer um fünf Punkte

Das Geschäft der Herren Harrow & Bradley hatte einen Aufschwung und Umfang angenommen, den sich die Begründer in ihren kühnsten Träumen nie zu erhoffen gewagt. Vergeblich, daß sie zwei Nachbarhäuser dazu mieteten und die Anzahl ihrer Angestellten verdreißigfachten. Sie konnten dem lawinenartigen Andrang ihrer Kundschaft doch nicht genügen. Trotzdem auch sie einen permanenten Dienst einführten, war die Straße vor ihren Geschäftslokalen Tag und Nacht überfüllt und verstopft.

Und neben Harrow & Bradley gab es tausend andere, die sich in den letzten Wochen diesem lukrativen Geschäft zugewandt hatten. Nicht nur in den Vereinigten Staaten, sondern auch in Europa schossen die Buchmacherbüros wie Pilze aus der Erde. Längst waren jene Milliardensummen, die der Russe Tredjakoff einmal John Sharp als den voraussichtlichen Wettumsatz genannt hatte, um ein Vielfaches überschritten.

Wie im Taumel verstrichen die beiden letzten Tage, dann kam die Sonne des 22. September über den Atlantik herauf. Dieselbe Sonne, die schon seit Tagen die Stationen in den arktischen Gegenden, in der Schreckensbucht und in Claryland mit einem fahlen Dämmerlicht übergoß, leuchtete die Wolkenkratzer der Hudson-Metropole im feurigen Frührot an. Und immer höher stieg sie, immer näher kam sie jener Stelle ihrer Bahn, die den Mittagspunkt für die American Eastern Time bedeutete.

In Millionen von Privatwohnungen, in allen Redaktionen der Welt waren die Empfänger eingeschaltet. Seit elf Uhr lief der große Reading-Sender im Rockefeller-Haus der New-Yorker Radio-City. Im Senderaum waren die Mitglieder des Kuratoriums, an ihrer Spitze John Sharp, versammelt. Nur Frank Kelly fehlte. Der weilte bereits seit zwei Wochen mit seinen Mannschaften und einem großen Maschinenpark in Manila auf Luzon.

In der Mitte des Senderaumes hing das schwere Blockmikrophon. Zwei große astronomische Standuhren an der Stirnwand des Raumes zerteilten die Zeit mit langsamem Pendelschlag in Sekunden. Die eine von ihnen stand mit der Sternwarte auf dem Mount Hamilton, die andere mit der Warte von Pasadena in direkter Kabelverbindung. So war Vorsorge getroffen, daß keine dieser beiden Uhren um mehr als eine Hundertstel Sekunde von der wahren Ostzeit abweichen konnte.

In absolutem Gleichmaß schwangen die beiden Pendel, im Gleichmaß drehten sich die Sekundenzeiger, langsam krochen die Minutenzeiger über die Zifferblätter... noch zehn Minuten bis zwölf... noch fünf... noch drei... noch zwei... noch eine. John Sharp trat vor das Mikrophon. In jeder Hand eine Pistole. Sollte der Startschuß aus der ersten versagen, konnte er sofort mit der zweiten feuern. Die Blässe seines Gesichtes, ein Zucken in seinen Mienen verriet, daß auch er, dessen Ruhe sonst sprichwörtlich war, von der allgemeinen Nervosität ergriffen wurde.

Noch fünf Sekunden... zwei Sekunden... eine Sekunde... ein Schuß dröhnte durch den Raum, der Startschuß zum Reading-Rennen. Ein Schuß, auf den Millionen in allen Erdteilen gewartet hatten, ein Schuß, dessen Knall an Millionen Punkten des Erdballes vernommen wurde. Ein Schuß, der viele Tausende von Pferdekräften zum Flug durch den Äther freigab.

Mr. Natanael Jenkins, der Bevollmächtigte des Kuratoriums für den deutschen Start, war mit dem Dampfer „Fulton“ in die Schreckensbucht gekommen. Tagelang fuhren Motorbarkassen zwischen dem Dampfer und dem Lande hin und her und luden endloses Material aus. Über Stufen, die man in das Eis hauen mußte, wurden die Bauteile auf das vergletscherte Plateau geschleppt und von fleißigen Händen zusammengefügt. Nur etwa hundert Meter von der deutschen meteorologischen Station entfernt, wuchs hier auf dem Eise ein geräumiges Gebäude mit doppelten gut isolierten Wellblechwänden empor. Geschickte Facharbeiter bauten eine Zentralheizung ein und montierten Maschinenaggregate für die Versorgung mit elektrischem Licht. In Stunden beinahe entstand hier ein wohnliches Heim, in dem die amerikanische Delegation sich ebenso wohlfühlen konnte wie in irgendeinem New-Yorker Wolkenkratzer.

Mächtige Motorbohrer fraßen sich viele Meter tief in das harte Gletschereis, um sichere Fundamente für zwei hohe Funktürme zu schaffen. Schon am dritten Tage konnte man die Antenne zwischen den Türmen hissen und den direkten Funkverkehr mit dem Reading-Haus in New York aufnehmen, wonach dic Antenne des „Fulton“ für andere Zwecke frei wurde.

Mr. Jenkins, der typische, lange, dürre Yankee, schob seinen Kaugummi in die andere Backentasche und unterdrückte nur schwer einen Fluch, als er über die neue Station die erste Depesche aus dem Reading-Haus empfing. Es war eine Abänderung der Rennmeldung der Eggerth-Werke. Die zogen eine Maschine vom Typ der ›Seeschwalbe‹ zurück und würden dafür mit einem anderen Flugzeug der Type „St“ in das Rennen gehen.

„Damned Dutchmen!“ kam es zwischen seinen Lippen heraus. Er hatte den Fluch doch nicht zurückhalten können. Mit der Depesche in der Hand trat er an das Fenster und blickte auf die Bucht hinaus. Auf dem eisfreien Wasser wiegten sich da in einem leichten Seegang die deutschen Maschinen, darunter auch eine vom Typ der „Seeschwalbe“. Morgen wollte er mit der Abnahme der Flugzeuge für das Rennen beginnen. Das bedeutete immerhin einige Arbeit. Die Fabrikationsnummern der Motoren und aller Zusatzapparate mußten in das Rennprotokoll eingetragen, eine Anzahl von Einzelteilen plombiert werden. Jetzt machte ihm die Depesche einen Strich durch sein Programm, denn von der gemeldeten neuen Type ›St‹ war weit und breit noch nichts zu sehen. Vielleicht stand die noch irgendwo in den Eggerth-Werken und es konnte wer weiß wie lange dauern, bis sie hierher kam.

„Damned Dutchmen!“ fluchte Jenkins noch einmal und zog sich seinen Pelz an. Er wollte zum Depot der Eggerth-Werke hinübergehen, um wegen der veränderten Dispositionen Rücksprache zu nehmen. Brummend griff er nach dem schweren Eisstock und trat ins Freie. Er konnte den Pelz während des kurzen Ganges offenlassen. Der Herbst war in diesem Jahr außergewöhnlich mild, kaum zwei Grad stand das Thermometer unter dem Nullpunkt und, so weit der Blick reichte, dehnte sich die blaue Meeresfläche frei von Schollen und Packeis.

Das Depot der Eggerth-Werke lag jetzt dicht vor ihm. Ein Wellblechschuppen für die Unterkunft der Mannschaften, ein anderer größerer für die Lagerung der Betriebsstoffe. Von einem Mast wehte die deutsche Flagge. Jenkins blieb stehen und blickte zu der großen Unionsflagge zurück, die über seiner eigenen Station an der Spitze des einen Funkturmes flatterte. Welch erhebender Gedanke für ihn, daß das Sternenbanner als ein Zeichen amerikanischer Führerschaft und Überlegenheit in diesen Tagen an so vielen Stellen des Erdballes aufgepflanzt wurde. Noch hingen seine Augen an dem wallenden Fahnentuch, da kniff er plötzlich die Lider zusammen, starrte schärfer in die wolkenlose Höhe.

Drei winzige schimmernde Punkte hatte er dort erschaut, die einen Kreis am Firmament beschrieben. Waren es Vögel... oder waren es Flugzeuge? Unmöglich, es mit bloßem Auge zu unterscheiden.

Jetzt trennte sich der eine Punkt von den beiden anderen. Während die sich nach Süden entfernten, kam der dritte in einer Spirale aus seiner Höhe hinunter, wurde dabei groß und immer größer. Jetzt waren Schwingen und Rumpf zu unterscheiden, jetzt konnte Jenkins in den Strahlen der tiefstehenden Sonne das blinkende Spiel der Propeller erkennen, jetzt strich das Flugzeug über die Wasserfläche hin und setzte dicht neben der Eggerth-Maschine auf. ›St 1‹ war angekommen.

Jenkins sah, wie drei Leute aus dem Wohnschuppen der Eggerth-Werke ins Freie stürmten, mit einer halsbrecherischen Geschwindigkeit über die Eisstufen hinab an den Strand liefen und in ein Motorboot sprangen. In der nächsten Minute rauschte das Boot über die Wasserfläche zu dem eben angekommenen Flugzeug hin. Eine Tür in dessen Rumpf wurde geöffnet, Menschen sprangen heraus und fielen denen im Boot in die Arme. Noch ein kurzer Aufenthalt, bis die neue Maschine an einer Boje vertäut war, dann kehrte das Boot mit sechs Insassen zum Ufer zurück.

Mr. Jenkins schritt langsam bis zum Rand des Plateaus und sah sie über die Eistreppe heraufkommen.

„Verflucht glatt hier bei euch, Hein!“ schimpfte Wolf Hansen und rieb sich das Schienbein. „Sag mal eurem Mr. Jenkins, er soll ordentlich streuen lassen. Der ist doch hier sozusagen der Hauswirt.“

„Wird sich schwer machen lassen“, lachte Hein Eggerth. „Wenn du hier Streusand haben willst, mußt du ihn schon mit einem Bagger vom Seegrund heraufholen. Auf dem Lande gibt's nur Eis und Schnee. Da oben steht übrigens Mr. Jenkins. Du wirst gleich seine Bekanntschaft machen, bei der Gelegenheit kannst du's ihm ja selber sagen.“

Dann standen sie auf dem Plateau und schüttelten dem Amerikaner die Hand.

›Verdammt kräftig, solche Pilotenfäuste‹, dachte der Yankee, als er sich den Pelzhandschuh wieder über die Rechte zog, und dann versuchte er im

Gespräch allerlei zu erfahren, was ihn interessierte. Aber aus Hein und seinen Begleitern Hansen und Berkoff war nicht eben viel herauszuholen.

Gewiß, Mr. Jenkins hätte ganz richtig gesehen, sie hatten die Schreckensbucht mit drei Maschinen angeflogen. Nur ›St 1‹, die für das Rennen bestimmte Maschine, wäre niedergegangen, die beiden anderen hätten sofort den Rückflug angetreten...

Konstruktion und Besonderheiten von ›St 1‹?... Nun, Mr. Jenkins würde es ja bei der Abnahme sehen. Ein Stratosphärenflugzeug, wie es die Eggerth-Werke jetzt eben bauten und wie es auch in den ihm sicher bekannten Patenten beschrieben wäre.

Ob die Maschine denn auch schon genügend erprobt und betriebssicher sei, um in solch ein Rennen zu gehen?... O ja!... Sie hofften es doch. Es wäre ja auch nicht das erstemal, daß sie hier seien. Schon öfter als einmal hätten die drei Stratosphärenschiffe über der Schreckensbucht gekreuzt. Erst vorgestern zum Beispiel...

„Aber man hat nichts von ihnen gesehen und gehört“, platzte Jenkins heraus.

„In zehn Kilometer Höhe sind wir unsichtbar und unhörbar“, erwiderte Wolf. „Sie haben die anderen heut nur gesehen, weil sie mit uns bis auf fünf Kilometer hinuntergingen.“

Noch vieles andere wünschte der Amerikaner zu erfahren, aber da wurden die drei Piloten von ›St 1‹ immer wortkarger. Nur das konnte er sich aus ihren Antworten zusammenreimen, daß sie in einer außerordentlich kurzen Zeit von Bitterfeld bis hierher geflogen sein mußten. Noch auf dem Rückwege zu seiner eigenen Behausung versuchte er es immer wieder, sich irgendeinen genaueren Zahlenwert aus den kurzen und zweideutigen Antworten zu konstruieren, die er auf seine Fragen erhalten hatte... vorgestern waren die hier gewesen. Gestern war die Maschine noch einmal gründlich in Bitterfeld überholt worden. Jetzt waren sie schon wieder da. In welcher Zeit vermochte denn die Teufelsmaschine den reichlich dreitausend Kilometer langen Weg von Bitterfeld bis zur Schreckensbucht zurückzulegen? Wenn ihn nicht alles trog, drohte dieses deutsche Stratosphärenschiff ein recht bedenklicher Konkurrent für die „Eagle“-Type der Reading-Werke zu werden.

Er hielt es für angebracht, im Geheimkode des Konzerns ein langes Telegramm über die Angelegenheit an John Sharp zu senden, der den Inhalt sofort an Frank Kelly in Manila weiterfunken ließ. Kellys Antwort lautete so, wie sie nach Lage der Dinge nur lauten konnte: ›In achtundvierzig Stunden beginnt das Rennen. Wir können an der Sache nichts mehr ändern!‹

Natanael Jenkins überprüfte noch einmal alle Vorbereitungen, die er für den Start getroffen hatte. Ein Raum seines Hauses zeigte in der Einrichtung eine gewisse Ähnlichkeit mit dem New-Yorker Senderaum. Auch hier zwei große astronomische Standuhren in ihrem Gang durch Radiosignale ständig und automatisch auf kleinste Bruchteile einer Sekunde reguliert. Die eine zeigt die amerikanische Ostzeit, die andere die Ortszeit der Schreckensbucht. Da die Schreckensbucht vierzig Längengrade östlich von New York liegt, ging die zweite Uhr gegen die erste um zwei Stunden und vierzig Minuten vor. Sie würde bereits zwei Uhr vierzig Minuten nachmittags zeigen, wenn man des Mittags in New York den Startschuß abfeuerte. Äußerlich machte der Zeitunterschied kaum etwas aus, da die Sonne hier in diesen Herbsttagen noch ständig über dem Horizont blieb.

Das Blockmikrophon des New-Yorker Senderaums war in Mr. Jenkins Zimmer freilich durch einen großen dynamischen Lautsprecher ersetzt. Donnerartig würde der den Knall des Schusses in dem gleichen Augenblick wiedergeben, in dem er in New York abgefeuert wurde. Man hätte wohl auch einen zweiten noch größeren Lautsprecher, einen der mächtigen Blatthaller draußen auf dem Klippenrande aufstellen können, aber Jenkins hatte eine andere Anordnung vorgezogen. Auf einem Tisch vor dem Lautsprecher stand eine Morsetaste. Von ihr lief eine Kabelleitung zu einem starken Böller, der draußen am Rande des Plateaus stand. Ein Böllerschuß, so meinte er, würde ein besseres, schärferes Signal für den Start sein als das Dröhnen eines Lautsprechers.

Der Zeitpunkt des Startes rückte heran. Draußen auf dem Wasser lagen die konkurrierenden Maschinen weit auseinandergezogen, die Nasen ostwärts auf die Mündung der Bucht in die offene See gerichtet, so daß keine die andere beim Start behindern konnte. Alle Piloten auf ihren Sitzen am Steuer. Schon liefen alle Motoren mit gedrosselter Tourenzahl, schon zerrten alle

Flugzeuge ungeduldig an den Haltetauen, die sie noch mit den Ankerbojen verbanden.

Im Lautsprecherraum der amerikanischen Delegation drängten sich die deutschen Ingenieure und Mechaniker um Jenkins und seine Leute. Gespannt hingen alle Blicke am Zifferblatt der Uhr, welche die New Yorker Zeit gab. Sie folgten dem Sekundenzeiger, der jetzt die Sekunden der letzten Minute durcheilte. In dem Moment, da er auf die sechzig sprang, dröhnte der Lautsprecher durch den Raum. Im selben Moment drückte Jenkins die Morsetaste nieder. Ein Böllerschuß dröhnte über die Bucht. Die elektrische Zündung hatte gut funktioniert.

Im gleichen Augenblick fielen draußen auf der Bucht die gelösten Haltetaue ins Wasser, heulten die Motoren auf, stürmten die Maschinen über die Seefläche. Wenige Sekunden noch flockende Schaumwellen vor den Schwimmern, dann lösten sie sich vom Wasser und stiegen empor in ihr eigentliches Element. Stiegen hoch und immer höher, drehten in weitem Bogen um nach Westen, verschwanden allmählich am Horizont. Schon arbeitete der Sender in der Schreckensbucht und funkte die Nachricht nach Radio City, daß der Start geglückt, alle deutschen Maschinen im Rennen seien.

Es war nicht die einzige Nachricht dieser Art, die in Radio City aufgenommen wurde. Ganz ähnliche Meldungen strömten dort zur gleichen Minute von einem halben Dutzend über den ganzen Erdball verteilter Punkte zusammen. In Gibraltar und Marseille, in Tripolis und Udinsk, in Manila und auf Jap, überall dort, wo Startpunkte waren, hatte das Rennen in der gleichen Sekunde planmäßig begonnen.

Nach Osten hin waren die deutschen Maschinen aus der Schreckensbucht vorgestoßen. Als eine der ersten vollendete die „Seeschwalbe“ ihren Halbkreis. Immer noch steigend flog sie auf Westkurs wieder das grönländische Festland an. Am Steuer saß Hein Eggerth, neben ihm Bert Röge, hinter ihnen an der Morsetaste des Kurzwellensenders Kurt Schmieden. Sie waren durch Mikrophon und Telephon miteinander verbunden, um sich bei dem Motorengedröhn verständigen zu können.

Die Gesichter aller drei hatten ein hartes eckiges Aussehen bekommen. Wohl war die ungeheure Spannung der letzten Minuten vor dem Rennen von ihnen gewichen. Doch dafür jetzt der andere noch viel aufpeitschendere Gedanke: Wir sind im Rennen... hundert andere mit uns. Die Minuten, die Sekunden sind kostbar... werden wir's schaffen?... Wir müssen es schaffen... wir werden es schaffen...

Hein Eggerth beobachtete abwechselnd den Kompaß und die Landkarte vor sich. Bert Röge ließ den Tourenzeiger und die Manometer der Speisepumpen nicht aus dem Auge. Nur ab und zu schob er die Telephone von den Ohren, um das Trommeln der Motoren abzuhören, nur bisweilen warf er einen schnellen Blick auf das vergletscherte Land da tief unter ihnen und spähte nach anderen Flugzeugen aus. Die kamen allmählich außer Sicht. Einige blieben zurück, einige entfernten sich auf anderen Kursen.

Ganz allmählich begann der ungeheure Druck von den dreien zu weichen. Während Minuten sich zu Viertelstunden summten, kehrte die alte Ruhe und Sicherheit wieder, die sie sich in Tausenden von Flugstunden erworben hatten. Präzise wie die Uhrwerke arbeiteten die Motoren der ›Seeschwalbe‹ und sangen ihr dröhnendes Lied in die klare Polarluft. Gelehrig und gelenkig gehorchte der eherne Vogel jedem Druck des Steuers, zuverlässig zeigten die drei Kompasse sofort die geringste Kursabweichung an. Die Überzeugung kam ihnen, daß sie in der besten Maschine des Rennens saßen. Nun auch die besten Männer des Rennens sein, feste Nerven und ruhiges Blut behalten, darauf kam jetzt alles an. Dann würde ihnen doch vielleicht der Preis zufallen, den Morgan Reading für den besten Mann auf der besten Maschine ausgesetzt hatte. Mit solchen Gedanken überwanden sie die Spannung und machten sich wieder frei von dem Druck, der sie in den ersten Minuten fast zu lähmen gedroht.

Der Höhenmesser der ›Seeschwalbe‹ zeigte zweitausend Meter an. In endloser Weite dehnte sich unter ihnen die Eiswüste. Hier ein Versagen der Maschine, hier landen zu müssen... es wäre gleichbedeutend mit Bruch und Vernichtung. Doch fort mit solchen Gedanken! Das Herz ihrer Schwalbe pochte ja in starkem, gesundem Schlag. Zwar fehlten in der eisigen Öde dort unten Landmarken und Anhaltspunkte, doch nach dem Stand der Tourenzeiger stürmte das Flugzeug mit mehr als vierhundert

Stundenkilometern durch den Äther. Nach der Berechnung Hein Eggerths mußte die ›Seeschwalbe‹ den Weg von der Schreckensbucht bis nach Holstenborg, einer Niederlassung an der grönländischen Westküste, in knapp zwei Stunden zurücklegen.

Kurt Schmieden deutete nach unten.

„Hier ist der Schweizer de Quervain 1912 mit seiner Expedition von Angmagsalik an der Ostküste nach Christianshaab am Westufer über das Eis gezogen. Drei Monate war er unterwegs."

„Nansen hat es 1888 schneller geschafft", meint Bert Röge. „Wenn ich mich recht erinnere, gelangte der von der Kjögebucht im Osten in knapp vier Wochen nach Godthaab."

„Stimmt schon, Bert! Aber de Quervain pilgerte mit seiner Expedition geruhsam als Wetterforscher über das Eis. Fridtjof Nansen, damals eben erst siebenundzwanzig Jahre alt, in vollster Jugendkraft – wir kennen ihn ja nur noch als den greisen Philanthropen und Schöpfer des Nansen-Passes – der ging mit einem einzigen Begleiter auf Skiern los und brachte an jedem Tage fast zwanzig Kilometer hinter sich. Eine überwältigende sportliche Leistung auf dem zerrissenen und zerklüfteten Inlandeis. So konnte er den langen Weg in knapp vier Wochen zurücklegen."

„Ich denke, wir werden es in zwei Stunden schaffen", warf Hein Eggerth ein.

„Was mag sich hier vor Hunderten oder vor Tausenden von Jahren abgespielt haben", fragte Röge. „Grönland, das heißt doch das grüne Land. Es muß doch mal grün gewesen sein, wie käme es sonst zu dem Namen? Und jetzt ist nur Eis, unendliches Eis hier. Wie ist solche Wandlung zu erklären?"

„Das hätte dir vielleicht der deutsche Professor Wegener sagen können, Bert, der dort im Norden", Kurt Schmieden wies mit der Hand nach Steuerbord, „ein Opfer seines Forscherdranges, auf dem Inlandeis gestorben ist. Er hat vor seinem Tod noch festgestellt, daß eine drei Kilometer starke Eisdecke auf dem grönländischen Felsmassiv lastet. Da wir vorher des Schweizers de Quervain und des Norwegers Nansen gedachten, so wollen wir auch des Deutschen Alfred Wegener nicht vergessen, der so viel für die Erforschung dieses Landes hier unter uns getan hat."

Hein Eggerth behielt mit seiner Behauptung recht. Die Borduhr der ›Seeschwalbe‹, nach New Yorker Ostzeit gestellt, zeigte ein Uhr und vierundfünfzig Minuten, als im Westen das Meer in Sicht kam. Wenige Minuten nur noch, und sie hatten die offene See unter sich. Nur vereinzelt war Treibeis zu sehen. In ihren letzten Ausläufern wirkte sich die großartige Warm-Wasserheizung des Golfstromes auch hier aus.

„Soll ich dich am Steuer ablösen, Hein", fragte Röge.

Der schüttelte den Kopf. „Noch nicht, Bert. Wir wollen uns die 3700 Kilometer bis zum Winnipeg-See brüderlich teilen. Ich denke, wir werden sie in knapp neun Stunden hinter uns bringen. Wenn jeder von uns drei Stunden am Steuer sitzt, wird's für keinen zu viel werden."

„Den letzten beißen natürlich mal wieder die Hunde", lachte Schmieden. „Da steuert ihr bis sechs Uhr abends Ostzeit bei Helligkeit und ich habe nachher das zweifelhafte Vergnügen, die letzten drei Stunden im Dunkeln zu fliegen."

„Wird nicht so schlimm werden, Kurt", tröstete ihn Röge. „Winnipeg hat schon amerikanische Central Time. Ein bis anderthalb Stunden wirst du auch noch Helligkeit haben. Und nachher, wenn's vom Winnipeg-See weiter nach Los Angeles geht, da sind wir anderen ja wieder dran und werden noch genug Dunkelheit genießen."

Schmieden tat einen langen Zug aus der Thermosflasche und reichte sie danach Röge hin.

„Na! Denn prost Kinder! Denn macht nur weiter, wie ihr wollt, damit wir bald um den lausigen Globus rumkommen."

In der Schreckensbucht war es nach dem Abflug der deutschen Geschwader einsam geworden. Nach den Anstrengungen der letzten Tage und Stunden vor dem Rennen hatten die Mannschaften der konkurrierenden Werke endlich wieder Ruhe... auf wie lange?... Wer wußte das vorauszusagen? Wie viele Tage, wie viele Wochen mochten vielleicht vergehen, bis der Startpunkt zum Zielpunkt wurde und Flugzeuge nach dem langen Rennen um den Erdball hier wieder eintrafen...

Im Augenblick herrschte Ruhe... Die Ruhe nach dem Sturm... vor dem Sturm? Wer konnte es sagen?

Nur die Funker hatten Arbeit. In den Depots der Werke waren sie emsig bemüht, die Kurzwellenverbindung mit ihren Fliegern aufrechtzuerhalten. Im Radioraum der amerikanischen Delegation hatten sie alle Hände voll mit der Aufnahme von Hunderten von Renndepeschen zu tun.

Mr. Jenkins hatte sich nach den Aufregungen des Startes erst einmal ein tüchtiges Diner geleistet. Jetzt saß er behaglich in einem Klubsessel, eine gute Zigarre zwischen den Zähnen, Whisky und Soda neben sich, und überflog die Depeschen aus dem Rockefeller Building, die ein Bote aus dem Funkraum ihm in kurzen Zwischenräumen auf den Tisch legte. Ein vergnügtes Lächeln lief dabei über sein faltiges, zerknittertes Gesicht. Bisher stand die Sache für die United States jedenfalls nicht schlecht. Die amerikanischen Maschinen hatten sofort nach dem Aufstieg in Manila in der Richtung auf die Insel Asuncion hin unter sich ein erbittertes Rennen ausgefochten, bei dem die beiden Eagle-Flugzeuge der Bay-City-Werke überlegene Sieger geblieben waren. Schon seit einer halben Stunde hatten sie die anderen Maschinen weit hinter sich aus der Sicht verloren und stürmten mit 500 Stundenkilometer über den Stillen Ozean nach Osten.

Eben wurde Jenkins wieder eine Depesche vorgelegt, über den New-Yorker Reading-Sender kam sie von Frank Kelly, der selbst am Steuer des ›Eagle 1‹ saß. Kelly meldete, daß er um fünf Uhr sieben Minuten nachmittags nach amerikanischer Ostzeit bei Asuncion wassern und Betriebsstoff einnehmen werde.

Natanael Jenkins legte die Depesche zu den anderen. „O Ke!“, kam es zwischen zwei Rauchringen von seinen Lippen. „Die Boys sind all right. Werden ihre Sache schon machen.“

Er maß die Entfernung Manila-Asuncion auf einer großen Wandkarte ab... 2560 Kilometer... Kelly flog demnach mit 500 Stundenkilometern.

Befriedigt ließ er sich in den Sessel fallen. 500 Stundenkilometer... das war mehr als irgendeine der anderen Maschinen bisher geleistet hatte... wahrscheinlich überhaupt zu leisten vermochte.

Wieder wurde ihm ein Telegramm gebracht. Er las es: Holstenborg Westküste Grönlands. Ein Uhr 55 Minuten amerikanischer Ostzeit überfliegt deutsche Eggerth-Maschine den Hafen. Noch einmal ging er zur Karte, maß ab, rechnete, warf dann den Bleistift vergnügt auf das Papier... eine Stunde 55 Minuten für 800 Kilometer... 420 Stundenkilometer gegen 500 des Eagle... arme ›Seeschwalbe‹, laß dich begraben!

Immer neue Radiogramme häuften sich auf seinem Schreibtisch. Meldungen von der englischen, französischen und japanischen Strecke. In einer recht guten Zeit hatten die Italiener das Mittelmeer überflogen. Aber das alles kam an die Leistungen der Eagle-Type nicht heran. Über eins mußte er sich dabei wundern. Von den Russen kamen so gut wie gar keine Meldungen. Vergeblich suchte er nach einer Erklärung dafür. Die russische Strecke ging von Udinsk nach Westen über Samarowsk und Dünaburg nach Gibraltar. Gewiß, in ihrem ersten Teil führte sie über die fast menschenleeren sibirischen Steppen. Aber trotzdem, es hätte den Piloten doch möglich sein müssen, Standortmeldungen an die Sender von Tomsk oder Tobolsk zu geben. Was mochte der Grund sein, daß die Nachrichten so gänzlich ausblieben? Bereiteten die Russen irgendeine besondere Überraschung vor, oder stimmte da etwas nicht?... Niemand kannte sich ja mit den vertrackten Verhältnissen in Sowjetrußland so richtig aus.

Ein wenig gelangweilt durchflog er den letzten Depeschenstoß. Besonders Aufregendes war nicht darunter. Bisher hatte keiner der Teilnehmer einen Zwischenfall oder eine Panne zu melden. Jenkins warf den Rest seiner Zigarre in den Aschbecher und zog sich den Pelz über. Er spürte das Bedürfnis, ein wenig ins Freie zu gehen. Gemächlich schlenderte er am Rand des Plateaus entlang. Da lag die Bucht vor ihm, von allen Flugzeugen verlassen, jetzt nur noch ein Tummelplatz für Tausende von Möwen und Eiderenten. Noch stand er da und blickte in die Runde, als etwas silbrig Glänzendes aus der Höhe hinabschoß und klatschend auf den Wasserspiegel aufsetzte.

Natanael Jenkins glaubte seinen Augen nicht trauen zu dürfen. Das war doch ›St 1‹, das mysteriöse Stratosphärenschiff der Eggerth-Werke, das er hier mit den anderen Maschinen zusammen vor reichlich zwei Stunden vom Start entlassen hatte. War denn der Teufel in die Kerle gefahren, daß die sich hier in der Schreckensbucht rumtrieben, anstatt sich um ihr Rennen zu kümmern?

Jenkins fand keine Antwort auf seine Fragen. Er sah, wie ›St 1‹ zu einer Ankerboje hintrieb und dort festmachte, sah, wie vom Rumpf des Stratosphärenschiffes ein leichtes Aluminiumboot gelöst wurde, in dem ein einzelner Mann an Land ruderte. Der stieg jetzt die Eistreppe hinauf, und als er näher kam, erkannte ihn Jenkins. Das war ja Mr. Hansen, von dem er schon lange vor dem Start zu diesem Rennen so mancherlei gehört hatte. Der Konstrukteur und jetzt der Pilot dieses Stratosphärenschiffes, das die Eggerth-Werke noch in letzter Stunde in das Rennen geschickt hatten.

Was mochte die Ursache sein, daß der jetzt wieder hier war? Alle Möglichkeiten ließ Jenkins sich durch den Kopf gehen. Nur eine Lösung fand er. ›St 1‹ mußte über dem Grönlandeis eine Betriebsstörung gehabt haben, die den Piloten nötigte, zur Schreckensbucht zurückzukehren, um hier die Hilfe der deutschen Mechaniker in Anspruch zu nehmen...

„Hallo Mr. Hansen! Was ist los?“ rief er den Deutschen an, der jetzt dicht vor ihm stand. „Panne gehabt? Umkehren müssen?... Schlimme Sache. Die anderen sind schon mächtig voraus.“

Wolf Hansen nickte ihm vergnügt zu. „Macht nichts, Mr. Jenkins. Die werden wir schon wieder einholen.“

Jenkins zuckte mit den Achseln und warf einen Blick auf seine Armbanduhr. „Drei Stunden, Mr. Hansen! Die Reading-Flieger haben 1500 Kilometer Vorsprung. Selbst Ihre ›Seeschwalbe‹ ist Ihnen gut 1200 Kilometer voraus... Jetzt noch reparieren... wer weiß, wie lange das dauert? Sie werden sich verteufelt daranhalten müssen, wenn Sie das wieder gutmachen wollen.“

„Ist nicht so schlimm, Mr. Jenkins... Pannen... Reparaturen... Das gibt's bei ›St 1‹ nicht.“

„In the name of the Deuce, Mr. Hansen! Warum sind Sie dann zurückgekommen?“

„Gott, mein lieber Mr. Jenkins! Nehmen Sie an, was Sie wollen. Etwa, ich hätte meine Handschuhe hier vergessen, oder ich hätte große Sehnsucht nach der Schreckensbucht."

Mr. Jenkins richtete sich steil auf und stieß den schweren Stock mit der Stahlspitze vor sich in das Eis.

„Mr. Hansen! Als Bevollmächtigter für das Reading-Rennen habe ich Sie auf die Bedingungen der Konkurrenz verpflichtet. Sie sind gehalten, das Rennen ehrlich und nach besten Kräften auszufliegen. Ich weiß nicht, ob ich es dulden darf, Sie hier ohne Grund an der Startstelle herumlungern zu lassen. Sie sind im Rennen, Mr. Hansen!"

„Das ist mir seit heute mittag nicht mehr neu, Mr. Jenkins!"

„Sie müssen mir einen triftigen Grund für Ihren Aufenthalt hier angeben, Mr. Hansen!"

„Well, dann nehmen Sie an, ich hielte es für unehrlich, mit ›St 1‹ gleich mit voller Kraft in das Rennen zu gehen. Sie verlangten ja eben ehrliches Spiel."

„Den Einwand kann ich nicht gelten lassen, Mr. Hansen. Wenn Sie es aus irgendwelchen überspannten deutschen Ideen für angebracht halten, Ihren Konkurrenten einen Vorsprung zu geben, dann warten Sie Ihre Vorgabezeit gefälligst irgendwo anders ab."

„Wenn Sie den Grund nicht gelten lassen wollen, dann vielleicht einen anderen. Ich möchte gern wissen, was die Russen machen. Haben Sie Nachrichten von der russischen Strecke?"

Jenkins horchte auf. „Leider nein, Sir. Weiß der Teufel, was da los ist. Wir haben eigentlich nur die Nachricht unseres Vertreters vom geglückten Start."

„Würde es Sie interessieren, Mr. Jenkins, etwas Näheres über den Flug der Russen zu hören?"

„Sicher, Mr. Hansen! New York hat schon angefragt, ob wir vielleicht irgendwelche russischen Meldungen aufgefangen haben."

„Darf ich Sie einladen, mit in unsere Funkstation zu kommen. Ich glaube, nach unseren Bordmeldungen, da werden wir mancherlei Interessantes hören."

„Ich begreife Sie nicht, Mr. Hansen. Sie sind im Rennen. Alle anderen versuchen in jeder Minute möglichst viele Kilometer hinter sich zu bringen, und Sie gehen hier herum, als ginge Sie die ganze Sache gar nichts an. Aber wenn Sie wollen... ich bin bereit."

Dann saßen sie zusammen in der Funkerbude des Eggerth-Schuppens und Natanael Jenkins verlor fast die Sprache, als er die vielen Depeschen und Meldungen... es waren eher Notrufe als Meldungen... las, welche die russischen Piloten schon auf der verhältnismäßig kurzen Strecke Udinsk-Samarowsk in den Äther gefunkt hatten. Jetzt begriff er, warum keine dieser Meldungen von den großen russischen Sendern an das Rockefeller Building in New York weitergegeben worden war. Das war ja mehr als eine Pechserie... als eine Pechsträhne... das war ja schon beinahe Katastrophe...

Mit sechs großen russischen Maschinen neuester Bauart waren die Russen von Udinsk aus in das Rennen gegangen. Herr des Himmels, was war da alles im Laufe von kaum vier Stunden passiert?... Vergaserbrände... Rohrbrüche... festgefressene Kolben... Kurzschluß in den Zündungen... wenn es so um die russische Industrie des fünften Fünfjahresplanes aussah, dann hatten die übrigen Staaten kaum etwas von ihr zu fürchten.

Immer wieder durchblätterte Jenkins die Depeschen, die ihm Hansen in die Hand gedrückt hatte... vier von den russischen Maschinen mit schweren Havarien notgelandet... zwei noch in der Luft, aber mit Motorreparaturen beschäftigt. Von den sechs gestarteten Flugzeugen überhaupt nur noch zwei intakt und mit einer Stundengeschwindigkeit von wenig mehr als 300 Kilometern zwischen Samarowsk und Dünaburg im Rennen. Wenn das so weiter ging, wie bisher, würden auch die kaum die russische Grenze erreichen...

Der Amerikaner legte die Telegramme auf den Tisch zurück. „Tolle Geschichte das mit den Russen, Mr. Hansen! Es ist mir unbegreiflich, daß unsere Funker keine von diesen Nachrichten aufgefangen haben."

„Tja, Mr. Jenkins! So einfach ist das nicht. Dazu braucht man nicht nur prima Kurzwellenapparate, sondern auch erstklassige Funker, die das Letzte aus den Apparaten herausholen. Unser Herr Schmidt hier", er deutete auf einen jungen Menschen, der die Kopfhörer an den Ohren vor einem

Empfänger saß, „ist ein wirklicher Künstler in seinem Fach. Wenn sich irgendwas im Äther rührt, er fängt's sicher mit seiner Antenne ein."

Hansen war während dieser Worte zu dem Funker Schmidt getreten und las, was der eben auf seinen Block schrieb. „Hören Sie mal, Mr. Jenkins, jetzt wird's interessant... Erbittertes Wettrennen zwischen den beiden Eagle-Maschinen und der Nachhut der japanischen Flieger in der Gegend der Marianen-Inseln. Freund Kelly scheint mächtig Dampf aufzudrehen."

Jenkins schüttelte nachdenklich den Kopf. „Ich verstehe nicht recht. Die japanische Strecke trifft sich mit unserer erst in Hawai. Bei den Marianen-Inseln verlaufen sie meines Wissens noch mehrere hundert Kilometer voneinander entfernt."

„Sie vergessen die Funkpeilung, lieber Jenkins", fiel ihm Hansen ins Wort. „Ihre Leute auf den Eagle-Maschinen peilen natürlich auf Teufelkommraus und die Japaner machen es ebenso. Sie müssen's ja auch, um ihre Standorte und Geschwindigkeiten festzustellen. Dabei kann es natürlich nicht ausbleiben, daß die beiden Parteien auch ihre gegenseitige Position ermitteln. So hat sich das Wettrennen entwickelt. Ich kann es mir deutlich vorstellen, wie Kelly jetzt das Äußerste aus seinen Maschinen herausholt und den Japanern einen Kilometer nach dem anderen abnimmt. Hoffentlich überanstrengt er seine Motoren nicht."

Jenkins griff wieder nach den Depeschen. „Gestatten Sie es mir, Mr. Hansen, diese Nachrichten an das Rockefeller Building weiterzugeben?"

„Bitte sehr, bedienen Sie sich. Herr Schmidt wird Ihnen nach meinem Abflug zur Verfügung stehen. Lassen Sie sich auch alle späteren Telegramme von ihm geben."

„Ja, was ist mit Ihnen, Mr. Hansen? Was soll ich jetzt über ›St 1‹ nach New York melden?"

Hansen lachte. „Funken Sie in Gottesnamen, daß ›St 1‹ wegen einer Panne noch einmal wassern mußte und um..." er sah auf seine Uhr... „um fünf Uhr amerikanischer Ostzeit wieder aufgestiegen ist."

Er schüttelte Jenkins zum Abschied die Hände und kehrte zu seinem Flugzeug zurück. Der Amerikaner blieb am Plateaurand stehen und verfolgte den Aufstieg. In einer engen Spirale schraubte das Stratosphärenschiff sich über der Bucht in die Höhe. Mr. Jenkins mußte den Kopf weit zurückbiegen, um es verfolgen zu können. Immer winziger wurde der flimmernde Punkt im Äther fast senkrecht über ihm. Eben glaubte er ihn noch zu sehen... und sah ihn doch nicht mehr. Hansen hatte recht mit seiner Behauptung, daß ›St 1‹ in zehn Kilometer Höhe unsichtbar und unhörbar war.

Die Depeschen der Eggerth-Station in der Hand, wanderte Mr. Jenkins gedankenvoll zu seiner Behausung zurück.

***

Unablässig spritzten aus der Antenne des Reading-Senders die Rennachrichten in den Äther, überall in der zivilisierten Welt wurden sie aufgenommen und durch die Ortssender weitergegeben. Nach mitteleuropäischer Zeit war der Startschuß des Rennens um sechs Uhr abends gefallen. Gegen zwölf Uhr nachts erfuhr man in Deutschland, daß das Stratosphärenschiff der Eggerth-Werke wegen einer Betriebsstörung nach dem Start noch beinahe sechs Stunden in der Schreckensbucht gelegen hatte.

Die Nachricht löste allgemein Bedauern aus. Vernichtet schienen alle Hoffnungen, die man auf dies letzte und vollkommenste Erzeugnis deutscher Ingenieurkunst gesetzt hatte. Sechs Stunden Verlust... wie sollten die dreitausend Kilometer Vorsprung der amerikanischen Maschinen wieder gutgemacht werden? Die andere Maschine der Eggerth-Werke, die „Seeschwalbe"... gewiß, sie hatte sich bis jetzt brav gehalten. Unter den deutschen Maschinen war sie wohl die beste. Aber gegen die Engländer und Franzosen und vor allem gegen die amerikanischen Maschinen der Eagle-Type würde sie nicht aufkommen können. Man kannte die Zeit ihrer Zwischenlandung auf dem Lake Winnipeg und ihre letzte Standortmeldung auf dem Fluge nach Los Angeles. Unschwer ließ sich daraus eine Stundengeschwindigkeit von 420 Kilometern errechnen. Zweifellos eine wundervolle Leistung, aber... was half's, wenn die amerikanischen Maschinen 500 Stundenkilometer machten?

Während man in Europa noch die Aussichten der Deutschen diskutierte, gab der Reading-Sender die Nachricht von den russischen Unfällen bekannt. Ihre Wirkung in den einzelnen Staaten war echt verschieden.

In Moskau schäumten die Machthaber. Wie war es möglich, daß New York diese Nachrichten verbreiten konnte? Hatte man nicht vom Beginn des Rennens an eine strenge Zensur über die sibirischen Sender verhängt? Hatte man nicht den strikten Befehl gegeben, jede russische Bordmeldung erst auf dem Draht nach Moskau zu senden? Daß andere außerrussische Stationen die Meldungen direkt aufgefangen hätten, war wenig wahrscheinlich. Irgendwie mußte Sabotage im Spiele sein. Hatten die Leiter der sibirischen Sender gegen ihre Instruktionen gehandelt... oder war dort etwa ein Geheimsender in Betrieb?

Der Telegraph zwischen Moskau und Sibirien arbeitete fieberhaft. Eine scharfe Untersuchung wurde eingeleitet, doch an der Tatsache, daß der russische Mißerfolg in seiner vollen Größe bekannt war, ließ sich nichts mehr ändern. Und was fast noch schlimmer war, diese Meldungen hörten nicht auf. Auch jede weitere Panne der russischen Flieger wurde mit einer unheimlichen Pünktlichkeit durch den Reading-Sender in der Welt verbreitet. Das hörte erst auf, als die Moskauer Regierung ihren wenigen noch im Rennen befindlichen Piloten alle Bordmeldungen über Betriebszwischenfälle glatt untersagte.

In der übrigen Welt löste das russische Mißgeschick ein gewisses Gefühl der Befriedigung aus. Man wußte ja so wenig über die wirklichen Leistungen der großen Industrie, welche die Moskauer Machthaber im fernen Osten des russischen Riesenreiches in wenigen Jahren aus dem Boden gestampft hatten. Die gewaltigen Fabriken in Udinsk und Irkutsk, die mächtigen Wasserkraftwerke an den sibirischen Strömen... würden sie bald alle kapitalistischen Staaten der Erde mit ihren billigen Massenerzeugnissen überschwemmen und ruinieren... oder waren es doch nur Potemkinsche Dörfer wie so vieles andere in Rußland? Mit wachsender Unruhe hatte man die letzten russischen Meldungen vor dem Startschuß gelesen. Mit sechs großen ultrastarken Maschinen gleicher Type, den Erzeugnissen einer neuen Serienfabrikation der Udinsker Werke, würden die Russen ins Rennen gehen. Was ihre Agenturen noch in den letzten Stunden vor dem Beginn des Rennens über die Leistungen dieser Type verbreiteten, hatte den Flugzeugkonstrukteuren in Europa und Amerika schwer zu denken gegeben.

Und nun dies schauerliche Fiasko! An sämtlichen Kinderkrankheiten, die es im Motoren- und Flugzeugbau gab, schienen diese Parademaschinen zu leiden. Die russische Konkurrenz war man jedenfalls los. Es würden sich Dinge und Wunder ereignen müssen, wenn die sibirischen Maschinen noch als ernsthafte Wettbewerber auftreten sollten.

Eine ganz besondere Wirkung hatten die russischen Meldungen auf die Herren Tredjakoff, Bunnin und Perow. Immer brennender wurde der Auftrag, mit dem sie von Moskau nach New York geschickt worden waren. Hielten die Amerikaner ihr fabelhaftes Tempo durch, dann konnte ja das große Rennen in wenig mehr als achtzig Stunden beendet sein. Handeln hieß es jetzt, um jeden Preis schnell handeln, wenn man die wertvollen Pläne noch rechtzeitig für Moskau erbeuten wollte.

Aber wie? Das war die schwere Frage, zu der die Antwort immer noch fehlte.

In einem bescheidenen Teeraum in der Christopher Street saß Tredjakoff mit zwei Leuten, die äußerlich durchaus den Eindruck ehrsamer Bürger machten. Daß der Tee in ihren Gläsern einen hohen Prozentsatz Whisky enthielt, war durch die besondere Eigenart des Lokals bedingt. Daß das Gespräch zwischen Tredjakoff und den Herren Gill und Smyther mit gedämpfter Stimme geführt wurde, hatte auch seinen guten Grund, denn für Polizeiohren war es ganz und gar nicht bestimmt.

„Die Sache wird nicht zu machen sein“, sagte Mr. Smyther zu dem Russen. „Nur während der Mittagsstunde von eins bis zwei geben die Zeitschlösser den Tresor frei. Zu jeder anderen Zeit ist er durch die schweren Riegel dieser Schlösser verbarrikadiert.“

Mr. Smyther war ebenso wie sein Kollege Gill ein Geldschrankknacker von Format und durfte für seine Äußerungen die Autorität des Fachmannes beanspruchen. Tredjakoff schlug ungeduldig mit der Hand auf den Tisch.

„Zum Teufel, Mr. Smyther. Sie lassen mich im Stich, auch Gill hat Bedenken. Ich muß aber die Papiere haben. Zehntausend Dollar, wenn Sie sie mir bringen.“

Auch der dritte im Bunde, Mr. Gill, zuckte die Achseln.

„Zehntausend Dollar, Sir. Schöne Sache, würden sie gern verdienen. Aber…“

„Aber! Sie sagen immer aber“, er beugte sich zu Smyther und flüsterte dem die nächsten Worte ins Ohr. „Ich weiß doch, wie schön Sie den großen Panzerschrank bei Baxter in Detroit aufgeschweißt haben…“

„Pst! Still!“ Mr. Smyther warf ihm einen bösen Blick zu, seine Hand zuckte nach der rechten Hosentasche.

„Nun gut“, beschwichtigte ihn Tredjakoff, „lassen wir das. Aber warum soll's im Reading-Haus nicht ebensogut gehen. Ihre Schweißapparate haben Sie ja hier.“

„Es geht nicht, Mr. Tredjakoff“, fiel ihm Smyther ins Wort. „Es sind nicht die Zeitriegel allein. Mit denen würden wir vielleicht fertig werden. Aber der Reading-Tresor hat noch andere stärkere Sicherungen. Wir sind genau unterrichtet. Umsonst hat Gill nicht acht Tage als Liftführer im Reading-Haus gearbeitet.“

„Andere Sicherungen? Sie meinen Alarmvorrichtungen? Da muß man eben die Leitungen vorher durchschneiden.“

„Ist hier nicht möglich“, erklärte Gill. „In dem Kellergang zum Tresor liegen zwei Sperren mit ultraviolettem Licht. Verdammt raffinierte Sperren, sage ich Ihnen, Mr. Tredjakoff. Man kommt nicht dran vorbei. Jeder, der außerhalb der Zeit von eins und zwei durch den Gang will, muß sie mit seinem Körper unterbrechen und den Generalalarm auslösen. Generalalarm, Sie wissen, was das heißt. Hundertpferdige Sirenen im Reading-Haus, Rasselglocken im Hauptquartier der Polizei. In fünf Minuten sind die Überfallwagen da. Noch ehe einer vor dem Tresor steht, legt man ihm die Armbänder an.“

Tredjakoff biß sich auf die Lippen.

„Von irgendeiner anderen Seite an den verfluchten Tresor rankommen, Gentlemen.“

Smyther und Gill schüttelten die Köpfe.

„Durch meterstarken Eisenbeton… man würde wochenlang brauchen, um da heranzukommen.“

Entmutigt schwieg Tredjakoff. Er sah die letzte Möglichkeit entschwinden, sich der Pläne zu bemächtigen. Smyther winkte dem Barkeeper. Mit einer besonderen Handbewegung bestellte er eine neue Auflage Tee, die diesmal hundertprozentig whiskyhaltig war. Der scharfe Stoff schien seine Phantasie zu befruchten.

„Well“, begann er nach einigem Überlegen, „Sie müssen einsehen, daß wir das Geschäft mit Ihnen nicht machen können, so gern wir Ihre Dollars verdienen möchten.“

Der Russe machte ein mißmutiges Gesicht, Smyther fuhr fort: „Wie hoch würden Sie uns honorieren, wenn wir Ihnen einen anderen sicheren Typ geben und Sie mit Leuten zusammenbringen, die Ihnen die Pläne verschaffen können?“

Tredjakoff besann sich eine Weile. „Wir wollen ganz offen und ehrlich miteinander reden“, sagte er dann. „Ich habe Ihnen keinen Hehl daraus gemacht, daß der Besitz dieser Pläne für mich und meine Auftraggeber von großer Wichtigkeit ist. Wenn ich sie mit Ihrer Unterstützung wirklich bekomme, will ich Ihnen die ursprünglich verabredete Summe von zehntausend Dollar ohne Abzug auszahlen.“

Smyther und Gill nickten sich gegenseitig zu.

„All right, Mr. Tredjakoff! Bliebe nur noch ein Punkt zu regeln: Welche Anzahlung geben Sie uns jetzt, bevor wir Ihnen unseren Plan entwickeln und die nötigen Verbindungen herstellen?“

„Sagen wir tausend Dollar für jeden von Ihnen.“

Der Russe zog seine Brieftasche, eine Anzahl Banknoten wanderten in die Taschen von Gill und Smyther.

„Nun hören Sie zu“, begann der letztere. „Wie Sie sagten, können Sie mit Ihren Nachschlüsseln den Tresor während der bewußten Mittagsstunde ohne alle Schwierigkeiten in wenigen Sekunden öffnen.“

„Das ist richtig. Unsere Nachschlüssel gleichen den echten auf den Hundertstel Millimeter.“

„Gut, Mr. Tredjakoff. Nehmen Sie weiter an, kurz nach ein Uhr fahren einige Autos vor dem Reading-Haus vor. Ein Dutzend tüchtiger Kerle...

Gangsters... Gunmen... Sie verstehen, erstklassige Revolvermänner... springen aus den Wagen und halten mit ihren Waffen eine Viertelstunde lang alles in Schach, was ihnen im Reading-Haus in den Weg tritt. Was hindert Sie, in dieser Zeit zu dem Tresor zu gehen, ihn aufzuschließen und sich Ihre Pläne zu holen? Sie können längst damit in Sicherheit sein, bevor die Gangsters den Rückzug antreten."

„Hm... hm...!" Tredjakoff preßte das Kinn in seine Rechte und überlegte.

„Ihr Plan hat viel für sich, Sir. Nur in einem Punkt möchte ich ihn abändern. Ich möchte mich und meine Freunde nicht unnötig exponieren. Sie müssen bedenken, daß wir nicht amerikanische Bürger sind. Es wäre mir lieber, wenn Sie und Mr. Gill die Sachen aus dem Tresor holten."

Wieder ein Blickwechsel zwischen Smyther und Gill. Unausgesprochen, hatten sie die gleichen Gedanken... Im Haupttresor des Reading-Konzerns werden außer diesen Plänen sicher auch noch andere realere Wertgegenstände zu finden sein. Warum sollen wir nicht ein Nebengeschäft für eigene Rechnung machen, wenn der Russe uns die Schlüssel anvertraut?

Ein kurzes Zögern, ein Nicken. „Wir sind bereit, das für Sie zu besorgen, Bedingung bleibt: Achttausend Dollar bei Übergabe der Pläne."

„Achttausend in Ihre Hand bei Übergabe der Pläne", bestätigte Tredjakoff das Abkommen.

„Well, Sir! Dann ist das nächste, daß wir Sie mit Texas-Billy bekannt machen. Wenn die Sache in achtundvierzig Stunden steigen soll, ist keine Zeit mehr zu verlieren. Am besten, wir fahren sofort zu ihm. Sind Sie bereit?"

„Mit Vergnügen, Mr. Smyther. Mein Wagen parkt nebenan in der West Street. Wir können sofort aufbrechen."

„Noch eins, Mr. Tredjakoff! Haben Sie genügend Bargeld bei sich? Eventuell ein Scheckbuch?"

Tredjakoff klopfte sich auf die linke Brusttasche. „Alles in Ordnung, Gentlemen!"

„Dann wollen wir losfahren. Wir haben einen ziemlich weiten Weg. Unser Freund William Hyblin, alias Texas-Billy, hat Gründe", Smyther kniff bei dieser Mitteilung das linke Auge zu, „etwas eingezogen zu leben. Wir müssen ihn in seinem Schlupfwinkel in Bronxville aufsuchen."

Es waren verschiedene tausend Dollar, die Tredjakoff in die Hände von Mr. Hyblin legte. Dafür kehrte er mit der angenehmen Hoffnung nach New York zurück, daß die Reading-Pläne noch rechtzeitig in seinen Besitz kommen würden.

***

Um fünf Uhr nachmittags funkte der Reading-Sender: „Geschlossen von Südosten kommend hat das italienische Geschwader Rom überflogen. In allen Kirchen wurden die Glocken geläutet. Um vier sechsunddreißig amerikanischer Ostzeit hat das Geschwader zwecks Betriebsstoffergänzung im Hafen von Ostia gewassert. Um vier Uhr sechsundfünfzig ist es in nordwestlicher Richtung weitergeflogen.

Als Professor Eggerth die Meldung aus dem Lautsprecher hörte, war gerade Oberingenieur Vollmar bei ihm. Der Professor arbeitete eine Weile mit Zirkel und Maßstab auf seinem Globus und nahm dann den Rechenschieber zur Hand. Als er ihn wieder beiseite legte, huschte ein Lächeln über seine Züge.

„395 Stundenkilometer, lieber Vollmar, für die Strecke Tripolis–Rom. 375 Kilometer, wenn wir die Zeit der Zwischenlandung hinzurechnen. Ich glaube gegenüber dem italienischen Geschwader stehen die Chancen unserer ›Seeschwalbe‹ nicht gerade ungünstig."

Der Oberingenieur zuckte die Achseln. „Es ist und bleibt eine riskante Geschichte, daß wir nur die eine ›Seeschwalbe‹ im Rennen haben und die Italiener sechs Maschinen ihrer Gamma-Romea-Type. Es beunruhigt mich auch, daß wir gar nichts von ›St 1‹ hören. Weiß der Teufel, was in Hansen und seine Leute gefahren ist."

„Ich sehe keinen Grund zur Sorge, Herr Vollmar. Seien Sie sicher, ›St 1‹ und Hansen werden zur rechten Zeit da sein, wenn sie gebraucht werden."

Mr. Jenkins hatte sich den langen Tag in seiner Station mit dem Abhören des Reading-Senders und einigen Whisky-Soda vertrieben. Als die Uhr nach der Ortszeit der Schreckensbucht Mitternacht schlug, faßte er den Entschluß, sich ins Bett zu legen. Wenn nur diese ewige Helligkeit nicht gewesen wäre. Auch jetzt noch kroch der Sonnenball am Horizont entlang und übergoß das Eis und die Bucht mit einem rötlichen Dämmerlicht.

Er trat an das Fenster, um die Läden zu schließen. Als ehrbarer amerikanischer Bürger legte Natanael Jenkins Wert darauf, daß zur Nachtzeit die vorschriftsmäßige Dunkelheit in seinem Schlafraum herrschte. Gerade wollte er die hölzernen Läden anlegen, als das tiefe Brummen einer Sirene über die Bucht hin dröhnte. Was mochte da kommen? Um diese Stunde erwartete er weder aus der Luft noch zu Wasser Besuch. Neugierig klappte er die Läden wieder auf. Ein großer Dampfer war in die Bucht eingelaufen. Auf mindestens sechstausend Tonnen taxierte Jenkins das Schiff. Immer näher kam das heran. Jetzt konnte er die italienische Trikolore am Maste erkennen. Bald auch am Schiffsrumpf den Namen ›Re Vittorio Emanuele‹. Nun ließ der Dampfer den Anker rasselnd in die Tiefe gehen und lag still.

Der Amerikaner griff sich an die Stirn. Wie hatte er die Italiener vergessen können? Er erinnerte sich der letzten Meldungen. Über Metz, über Rotterdam und an der englischen Ostküste war das Geschwader gesichtet worden. In seiner Verlängerung führte der Kurs von der Oase Abunaim in Tripolis über Rom und Rotterdam ja genau in die Bucht. Kein Zweifel, daß das italienische Geschwader in den kommenden Morgenstunden hier niedergehen und sich vom ›Re Vittorio Emanuele‹ aus mit neuem Brennstoff versorgen würde.

Eine kurze Weile überlegte er. Das warme weiche Bett lockte. Er spürte allmählich, daß er seit achtzehn Stunden auf den Beinen war und einen reichlich aufregenden Tag hinter sich hatte. Auf der anderen Seite... er war hier der Repräsentant des Reading-Kuratoriums. War es nicht seine Pflicht, die Teilnehmer des großen Rennens gebührend zu empfangen?... Ah... Bah! Bettzipfel hin, Bettzipfel her! Er griff zum Telephon und machte seinen Bootsführer wieder mobil, der längst in den Federn lag.

Eine Viertelstunde später stieß eine Motorbarkasse vom Ufer ab, an deren Heck das Sternenbanner flatterte, von deren Mast die Hausflagge des Reading-Konzerns wehte.

Der Erste Offizier, Alessandro Pascoli, empfing Mr. Natanael Jenkins am Fallreep und geleitete ihn an Bord des ›Re Vittorio‹. Die Begrüßungsansprache des Amerikaners erwiderte Kapitän Roberto Mussala mit herzlichen Worten und machte ihn mit den Offizieren und Ingenieuren des Schiffes bekannt. Kurz danach saß Jenkins zwischen den neuen Bekannten im Salon des ›Re Vittorio‹ und genoß die in der ganzen Welt berühmte italienische Gastfreundschaft. Bei einem wunderbaren Frascati und dem schäumenden Astiwein entwickelte sich schnell eine lebhafte Unterhaltung, erleichtert durch den Umstand, daß die Offiziere des ›Re Vittorio‹ wie alle seebefahrenen Leute die englische Sprache fließend beherrschten.

Fast unmerklich glitt die Zeit dahin. Es ging bereits auf die dritte Morgenstunde, als Jenkins sich endlich aus der angenehmen Gesellschaft losriß, um zu seiner Station zurückzukehren. Noch ein Grüßen und Winken zu der abfahrenden Barkasse, dann waren die Italiener unter sich, und im Augenblick wich die heitere Sorglosigkeit, mit der sie den Amerikaner bewirtet hatten. Kein einziger von ihnen dachte an Ruhe oder Schlaf. In emsiger Tätigkeit wurde in der großen Werkstatt, die der ›Re Vittorio‹ in seinem Zwischendeck barg, alles für die Reparaturen vorbereitet, die nach den letzten Radiogrammen den meisten Flugzeugen des italienischen Geschwaders bitter not taten.

Auf langen Tischen lagen da alle Einzelteile der Gamma-Romea-Motoren. Zylinder, Kolben und Kolbenringe, Kurbelwellen und Kurbelstangen, Vergaser, Kompressoren und viele andere Stücke. Aber diese Teile kamen nicht frisch aus der Werkstatt. Es waren die Einzelteile von vollständigen Motoren, die bereits in hundertstündigem Lauf im Prüfstand erprobt waren und die man dann wieder auseinandergenommen hatte. Auf spiegelnden Hochglanz hatten sich während des langen Probelaufes alle bewegten Teile eingeschliffen. Man durfte hoffen, daß sie, als Ersatzstücke in die havarierten Maschinen des Geschwaders eingebaut, dauernd gut arbeiten würden.

Unaufhörlich tickten die Morseapparate im Funkraum des ›Re Vittorio‹ und nahmen die Meldungen des anfliegenden Geschwaders auf. Unablässig eilten Boten mit den letzten Depeschen zu der Werkstatt. Schon wurden dort in Sammelkästen die Ersatzteile zusammengelegt, welche die einzelnen Flugzeuge telegraphisch anforderten.

Der Ingenieur der Romea-Werke, Giuseppe Tomaseo, stand, die letzten Depeschen in der Hand, neben dem Kapitän Mussala. Seine Mienen verrieten deutlich, wie nahe ihm die Pannen des italienischen Geschwaders gingen.

„Maladetto diavolo, Signor Kapitano! Die Pannen haben unser Geschwader fatal aufgehalten. Wir müssen die Reparaturen mit größter Geschwindigkeit erledigen."

Der Kapitän blickte prüfend nach dem südlichen Horizont.

„Per certo, mio caro! Doch dazu müssen unsere Flugzeuge erst heran sein. Noch ist nichts von ihnen zu sehen."

„Trotzdem, Signor Mussala, müssen wir unsere Maßnahmen treffen. Es wird in diesem Rennen um die Sekunden gehen. Ich bitte Sie jetzt schon, sechs von Ihren Booten zu Wasser zu lassen und die Mannschaften bereitzuhalten. Ich werde auch unsere Monteure mit allem Werkzeug und den für die einzelnen Flugzeuge angeforderten Ersatzteilen immer in die Boote bringen. Sobald unsere Maschinen wassern, müssen wir ihnen sofort entgegenrudern, und unmittelbar mit den Reparaturarbeiten beginnen."

In der fünften Morgenstunde lagen sechs vollbesetzte Beiboote um den ›Re Vittorio‹ herum auf dem Wasser, die Matrosen bei ihren Riemen bereit, auf das erste Kommando loszufahren. Dann hörte man von der deutschen Station auf dem Plateau her eine Uhr sechsmal schlagen. In ihre letzten Schläge mischte sich Motordröhnen. Von Südosten her kamen die drei ersten Flugzeuge des italienischen Geschwaders heran.

Kaum hatten sie gewassert, als ihnen auch schon drei Boote entgegenruderten. Taue wurden geworfen, Planken gelegt. Eilig sprangen Monteure auf die Schwimmer der Flugzeuge über. Kurze hastige Rede und Gegenrede über die Art der Havarien. Schon klangen Kommandos über die Bucht, schon zerriß das Kreischen von Feilen, das Dröhnen von Hammerschlägen die Stille des langen Polartages. Auf den drei zuerst angekommenen Maschinen waren die Reparaturarbeiten in vollem Gange.

Es dauerte geraume Zeit, bis der Rest des Geschwaders die Bucht erreichte. Erst nach einer halben Stunde kam das vierte, eine Stunde später das fünfte Flugzeug. Es wurde acht Uhr morgens, als endlich das letzte, nur noch mit wenigen Zylindern arbeitend, sich in die Bucht schleppte.

Mit schwerem Herzen verfolgte Ingenieur Tomaseo den Gang der Dinge. Das war ihm ja von Anfang an klar, daß die Ausbesserung der zuerst angekommenen, nur leicht havarierten Maschinen viel weniger Zeit in Anspruch nehmen würde, als diejenige der viel schwerer beschädigten Nachzügler, und die Tatsachen gaben ihm recht. Die ersten beiden Maschinen waren bereits wieder flugfertig und mit neuem Betriebsstoff versehen, als die letzte erst niederging.

Durfte er die ersten auf die letzten warten lassen? Es war eine Gewissensfrage für ihn. Nach den Dispositionen der Romea-Werke und auch nach denen der italienischen Regierung sollte das große Rennen um den Erdball als Geschwaderflug durchgeführt werden. In geschlossener Formation sollten die sechs Romea-Maschinen die... jetzt ach noch so weite... Kontrollstation bei den Haymet-Klippen erreichen. Geschlossen sollten sie auch das Ziel... als Sieger, wenn es das Schicksal erlaubte... passieren.

Die unvorhergesehenen Pannen schon im ersten Teil des Rennen machten einen bösen Strich durch den stolzen Plan. Das Geschwader jetzt noch zusammenhalten bedeutete ja nichts anderes, als seine Geschwindigkeit dem langsamsten der sechs Flugzeuge anzupassen. Aber Zeit war bei Gott nicht mehr zu verschenken. Nach den letzten Meldungen aus dem Rockefeller-Haus stürmten die Reading-Maschinen in ungebrochener Kraft mit beinahe 500 Stundenkilometer über den Stillen Ozean, verfolgte die eine Eggerth-Maschine... die andere schien ja verschollen zu sein... ihren Kurs unverändert mit 420 Stundenkilometern. Die letzte am schwersten havarierte italienische Maschine aber hatte die Schreckensbucht nur noch mit einer Durchschnittsgeschwindigkeit von 330 Stundenkilometern erreicht.

Unmöglich der Gedanke, bei dieser Sachlage das Geschwader noch zusammenzuhalten! Was hieß hier noch Prestige? Das Reading-Rennen war eben ein reines Schnelligkeitsrennen. Auch jede der sechs italienischen Maschinen mußte es von jetzt an für sich allein auskämpfen, sonst war an einen Sieg nicht mehr zu denken.

So gab Giuseppe Tomaseo den Flugzeugen des italienischen Geschwaders den Start einzeln frei, sobald sie wieder betriebsfähig waren. Kurz vor acht Uhr morgens stiegen die beiden ersten Maschinen wieder auf. In längeren Zwischenräumen folgten die übrigen, die letzte erst um zwölf Uhr mittags.

Solange sie am Westhorizont sichtbar blieben, schaute die ganze Besatzung des ›Re Vittorio Emanuele‹ ihnen nach. Heiße Wünsche stiegen auf, daß das Unheil gebannt sei, ihr weiterer Flug unter einem günstigeren Stern stehen möge.

***

Die Borduhr der ›Seeschwalbe‹ zeigte die dritte Morgenstunde nach New Yorker Zeit, als Röge das Steuer an Schmieden abgab. Behaglich ließ er sich in den Sessel neben dem Piloten fallen und zündete sich eine Zigarette an.

„Uff, Herrschaften!“ kam es zwischen den ersten Rauchwolken von seinen Lippen. „Man merkt nachgerade, daß man was getan hat. Jetzt sind wir fünfzehn Stunden im Rennen. Ich fühle allmählich meine Knochen.“

Kurt Schmieden zog sich die Hörer des Kurzwellenempfängers von den Ohren und reichte sie ihm hin.

„Hallo Bert! Keine überflüssigen Reden an dein Volk. Kümmere dich lieber um unseren Funk. Es ist mal wieder allerlei im Äther los.“

Einen Augenblick hielt Röge die Hörer zaudernd in der Hand.

„Nanu, Kurt? Jetzt soll ich die Funkerei besorgen? Was macht denn Hein?“

„Dreh dich mal um! Da wirst du es sehen. Der Junge geruht tief und traumlos zu schlummern. Sofort, nachdem du ihm vor drei Stunden das Steuer abnahmst, hat er es sich da hinten bequem gemacht. Trotz allem Motorradau schläft er wie ein Murmeltier.“

Röge wandte den Kopf und besah sich das Bild.

„Na, lassen wir ihn, Kurt! Wer schläft, sündigt nicht. Übrigens eine praktische Idee, sich die Steppdecke so um die Ohren zu wickeln. Das werde ich nachher mal ebenso machen.“

Eine Weile schwiegen sie. Schmieden beobachtete den Kompaß und die Landkarte, Röge lauerte auf Morsezeichen im Kopfhörer. Unablässig sangen die starken Motoren der ›Seeschwalbe‹ ihr dröhnendes Lied in die Nacht. Wie ein Stoßvogel schoß die Seeschwalbe mit 420 Stundenkilometern auf ihrem Kurs nach Südwesten dahin. Sternklar wölbte sich das Firmament über ihnen. Vom Licht des fast vollen Mondes übergossen, zog zweitausend Meter unter ihnen das Gelände dahin. Jetzt wurde Steuerbord voraus etwas weißes Zackiges am Horizont sichtbar... die ewigen Schneegipfel der Sierra Nevada.

Schmieden deutete auf einen Punkt der Karte. „In etwa zehn Minuten werden wir das Todestal überfliegen, Bert."

Der beugte sich zu dem Seitenfenster und blickte in die Tiefe.

„Eine böse Gegend unter uns, Kurt! Noch heute erzählt man in Kalifornien von den Unglücklichen, die im Tal des Todes umkamen. Brütende Hitze zwischen den Talwänden... brennender Durst... langsames Verschmachten... Fieberdelirien... schließlich das Ende, von dem nur die gebleichten Knochen von Menschen und Tieren ein Zeugnis geben, über alle Vorstellungen entsetzlich muß es gewesen sein."

Schmieden hatte inzwischen das Höhensteuer betätigt. Die Seeschwalbe stieg. Jetzt in dreitausend, jetzt in viertausend Meter Höhe zog sie ihren Kurs.

„Warum so hoch, Kurt?"

„Die Owens-Berge, Bert. 3400 Meter. Wir müssen sie überfliegen."

Der Bleistift in Röges Hand begann über den Schreibtisch zu gleiten.

„Höre mal, Kurt! ›St 1‹ meldet sich. Hansen scheint des trockenen Tons jetzt satt zu sein. Der muß ja mächtig Dampf aufgedreht haben. Er funkt eben seinen Standort über North Dakota."

„Dürfte auch allmählich Zeit werden, Bert. Ich verstehe nicht, warum er noch so viele Stunden in der Baffinbay vertrödelt hat."

Bert Röge zuckte die Achseln. „Ich kann dir's auch nicht verraten. Ich glaube, unser Alter hat Hansen sehr genaue Instruktionen mit auf den Weg gegeben. Das Wölfchen machte zuletzt in Bitterfeld noch eine Bemerkung, die nicht gerade schmeichelhaft für uns war. Na, lassen wir das!"

„Nein, Bert! Geheimnisse gibt's hier nicht! Bitte, ich möchte auch wissen, was Hansen zu dir gesagt hat."

„Du lieber Gott, Kurt. Das war mehr so eine allgemeine Bemerkung. Ein bißchen nichtsnutzig, ein bißchen bissig... du weißt ja, wie Wölfchen sein kann. Es kam dem Sinne nach darauf hinaus, daß der Professor ihn so gewissermaßen als eine Mischung von Schutzengel und Kindermädchen für uns mit ›St 1‹ in das Rennen geschickt hat. Brauchst darum nicht gleich so ein wütendes Gesicht zu machen, alter Junge.“

Schmieden pfiff vor sich hin. „Ich hoffe, Bert, wir werden Hansen und dem Alten zeigen, daß wir keine Gouvernante nötig haben.“

Er sah auf die Karte, warf dann einen Blick auf die Borduhr. „Kannst übrigens jetzt Funkmeldung nach Los Angeles geben, daß wir um vier Uhr morgens nach New Yorker Zeit in San Pedro wassern werden.“

Röge griff hinter sich und zog die Morsetaste heran, schaltete vom Empfänger auf den Sender und nahm die Verbindung mit Los Angeles auf.

„So! Unsere Leute sind informiert. Man wird uns mit warmen Würstchen und kalifornischem Lagerbier empfangen...“

„... und vor allen Dingen mit anständigem neuen Brennstoff, Bert“, unterbrach ihn Schmieden mit einem Blick auf die Benzinuhr. „Unsere vorderen Behälter werden bei der Ankunft gerade leer sein. Wir müssen kräftig tanken. Es ist ein verdammt langer Weg von Los Angeles bis zu den Manihiki-Inseln.“

In San Pedro, dem Hafen von Los Angeles, war unmittelbar am Wasser die deutsche Etappenstation für das Reading-Rennen eingerichtet. Ein Schuppen am Quai enthielt ein paar bescheidene Unterkunftsräume. Den größeren Teil beanspruchten die vielen eisernen Fässer, in denen die Treibstoffe für die verschiedenen deutschen Maschinen lagerten.

Das letzte Radiogramm von der ›Seeschwalbe‹ in der Hand, kam der Leiter der Station aus seiner Office. Als dessen Vater vor vierzig Jahren auf Ellis Island in der Bay von New York landete, hieß er noch Steinfeld. Der Sohn nannte sich Stonefield und fühlte sich hundertprozentig als Amerikaner. Das Pennsylvaniadeutsch, in dem er jetzt seine Leute zusammenrief, verriet wenig von einer deutschen Abstammung.

„Hallo, Mr. Beumelé! Alles zum Tanken bereitmachen! Die ›Seeschwalbe‹ will in dreißig Minuten wassern."

Der Gerufene griff an die Mütze. „All right, Sir! Weiß Bescheid! Spezialöl für Eggerth-Dieselmotoren. Die roten Fässer vorn links im Schuppen. Werde sie gleich in die Barkasse bringen lassen."

„All right, Sir!" Mit kurzem Gruß zog sich Mr. Stonefield in seine Office zurück. Er hatte den Job, die deutsche Etappenstation in San Pedro während des Rennens zu leiten, zwar als gutbezahlte Gelegenheitsarbeit mitgenommen, aber er war keineswegs gewillt, sich dabei ein Bein auszureißen und recht erfreut, daß ihm der Zufall eine so tüchtige und so billige Hilfskraft wie Mr. Beumelé in den Weg geführt hatte. Mit welchem Eifer hatte dieser Mensch sich während der letzten Woche um das Lager gekümmert und sogar persönlich die Anfuhr der Ölfässer überwacht.

In seiner Office konnte Mr. Stonefield vernehmen, wie der Kran draußen zu arbeiten begann und eins der schweren Eisenfässer nach dem anderen in die Barkasse lud, wie dann weiter auch die Ölpumpe über das Holperpflaster der Uferstraße heranrollte und verstaut wurde. Dann hörte er Beumelé wieder im Wohnraum wirtschaften, wo er Sandwiches zurechtmachte und alles für eine Bewirtung der Flieger bereitstellen ließ. Nicht mit Gold ist der Kerl zu bezahlen, dachte Stonefield und führte sich selbst eine Flasche kalifornischen Biers zu Gemüte.

Im Gleitflug kam die ›Seeschwalbe‹ in Spiralen aus zweitausend Meter Höhe hinab und setzte auf dem Wasser des Hafenbeckens auf. Im Augenblick, da sie still lag, war die Barkasse auch schon neben ihr. Mr. Beumelé, den schweren Füllschlauch hinter sich ziehend, kletterte an Bord, steckte das Schlauchende in die Füllöffnung des Tanks und gab ein Kommando zur Barkasse. Schon begann dort die Ölpumpe zu arbeiten und drückte den fettigen, tiefschwarz glänzenden Treibstoff in breitem Strahl in den Tank. Ein neues Kommando von ihm zur Kaimauer hin. Ein kleineres Motorboot kam heran und machte an der anderen Seite der ›Seeschwalbe‹ fest. So herzlich und dringend war die Einladung Beumelés zu einem guten Supper und Drink im Stationsschuppen an die drei Piloten, daß sogar Hein Eggerth ihr nicht widerstehen konnte, als er sich endlich aus seinem Bärenschlaf ermuntert hatte. Die Herren könnten ganz unbesorgt an Land fahren, versicherte Beumelé. Er selbst würde hier bei der Maschine bleiben und die Ölübernahme beaufsichtigen. Mr. Stonefield erwarte sie bereits, begierig ihre Bekanntschaft zu machen.

So fuhren sie denn an Land und mußten bald zugeben, daß die Bewirtung wirklich vorzüglich war. Zwar standen unter anderem die schon durch Funkspruch angekündigten ›Warmen Würstchen‹, die berüchtigten ›Hot Doggs‹ der Amerikaner, auf dem Tisch, aber daneben auch ein gediegenes warmes Abendbrot, das ihnen nach dem sechzehnstündigen Flug großartig mundete und Kräfte zu neuen Taten gab.

Während sie hier tafelten, ging draußen im Hafen die Ölübernahme flott vonstatten. Nicht ohne Genugtuung konstatierte Beumelé, daß der vordere, drei Kubikmeter fassende Tank der ›Seeschwalbe‹ fast restlos leer war. Der neue Treibstoff, den die Pumpe hier in stetem Strahl hineinwarf, würde keine Gelegenheit finden, sich mit altem Öl zu vermischen... Nur der Geruch des neuen Öls irritierte ihn ein wenig. Er war so eigentümlich, streng aromatisch, ganz anders als der des gewöhnlichen Dieselöls. Wie gut, daß die Herrschaften drüben bei Tische saßen und nichts davon in die Nase bekamen! War der Tank erst gefüllt und wieder verschraubt, waren die letzten Ölflecken sorgfältig weggewischt, dann hatte das ja nichts mehr zu bedeuten. Dann mochten sie in Gottesnamen wieder auf die Reise gehen. Irgendwo auf dem langen Wege über den Stillen Ozean würden ja auch diese Tanks einmal in Betrieb kommen, würde die chemische Kunst Yoshikas und Hidetawas ihre Wirkungen äußern.

Nur dreißig Minuten dauerte der Aufenthalt der ›Seeschwalbe‹ in San Pedro. Um vier Uhr morgens New-Yorker Zeit, das heißt um ein Uhr nach Pazificzeit, war sie angekommen. Es war noch tiefe Nacht, als das Flugzeug sich wieder erhob und auf Südwestrichtung über den Ozean davonschoß. Die dritte Etappe des Rennens, die 6000 Kilometer lange Seestrecke Los Angeles–Manihiki-Inseln, hatten für die Eggerth-Maschine ihren Anfang genommen.

Die amerikanische und japanische Route kreuzten sich bei den Hawaiinseln und für beide waren hier Zwischenlandungen für die Betriebsstoffaufnahme vorgesehen. Die Etappenstützpunkte der beiden konkurrierenden Nationen lagen jedoch mehr als 200 Kilometer voneinander entfernt, und das hatte seine guten Gründe.

Die Inselgruppe gehörte ja der Union, und in Voraussicht möglicher kriegerischer Auseinandersetzungen hatten die Amerikaner auf Hawai Befestigungswerke errichtet, die zu den modernsten und stärksten ihrer Art gehörten. Man konnte wohl die Piloten des eigenen Landes die so gefestigte Hauptinsel anfliegen und dort Station machen lassen. Aber es war vollkommen ausgeschlossen, das auch den Japanern zu gestatten, denn gegen diese richteten sich die Fortifikationen in erster Linie.

So lag der amerikanische Stützpunkt bei der Hafenstadt Kealakekua an der Ostküste der Hauptinsel, während der japanische sich auf einer der kleineren Nebeninseln im Nordwesten befand. Die Regierung in Washington hatte darauf bestanden, die Fluglinien so zu legen, und wohl oder übel hatte man sich in Tokio fügen müssen.

Je mehr die erste Nacht des Rennens sich dem Morgen näherte, desto aufgeregter wurden die Menschenmengen in den Straßen New Yorks. Hunderttausende bewegte die gleiche Frage: Wie wird der erbitterte Zweikampf der Maschinen verlaufen? Jener Zweikampf, der nun schon seit so vielen Stunden auf der Strecke Marianen–Hawaiinseln über dem Stillen Ozean ausgefochten wurde? Wenn Frank Kellys Adler-Maschinen zuerst Kealakekua... wenn die japanischen Flugzeuge zuerst ihre Station Lanai erreichten?

Kaum eine Viertelstunde, in der Radio-City nicht die neuesten Standmeldungen der Gegner in die Welt funkte. In den Schaufenstern von Harrow & Bradley wurden die Fähnchen auf der großen Weltkarte ständig umgesteckt. In Massen strömte das Publikum trotz der Nachtstunden in das Büro, um seine Wetten anzubringen. Aber obwohl die Firma Harrow & Bradley den beiden Konkurrenten gleiche Chancen gab und die Odds nur Eins zu Eins legte, konnte sie des Geschäfts nicht recht froh werden. Es wollte ihr nicht gelingen, ihr Buch rundzumachen, denn von tausend Wettenden setzten hier 999 auf Frank Kelly. Wenn der wirklich zuerst Kealakekua erreichte, würden die Herren Harrow Bradley sehr tief in den Beutel greifen müssen.

Als die Uhr der alten Trinity Church die dritte Morgenstunde kündete, lagen die japanischen und amerikanischen Maschinen ungefähr auf dem gleichen Längengrad. Schon jetzt ließ sich voraussehen, daß ihre

Ankunftszeiten auf den Hawaiinseln nur um Viertelstunden differieren konnten. Aber mochten auch die Japaner um diese Zeitspanne früher ihren Stützpunkt erreichen, ein schöner Sieg für die Eagle-Maschinen des Reading-Konzerns würde es immer noch sein. Der amerikanische Startpunkt bei Manila war ja 1800 Kilometer weiter von den Hawaiinseln entfernt als der japanische auf Jap. In siebzehn Flugstunden achtzehnhundert Kilometer gegen den Konkurrenten aufholen, das gab gute Aussichten auf den Endsieg.

Längst war über New York der Mond verblaßt. Schon rötete sich der Horizont über der Bucht im Osten, als der Reading-Sender die Nachricht verbreitete: Zwei Maschinen der Eagle-Type halb zwölf Uhr nachts Hawai Time, fünf Uhr morgens American Eastern Time, in Kealakekua gewassert! – Erst zwanzig Minuten später kam die Meldung aus Lanai, daß die ersten drei japanischen Maschinen fast gleichzeitig um elf Uhr zweiundvierzig nachts Hawai Time niedergegangen seien.

Noch immer waren die Straßen der Hudson-Metropole belebt. Zu Hunderten strömte das Publikum in die Büros von Harrow & Bradley. In diesen Stunden wurde die Firma um eine halbe Million ärmer. Ein Glück für sie, daß der größte Teil der ausgezahlten Gelder gleich wieder auf neue Wetten angelegt wurde, die für die Buchmacher bessere Chancen boten.

Als in New York der Morgen graute, als die Volksmenge dort den Sieg Frank Kellys und seiner Maschinen bejubelte, strahlte über Hawai der Mond noch fast senkrecht vom Zenit herab. Erst eine halbe Stunde vor Mitternacht war's dort, als zwei Eagle-Maschinen von Osten her aus der Höhe hinabschossen und unter eigener Propellerkraft in den Hafen von Kealakekua einfuhren. Das dröhnende Brüllen der Motoren, das ihren Piloten seit siebzehn Stunden in den Ohren lag, schwieg endlich. Nur noch wie ein leises Säuseln und Fächeln kam ihnen das Motorspiel vor, das die Maschinen über die breite Hafenfläche bis zum Kai trieb.

„Man erwartet uns, Hobby. Die Beleuchtung ist nicht schlecht.“ Vergnügt lachend deutete Frank Kelly auf die lange Reihe der tausendkerzigen Magnesiumfackeln, die den Kai umsäumten.

Er hatte noch nicht zu Ende gesprochen, als die Töne einer Musikbande vom Ufer her zu ihnen drangen. Die spielte auf ihren Blechinstrumenten mehr schlecht als recht das Lied vom „Star spangled Banner", um danach über das Yankee Doodle zu „Hail Columbia" überzugehen. Frank Kelly stieß Hobby in die Rippen.

„Hobby! Mann! Hören Sie? Hail Columbia, der Lieblingssong von unserem dicken Juve. Ich möchte zehn Dollar wetten, daß er hier ist und uns erwartet."

„Wetten Sie nicht, Hobby!" mischte sich Pender, der dritte Mann von der Besatzung der ersten Eagle-Maschine, ins Gespräch. „Ich sehe da drüben vom Kai her was Rotes winken. Das kann nur Juves Taschentuch sein. Es gibt kein zweites Exemplar von gleicher Größe in den Vereinigten Staaten."

Langsam trieben die beiden Maschinen bis dicht an die Kaimauer heran. Ein Tusch der Kapelle klang auf, als Leinen hinübergeworfen und die Flugzeuge vertäut wurden. Ein kräftiges Händeschütteln dann zwischen ihren Besatzungen und der Stationsmannschaft der Reading-Werke, die mit allem Nötigen bereitstand, sich sofort über die Flugzeuge herzumachen.

Im Triumph führte Dahl Juve die Piloten zur Station, wo Speise und Trank ihrer harrten. Bald saßen sie an der Tafel und taten dem Dargebotenen alle Ehre an. Rede und Gegenrede flogen über den Tisch. Juve erhob sein Glas zu einem schwungvollen Toast und feierte die Adlermaschinen als die besten Flugzeuge, ihre Besatzungen als die mutigsten und schnellsten Flieger der Welt. In die brausenden Cheers, in die seine Rede ausging, mischten sich Worte aus dem Lautsprecher.

Die letzten Meldungen aus ›Radio City‹ über den Stand des Rennens: Die englischen Maschinen über den Bahr-el-Benat-Inseln im persischen Meerbusen. Die Franzosen in Maskat am Golf von Oman für Treibstoffergänzung gelandet. Die deutsche Eggerth-Maschine vor einer Stunde in Los Angeles wieder abgeflogen. Kein Zweifel war mehr möglich. Bis zu dieser Stunde waren die beiden Maschinen der Bay-City-Werke bei weitem die besten im Rennen. Mit einem Vorsprung von 800 Kilometern lagen sie vor den Engländern an der Spitze, um 1300 Kilometer hatten sie die deutschen, um weit über 1800 Kilometer die japanischen Maschinen geschlagen. Was wunder, daß die Stimmung an der Tafel nach solchen Meldungen noch höher stieg.

Frank Kelly beteiligte sich an dem Trubel und Jubel nicht. Der saß neben James Thomson, dem Chefpiloten der zweiten Adlermaschine, und war mit dem in ein Gespräch über technische Dinge verwickelt. Beide hatten ihre Bordbücher vor sich liegen und verglichen ihre Eintragungen.

Thomson hob sein Glas, um Dahl Juve zuzutrinken. Frank Kelly schüttelte leicht den Kopf. „Ich liebe die Vorschußlorbeeren nicht, Thomson! Gewiß! Unsere Maschinen haben sich bis jetzt wunderbar gehalten. Aber wir sind noch längst nicht über den Berg. Achttausend Kilometer sind noch nicht vierzigtausend!"

„Sie haben recht, Kelly! Der Weg vor uns ist noch lang. Irgendein dummer Zufall, eine lächerliche Panne könnten uns weit zurückwerfen. Vor zwei Stunden war mir wirklich nicht wohl zumute. Da wollten drei Zylinder der Steuerbordmaschinen anfangen zu bocken. Sehen Sie hier..." er wies auf eine Eintragung in seinem Bordbuch.

„Was haben Sie gemacht, Thomson?"

„Die Zündkerzen ausgewechselt, Kelly. Es war keine angenehme Geschichte. Bei unserem Höllentempo zu den Motoren hinzuklettern und die Auswechselung vorzunehmen."

„Aber es hat geholfen?"

„Gewiß! Meine Vermutung war richtig. Sie wissen es auch, Kelly! Bei der hohen Kompression unserer Maschinen kommt es gelegentlich zu einer Graphitbildung an den Kerzen. Es entsteht allmählich eine leitende Brücke, die Funkenbildung wird unregelmäßig, der Zylinder fängt an zu stottern."

Kellys Augen gingen prüfend über die Eintragungen in den beiden Bordbüchern. „Aha! Hier steht es ja. Das war vor zwei Stunden. Wir wunderten uns, daß Sie zurückblieben. Sie haben aber wieder gut aufgeholt."

„Gott sei Dank, daß es möglich war! Ich habe hier sofort Auftrag gegeben, in alle Zylinder meiner Motoren neue Kerzen einzuschrauben. Kann Ihnen nur raten, das gleiche zu tun."

„Das ist ein Ratschlag, den ich sofort befolgen werde, mein lieber Thomson."

Frank Kelly stand auf und verließ den Raum. Nach kurzer Zeit kam er zurück und legte eine Anzahl von Kerzen auf den Tisch.

„Wie gut das war! Sehen Sie mal hier, Thomson. Fast überall kleine Ansätze von Graphitkristallen. Im Augenblick noch nicht störend. Aber hätte unser Flug noch einige Stunden länger gedauert, hätte ich wahrscheinlich auch was davon verspürt. Jetzt dürfen wir wohl hoffen, daß wir unsere nächste Etappe bis zu den Galapagos-Inseln ohne Störungen hinter uns bringen werden."

Thomson nickte. „Trotz alledem, Kelly, empfehle ich Ihnen, sich hier noch möglichst reichlich mit Reservekerzen zu versehen. Ich habe mir hundert Stück einpacken lassen."

„Hundert Stück, Thomson?... außer denen, die Sie schon an Bord haben? Ist das nicht ein bißchen reichlich?"

„Wir wollen uns unter uns hier nichts vormachen, lieber Kelly. Die neuen Motoren der Adler-Type sind über alles Lob erhaben. Aber sie haben infolge der hohen Kompression eine gewisse Neigung, die Kerzen zu verrußen... oder richtiger gesagt, zu vergraphitieren. Das ist eine Schwäche der sonst so gelungenen Konstruktion. Mit der Tatsache müssen wir rechnen, aber wir kennen ja das einfache Mittel dagegen. Die Kerzen an jedem verdächtigen Zylinder sofort auswechseln... und zu dem Zweck einen genügenden Kerzenvorrat mitnehmen. Lieber ein paar Dutzend zuviel als zuwenig, denn eine Reinigung der gebrauchten Kerzen... lassen Sie sich während des Fluges darauf lieber nicht ein."

Vom Hafen kam der Boß der Reading-Kolonne in das Zimmer und meldete, daß die Maschinen flugbereit seien. Eine Uhr in den Speichergebäuden am Kai hub eben an, Mitternacht zu schlagen, als die beiden Adler-Maschinen aus dem Hafen herausrauschten. In weitem Bogen drehten sie nach Norden ab, hoben sich im Silberlicht des Mondes von der schimmernden Wasserfläche, schwangen sich hoch und immer höher in den Äther und stürmten auf Nordostkurs von dannen. Fast eine Stunde verging noch, bevor auch die ersten japanischen Flugzeuge in Lanai wieder aufstiegen. Hier hatte die Untersuchung der Maschinen die Notwendigkeit ergeben, mehrere Ventile nachzuschleifen, und trotz größter Beschleunigung beanspruchten die Reparaturen eine reichliche Stunde.

***

Mr. Stonefield in San Pedro vergnügte sich nach dem Abflug der ›Seeschwalbe‹ zunächst damit, einigen Bierflaschen auf den Grund zu gehen. Dann machte er es sich auf der Couch in seiner Office bequem. Nach den vorliegenden Radiogrammen waren in den nächsten Stunden keine Flugzeuge zu erwarten. Bald zeigten seine tiefen, gleichmäßigen Atemzüge, daß er in einen gesunden Schlaf gefallen war.

Monsieur Beumelé hielt sich ebenfalls an die Getränke, die in der Station für die Rennflieger bereitstanden; nur daß er dabei seiner Herkunft aus Straßburg entsprechend einen guten kalifornischen Wein bevorzugte. Er dachte noch nicht ans Schlafen.

In einem Winkel des Öllagers studierte er beim Schein einer Glühlampe Ziffernreihen in seinem Notizbuch. Hübsche runde Zahlen waren es, die Summen, die ihm Yoshika und Hidetawa in New York in die Hand gedrückt hatten. Wie bescheiden nahmen sich dagegen die Lohnschecks aus, die er hier wöchentlich von Mr. Stonefield in Empfang nehmen durfte. Schade, daß der schöne Job schon so schnell zu Ende ging... Ob es nicht irgendeine Möglichkeit gab, mit den neuen Geschäftsfreunden weiter in Verbindung zu bleiben? Vielleicht machten die öfters solche dunklen Geschäfte... vielleicht ließ sich ein bißchen nachhelfen... Ein bißchen Druck dahinter setzen?...

Seine Gedanken liefen weiter. Etwas von dem verdächtigen Treiböl beiseite schaffen? Später mit Enthüllungen drohen?! Es war ein ganz sauberes Plänchen, das Monsieur Jacques Philippe Beumelé sich da in Gedanken zurechtlegte. Wenn er es wirklich ausführte, mit den Ölproben und seinen Erzählungen etwa zu den stets sensationshungrigen amerikanischen Reportern ging, konnte sich ein Skandal erster Größe daraus entwickeln. Eine Affäre, für deren Vermeidung seine Auftraggeber wahrscheinlich eine anständige Summe auf den Tisch legen würden.

In seine Spekulationen vertieft, hatte Beumelé nichts von dem vernommen, was inzwischen draußen im Hafen vorging. Er fuhr zusammen, als es an die Schuppentür donnerte und eine kräftige Stimme nach dem Lagerverwalter und nach Betriebsstoff rief. Schnell schob er sein Notizbuch in die Tasche, öffnete die Tür und wunderte sich nicht wenig.

Da schaukelte ja breit und nahe ›St 1‹ im Mondschein auf den Wellen. Ohne die Ankunft vorher durch Funkspruch zu melden, war das Stratosphärenschiff hergekommen und im Hafen niedergegangen. Noch unangenehmer war die andere Überraschung. Der Mann, der vor Beumelé in der Tür stand, war Wolf Hansen, der Konstrukteur der Stratosphärenschiffe. Wie oft hatte er den in der großen Montagehalle der Eggerth-Werke gesehen, wenn er an seiner Feilbank vorbeikam. Verdammte Geschichte, wenn der sich sein Gesicht gemerkt hatte und den ehemaligen Flugzeugschlosser Schulze 3 wiedererkannte.

Zum Glück schien das nicht der Fall zu sein. Hansen wiederholte nur seine Forderung nach Treibstoff und kehrte in dem leichten Aluminiumboot von ›St 1‹ zum Flugschiff zurück. Beumelé rief seine Leute zusammen und gab Befehl, alles für das Tanken zurechtzumachen.

Nachdenklich stand er eine Weile im Lagerraum. Eine ganz dumme Sache war das. Die Leute von ›St 1‹ würden offenbar gar nicht in den Erfrischungsraum kommen. Wenn die beim Einfüllen des Nitroöls Unrat witterten?... Die Geschichte konnte oberfaul werden.

Aus seinen Gedanken riß ihn das Poltern seiner Leute. Die schleppten schon Ölfässer in die Barkasse... die roten Fässer mit dem nitrierten Öl... Verdammt! Da war nichts mehr zu machen. Jetzt nur beim Einfüllen recht vorsichtig sein, daß der Geruch des Treibstoffes nicht zum Verräter wurde...

Beumelé stand selbst am Tank des Stratosphärenschiffes und hielt den Schlauch in die Füllöffnung. Sorgfältig hatte er ein paar alte Säcke um den Schlauch und über die Öffnung gebreitet, um jedes Verspritzen und Verdunsten des gefährlichen Stoffes nach Möglichkeit zu unterdrücken. Mit Befriedigung stellte er fest, daß Hansen und Berkoff im Pilotenraum blieben und dort aus den Vorräten des Schiffes ein tüchtiges Mahl hielten. Bis dahin würde der nichtsnutzige Geruch aus dem Tank wohl kaum dringen. Seine Leute in der Barkasse rollten eben die beiden letzten Ölfässer zur Pumpe. Nur noch wenige Minuten, dann konnte er die Füllöffnung wieder zuschrauben, und die Gefahr war überwunden.

Hansen griff eben nach einer Thermosflasche. „Verfluchte Schweinerei!“

„Was gibt's denn, Wolf? Warum so giftig?“

„Na, sieh mal hier, Georg. Die ganze linke Pfote mit Teer versaut! Weiß der Teufel, was ich da eben am Bollwerk für einen Dreck angefaßt habe.“

Georg Berkoff besah sich prüfend die Hand, die Hansen ihm unter die Nase hielt.

„Hast recht, Wolf. Ist guter solider Teer. Geht aber mit Butter oder Öl wieder ab.“

Hansen wollte nach der Butterdose greifen, aber Berkoff fiel ihm in den Arm. „Halt, mein Junge! Bei dir rappelt's wohl? Unsere gute Butter gibt's dafür nicht. Die soll bis Claryland reichen! Hier, da!“ er drückte ihm einen Bausch Putzwolle in die Hand. „Bemühe dich damit gefälligst zum Tankloch und säubere dir deine Flossen mit Treiböl.“

Beumelé griff eben nach dem Deckel, um die Füllöffnung wieder zuzuschrauben. Einen Moment fühlte er seinen Herzschlag aussetzen, als plötzlich Hansen neben ihm auftauchte.

„Augenblick mal, Mister! Brauche eben etwas Öl.“

Hansen beugte sich nieder, tauchte den Bausch Putzwolle in den vollen Tank und begann sich damit die beschmutzte Hand abzuwaschen. „Schöne Schmiere scheint ihr hier zu haben“, bemerkte er dabei. „Ein Glück, daß unsere Dieselmotoren so ziemlich alles schlucken.“

Er bückte sich wieder, um die Putzwolle von neuem zu tränken. Der Teer ging doch nicht so leicht ab, wie er gedacht hatte. Während er auf dem Flecken rieb, begann er zu schnuppern.

„Pfui Deibel! Wie stinkt denn das Zeug? Wo habt ihr den Stoff her?“

Beumelé drehte sich so, daß sein Gesicht im Dunkeln blieb. Ihm war alles andere als wohl zumute. Nur mit Mühe fand er eine Antwort.

„Mr. Stonefield hat ihn von der Standard Oil Company gekauft... Vom Lager in Los Angeles. Ich denke, die Company führt nur gute Ware.“

„Na, den alten Rockefeller in allen Ehren“, meinte Hansen und tunkte die Wolle zum dritten Male in die Flüssigkeit, „aber sein Öl stinkt kannibalisch. Wenigstens hilft's jetzt.“

Der Teerfleck war endlich verschwunden und Hansens Linke wieder einigermaßen sauber. Er wollte die gebrauchte Putzwolle über Bord werfen, als ihm ein spitzbübischer Einfall durch den Kopf schoß. ›Ah, bah, Berkoff kann auch was von dem Gestank abkriegen. Warum soll's der besser haben als ich?‹

Die Hand mit der Putzwolle auf dem Rücken kam er in den Pilotenraum zurück.

„Na, Wölfchen, ist der Dreck abgegangen?“

„Restlos, mein Junge. Aber du sollst mal was raten. Mach mal die Augen zu und sage, was ich hier habe.“

Etwas mißtrauisch schloß Berkoff die Augen. Hansen hielt ihm den Wollbausch unter die Nase. „Na, zieh mal kräftig die Luft ein, was ist's denn?“

Berkoff hatte die Augen wieder aufgemacht und blickte verdutzt auf die Wolle. „Siehst du, Georg, du hast's nicht geraten. Stinkt lieblich, was? Unser neuer Brennstoff ist's... von der Standard Oil Company, wie ich hörte. Freut mich, daß du auch eine Nase davon genommen hast.“

Er wollte den Bausch aus der Kabine werfen, aber Berkoff nahm ihn ihm aus der Hand und roch noch einmal daran.

„Nanu, Georg! Kannst dich wohl von dem Odeur gar nicht trennen?“ Er stockte, als er die veränderte ernste Miene Berkoffs sah. „Was hast du? Was ist denn?“

„Das wollen wir gleich sehen, Wolf.“ Bei diesen Worten zupfte Berkoff einige Fasern aus der Putzwolle, legte sie auf seinen Teller und brachte ein brennendes Streichholz heran. In dem Augenblick, in dem die Flamme die Fasern berührten, verpufften sie wie Schießpulver. Noch ein paarmal wiederholte Berkoff den Versuch mit kleineren und größeren Proben.

„Zum Teufel, Georg, was ist das? Was hat das zu bedeuten?“

Berkoff pfiff durch die Zähne. „Nitroöl, mein Lieber. Stark explosives Nitroöl. Was meinst du, wie der Stoff unseren Motoren bekommen, wie bald er die Zylinder zerschlagen würde?“

„Nitroöl? Ich verstehe immer noch nicht, Georg... Sprengöl... Wie kommt der gefährliche Stoff in unseren Tank?“ Berkoff wollte antworten, als er plötzlich erblaßte.

„Herrgott im Himmel, Wolf, wir stehen hier und schwätzen wie die alten Weiber. Unsere ›Seeschwalbe‹ ist vor einer Stunde hier fortgeflogen, sicherlich mit demselben Höllenzeug in den Tanks.“

Schon während der letzten Worte war er zum Rundfunk des Schiffes gestürzt. Die Morsetaste des Senders trommelte unter seiner Hand, er schaltete auf Empfang... warf den Schalter wieder zum Sender hinüber und nahm die Verbindung mit der ›Seeschwalbe‹ auf.

In New York war es sechs Uhr morgens. Die ersten Sonnenstrahlen beleuchteten die Spitzen der Wolkenkratzer und ließen sie im Purpurschein glühen wie die Berggipfel in den Alpen. Auch die Borduhr der ›Seeschwalbe‹ zeigte sechs Uhr. Aber über dem 125. Grad westlicher Länge, den das Flugzeug eben passierte, war noch Nacht, nur durch den Mond erhellt.

Hein Eggerth saß am Steuer, Bert Röge neben ihm bediente das Funkgerät. Hinter ihnen hatte es sich Schmieden zu einem gesunden Schlaf bequem gemacht.

Endlos dehnte sich unter ihnen die See. Den Ozean und immer wieder den Ozean würden sie jetzt unter sich haben... viel Stunden... viele Tage hindurch, über 30 000 Kilometer lang war ja jener Teil der deutschen Route, der von Los Angeles über die Manihiki-Inseln nach dem Kontrollpunkt in Claryland und dann weiter über den Indischen Ozean nach Aden führte. Eintönig, beinahe einschläfernd der gleichmäßige schnelle Flug über den stahlblauen Schild des erdumgürtenden Ozeans. Das letzte, was Röge in seinem Empfänger vernommen, war die Kunde von der Ankunft der Amerikaner und Japaner auf den Hawai-Inseln gewesen. Die Kurse dieser beiden Konkurrenten würden sie in etwa drei bis vier Stunden schneiden. Vielleicht, daß man das eine oder andere von ihren Flugzeugen sichten und dadurch ein wenig Abwechselung haben könnte.

Plötzlich drückte er die Kopfhörer fester an die Ohren, schrieb ein paar Worte auf seinen Block, gab durch den Bordsender Antwort, stellte dann wieder auf Empfang um. Immer schneller eilte dabei sein Bleistift über das Papier. Jetzt funkte er wieder zurück, hörte, funkte noch einmal... hörte dann lange.

„Wer gibt's, Bert? Mit wem sprachst du eben?"

„Mit Berkoff. ›St 1‹ liegt noch in San Pedro, wo er eben Brennstoff genommen hat..." Röge betrachtete die Benzinuhren der verschiedenen Tanks auf dem Apparatenbrett. „Ein Glück, Hein, daß wir mit unserem alten Brennstoff aus dem Hecktank weitergeflogen sind... eine tolle Sache, die Berkoff mir eben funkte. Hör zu, aber laß nicht etwa vor Schreck das Steuer los. ›St 1‹ haben sie in San Pedro explosives Nitroöl in den Tank gepumpt. Nur durch einen glücklichen Zufall haben Hansen und Berkoff es gemerkt. Berkoff vermutet, daß es bei uns ebenso ist. Er warnt uns."

„Warnen?... Warnen? Ja, was will er denn? Was sollen wir tun? Jetzt etwa umkehren? Nach San Pedro? Neuen Stoff nehmen? Das heißt die besten Chancen aus der Hand geben."

„Das verlangt Berkoff nicht. Er warnt nur, den Tank mit dem Nitroöl in Betrieb zu nehmen. Wir sollen mit unserem alten Öl... ich habe ihm gefunkt, daß es noch für sieben Stunden reicht... auf unserem Kurs weiterfliegen. Hansen und Berkoff wollen den Saustall in San Pedro ausheben, die Saboteure, soweit sie sie fassen können, der Polizei übergeben, neuen guten Triebstoff nehmen und uns dann mit ihrer höchsten Geschwindigkeit nachkommen."

Hein Eggerth schüttelte den Kopf und kratzte sich hinter dem rechten Ohr.

„Pfui Teufel, Junge. Ist das eine Situation. Hundert Meilen vom nächsten Land ab, zwei Kilometer hoch... einen Tank mit drei Kubikmetern Sprengöl hinter sich... ich kann mir was Schöneres denken."

Röge hatte keine Zeit zum Antworten, er mußte sich um den Funk kümmern. Erst nach Minuten tat er den Mund auf. „Du, Hein, das ist interessant. Weißt du, wer der Saboteur in San Pedro ist? Du wirst's nicht erraten. Unser verflossener Schulze 3 aus Bitterfeld ist's, der damals aus dem

Sicherheitsraum ausrückte. Na, Hansen und Berkoff scheinen dem das Leder ja nicht schlecht vollgehauen zu haben."

„Schade um jeden Schlag, der daneben geht", knurrte Hein Eggerth wütend vor sich hin. „Wollen bloß hoffen, daß auch alles andere klappt, könnten sonst eklig in die Tinte geraten."

In San Pedro hatten die Dinge eine sehr plötzliche und für Monsieur Beumelé sehr unangenehme Wendung genommen. Beruhigt war der mit seiner Barkasse zum Kai zurückgekehrt. Gott sei Dank, die beiden Piloten von ›St 1‹ hatten keinen Verdacht geschöpft, hatten ihm den Schwindel von der Standard Oil Company geglaubt. Hoffentlich flogen sie endlich los, damit er sich wieder in Ruhe seiner Weinflasche widmen konnte. Doch vergeblich lauschte er auf das Motorgeräusch. Immer noch lag ›St 1‹ im Hafen... und jetzt... ja zum Teufel, die beiden kamen ja wieder...

Noch während er's dachte, waren die schon neben ihm. Eine Flut von Fragen ließ Berkoff auf ihn niederprasseln. Was das für ein Treiböl wäre?... Woher sie's bezogen hätten?... Wo die Lieferscheine seien? Die müßten sie vor allen Dingen sehen... Wo Mr. Stonefield steckte, der verantwortliche Leiter der Station... Mit dem müßten sie ein kräftiges Wort Deutsch sprechen.

Noch versuchte Beumelé, Antwort auf alle Fragen zusammenzufinden. Während er sie stockend herausbrachte, stand sein Plan schon fest. Die beiden gefährlichen Menschen Mr. Stonefield auf den Hals schicken und dann selber schnellstens und spurlos verschwinden. Wenn es ihm glückte, den Frühzug nach Chikago zu erwischen, der in zwanzig Minuten von San Pedro abging, war er in Sicherheit... Aber in diesem Moment faßte ihn Hansen schärfer ins Auge... und dann... ehe er sich's versah, knallten ihm von links und rechts ein paar Maulschellen in die Visage, daß er gegen die Schuppenwand flog.

„Schulze 3! Der Schweinehund aus Bitterfeld!" schrie Hansen und packte ihn von neuem bei der Binde.

„Was?! Schulze 3!" Noch während er es rief, fiel Berkoff von der anderen Seite über Monsieur Jacques Philippe Beumelé her.

Neben der Arbeit trieb man in Bitterfeld auch gesunden Sport. Es gab da eine Fußballmannschaft, die auch von internationalen Wettspielen schon manchen schönen Preis nach Hause gebracht hatte. Das waren die berühmten „Elf der Eggerth-Werke“. In dieser Mannschaft war Berkoff der Torwächter, Hansen einer der Stürmer. Das Spezialpech des Herrn Beumelé fügte es, daß er diesen gut trainierten Sportsleuten in die Hände geriet, und die trieben nun ein rohes Spiel mit ihm. Seine beiden Hände genügten nicht annähernd, um alle die Körperstellen zu decken, auf die es Hiebe setzte. Während der nächsten fünf Minuten vertrimmten und verwalkten die beiden den Monsieur Beumelé, daß er am Leben verzagte... Bis schließlich Mr. Stonefield, durch diese etwas lärmende Lynchjustiz aus seinem Schlummer gerissen, in der Schuppentür erschien.

Der wollte erst aufbegehren, aber er verstummte, als er etwas von Explosivöl und Sabotage hörte, und wurde ganz klein, als ihm Berkoff an einigen Ölfässern des Lagers die gefährlichen Eigenschaften des nitrierten Treibstoffes praktisch vorführte. Nervös wischte er sich die Schweißperlen von der Stirn, während Berkoff noch eine größere Ölprobe vor seinen Augen verpuffen ließ. Eine böse Suppe war das ja, die ihm dieser Beumelé da eingebrockt hatte. Den Kerl mußte er vor allen Dingen festsetzen lassen. Im Interesse seiner eigenen Rechtfertigung mußte er dafür sorgen, daß dieser Verbrecher seine gerechte Strafe erhielt. Aber als er sich nach ihm umdrehte, war weit und breit kein Monsieur Beumelé mehr zu sehen.

Der hatte die Zeit, während der Berkoff im Lagerschuppen seine Experimente machte, dazu benutzt, sich schleunigst zu drücken. Sein Anzug war zerrissen, das Blut lief ihm aus Mund und Nase und bei jedem Schritt fühlte er seine Knochen. Aber Monsieur Beumelé wußte, daß er um seine Freiheit lief, und setzte seine letzte Kraft ein. Während die drei beim Schuppen noch nach ihm suchten, erreichte er in letzter Minute den Chikagoer Zug und ließ sich mit einem Seufzer der Erleichterung auf eine Wagenbank fallen.

„Es hat keinen Zweck mehr. Der Schweinehund ist weg“, sagte Wolf Hansen zu Mr. Stonefield. „Lassen wir ihn in Teufels Namen laufen. Seine Hiebe hat er und die muß er nach Lübischem Stadtrecht behalten, die nimmt ihm keiner ab.“

Kurz darauf herrschte rege Tätigkeit am Kai und im Hafen von San Pedro. Die Ölpumpe saugte den gefährlichen Stoff aus den Behältern des Stratosphärenschiffes und warf ihn in die leeren Fässer zurück. Dann brachte die Barkasse andere Gefäße heran. Sorgfältig überzeugte sich Berkoff bei jedem einzelnen, daß es auch wirklich reines unverdächtiges Treiböl enthielt, mit Hochdruck arbeiteten Mr. Stonefields Leute, und bald konnte ›St 1‹ mit frisch gefüllten Tanks wieder aufsteigen.

Gegen die Mittagsstunde verließ John Sharp das Reading-Haus, um Mr. Bourns in Radio City aufzusuchen, dem das Funkwesen für das große Rennen unterstellt war. Als praktischer Amerikaner dachte Sharp gar nicht daran, für den kurzen Weg bis zum Rockefeller Building sein Auto zu benutzen. Es war ihm ja zur Genüge bekannt, daß man in den überfüllten Straßen der Innenstadt sein Ziel immer noch am schnellsten zu Fuß erreichte.

Als er an dem Haus von Harrow & Bradley vorbeikam, wurde dort gerade ein großes Plakat emporgehißt. In riesigen, übermannsgroßen Lettern knallte ihm der Text entgegen: ›Die Ersten im Rennen‹, die Vereinigten Staaten! Frank Kelly und James Thomson auf Eagle-Maschinen der Reading-Werke an der Spitze! Letzte Standortmeldung 14 Grad nördlicher Breite 135 Grad westlicher Länge. Zurückgelegte Strecke in vierundzwanzig Stunden 11 300 Kilometer. Durchschnittliche Stundengeschwindigkeit 470 Kilometer.

In dichten Scharen staute sich die Menge vor dem Plakat. In wenigen Minuten war die Straße überfüllt in ihrer ganzen Breite, jeder Fahrverkehr auf dem Damm unmöglich geworden. In hellen Haufen strömte das Volk in die Büros von Harrow & Bradley, um seine letzten Dollars auf die drei Stundenzahlen 84, 85 und 86 zu setzen. Die Clerks hinter den Zahltischen arbeiteten wie die Maschinen, um dem plötzlichen Ansturm gerecht zu werden. In wenigen Stunden flossen Wettgelder im Betrage von vielen Tausenden in die Kassen von Harrow & Bradley, aber den Inhabern der Firma war dabei gar nicht wohl zumute. Sie durften es in diesem Augenblick nicht wagen, die bisherigen langen Odds zu verkürzen. Sie hätten es dabei riskiert, von der vom Wettfieber ergriffenen Menge zerrissen zu werden.

Und doch wäre eine Kürzung jetzt sehr am Platze gewesen. Denn würde wirklich eine der drei plötzlich so stark belegten Stundenzahlen die Zeit des Siegers und müßten alle Einsätze darauf hundertfach zurückgezahlt werden, dann kam für die Buchmacher ein schwerer Verlust heraus. 1:3 wären jetzt für die drei Zahlen die richtigen Odds gewesen.

In unglaublich kurzer Zeit verbreitete sich die Meldung, daß die Reading-Maschinen an der Spitze des Rennens lägen, in der gewaltigen Stadt. Millionen amerikanischer Herzen waren von dem heißen Wunsch bewegt, daß es so bleiben, daß Kelly und Thomson als Sieger aus dem Rennen hervorgehen möchten. Zwei Personen waren jedoch anderer Meinung, wenn sie sie auch nicht laut zu äußern wagten.

„Ich wollte", sagte Elihu Bradley in der Privatoffice zu Roger Harrow, „daß die Eagle-Maschinen eine ordentliche Panne hätten." Harrow nickte ihm zu. „Eine Panne, Bradley, daß sie von den verfluchten drei Zahlen runterkommen. In 87 Stunden dürfen sie das Rennen meinetwegen machen."

Mit gemischten Gefühlen lasen auch zwei Japaner in New York die Nachricht.

„Es ist mir unverständlich", sagte Hidetawa, „daß man damals in Tokio auf unser Telegramm aus Bay City nicht reagiert hat."

Yoshika zuckte die Achseln. „Es ist nicht unser Aufgabe, darüber nachzudenken. Wir haben unsere Pflicht erfüllt und die Geschwindigkeit des Eagle sofort gemeldet. Wenn unsere Herren in Tokio weiter keinen Wert darauf legen, haben wir zu schweigen."

„Trotzdem, Yoshika, muß ich fragen, warum wurden wir gegen die viel langsamere ›Seeschwalbe‹ der Deutschen eingesetzt? Nach der letzten Meldung ist ihre Position im Rennen gegenüber den Eagle-Maschinen aussichtslos."

„Die Herren in Tokio werden wissen warum, Hidetawa. Hoffen wir, daß unsere Arbeit ihre Früchte trägt und die ›Seeschwalbe‹ über dem großen Ozean verschwindet... für immer verschollen bleibt."

„Vielleicht ist sie schon verschwunden, Yoshika. Seit sechs Stunden, seit ihrem Abflug von San Pedro ist keine Nachricht mehr von ihr gekommen. Vielleicht hat unser Sprengöl schon gewirkt."

Noch vier andere Menschen in der Zehnmillionenstadt besprachen erregt das Riesenplakat an der Hausfront von Harrow & Bradley. Das waren die drei

Russen, Tredjakoff, Bunnin und Perow, die sich mit William Hyblin gegen halb ein Uhr mittags in einem Salon nahe beim Reading-Haus getroffen hatten.

„Verdammte Geschichte!“ fluchte Tredjakoff halblaut vor sich hin. „Wollen Sie uns im Stich lassen, Mr. Hyblin?“

Der deutete durch die Fensterscheibe auf das Haus von Harrow & Bradley gegenüber, vor dem sich die Menge staute.

„Sie sehen's doch selber, Gentlemen! Die Sache ist im Augenblick unmöglich. Wir haben drei gute Panzerwagen einen Block weiter in der Seitenstraße stehen. Aber was hilft's? Sie würden bei dem Gedränge noch nicht einmal an das Reading-Haus herankommen können. An ein schnelles Wegkommen nachher ist überhaupt nicht zu denken. Wenigstens einigermaßen frei muß die Straße sein, wenn wir die Sache mit Aussicht auf Erfolg unternehmen wollen.“

Tredjakoff sah auf die Uhr. „Noch zwanzig Minuten, dann geben die Zeitschlösser den Tresor frei. Wenn das blöde Volk sich nur bald verlaufen wollte. Zu dumm, die Yankees mit ihrer Wettleidenschaft.“

Hyblin schüttelte den Kopf. „Ich glaube nicht, Mr. Tredjakoff, daß heute noch was zu machen ist. Ein paar Stunden wird das Gedränge da drüben noch wenigstens dauern.“

Die drei Russen steckten die Köpfe zusammen.

„Dumm! Zu dumm! Die Zeit brennt uns auf den Nägeln. In spätestens dreimal vierundzwanzig Stunden muß die Sache besorgt sein... morgen muß es gehen...! Wird's morgen gehen, Mr. Hyblin?“

Hyblin zuckte die Achseln. „Gentlemen, ihr Plan hat leider eine Lücke. Sie haben die Office von Harrow & Bradley nicht in ihre Rechnung eingesetzt. Wenn es den Herren gefällt, morgen mittag wieder so ein Plakat auszuhängen, wird wahrscheinlich dasselbe Gedränge wie heute sein.“

„Verflucht!“ schrie Tredjakoff und schlug mit der Faust auf den Tisch, „der Teufel soll Harrow & Bradley holen! Ich fürchte, die werden uns jedesmal einen Strich durch unseren Plan machen. Was meinen Sie, Mr. Hyblin?“

„Wer kann das wissen, Mr. Tredjakoff? Es wird ganz vom weiteren Verlauf des Rennens abhängen. Wenn unsere Leute Pech haben, werden Harrow & Bradley sich ihre dicken Plakate sparen."

„So mag der Himmel den Eagle-Maschinen ein paar gesunde Pannen schicken", warf Bunnin dazwischen. Er sprach den Wunsch fast in derselben Sekunde aus, zu der ihn die Herren Harrow & Bradley in ihrer Office äußerten.

John Sharp hatte sich seinen Weg durch die Menge bis zum Rockefeller-Building gebahnt und ließ sich dort zum 40. Stockwerk emporfahren. Hier war das Reich, in dem Phileas Bourns unumschränkt herrschte. Hier standen hundert hochwertige Empfangsapparate, durch welche die Verbindung mit den Teilnehmern des Rennens und den festen Stationen aufrechterhalten wurde. Nicht ohne Mühe war es Bourns gelungen, die Kurzwellen von 50 bis 60 Meter auf der ganzen Erde reserviert zu bekommen. Durch zwischenstaatliche Abmachung war für die Dauer des Rennens die Benutzung dieser Wellen grundsätzlich verboten worden. Nur die Teilnehmer des Reading-Rennens und die Reading-Stationen durften sie während dieser Zeit benutzen und auf diese Stellen waren sie nach einem besonderen Schlüssel verteilt worden.

Glücklich hatte sich dabei der Umstand ausgewirkt, daß man im Bereich der Kurzwellen viel mehr Funkstationen unterbringen kann als in demjenigen der Langwellen. Hat doch die Sechzig-Meter-Welle eine Schwingungszahl von 5000 Kilohertz, die von 50 Meter eine Frequenz von 6000 Kilohertz. Dem geringen Unterschied von nur zehn Metern in den Wellenlängen entsprach also ein Frequenzband von 1000 Kilohertz. Phileas Bourns konnte jedem seiner Sender und Empfänger eine Frequenzbreite von zehn Kilohertz zugestehen. Ein sauber getrennter Empfang für seine hundert Apparate war auf den ihm freigegebenen Wellenlängen gesichert.

Da standen nun die hundert Apparate in dem riesigen Saal, den John Sharp jetzt an der Seite von Bourns betrat. Den Antennenwald freilich, der dazu gehörte, den hatte das Dach des Rockefeller-Building allein nicht aufnehmen können. Fächerförmig spannten sich die Drähte von dessen 400 Meter über dem New-Yorker Straßenpflaster gelegenen Turmspitze nach allen Seiten hin zu Gipfeln der benachbarten Wolkenkratzer aus. In denen fing sich die

Energie der vielen Sender, die in den Flugzeugen durch den Äther rasten oder auf den Kontrollstationen des Konzerns über die ganze Erde verteilt waren. Millionenfach vergrößert trat sie aus den Verstärkern der Empfangsapparate heraus, um die Morseschreiber in Tätigkeit zu setzen, die mit ihnen verbunden waren.

Hundert Empfänger und hundert solcher elektromagnetischer Schreiber vor ihnen standen in langen Reihen in dem großen Saal, und fast stets klapperten wenigstens ein Dutzend dieser Magnetschreiber und brachten die Nachricht zu Papier, die irgendwo auf dem Erdball ein Teilnehmer des Rennens aus seiner Antenne spritzen ließ. Und noch mehr taten diese Apparate. Sie schrieben die Botschaften nicht nur in Morseschrift; sondern stellten sie auch zur gleichen Zeit auf einem zweiten Papierstreifen in Lochschrift her. Die zweite Ausfertigung brauchte dann nur in den mechanischen Geber des großen Reading-Senders gesteckt zu werden und sofort lief das Telegramm auf dessen Welle weiter in die Welt zu allen Empfangsstationen des amerikanischen Kontinents und zu denen über See.

„Unsere Organisation klappt, Mr. Sharp", sagte Phileas Bourns und deutete auf das blinkende Spiel der vielen Morseschreiber. „Fast mit allen Piloten, die im Rennen sind, haben wir laufend Verbindung."

„Fast mit allen?... Warum nicht mit allen?" fragte Sharp.

Bourns wiegte den Kopf. „Mit den russischen Fliegern ist die Verbindung seit zehn Stunden vollkommen unterbrochen. Sie melden sich auch auf unseren Anruf nicht mehr. Ich habe die Überzeugung, daß das auf direkte Weisung von Moskau geschieht. Die Russen wünschen offenbar nicht, daß die Welt noch mehr von ihrem Pech erfährt."

„Lassen wir die Russen, Mr. Bourns! Wir wissen ja Bescheid über sie. Wie ist die Verbindung mit den übrigen?"

Bourns trat zu einem Tisch, auf dem das große Protokollbuch der Station lag. Hier waren alle Telegramme hintereinander der Zeit nach, zu der sie aufgenommen wurden, handschriftlich eingetragen. Er blätterte einige Seiten zurück. In bunter Reihenfolge waren da Standortmeldungen von Piloten der verschiedenen Nationen zu lesen. Englische und französische, japanische und italienische Meldungen. Er schien eine Weile etwas zu suchen. Kopfschüttelnd wandte er sich dann zu Sharp. „Es ist merkwürdig, daß die beiden deutschen Maschinen der Eggerth-Werke so wenig von sich hören lassen. ›St 1‹ kann fast als verschollen gelten. Das Stratosphärenschiff ist vor achtzehn Stunden in der Schreckensbucht aufgestiegen. Seitdem haben wir kein Lebenszeichen mehr von ihm bekommen.“

„Oh, Mr. Bourns, wie ist das möglich?“

„Ich befürchte irgendeinen ernsten Unfall, Mr. Sharp. Nach allem, was uns Jenkins funkte, scheint die Type doch noch nicht richtig durchkonstruiert zu sein. Professor Eggerth in Deutschland ist als ein vorsichtiger Mann bekannt. Ich verstehe nicht, wie er seine St-Type in das Rennen schicken konnte. Das Schiff hat gleich bei seinem Aufstieg eine Panne gehabt und sechs Stunden für die Reparatur gebraucht. Wer weiß, was ihm inzwischen zugestoßen ist? Am Ende eine schwere Notlandung, durch die auch seine Funkanlage in Unordnung geriet.“

Sharp schüttelte den Kopf.

„Das wäre nicht gut, Mr. Bourns. Ich habe den lebhaftesten Wunsch, daß dies Rennen ohne Verluste an Menschenleben beendet wird. Je genauer ich's mir jetzt betrachte, um so mehr komme ich zu der Überzeugung, daß es doch ein reichlich gefährliches Unterfangen ist... Sie sagten, daß auch von der anderen Eggerth-Maschine Nachrichten fehlen?“

Bourns blätterte in dem Protokollbuch, bis sein Finger auf einer Meldung haften blieb.

„Hier ist die letzte Nachricht von ihr. Los Angeles–San Pedro fünf Uhr früh New-Yorker Zeit... ist auch schon über acht Stunden her. Seitdem haben wir keine Standortmeldung mehr bekommen. Sie müßte inzwischen die amerikanische Route und die der Japaner gekreuzt haben. Die einzelnen Flugzeuge hätten sich dabei unter Umständen in Sicht kommen können. Aber weder von unseren Leuten noch von den Japanern ist irgendeine Meldung über die ›Seeschwalbe‹ eingelaufen.“

John Sharp starrte bedrückt auf die große Weltkarte an der Wand, auf der die Fluglinien der einzelnen Nationen eingetragen waren.

„Was haben Sie, Sharp?“ riß ihn Bourns aus seinem Nachdenken.

„Das sieht hier alles so einfach auf der Karte aus, Bourns. Wir sehen da die Routen, ihre Schnittpunkte, und vergessen ganz die riesigen Entfernungen und die Größenverhältnisse. Sie sagen, daß die deutsche Linie die amerikanischen und japanischen Routen hier auf dem halben Weg zwischen Hawai und Mexiko kreuzt. Ja, das ist richtig, aber an dieser Stelle ist unsere Route von der japanischen bereits um 400 Kilometer entfernt, obwohl sie auf der Karte doch so dicht beieinander zu liegen scheinen. Da kann niemand was von den anderen sehen. Ein Flugzeug, Bourns, und wäre es das größte, ist im Maßstab dieser Karte ein Punkt von unvorstellbarer Winzigkeit, kleiner als irgendeine jener Bakterien, die wir nur mit den stärksten Mikroskopen sichtbar machen können. Ein verlorner Punkt im Weltmeer, wenn ihm etwas zustößt... ganz und gar verloren, wenn auch seine Funkanlage versagt..."

„Sie wird nicht versagen, Mr. Sharp. Ich traue den Deutschen einiges zu. Bis zu ihrer letzten Meldung war die ›Seeschwalbe‹ unser schärfster Konkurrent. Sie lag der Zeit nach etwas vor den Italienern und nur ganz wenig hinter den Engländern und Franzosen. Ich glaube, sie wird das Rennen besser durchstehen, als es unseren Bay-City-Leuten am Ende lieb ist."

„Hoffen wir es, mein lieber Bourns. Ich will Ihnen nicht verhehlen, daß ich in Sorge bin. Durch das Testament unseres unvergeßlichen Morgan Reading waren wir ja bei der Ausschreibung des Rennens gebunden. Wir mußten es jeder Nation überlassen, sich ihre eigene Route zu wählen. Aber jetzt, da das Rennen seit 24 Stunden im Gange ist, denke ich doch über manches anders. Die Sicherheit könnte viel größer sein, wenn alle Teilnehmer dieselbe Strecke abflögen. Man hätte dann die Etappenstationen viel dichter legen können."

Während er die letzten Worte sprach, deutete Phileas Bourns auf einen Morseschreiber, der eben zu klappern begann.

„Der Empfänger für die ›Seeschwalbe‹, Mr. Sharp. Sie meldet sich. Hören wir, was sie zu sagen hat."

Ein Funker kam mit dem Telegrammstreifen, um ihn in das Protokollbuch zu übertragen. Über dessen Schulter gebeugt, las John Sharp: ›Seeschwalbe auf Kurs Los Angeles – Manihiki-Insel, passiert zwei Uhr mittags Ostzeit 10. Grad nördlicher Breite.‹

„Also sie ist wieder da“, lachte Bourns und klopfte ihm auf die Schulter. „Machen Sie sich keine unnötigen Sorgen. Es wird nicht alles so heiß gegessen, wie es gekocht wurde.“

John Sharp hatte nicht unrecht mit seiner Bemerkung, daß die Dinge, die sich auf der Landkarte oder dem Globus dicht zusammendrängen, in Wirklichkeit ganz gewaltige Dimensionen annehmen. Auf einem scheinbar winzigen Fleck zwischen dem 10. und 20. Grad nördlicher Breite und dem 130. und 150. Grad westlicher Länge schnitten sich die Fluglinien von vier Nationen. Von Rom her über die Schreckensbucht kommend, steuerten die Italiener auf einem größten Erdkreis die Haymet-Klippen an. Ebenfalls von der Schreckensbucht her waren die Deutschen auf dem Fluge zu diesen Klippen. Aber ihr Kurs lag auf einem anderen Kreis und verlief zwischen den eben genannten Breitengraden etwa tausend Kilometer östlich von dem italienischen entfernt. Diese beiden in Nordsüd-Richtung laufenden Kurse wurden in Westost-Richtung von den Routen der Amerikaner und Japaner geschnitten.

Auf der Weltkarte, die John Sharp so nachdenklich gestimmt hatte, gab das Schnittbild der vier Kurse ein kleiner Viereck, das man mit einem Fingerglied bequem zudecken konnte, und stellte sich nur als ein winziger Teil der gewaltigen Fläche des Stillen Ozeans dar. In Wirklichkeit aber war es ein Gebiet, das ungefähr eins halbe Million Quadratkilometer umfaßte und in seiner Größe etwa dem Deutschen Reich entsprach. Nur an den vier Ecken dieser Fläche, an denen die Kurse sich schnitten, wäre eine direkte Begegnung möglich gewesen, aber sie war wenig wahrscheinlich, da diese Punkte von den verschiedenen Teilnehmern des Rennens ja zu verschiedenen Zeiten erreicht werden mußten.

***

Winzige, in der Unendlichkeit verlorene Punkte waren die einzelnen Maschinen über dem grenzenlosen Weltmeer. Nur durch ihre Funkgeräte konnten sie Lebenszeichen geben, Nachrichten empfangen, untereinander und mit der übrigen Welt in Verbindung treten. Fast alle im Rennen befindlichen Flugzeuge machten von dieser Möglichkeit Gebrauch, nur ›St 1‹ zog es vor, sich auch weiter in Schweigen zu hüllen.

Das Stratosphärenschiff ging und kam wie es ihm beliebte, ohne sich vorher anzumelden. Um fünf Uhr dreißig Minuten morgens nach New-Yorker Zeit hatte es San Pedro mit frischem Öl in den Tanks verlassen, um der ›Seeschwalbe‹ auf ihrem Kurs nachzujagen. Schon um sieben Uhr dreißig Minuten, was für Los Angeles immer noch halb fünf Uhr morgens war, wurde Mr. Stonefield schon wieder aus seinem sauer verdienten Schlummer gerissen. Neuen Treibstoff forderten Hansen und Berkoff von ihm. Kopfschüttelnd gab Stonefield seine Befehle, kopfschüttelnd sah er, wie Faß um Faß in den Bauch des Flugzeuges gepumpt wurde. Bis auf den letzten Tropfen schienen dessen Behälter leer zu sein. Vergeblich suchte er für das alles eine Erklärung, denn undenkbar schien es ihm, daß ›St 1‹ in der kurzen Zeit von wenig über zwei Stunden die ›Seeschwalbe‹ einholen, mit Treiböl versehen und sogar schon wieder zurück sein könne. Als die Füllung beendet war und die Barkasse mit den leeren Fässern zum Kai zurückkehren wollte, riskierte er eine Frage. Wolf Hansen machte eine beruhigende Handbewegung.

„Alles in Ordnung, Mr. Stonefield! Die ›Seeschwalbe‹ ist das Sprengöl los. Das infame Zeug liegt im Pacific. Einen hübschen Fettfleck hat's da in der See gegeben. Good bye, farewell, sir!“

Während die Barkasse zum Kai zurückkehrte, nahm Mr. Stonefield seine Finger zu Hilfe, um etwas auszurechnen, doch er kam damit nicht zu Rande. In seiner Office griff er nach Papier und Bleistift und versuchte es noch einmal. Im Grunde war es eine jener ziemlich einfachen Aufgaben, wie man sie in den Mathematikbüchern für die mittleren Klassen zu Dutzenden findet. Sie lautete etwa so:

Von einem Ort geht ein Flugzeug mit 420 Kilometer Stundengeschwindigkeit ab. Anderthalb Stunden später fliegt ihm von der gleichen Stelle ein anderes, schnelleres nach, holt es ein, kehrt wieder zum Ausgangsort zurück und erreicht den zwei Stunden nach seinem Abflug. Wie groß war die Stundengeschwindigkeit des zweiten Flugzeuges?

Mr. Stonefield rechnete einmal, zweimal... zum drittenmal und warf dann den Bleistift verzweifelt auf das Papier. War er verrückt geworden, oder was war sonst eigentlich los? Dreimal war er bei seiner Rechnung zu dem gleichen Ergebnis gekommen. Mit tausend Stundenkilometer mußte das

Stratosphärenschiff geflogen sein... wenn nicht etwa... eine Idee ging ihm durch den Kopf. War die ›Seeschwalbe‹ schon früher niedergegangen und hatte auf ›St 1‹ gewartet? Aber warum?... Zu welcher Zeit?... Irgendwie gewarnt?...

Alles Fragen, auf die Mr. Stonefield keine Antwort fand. Und doch mußte irgend etwas Ähnliches geschehen sein, denn das war ja bestimmt ausgeschlossen, daß ›St 1‹ etwa diese wahnsinnige Geschwindigkeit von tausend Stundenkilometer, die er eben ausgerechnet hatte, wirklich erreicht haben sollte. Würde er etwas Derartiges an das Rockefeller-Haus melden, man würde ihn dort für übergeschnappt halten und wahrscheinlich sofort von seinem Posten abrufen. Das wollte er auf jeden Fall vermeiden. Der Job hier war gut, und solange es ging, wollte er ihn ausnutzen.

Sollte er überhaupt etwas nach New York melden? Nach den Rennvorschriften war es die Aufgabe der Piloten, selbst ihre Standorte zu funken. Mochte sich ›St 1‹ in der Welt umhertreiben, wo es Lust hatte, was ging's ihn schließlich an? Seine Aufgabe war erfüllt, wenn er die San Pedro–Los Angeles passierenden deutschen Flugzeuge mit dem nötigen Brennstoff versorgte.

So geschah es, daß von seiner Seite aus keine Meldung nach New York ging, und daß Mr. Bourns gegen ein Uhr mittags zu Sharp erklären konnte: „›St 1‹ kann fast als verschollen gelten."

›St 1‹ mochte vielleicht Gründe dafür haben, seinen Sender so gut wie gar nicht zu gebrauchen. Seinen Empfänger strengte es dafür um so stärker an. Während Hansen am Steuer saß, hatte Berkoff die Hörer am Ohr und ließ die Einstellung des Gerätes im Bereich der 50-Meter-Wellen fortwährend hin und her wandern. Von allen Seiten nahm er die Nachrichten auf, die der Äther ihm zutrug, und notierte alles Wichtige auf seinem Schreibblock.

Hansen sah ihn schreiben, fragte gelegentlich: „Was Neues von Wichtigkeit, Georg?"

„Nichts von Belang, Wolf. Bis jetzt läuft alles vorschriftsmäßig. Die Amerikaner an der Spitze. Bisherige Durchschnittsgeschwindigkeit 460 Kilometer. Ich habe den Eindruck, daß ihre Motoren etwas nachgelassen haben. Trotzdem... wenn sich nicht noch besondere Zwischenfälle ereignen, wird die ›Seeschwalbe‹ kaum gegen sie aufkommen können. Dann werden wir beide mit ›St 1‹ am Ende doch noch scharf in das Rennen gehen müssen.“

„Vorläufig hat's damit noch gute Weile, Georg“, sagte Hansen und drosselte die Motoren stark ab. „Einstweilen genügt es, wenn wir ebenso schnell wie die ›Seeschwalbe‹ vorwärtskommen und uns in ihrer Nähe halten. Wir schonen dabei unsere Motoren und Ölvorräte und kommen immer noch rechtzeitig nach Claryland.“

Nur noch mit halber Kraft trommelten die Maschinen von ›St 1‹. In dem druckfest geschlossenen Rumpf des Stratosphärenschiffes war von ihrem Arbeiten nur sehr wenig zu hören. In dieser Höhe von 10 Kilometer war die Atmosphäre bereits so stark verdünnt, daß sie das Geräusch der auspuffenden Explosionsgase kaum noch weiterleitete.

„Jetzt könnte man eigentlich mal an einen ordentlichen Schlaf denken“, nahm Berkoff das Gespräch wieder auf. „Wir haben seit zwanzig Stunden kein Auge zugetan. Nimm die Kopfhörer. Ich haue mich da hinten ein paar Stunden aufs Ohr. Nachher löse ich dich am Steuer ab und du machst auch ein Nickerchen.“

„Meinetwegen, Georg. Aber nimm erst noch das Besteck. Jetzt ist's noch Zeit. In einer Stunde wird die Sonne heraufkommen.“

„Bon!“ sagte Berkoff, „wird gleich gemacht.“

Er schob Hansen die Kopfhörer hin und ging in den Mittelteil des Schiffes zurück. In der Decke des Rumpfes war ein Ausschnitt von etwa zwei Quadratmetern verglast, so daß man das Firmament, an dem die Sterne bei dieser Flughöhe in wunderbarer Stärke und Klarheit erglänzten, gut sehen konnte. Gerade für ein Stratosphärenschiff war ein solcher Beobachtungsstand unbedingt notwendig. Waren doch seine Piloten mehr als bei jedem anderen Flugzeug auf astronomische Ortsfeststellungen angewiesen, da eine Orientierung nach Landmarken bei den großen Flughöhen nicht die erforderliche Zuverlässigkeit bot.

Dieser Teil der Konstruktion hatte Professor Eggerth und seinen Mitarbeitern ziemliche Schwierigkeiten bereitet. Die Verglasung mußte natürlich luftdicht und druckfest sein. Zollstarke Spiegelscheiben, durch Duraluminiumträger abgesteift, waren dafür verwendet worden. So vermochte die Verglasung den inneren Überdruck, der in zehn Kilometer Flughöhe gut sieben Tonnen auf den Quadratmeter betrug, sicher aufzunehmen. Aber auch noch eine zweite Schwierigkeit hatte man überwinden müssen. Für die astronomische Ortsbestimmung, zu der sich Berkoff, den Spiegelsextanten in der Hand, eben anschickte, mußte ja die Winkelhöhe verschiedener Sterne mit möglichst großer Genauigkeit gemessen werden. Bei der Höhenmessung durch das starke Glas hindurch konnten sich aber Beobachtungsfehler einschleichen, wenn die Scheiben nicht vollkommen planparallel waren. Viel Mühe und Geld hatte es gekostet, bis Professor Eggerth endlich ein Glas erhielt, das allen Ansprüchen genügte und eine fehlerfreie Ortsbestimmung vom Innenraum des Schiffes her gestattete. Berkoff machte seine Beobachtungen und schrieb die abgelesenen Winkel auf ein Blatt Papier. Dann griff er nach einem Buch, dessen Seiten mit Sternnamen und endlosen Zahlenreihen bedeckt waren. Ein kurzes Suchen in den Tabellen, und er konnte den Standort von ›St 1‹ notieren. Fünf Grad nördlicher Breite 133 Grad westlicher Länge. Zusammen mit der New-Yorker Zeit schrieb er die Zahlen in das Bordbuch von ›St 1‹.

„So, Wolf! Hier ist das Besteck. Jetzt gute Nacht. Ich gehe schlafen."

„Tu das, mein Lieber. Drei Stunden gebe ich dir Zeit dafür."

Während es sich Berkoff zwischen Kissen und Decken behaglich machte, saß Hansen am Steuer, die Kopfhörer an den Ohren. Der Mond war inzwischen untergegangen. Er sah nur die graublaue Unendlichkeit von Meer und Luft, wenn er durch die Scheiben vor sich hinausblickte. Die drei Kompasse des Schiffes und die Seekarte waren in dieser Dämmerstunde seine einzigen Führer durch die schweigende Einsamkeit.

Das Rennen geht weiter

In der Schreckensbucht ließ Giuseppe Tomaseo die einzelnen italienischen Maschinen so starten, wie sie mit ihren Reparaturen fertig und wieder flugfähig wurden. Als erste war die ›Gamma Romea 3‹ aufgestiegen und lag seitdem mit einem weiten Vorsprung vor ihren Schwesterflugzeugen im Rennen. Mit einer Geschwindigkeit, die derjenigen der Eagle-Type nur wenig nachstand, jagte sie auf Nordsüd-Kurs durch den Äther. Auf der Höhe von

Vancouver gab es eine kurze Wasserung neben einem italienischen Etappenschiff, um neuen Betriebsstoff zu fassen. Dann ging der Flug sofort weiter, Kurs auf die Haymet-Klippen.

Die Gamma-Romea-Maschinen waren Musterleistungen des modernen Flugzeugbaues. Ausgesprochene Rennmaschinen mit starken Motoren, ausgerüstet mit allem, was es an erprobten Konstruktionen und Hilfsmitteln gab. Nur leider – das hatten die Ereignisse auf dem Flug von Tripolis bis zur Schreckensbucht erwiesen – war die Betriebszuverlässigkeit doch nicht ganz hundertprozentig. Man konnte nicht wissen, ob etwas Ähnliches nicht noch einmal sich ereignen würde, und dieser Umstand drückte auf die Stimmung der Besatzung von ›Gamma Romea 3‹. Bis jetzt hatte sich ihr Chefpilot Agostino Carducci noch keine Sekunde Schlaf gegönnt. Doch nun arbeiteten die Motoren ja schon wieder seit langer Zeit regelmäßig und fehlerfrei wie die Uhrwerke. Es schien, als ob man dem Schicksal mit jenen ersten Pannen seinen Tribut entrichtet habe und von nun an ein Rennen ohne weitere Zwischenfälle erhoffen dürfe. So übergab er gegen zehn Uhr morgens nach New-Yorker Zeit das Steuer dem zweiten Piloten Gino de Martino, um einige Stunden der Ruhe zu pflegen. Auch der erste Funker Montanovi legte sich nieder und überließ die Bedienung der Station seinem Kollegen Goldoni.

In tausend Meter Höhe verfolgte das Flugzeug seinen Kurs. Mit Vollgas ließ de Martino die Motoren laufen, mit gespannter Aufmerksamkeit suchte Goldoni jede Nachricht über den Stand der Amerikaner zu erhaschen. Die Amerikaner, die beiden Eagle-Maschinen der Reading-Werke, das waren ja die gefährlichen Gegner. Unbestritten lagen sie bisher an der Spitze des Rennens, und wenn kein Zwischenfall eintrat, würden sie wohl auch als die ersten das Ziel erreichen. Nur wenn man das letzte aus den Motoren herausholte, wenn man sie mit Vollgas und höchster Tourenzahl laufen ließ, bestand vielleicht die Möglichkeit, aufzuholen und den großen Preis für Rom zu gewinnen.

Carducci, der Chefpilot, hatte das noch nicht riskiert. Den hatte die Erinnerung an die ersten Pannen in der Nähe der Schreckensbucht davon abgehalten. De Martino, ein bekannter Rennflieger und Sieger in vielen Konkurrenzen, wagte es, weil er sich sagte, daß nur durch ein restloses

Einsetzen aller Motorkraft ein Sieg über die schnellen Amerikaner zu erringen sei.

Bisher war das Wagnis geglückt. Unter Höchstlast arbeiteten die Maschinen und rissen das Flugzeug mit einer Geschwindigkeit vorwärts, die kaum noch hinter derjenigen der Amerikaner zurückblieb. Ging es so weiter, dann würde sich die Schale des Sieges vielleicht doch zugunsten Roms neigen.

Eine Unregelmäßigkeit im bisher so regelmäßigen Trommelfeuer der Motoren ließ Gino de Martino aufhorchen... Was war das?... Ein Aussetzen der Zündungen bei der Steuerbordmaschine?... Ja... nein... ja doch, die Zündungen setzten aus, aber auch noch etwas anderes war es. Er kannte diesen knirschenden, zermalmenden Klang. Die Kurbelwelle der Steuerbordmaschine war gebrochen. Schlimm war das, viel schlimmer noch die Katastrophe, die unmittelbar darauf einsetzte...

Vom Zwang der Kurbelführung befreit, zerschmetterten zwei Kolben explosionsartig ihre Zylinderköpfe. Wie die Sprengstoffe einer berstenden Granate sausten die Trümmer nach allen Richtungen auseinander und schlugen in der nächster Sekunde dem Propeller der Backbordmaschine einen Flügel ab. Im Moment sprang das Unheil auch auf diese Maschine über. Der nur noch mit einem Flügel arbeitende Backbord-Propeller wirkte wie ein riesiger Exzenter und riß den ganzen Motor aus seiner Befestigung, bevor Gino de Martino das Gas abstellen konnte. Der Funker Goldoni hatte sich im ersten Moment der Katzstrophe über die Morsetasten geworfen und hämmerte in fliegender Hast das SOS, den Hilferuf aller in Seenot Befindlichen. Doch nicht lange Zeit blieb ihm dazu. Schwer und massig stürzte der aus seinen Fundamenten gerissene Motor auf die Backbordschwinge und brach sie dicht am Rumpf der Maschine ab. Wie ein fallendes Blatt trieb die Schwinge davon, wie ein fallender Lindensamen wirbelte ›Gamma Romea 3‹ in die Tiefe...

SOS... SOS... schrie der Sender noch unter den Händen Goldonis, dann schlug das Wrack des Flugzeuges wie ein Stein auf die Seefläche. Die Wogen brachen in den Rumpf ein, überfluteten Menschen, Maschinen, Akkumulatoren. Der Sender verstummte.

Tief und immer tiefer schwamm der wracke Rumpf. Schon tauchte er unter. Wenige Minuten ragte die Steuerbordschwinge noch aus den Fluten. Dann verschwand auch sie, ›Gamma Romea 3‹ war weggesackt…

Vier Menschen trieben in der endlosen Wasserwüste, verschlossen jede Rettungsmöglichkeit, unabwendbar ihr Tod in den Fluten…

Da… kaum hundert Meter von ihnen entfernt etwas Schimmerndes, Schaukelndes auf den Wogen. Die Backbordschwinge ihres Flugzeuges. Ein schwaches, schwankendes Floß nur, die letzte Ausflucht, die ihnen geblieben. Sie schwammen darauf zu und erreichten es. Die große Hohlschwinge besaß genügend Schwimmkraft, um alle vier zu tragen. Sie klammerten sich daran, sie zogen sich hinauf, banden sich fest, so gut es eben ging. Dem augenblicklichen Tod waren sie entronnen. Doch wie würde das Ende sein? Mit entsetzlicher Klarheit ließ es sich voraussehen. Wenn nicht ein Wunder geschah, stand ihnen ein schlimmer Tod bevor… ein langsames Verschmachten inmitten der Salzflut.

Hansen am Steuer von ›St 1‹ sah, wie der Horizont im Osten sich langsam zu verfärben begann. Erst gelb, dann rosenfarbig wurde dort die Grenze von Luft und Wasser. Rot ergoß es sich über den grauen Ozean, und dann tauchte der Sonnenball strahlend aus den Fluten. Wohlig empfand es der einsame Mann am Steuer des Stratosphärenschiffes, als die Sonnenstrahlen hell und warm in den Raum fielen.

Während er das wunderbare Naturschauspiel auf sich wirken ließ, drehten seine Finger wie spielend den Abstimmknopf des Empfangsgerätes.

Da plötzlich… er zuckte zusammen… Der aufregende Morserhythmus! Kurz Kurz Kurz Lang Lang Lang Kurz Kurz Kurz war an sein Ohr gedrungen. Wer funkte hier SOS? Wer schrieb hier den höchsten Notruf in den Äther?…

Er stellte den Empfänger noch schärfer ein, lauschte weiter. Noch einmal und immer wieder die drei Buchstaben SOS des Morsealphabetes… SOS… Save Our Souls!… Rettet unsere Seelen!… wer war in Not?… wer rief um Hilfe?…

Jetzt kamen andere Zeichen. Zeichen, die Laute und Worte bildeten. Italienische Worte waren es. ›Gamma Romea 3‹ verstand Hansen. Schwere Havarie… Bruch einer Kurbelwelle… zehn Nord 153 West… Absturz…

Mechanisch wie ein Automat drehte Hansen den Kurs des Schiffes nach Steuerbord. Seine Rechte griff nach den Brennstoffventilen, öffnete sie weit. In vollem Strom floß das Öl zu den Maschinen. Ein leichtes Schüttern ging durch den metallenen Schiffsrumpf. Dröhnend und trommelnd trieben die starken Motoren das Schiff auf dem neuen Kurs mit tausend Stundenkilometer dahin.

Jetzt hätte Hansen vier Arme haben müssen, um alles zu tun, was zu tun war. Den Punkt, von dem die SOS-Rufe kamen, auf der Seekarte eintragen, den neuen Kurs auf ihr einzeichnen, das Flugzeug steuern... Den Sender in Betrieb setzen... Die Funkverbindung mit den Schiffbrüchigen aufnehmen. Es wäre zu viel für einen Mann gewesen, Berkoff kam ihm zu Hilfe. Den hatte das Dröhnen der wieder mit voller Kraft arbeitenden Maschinen aus seinem kurzen Schlummer gerissen.

„Was ist los, Wolf? Warum jagen wir wieder?..."

„SOS-Rufe von ›Gamma Romea 3‹. Abgestürzt... hier..." Hansen deutete auf einen Punkt der Seekarte.

Berkoff überschlug die Entfernung von ihrem jetzigen Standort bis dorthin.

„Fast tausend Kilometer, Wolf. In einer knappen Stunde können wir da sein."

Hansen schob ihm die Hörer hin und stellte die Motoren von ›St 1‹ auf äußerste Kraft ein. Wie eine gespannte Saite dröhnte und tönte der Rumpf des Schiffes unter dem verstärkten Propellerdruck. Wie ein Meteor schoß ›St 1‹ durch die Stratosphäre auf sein Ziel zu.

Berkoff griff zum Sextanten. Er maß die Sonnenhöhe und machte neue Eintragungen auf der Karte. Hansen nickte nur, während er den Kurs danach um ein weniges änderte.

„In zwölf Minuten können wir da sein, Wolf."

„Wenn's dann nicht zu spät ist, Georg."

Noch einmal Sonnenmessungen, neue Eintragungen auf der Karte. Dann schoß das Stratosphärenschiff in weiten Spiralen aus seiner Höhe hinab. Immer näher kam es dem Ozean und allmählich gewann die spiegelglatte blaue Fläche Bewegung. Jetzt konnten sie sehen, daß das Meer in einer langen Dünung wogte. Es war nicht so ruhig, wie es aus zehn Kilometer Höhe geschienen hatte.

Jetzt nur noch tausend, jetzt nur noch fünfhundert Meter über dem Wasser. Mit scharfen Gläsern suchten sie die Fläche ab. Da... backbord voraus ein heller Punkt in dem Stahlblau des Weltmeeres. Sie hielten darauf zu, kamen näher und erkannten, was es war. Die Schwinge eines Flugzeuges im Ozean treibend, ein Spielzeug für die Wellen.

Vier Menschen klebten daran, ohnmächtig, fast erstickt von den brandenden Wellen, schon dicht an der Grenze, die Tod und Leben scheidet.

Es war keine leichte Arbeit, die Hilflosen von der treibenden Schwinge in den Rumpf von ›St 1‹ zu schaffen. Lange Zeit verstrich danach, in der das Stratosphärenschiff selbst wie ein Spielball auf den Wogen trieb, indes sich Hansen und Berkoff mit allen Mitteln mühten, die Schiffbrüchigen ins Leben zurückzurufen... bis es gelang, bis die Geretteten wieder zu atmen, zu sprechen vermochten.

Der italienische Dampfer ›Garibaldi‹ kreuzte nordwestlich von der Weihnachtsinsel, als der SOS-Ruf des abstürzenden Flugzeuges zu seinem Empfänger drang.

Kapitän Felice Villari fuhr aus dem Schlaf, als ihm das Telegramm mit den wenigen verhängnisvollen Worten gebracht wurde. Kaum nahm er sich die Zeit, einen Mantel überzuwerfen. Um ein Haar wäre er so, wie er aus dem Bett sprang, auf die Kommandobrücke geeilt.

Dann stand er auf der Brücke, und der Maschinentelegraph rasselte unter seinen Fäusten: „Volldampf voraus" befahl der Telegraphenzeiger im Maschinenraum. „Volldampf voraus" gaben die Maschinisten den Befehl in den Kesselraum weiter. Berge von Kohlen wurden in die Feuerungen gestürzt, unendlicher Qualm entströmte den Schloten des ›Garibaldi‹.

„Kurs Nordost zu Ost" befahl Villari dem Wachtoffizier auf der Brücke, lief dann, so schnell ihn seine Füße trugen, die Treppe zur Funkerkabine hinauf.

„Was Neues, Madelena?" rief er den Funker an.

Der schüttelte den Kopf. „Nichts Neues, Signor Capitano", er deutete auf den Durchschlag der Depesche, die Villari schon kannte, „das war das letzte, die Verbindung ist abgebrochen."

„Versuchen Sie, sie unter allen Umständen wieder herzustellen, Madelena… versuchen Sie es!… Sie müssen…!" der Funker zuckte die Achseln.

„Absturz, Capitano… vielleicht das Ende…"

„Unmöglich! Undenkbar, Madelena! Versuchen Sie alles. Funken Sie mit größter Kraft. Versuchen Sie die Verbindung mit allen Mitteln wieder zu bekommen. Wir müssen ›Gamma Romea 3‹ finden… retten." Der Funker deutete auf die Zahlen in dem Telegramm. „Absturzstelle ist bekannt. Hier…"

Kapitän Villari griff in die Manteltasche und zog die zerknitterte Originaldepesche heraus. Ja… da standen Zahlen… er hatte es in der ersten Aufregung ganz übersehen. Breite und Länge der Unglücksstelle hatte der Funker des abstürzenden Flugzeuges noch geben können.

Mit der Depesche in der Hand kehrte der Kapitän zur Kommandobrücke zurück und ging zu der Seekarte. Der Standort des ›Garibaldi‹ war eingezeichnet. Er trug auch den Ort der Katastrophe ein, zog die Verbindungslinie zwischen beiden Stellen und ließ das Lineal erschrocken auf das Papier fallen. Täuschten ihn seine Augen oder war es wirklich so? Fast vierhundert Seemeilen von der Weihnachtsinsel bis zur Absturzstelle… er täuschte sich nicht. Die Entfernung war wirklich so groß. Auch bei forcierter Fahrt würde der ›Garibaldi‹ vierundzwanzig Stunden bis dorthin gebrauchen. Vierundzwanzig Stunden… einen Tag. Eine lange Zeit… viel zu lang, um noch Schiffbrüchige zu retten, die verloren im Ozean trieben.

Villari zermarterte sich den Kopf. Was konnte er sonst noch zur Rettung der Besatzung von ›Gamma Romea 3‹ tun? Die nächsten italienischen Stationsschiffe waren der Unfallstelle nicht näher als sein Schiff. Die Möglichkeit blieb, an die anderen Flugzeuge zu funken. Die nächsten italienischen Maschinen konnten nur wenige Stunden von der Stelle des Unfalls entfernt sein. Denen mußte man sofort die genaue Ortsbestimmung funken. Vielleicht, daß es ihnen glückte, die schiffbrüchig im Ozean Treibenden zu sichten, zu retten.

Im Laufe der nächsten Stunde gelang es dem Funker des ›Garibaldi‹, die Verbindung mit vier Romea-Maschinen aufzunehmen. Die Piloten versprachen, ihr Äußerstes zu tun. Aber leider war auch die nächste Maschine immer noch mehr als drei Stunden von der Absturzstelle entfernt.

Aufgeregt lief Kapitän Villari auf der Kommandobrücke hin und her. Seine Gedanken wirbelten durcheinander. War es nicht unsinnig... zwecklos, mit höchster Maschinenkraft die Unfallstelle anzusteuern, die andere viel früher erreichen müßten? Seine Unruhe trieb ihn wieder in die Funkerkabine.

„Versuchen Sie es noch einmal, auf der Welle von ›Gamma Romea 3‹. Es wäre denkbar, daß das Flugzeug treibt, daß es der Besatzung gelungen ist, ihre Radioanlage wieder in Ordnung zu bringen. Es ist doch möglich, versuchen Sie es!“

Die Worte des Kapitäns ließen in Madelenas Herz ein Hoffnungsfünkchen aufglimmen. Während er an seinen Geräten hantierte, gingen ihm Erinnerungen an alte so oft erzählte Funkergeschichten durch den Kopf. Wie war's damals mit den Schiffbrüchigen der Nobile-Expedition auf ihrer Eisscholle gewesen? Tagelang hatte ihr Sender nicht funktioniert. Dann hatten sie ihn wieder in Ordnung gebracht. Dann war er wieder außer Betrieb, konnte dann wieder senden und schuf schließlich doch die rettende Verbindung mit der Außenwelt... Vielleicht hatte Kapitän Villari recht... Vielleicht konnte es auch hier so gehen.

Madelena schaltete den Sender ein und morste den Ruf nach ›Gamma Romea 3‹ in den Äther. Dann warf er den Schalter wieder auf Empfang um, und lauschte... zuckte zusammen, stellte noch schärfer ein und schrieb auf den Block, was in Morsezeichen auf der Welle von ›Gamma Romea 3‹ aus den Kopfhörern kam:

„›Gamma Romea 3‹, 10 Grad Nord 153 Grad West abgestürzt, untergegangen. Vier Mann Besatzung von ›St 1‹ an Bord genommen, unverletzt.“

Georg Berkoff zog die Hand von der Morsetaste. Er war mit dem italienischen Text fertig, den ihm Goldoni aufgeschrieben hatte.

„So, Wölfchen! Jetzt müssen die Italiani wissen, wie's um ihr Flugzeug und die Besatzung steht. Die werden sich vielleicht was wundern. Wollen mal hören, was sie darauf zu antworten haben.“

Er warf den Schalter wieder auf Empfang, fast in der gleichen Sekunde, in der Madelena auf dem ›Garibaldi‹ seinen Apparat aus Senden umstellte. Mit der Rechten notierte Berkoff die Zeichen, schrieb dabei italienische Worte, deren Sinn er nicht verstand, mit der Linken winkte er Goldoni zu sich, stülpte dem die Hörer über die Ohren, schlüpfte von seinem Sessel und drückte den Italiener darauf nieder.

Die Morsetaste war in Berkoffs Hand nicht langsam gewesen, aber in der Goldonis wurde sie noch um ein gutes Teil rascher. Der funkte, hörte, hörte und funkte mit einer Lebhaftigkeit, wie sie nur südlich des Tiber zu finden ist. In der Kabine des ›Garibaldi‹ betätigte sich Madelena nicht minder lebhaft. Hinter ihm stand Kapitän Villari und verschlang mit den Augen die Buchstaben so, wie sein Funker sie niederschrieb.

„Ecco, ecco, Madelena! Sie sind gerettet! Sagen Sie, daß wir ihnen mit Volldampf entgegenfahren. Wo werden wir sie treffen? Wir müssen die deutsche Flugroute ansteuern.“

Während er noch sprach, hatte Madelena den Apparat schon wieder auf Senden gestellt. Jetzt nahm er die Antwort auf seine Fragen auf. Villari las sie.

„Ich verstehe nicht, Madelena? Wir sollen unsere Kohlen sparen? Ihnen nur unseren augenblicklichen genauen Standort funken?“

Schon bei den letzten Worten eilte er die steile Stiege herunter zur Kommandobrücke und ließ ein Ortsbesteck machen. Mit den neuen Positionsangaben kam er in die Funkerkabine zurück, hörte und sah weiter, was dort auf Ätherwellen zwischen dem ›Garibaldi‹ und dem fernen deutschen Flugzeug hin und her ging.

Madelena schob den einen Hörer vom Ohr fort. „Merkwürdig, Signor Capitano, wie stark die Zeichen von dem deutschen Flugzeug kommen! Gar nicht, als ob wir viele hundert Seemeilen auseinander wären. Wie starker Ortsempfang klingt es.“

Villari blickte auf die Uhr neben dem Empfänger. „Eine gute Stunde ist's erst her, seit wir die erste Meldung von dem deutschen Flugzeug bekamen. Wenn es so schnell wie der ›Adler‹ der Amerikaner wäre... es müßte noch sehr weit entfernt sein."

Ein Schreien vom Vorderdeck des ›Garibaldi‹ her klang zwischen die letzten Worte Villaris. Verwundert trat er aus der Kabine heraus auf die eiserne Stiege. Vorn auf dem Deck standen Leute der Freiwache, schrien, gestikulierten, wiesen mit den Händen in den Himmel. Unwillkürlich folgten Villaris Blicke der Richtung.

Ein schimmerndes Pünktchen dort oben, das weite Spiralen um den ›Garibaldi‹ zog, immer tiefer kam, immer größer wurde.

Madelena blickte verwirrt auf die Depesche, die er eben niedergeschrieben hatte. War denn sein Landsmann Goldoni am Sender des deutschen Flugzeuges übergeschnappt? War dem die unverhoffte Rettung aufs Gehirn geschlagen? Eine andere Erklärung ließ sich für die Depesche kaum finden. Er funkte: „Haltet euer Schiff an! Sind über euch. Fallen euch in den Schornstein, wenn ihr nicht stoppt."

›Vollkommen verrückt!‹ dachte Madelena, als er mit der Depesche zum Kapitän ging. Aber der schien anderer Meinung zu sein.

Kaum hatte er einen Blick auf das Blatt geworfen, als er flink wie ein Wiesel über die steile Stiege zur Kommandobrücke hinabglitt und zum Maschinentelegraphen lief. Ein Rasseln, ein Klirren, „Stopp, langsam rückwärts" ging das Kommando in den Maschinenraum. Unter dem Druck der rückwärts schlagenden Schrauben kam der ›Garibaldi‹ zum Stillstand. Keine Minute zu früh. Nur hundert Meter weit ab von ihm setzte ein langes schnittiges Flugzeug auf. Ein schimmerndes Aluminiumboot löste sich von dessen Rumpf. Von Ruderschlägen getrieben, kam es in der Dünung auf- und abschwebend an die Leeseite des ›Garibaldi‹ heran. Fünf Männer brachte es zu dem italienischen Dampfer. Die geretteten vier von der Gamma Romea und Wolf Hansen. Das Fallreep fiel über die Bordwand des ›Garibaldi‹ nach unten. Die Italiener im Boot wollten Hansen den Vortritt lassen. Der winkte lachend ab.

„Après vous, Messieurs, après vous!“ rief er ihnen in der Sprache zu, in der sie sich während des gemeinsamen Aufenthaltes an Bord von ›St 1‹ verständigt hatten. Und als die vier oben auf dem Deck des ›Garibaldi‹ standen, von ihren Landsleuten begrüßt und umarmt wurden, trieb er das Boot bereits mit kräftigen Ruderschlägen zu ›St 1‹ zurück.

„Der deutsche Flieger ist schon wieder fort, Signor Capitano“, sagte Madelena, während er Villari eine Depesche gab. „Hat, wie es scheint, wo anders zu tun. Wünscht uns glückliche Reise.“

Als Villari das Telegramm sinken ließ, war ›St 1‹ senkrecht über dem ›Garibaldi‹ unsichtbar geworden, von der leichten Bläue des Morgenhimmels verschluckt, aufgesogen.

Ein langes Rätselraten hub an. Es begann an Bord des ›Garibaldi‹, wo Kapitän Villari alle Navigationsoffiziere für Pfuscher, die ganze Navigationswissenschaft für blanken Schwindel erklärte. Es ging weiter im Reading-Haus und schließlich in der ganzen Welt, als man immer wieder auf das gleiche Resultat kam, daß ›St 1‹ eine Strecke von 1500 Kilometern in fünfviertel Stunden durcheilt haben müsse.

Daß etwas Derartiges völlig ausgeschlossen war, lag natürlich auf der Hand. Es gab nur die eine Erklärung, daß irgendeinem der Beteiligten bei der Ortsbestimmung ein grober Rechenfehler unterlaufen war. Der ›Garibaldi‹ lag bei der Weihnachtsinsel, als ihn die SOS-Rufe trafen. Ein Fehler seiner Ortsbestimmung konnte sich deshalb nur in geringen Grenzen bewegen. So blieb die andere Möglichkeit, daß der Funker der abstürzenden Romea-Maschine falsche Werte gegeben hatte. In der Tat hatte diese Annahme viel für sich, wenn man die Verwirrung und Aufregung während der grauenhaften Sekunden des Absturzes in Betracht zog. Im Moment der Katastrophe hatte Goldoni nur an seine Pflicht gedacht, hatte den SOS-Ruf gegeben, hatte, während die zerbrochene Maschine schon im jähen Absturz war, Sekunden nur noch vor dem Aufprall auf die See die Position aus dem Gedächtnis gefunkt. Da war ein Irrtum, eine Verwechselung vielleicht mit einer früheren Ortsfeststellung, nur allzu leicht möglich. Zweifellos, so mußte es gewesen sein!

Freilich hatte auch das deutsche Stratosphärenschiff die gleiche Position für den Ort der Katastrophe gefunkt, und es hatte die Schiffbrüchigen tatsächlich gefunden und gerettet. Das blieb eine brüchige Stelle in den Erklärungsversuchen, die man in New York und den anderen Orten anstellte.

Es gab eine längere erregte Debatte zwischen John Sharp und Phileas Bourns, bevor man sich im Rockefeller Building über die Fassung einigte, in der man die Meldung von der Katastrophe der ›Gamma Romea 3‹ und der Rettung ihrer Besatzung durch ›St 1‹ in die Welt geben wollte.

„Eine ehrliche Berichterstattung verlangt es, Mr. Sharp, die Ortsmeldungen so weiterzugeben, wie sie von den Beteiligten wirklich gefunkt worden sind", erklärte Bourns.

„Der Teufel hole alle Ehrlichkeit, wenn wir damit unsere Rennflieger und die ganze übrige Welt verrückt machen", rief Sharp dagegen. „Es ist doch vollkommen klar, daß die Ortsmeldungen falsch sind... falsch sein müssen, Bourns. Stellen Sie sich vor, die Zahlen wären richtig! Dann müßten wir folgerichtig schließen, daß ein Flugschiff im Rennen liegt, das allen anderen an Schnelligkeit um mehr als das Doppelte überlegen ist. Der Gedanke wäre ja zu absurd, um ernstlich gedacht zu werden."

„Aber die Ortsmeldung, Mr. Sharp, die tatsächlich gefunkt wurde. Von zwei Stellen gefunkt wurde... nach der man die Unfallstelle gefunden hat..."

Sharp machte eine Handbewegung, als ob er etwas wegwischen wolle.

„Zufall, Bourns! Ein glücklicher Zufall im Unglück! Denken Sie daran, wie es auf die Teilnehmer des Rennens, auf unsere Piloten wirken müßte, wenn wir funken, daß eine derartig überlegene Maschine im Rennen liegt."

Es war nicht leicht, die widerstreitenden Meinungen unter einen Hut zu bringen. Man einigte sich schließlich auf einen Kompromiß. Der Reading-Sender gab zwar den Ort der Katastrophe nach den Depeschen der ›Romea‹ und des Stratosphärenschiffes bekannt, aber er teilte gleichzeitig mit, daß hier in den Ortswerten ein Fehler des Telegraphisten unterlaufen sei.

Die Welt nahm diese Feststellungen gutgläubig auf. Nur an zwei Stellen machte man sich besondere Gedanken darüber. Einmal in San Pedro, wo Mr.

Stonefield vergnügt auf den Tisch schlug, als er die Meldung aus Radio City hörte.

›All right, Jimmy‹, sagte er zu sich selber, ›also doch richtig gerechnet! Stimmt doch, was ich damals für Blödsinn hielt! Die Satansmaschine kann mehr als tausend Stundenkilometer schaffen. By Jove! Es wird noch Überraschungen in diesem Rennen geben.‹

Fünf Minuten später ging ein Telegramm aus San Pedro an Harrow & Bradley in New York ab. Mr. Stonefield wettete 50 Dollars auf eine Siegerzeit von 40 Stunden. Er war nicht der einzige, der es tat. Eine beträchtliche Anzahl ähnlicher Wetten konnten die Herren Harrow & Bradley an diesem Tage in ihre Bücher eintragen.

Die andere Stelle, an der man die Reading-Meldung mit wissenden Augen las, lag in Deutschland.

„Eine gute Leistung von ›St 1‹", sagte in Bitterfeld Professor Eggerth zu seinem Oberingenieur. „Das Schiff muß auf 1200 Stundenkilometer gekommen sein."

„Eine vorzügliche Leistung", stimmte ihm Vollmar bei. „Ich fürchte nur, Herr Professor, daß durch den Zwischenfall vorzeitig zuviel über ›St 1‹ bekannt wird."

„Sie können vielleicht recht haben. Aber in dem Fall ging es ja nicht anders. Es war Menschenpflicht, den Abgestürzten mit höchster Maschinenkraft zu Hilfe zu eilen."

„Gewiß, Herr Professor! Das schon! Aber es war nicht nötig, danach mit größtmöglicher Geschwindigkeit zum ›Garibaldi‹ zu fliegen. Dadurch ist die Geschichte eigentlich erst öffentlich geworden."

Professor Eggerth krauste die Stirn. „Tja, Herr Vollmar?! Ich muß Ihnen recht geben. Unseren Freund Hansen scheint der Hafer zu stechen. Wir wollen versuchen, direkte Funkverbindung zu bekommen und ihn ein wenig zu bremsen."

In der ›Segelanweisung‹, die Professor Eggerth seinen Piloten für das Rennen mitgegeben hatte, stand unter vielem anderen auch der Passus: ›Der

Bordempfänger ist alle Uhr null Minuten und alle Uhr dreißig Minuten New-Yorker Zeit auf die Kurzwelle des Werksenders einzustellen.‹

Georg Berkoff hatte gerade ein Paar interessante Neuigkeiten vom englischen und französischen Kriegsschauplatz aus dem Äther gefischt, als ihn Hansen anstieß.

„He, was ist, Wolf?“

„Zwölf Uhr dreißig, Georg! Werkwelle nehmen! Vielleicht haben die in Bitterfeld was für uns.“

Berkoff stellte den Empfänger auf die verabredete Welle und schaltete die letzten Verstärkerstufen ein. Eine leichte Aufgabe war es gewiß nicht, hier auf dem Stillen Ozean von der entgegengesetzten Seite des Erdballes her brauchbaren Empfang von Bitterfeld zu erhalten. Höchste Verstärkung, schärfste Abstimmung und ein leistungsfähiges Antennennetz waren die unentbehrlichen Voraussetzungen dafür. Er drückte auf Relaisknöpfe, durch die außenbords weitere Antennendrähte ausgelassen wurden, schaltete, stimmte ab, horchte angespannt und schrieb.

Es war ein langer Text, der mehrere Seiten des Notizblockes füllte. Einzeln, wie sie fertig wurden, schob er sie Hansen hin. Der las sie und zog dazu ein Gesicht, wie wenn er einen Schluck Essig getrunken hätte. Aber nicht allzulange. Er bewegte die Lippen, als ob er etwas Saures ausspuckte.

„Genug, Georg! Dreimal genug! Beruhige unseren Alten.“

Zwei Minuten später hielt Professor Eggerth einen Funkspruch in der Hand:

„All right, Professor! Werden vorsichtiger sein. Hansen, Berkoff.“

Um die Mittagsstunde eines sonnenheißen Tropentages war die Depesche über den Pazifik gefunkt worden. In der zwölften Stunde einer stürmischen, regnerischen Märznacht traf sie in Bitterfeld ein... und hatte für den Weg um die halbe Erde doch kaum eine fünfzehntel Sekunde gebraucht.

Professor Eggerth las sie und gab sie mit einem leichten Lächeln seinem Oberingenieur.

„Jugend hat keine Tugend, mein lieber Vollmar. Ich sagte es Ihnen schon. Die Jungen sticht der Haber... trotz allem, ich muß anerkennen, daß sie sich an die Segelanweisung halten. Das Bewußtsein, daß ich sie jede halbe Stunde anfunken kann, ist mir viel wert. Haben Sie vielleicht die letzten Meldungen von ›St 2‹ und ›St 3‹ bei der Hand?“

Der Oberingenieur suchte in einem Stoß von Telegrammen.

„Hier, Herr Professor. Der letzte Funkspruch von ›St 2‹ kam vor anderthalb Stunden aus der Äquatorgegend zwischen Ceylon und Sumatra. Das Schiff treibt sich da zwischen den Engländern und Franzosen rum. Hat es bisher verständigerweise vermieden, sich sehen zu lassen. ›St 3‹ war zuerst den Russen nachgegangen. Nach dem russischen Fiasko ist es über den Pol nach Kolumbien geflogen.“

„Über den Pol?“ Der Professor schüttelte verwundert den Kopf. „Haben Sie Einzelheiten, wie sich die Kompasse in den hohen Breiten verhielten?“

Der Oberingenieur schob ihm ein anderes Blatt hin. „Hier sind die Berichte, Herr Professor. Ich habe sie im einzelnen noch nicht auswerten können. Es scheint jedoch festzustehen, daß in diesen hohen Breiten um die Tag- und Nachtgleiche nur die Sonne in Verbindung mit einer genauen Uhr eine Steuerung erlaubt. ›St 3‹ hatte Glück, weil das Wetter klar war.“

„Hm, Vollmar, das ist nicht uninteressant. Daß der Magnetkompaß da oben verrückt wird, das wissen wir ja. Der Erdinduktor war immer eine zweifelhafte Sache. Aber auch der Kreiselkompaß?...“

„Ich bitte Sie, Herr Professor! Senkrecht über der Erdachse! Die Richtkraft wird da gleich Null. Aber die Sonne, die gerade jetzt zur Tag- und Nachtgleiche in vierundzwanzig Stunden einmal um den Horizont wandelt, und dazu ein gutes Chronometer können jeden anderen Kompaß vollkommen ersetzen, wenn das Wetter klar ist.“

„Nun gut, mein lieber Vollmar! ›St 3‹ ist der Polflug geglückt. Hoffen wir, daß die Teilnehmer des Rennens, die auch durch die hohen Breiten müssen, ebenso vom Glück begünstigt werden.“

Professor Eggerth wollte sich aus seinem Sessel erheben, als ihm ein Zug im Gesicht seines Oberingenieurs auffiel, den er von früher her kannte.

„Was haben Sie, Vollmar. Sie sehen so aus, als ob Sie wieder so einen Ihrer... Genieblitze haben. Raus mit der Sprache! An was denken Sie im Augenblick?"

„Eine Idee, Herr Professor. Ob es eine geniale ist, wage ich nicht zu entscheiden."

„Was ist es denn? Ohne Ihnen zu schmeicheln, lieber Vollmar, Ihre Ideen waren manchmal nicht ohne."

„Ja, ich meine, Herr Professor, man könnte unsere St-Schiffe tarnen. Warum soll sich ›St 1‹ als Nummer 1, ›St 2‹ als Nummer 2 überall zu erkennen geben. Die Kennzahlen sind leicht zu überdecken. Mögen unsere drei Stratosphärenschiffe auf dem ganzen Globus auftreten, wo und wie sie wollen. Die Hauptsache für uns bleibt, daß ›St 1‹ zu einer angemessenen Zeit die Kontrollstelle in Claryland passiert und unsere ›Seeschwalbe‹ auf ihrem Wege betreut. Die beiden anderen Stratosphärenschiffe können das Rennen verfolgen, wo und wie es ihnen beliebt. Hauptsache, daß wir sie stets erreichen und im Ernstfalle einsetzen können."

Eine lange Zeit saß der Professor vor seinem Schreibtisch, den Kopf in beide Arme gestützt. Als er sich aufrichtete, lag ein leichter Glanz in seinen Augen.

„Sie haben recht, Herr Vollmar. So werden wir es machen. In den nächsten Stunden wollen wir versuchen, mit den drei Stratosphärenschiffen in Verbindung zu kommen und ihnen neue Anweisungen geben."

Professor Eggerth stand auf und trat zu einer Weltkarte, die den größten Teil der Längswand seines Arbeitszimmers bedeckte. Mit bunten Fähnchen war darauf der Stand des Rennens nach den ersten vierundzwanzig Stunden markiert. Eine Tabelle in Handschrift daneben gab auch die zahlenmäßigen Werte. Weit voran an erster Stelle lagen die beiden Eagle-Maschinen der Reading-Werke mit einer durchschnittlichen Stundengeschwindigkeit von 470 Kilometern und einer Gesamtflugstrecke von 11 300 Kilometer. Auf 14 Grad Nord, 135 Grad West war ihr Mittagsstandort mit einem Sternenbannerfähnchen auf der Karte markiert. Als erstes unter den deutschen Flugzeugen hatte die ›Seeschwalbe‹ 10 000 Kilometer hinter sich gebracht, was 420 Kilometer pro Stunde entsprach. Ihr Mittagsstandort war 9 Grad Nord 138 Grad West. Nur um etwa 700 Kilometer waren die amerikanischen und das deutsche beim Anbruch zu Beginn des zweiten Renntages voneinander entfernt gewesen.

Trotz der Pannen, die das italienische Geschwader betroffen hatten, lagen die Italiener immer noch an dritter Stelle. Mit einer durchschnittlichen Geschwindigkeit von 415 Kilometer waren die beiden nächsten Romea-Maschinen bis zur amerikanisch-kanadischen Grenze gelangt und standen um zwölf Uhr mittags New-Yorker Zeit auf 50 Grad Nord, 123 Grad West.

Unentschieden stand das Match zwischen Japanern, Engländern und Franzosen. Sie alle hatten über die langen ersten vierundzwanzig Stunden eine Durchschnittsgeschwindigkeit von 400 Kilometer innegehalten. Die Japaner standen zu dieser Mittagsstunde 17 Grad Nord 128 Grad West. Die Fisher-Ferguson-Maschinen, die schnellsten Flugzeuge der Engländer, machten gerade eine Zwischenlandung in Colombo auf Ceylon 7 Grad 30 Minuten Nord, 80 Grad Ost. Die Franzosen befanden sich über dem Äquator auf 86 Grad Ost über dem Indischen Ozean.

Geraume Zeit stand der Professor vor der Karte.

„Wie taxieren Sie die Sache, Herr Vollmar?"

„Nicht gut, für die ›Seeschwalbe‹. Bis jetzt sieht's so aus, als ob die Reading-Maschinen das Rennen machen werden."

„Bis jetzt, mein lieber Vollmar... Bis jetzt heißt nach dem ersten Viertel des Rennens. Haben Sie gemerkt, wie die Anfangsgeschwindigkeit aller anderen Maschinen langsam aber stetig nachläßt, während unsere ›Seeschwalbe‹ ihre Kilometer wie ein Chronometer runtermahlt? Darauf wird's ankommen, ob das so weitergeht, sonst... haben wir als starken Trumpf ›St 1‹ in Hinterhand."

***

„Ein großartiges Rennen, Forester", sagte Patrick O'Donell, während er die letzten Morsestreifen durch die Finger gleiten ließ.

„Das feinste Match, das ich je erlebte", bestätigte Charles Forester die Meinung seines Kollegen.

Beide waren Telegraphisten in der Funkstation auf Kalena, der größten der Kokos-Inseln. Ihr Gespräch fand gegen vier Uhr morgens nach der Ortszeit von Kalena statt, was der fünften Nachmittagsstunde nach New Yorker Zeit entspricht.

Die Kokos- oder Keelings-Inseln liegen über zweitausend Kilometer westlich von Australien im Indischen Ozean. Bei der Zerstörung der großen Funkstation auf Kalena wurde seinerzeit im Weltkriege der deutsche Kreuzer Emden von australischen Kreuzern überrascht und vernichtet. Selbstverständlich war die Station seitdem längst in neuer besserer Form wieder errichtet worden und bildete eine wichtige Vermittlungsstelle in dem indisch-australischen Funkverkehr. Sowohl die Flugroute der englischen wie auch diejenige der französischen Teilnehmer am Reading-Rennen führten über die Kokos-Inseln. Deshalb hatten Engländer und Franzosen gemeinsam auf Kalena eine Etappenstation errichtet. Es war die erste gemeinsame Station der beiden konkurrierenden Nationen; genauer und sinnfälliger als an irgendeiner anderen Stelle des langen Weges würde man hier aus den Ankunftszeiten der Wettbewerber ersehen können, wer vorteilhafter im Rennen lag.

Das war auch den Piloten der englischen und französischen Flugzeuge wohlbekannt, und so hatte sich auf der Strecke Ceylon–Kalena ein Rennen entwickelt, bei dem jeder von ihnen das Letzte aus seiner Maschine herauszuholen versuchte; ein wildes, tollkühnes Rennen, dessen einzelne Phasen die Funker der Station Kalena seit Stunden in immer steigender Spannung verfolgten und von dem in diesem Augenblick die beiden Telegraphisten Patrick O'Donell und Charles Forester sprachen.

Mochte der kommerzielle Funkverkehr Indien–Australien sehen, wie er seine Depeschen über den Indischen Ozean hinüberbekam. In diesen Stunden galt das ganze Interesse der Station Kalena dem Duell zwischen den englischen und französischen Maschinen. Alle Empfänger der Anlage waren auf die Spezial-Wellen der Flugzeuge eingestellt, die sich auf der fast dreitausend Kilometer langen Strecke den Rang abzulaufen suchten. Jede neue Positionsmeldung wurde aufgefangen und durch den großen Sender von Kalena sofort an das Reading-Haus weitergegeben.

Seit zwölf Uhr nachts hatten Patrick O'Donell und Charles Forester ihren Dienst in der Empfangsstation, und noch nie war ihnen eine Hundewache in ihrer langen Praxis so aufregend und kurzweilig verlaufen.

„Ein feines Match, das schönste Rennen meines Lebens!“ schrie O'Donell, der eben wieder einen Streifen aus dem Morseschreiber löste, und hielt Forester das Telegramm hin. Der ging damit zu der Seekarte des Indischen Ozeans, die sie über einem Tisch im Empfängerraum ausgebreitet hatten. Auf der steckten englische und französische Fähnchen, durch Zahlen und Namen noch besonders gekennzeichnet. Zwei Engländer und drei Franzosen waren es, die in dem mörderischen Rennen weitaus an der Spitze lagen. Zwei der schnellen englischen Maschinen von Fisher & Ferguson, die das Rennen bisher als die besten unter den englischen Teilnehmern durchgestanden hatten, und drei Franzosen. Zwei schwere Cassard-Maschinen und ein Papillon-Flugzeug. Zum Staunen aller Sachverständigen hatte sich die leichte Papillon-Maschine, der man anfangs keine großen Chancen geben wollte, bis jetzt tadellos gehalten.

O'Donell steckte die Nadel für die eine Fisher-Ferguson-Maschine auf der Seekarte ein Stück weiter nach Südosten. Dann trat er einen Schritt zurück und sah sich das Flaggenbild an. Dreimal die Trikolore in Front. Eine Strecke zurück ein Union Jack, noch etwas weiter zurück der andere. Auf den ersten Blick mochte es scheinen, als ob die Franzosen die überlegenen wären. Aber es war ja zu berücksichtigen, daß die Engländer gut tausend Kilometer weiter westwärts gestartet waren... und tausend Kilometer – zehn Zentimeter waren das gerade im Maßstab der Karte – schien doch jetzt der Unterschied zwischen den englischen und französischen Fähnchen nicht mehr zu sein.

Eben wollte O'Donell die genaue Entfernung feststellen, als ihm Forester einen neuen Telegrammstreifen reichte. Er las ihn und konnte kaum einen Fluch unterdrücken, als er danach die Fahnen für den Papillon wieder ein Stück vorwärts setzen mußte.

„Verdammt, Forester, die kleine Papillon-Maschine ist wieder schneller geworden. Unsere Leute von Fisher & Ferguson kommen ihr nicht näher.“

Forester zündete sich seine Pfeife an und schmauchte gelassen. Dann begann er zwischen den Rauchwolken zu sprechen.

„Eine allein tut's nicht, O'Donell. Wie stehen die Cassards?"

O'Donell maß die Entfernungen auf der Karte aus.

„400 und 420 Kilometer gegen die Fergusons."

„Über 500 aufgeholt, O'Donell! Wollen mal sehen, ob sie nicht zusammen mit den Cassards hier ankommen."

O'Donell wollte ihn unterbrechen, doch Forester sprach weiter. „Die eine Papillon-Maschine... ja, sie hat den Abstand gehalten!... wollen aber mal abwarten, wie lange sie's aushält. Der Pilot geht aufs Ganze. Holt aus den Motoren raus, was drin steckt... geht eine Zeit, O'Donell, aber kaum über die 40 000 Kilometer des Reading-Rennens."

Für die nächste Stunde gaben die Ereignisse Forester unrecht. Die Papillon-Maschine behauptete ihren Abstand von den Engländern unverändert, während die beiden Cassards immer mehr zurückfielen.

„Wetten, Forester, daß die Papillon-Maschine zwei Stunden vor den Fergusons in Kalena ankommt", sagte O'Donell. „Wette ein Pfund."

„Ein Pfund dagegen!" schrie Forester und schlug ein.

Während O'Donell in der Station sein Geld auf die französische Rennmaschine riskierte, begann Francis Bonnières, der erste Pilot des Papillen, die Instrumente an der Bordwand mit nervösen Blicken zu mustern. Vergeblich regulierte er an den Ventilen für die Brennstoffzufuhr. Die fatale Tatsache blieb bestehen, daß die Umdrehungszeiger aller drei Motoren unaufhaltsam zurückgingen. Was konnte die Ursache sein? Waren die Kerzen verrußt?... Arbeiteten die Vergaser nicht richtig und gaben ein falsches Gemisch?

„Hallo, Henri! George!" alarmierte er seine Gefährten. Ein Blick auf die Instrumente genügte, um denen das Nachlassen der Motorleistung zu zeigen. Auch bei ihnen die Frage, was konnte es sein? In unverändertem Rhythmus dröhnte der Trommelwirbel der Motoren. Soweit ihre geübten Ohren es beurteilen konnten, blieben keine Zündungen aus. Alle Kerzen schienen in Ordnung zu sein. Aber die Leistung hatte stark nachgelassen, schien immer weiter sinken zu wollen.

„Die Kompression?" George Bertrand fragte bedrückt.

„Die Kompression?!“ Bonnières und Latrouche wiederholten die Frage und sahen sich unsicher an.

Die außergewöhnlich hohe Kompression, mit der die Papillon-Motoren arbeiteten, war und blieb ein gefährlicher Punkt der sonst so gelungenen Konstruktion.

„Messen!“ wie aus einem Munde sprachen Latrouche und Bertrand das Wort aus. In der nächsten Minute eilten sie zu den Motoren, um die Messung vorzunehmen. Die Papillon-Motoren waren an den Zylinderköpfen mit Indikatorstutzen versehen. Auch während des Fluges war es möglich, einen Indikator mit Bajonettverschluß an die Stutzen zu setzen und die Druckvorgänge im Zylinderinneren zu messen. Bei sechsunddreißig arbeitenden Zylindern war das freilich eine langwierige und subtile Arbeit, die hohe Anforderungen an die Nerven der Piloten stellte.

Während Latrouche und Bertrand mit den Messungen beschäftigt waren, bemühte sich Bonnières unausgesetzt, durch Änderungen der Brennstoff- und Luftzufuhr die Motorleistungen wieder in die Höhe zu bringen. Doch was er auch versuchte, es war umsonst. Immer stärker fiel die Umdrehungszahl der Propeller ab. Auf höchstens noch 200 Stundenkilometer schätzte er in diesem Augenblick die Geschwindigkeit des Flugzeuges.

Latrouche und Bertrand hatten ihre Messungen beendet und kamen zu ihm zurück. Schon ihre Mienen verrieten, daß sie bei ihrer Arbeit nichts Gutes gefunden hatten. Die Indikator-Diagramme, die sie vor Bonnières ausbreiteten, zeigten die ganze Größe des Unheils. Ein unbegreiflicher Zerstörungsvorgang hatte in den Motoren begonnen und war in unaufhaltsamem Fortschreiten begriffen. Schon jetzt leistete die Hälfte der Zylinder kaum noch Arbeit und mußte von den übrigen mit durchgeschleppt werden.

Sie wußten nicht, wie es geschehen war, aber was geschehen war, ließ sich aus den Diagrammen mit erschreckender Deutlichkeit herauslesen. Die Kolbenringe in den schadhaften Zylindern mußten an mehreren Stellen gebrochen sein. Etwas Derartiges war früher bisweilen bei dem einen oder anderen Kolbenring während des Probelaufes im Prüfstand geschehen. Es war auch begreiflich, daß die Dichtung zwischen Kolben und Zylinder durch einen solchen Ringbruch schlechter wurde, daß das explosible Gasgemisch weniger stark komprimiert wurde und die Zylinderleistung abfiel. Mit einem solchen Vorkommnis mußte man schließlich immer rechnen, und die Papillon-Werke hatten sich darauf eingerichtet. In allen Etappenstationen der französischen Rennroute lagen die erforderlichen Ersatzteile bereit, um schadhafte Kolbenringe auszuwechseln, ja nötigenfalls neue Zylinder und Kolben einbauen zu können.

Aber was sich jetzt ereignete, das war kein einfacher Betriebszwischenfall mehr, sondern eine regelrechte Katastrophe. Mehr als die Hälfte der Zylinder arbeitsunfähig. Immer weitere bisher noch gesunde Teile der Maschine von der rätselhaften Krankheit befallen. Immer schwächer die Maschinenkraft, immer geringer die Geschwindigkeit. Alle Hoffnung war geschwunden, daß der Papillon seinen Platz im Rennen bewahren und mit dem alten Vorsprung vor den englischen Konkurrenten Kalena erreichen würde. Die bange Sorge tauchte auf, ob er es überhaupt noch mit eigener Kraft erreichen könne.

Noch reichlich tausend Kilometer war das Flugzeug von den rettenden Inseln entfernt. Der Mond stand schon tief am Westhorizont und warf ein unsicheres Licht in die graue Tropennacht. Während Bonnières sich mit allen Mitteln mühte, aus der havarierten Maschinenanlage des Papillon die letzten Pferdestärken herauszuholen, machte Bertrand eine Ortsaufnahme. Als er mit dem Ergebnis seiner Beobachtung in den Führerstand trat, war die Geschwindigkeit des Flugzeuges auf wenig über hundert Kilometer abgesunken.

„Wir werden funken müssen, François."

Bonnières preßte die Zähne zusammen.

„Funken, George? Um Hilfe? Wer wird uns helfen? Die Engländer... bestimmt nicht. Unsere Landsleute auf den Cassard-Maschinen... sie würden uns nicht im Stich lassen, würden auf den Sieg verzichten. Aber..."

„Wir dürfen sie nicht beunruhigen", fiel ihm Latrouche in die Rede, „wie könnten sie uns helfen? Doch nur, indem eine der Cassard-Maschinen uns bis Kalena ins Schlepp nimmt. Tausend Kilometer... jede Aussicht auf den Sieg wäre für das Flugzeug, das es täte, dahin."

„Irgend etwas müssen wir funken“, sagte Bertrand. „Seit 70 Minuten haben wir keine Standortmeldung gegeben. Schon das könnte die anderen beunruhigen.“

In der Tat hatte das lange Ausbleiben von Meldungen des Papillon bereits etwas Beunruhigung geschaffen. Freilich nicht bei den Cassard-Maschinen, deren ganze Aufmerksamkeit ihrem eigenen Rennen galt, wohl aber bei Mr. O'Donell im Empfängerraum auf Kalena, der allmählich um seine Wette besorgt wurde.

So ging ein Telegramm aus der Antenne des Papillen: „Standort 5 Grad Süd, 90 Grad Ost. Zylinderstörungen, hoffen mit eigener Kraft Kalena zu erreichen.“ Als O'Donell den Telegrammstreifen las, sprach er einige recht häßliche Sätze, in denen von verwandtschaftlichen Verhältnissen zwischen den französischen Piloten und des Teufels Großmutter die Rede war.

Er hätte sich vielleicht etwas zarter ausgedrückt, hätte er den Papillon in diesem Augenblick sehen können. Kaum war das letzte Wort der französischen Meldung gegeben, als die aushängende Antenne schon in die See tauchte. Wenige Sekunden später setzten die Schwimmer des Flugzeuges auf die Meeresfläche auf. Noch ein paar schwächliche Umdrehungen der Propeller, dann standen die weidwunden Maschinen des Papillon endgültig still. Bonnières ließ das Steuer los und fuhr sich über die nasse Stirn.

„Das Spiel ist aus, Kameraden!“

„Aus dem Rennen sind wir heraus“, sagte Bertrand.

„Fragt sich, ob wir das nackte Leben retten“, fügte Latrouche hinzu.

Eine Weile saßen sie schweigend. In ihre Gedanken versunken spürten sie es kaum, wie der Papillon jetzt wirklich wie ein Schmetterling auf den langrollenden Wogen des Indischen Ozeans auf und ab schaukelte. Ein Brecher, der klatschend gegen die Steuerbordseite schlug, brachte ihnen das Gefährliche ihrer Lage zum Bewußtsein. Mit einem geringen Rest von Maschinenkraft wäre es möglich gewesen, das Flugzeug senkrecht zu den Wellen zu stellen und die schlimmsten Angriffe der See zu vermeiden. So, wie es jetzt stand, war es ein hilfloses Spielzeug der Wogen. Ein einziger schwerer Brecher, von der Seite her kommend, konnte das Flugzeug umkippen, und dann war ein schneller Untergang die sichere Folge.

„Es hilft nichts!" Bonnières war aufgesprungen, „wir müssen die Notantenne ausstecken und versuchen, Hilfe herbeizurufen. Die Minuten sind kostbar."

Zu dritt kletterten sie aus dem Führerstand auf die Schwingen des Flugzeuges hinaus und machten sich an die Arbeit, die Notantenne zu legen. Es war ein schwieriges Werk auf einem gefährlich schwankenden Grund. Oft legte eine Woge das Flugzeug so stark auf die Seite, daß ein Schwingenende in die See tauchte. Dabei diese drückende Dunkelheit, die in Vollmondnächten dem Sonnenaufgang so häufig vorangeht. Kaum konnten sie die Hand vor Augen sehen, während sie die Streben in die dafür bestimmten Öffnungen steckten und den Draht zogen.

Ein heller Schein ließ sie aufmerken. Ein glänzender Schimmer huschte über die graue See, zog Kreise, erst weiter, dann immer enger, und blieb schließlich auf den Schwingen des Papillon haften. Wie ein starker Scheinwerfer war es, der das wracke Flugzeug von irgendwoher anstrahlte.

Sie hielten mit ihrer Arbeit inne, schauten nach allen Seiten, suchten zu ergründen, woher das rätselhafte Licht kam, und dann sahen sie es über sich wie einen kreisenden Stern. Ein anderes Flugzeug mußte es sein, das in Spiralen niederging und sie und ihre Maschine dabei sicher im Lichtkegel eines sehr starken Scheinwerfers festhielt.

Ein anderes Flugzeug!?... Eine der beiden Cassard-Maschinen?... Unmöglich, die hatten keine Scheinwerfer an Bord... eine der Fisher-Ferguson-Maschinen, die sich trotz aller Sportsinteressen um den verunglückten Konkurrenten bemühte. Sie wußten es nicht, aber es blieb die einzige Möglichkeit, denn andere Rennteilnehmer und Flugzeuge befanden sich nicht in der Nähe. Nun, die nächsten Minuten mußten ihnen Antwort auf alle ihre Fragen bringen.

Schnittig lang und schimmernd kam es jetzt aus der Höhe hinab. Kaum zwanzig Meter vom Papillon entfernt setzte das fremde Flugzeug auf den Ozean auf. Leicht schaukelnd wie ein schwimmender Schwan trieb es dicht an die französische Maschine heran.

Vergeblich bemühten sich Bonnières und seine Genossen, die Kennzeichen der Maschine zu entziffern. Das Licht des Scheinwerfers, der sie jetzt aus nächster Nähe anstrahlte, blendete ihre Augen zu sehr. Da drüben auf dem anderen Flugzeug öffnete sich eine Tür im Metallrumpf. Eine Stimme rief sie an. Französische Worte und Sätze klangen an ihre Ohren. Das Anerbieten, sie ins Schlepptau zu nehmen und nach Kalena zu bringen. Grammatikalisch richtige Sätze in guter Aussprache, aber trotzdem... Bonnières und seine Kameraden spürten es bei den ersten Lauten... es war kein Landsmann von ihnen, der da drüben sprach. Aber sicherlich auch kein Engländer; sie kannten die Art und Weise, in der die Söhne Albions mit der französischen Sprache umzugehen pflegen, zur Genüge, um das herauszuhören.

Weder ein Cassard noch ein Fisher-Ferguson konnte die fremde Maschine sein. Was für eine dann? Die Frage blieb vorläufig offen. Ein Aluminiumboot löste sich dort drüben vom Rumpf und trieb unter dem Druck von Ruderschlägen schnell näher. Als es herankam, sahen die drei Piloten des Papillon daß es das Ende einer kräftigen Stahldrahttrosse vom anderen Schiff mitbrachte.

„Oh, François!“ Latrouche stieß Bonnières an. „Er bringt das Seil mit.“

Bonnières schüttelte den Kopf. „Auf der unruhigen See schleppen... tausend Kilometer. Das kann eine böse Fahrt werden.“

„Ah, bah! Warum auf dem Meer?“ warf Bertrand ein, „die können uns ja auch in der Luft mitnehmen. Wäre angenehmer und ginge schneller.“

Das fremde Boot war jetzt heran und machte am Steuerbordschwimmer des Papillon fest. Nur ein einzelner Mann war darin, der mit der Trosse auf das französische Flugzeug überstieg. Eine kurze Begrüßung und Vorstellung.

„Ingenieur Vinzent, ›St‹-Pilot, Eggerth-Werke Deutschland.“

›St‹-Pilot?... Das ›St‹-Schiff der Eggerth-Werke hier? Ein neues Rätsel zu den vielen, die das mysteriöse Stratosphärenschiff der Welt seit dem Beginn des Reading-Rennens schon aufgegeben hatte. In ihrer Überraschung vergaßen es Bonnières und seine Freunde, die Vorstellung zu wiederholen und ihre Namen zu nennen. Doch das war auch kaum notwendig, denn der fremde Pilot schien ihre Namen zu kennen.

„Haben Sie einen Schlepphaken an Ihrer Maschine, Monsieur Bonnières?“ fragte er.

„Sehr liebenswürdig, Monsieur Latrouche“, bedankte er sich, als der ihm beim Befestigen der Trosse behilflich war.

„Sie wollen uns nach Kalena bringen?“ fragte Bonnières, als die Trosse richtig verankert war.

Der deutsche Pilot nickte. „Das ist unsere Absicht, Monsieur Bonnières. Darf ich Sie bitten, das Höhensteuer auf drei Grad Steigung zu stellen und die Ailerons locker zu lassen.“

Bonnières sah ihn verdutzt an. „Ich verstehe nicht, Herr Kamerad... es ist nicht das erstemal, daß ich geschleppt werde. Ich werde die Steuerungen des Papillons während des Fluges mit größter Sorgfalt bedienen, um Ihnen so wenig wie möglich Schwierigkeiten zu machen.“

Ein leichtes Lächeln glitt über die Züge des Deutschen.

„Ich bin überzeugt, Monsieur Bonnières, daß ein so hervorragender Pilot wie Sie den Papillon auch im Schlepp vorzüglich steuern würde. Aber leider können Sie während des Fluges nicht am Volant des Papillon bleiben.“ Einen Augenblick schien sich Vinzent über die erstaunten Gesichter der Franzosen zu amüsieren. Dann sprach er weiter. „Der Aufenthalt im Papillon während des Schleppfluges würde Ihnen wenig bekömmlich sein. Sie dürfen nicht vergessen, meine Herren, daß unser Stratosphärenschiff ziemlich hoch zu gehen pflegt. Ich muß Sie deshalb bitten, mit an Bord des ›St‹ hinüberzukommen und bis zur Wasserung in Kalena unsere Gäste zu sein.“

Ein eifriges Hin- und Herreden zwischen den französischen Piloten. Eine Frage Bonnières.

„Sie glauben, Monsieur Vinzent, den Papillon unbemannt durch die Luft abschleppen zu können?“

„Sicher, Monsieur Bonnières, wenn Sie die Steuerungen so anstellen, wie ich es eben sagte. Wir haben solche Schleppflüge schon öfter gemacht.“

Noch einmal ein kurzes Verhandeln, dann folgten die Franzosen dem Deutschen in das Boot. Sie fuhren zum ›St‹ hinüber und betraten zum erstenmal in ihrem Leben ein Stratosphärenschiff. Neugierig sahen sie sich nach allen Seiten um. Vieles war hier anders als in den sonst üblichen Flugzeugen. Die mächtigen Druckpumpenanlagen, kaum viel kleiner als die

Motoren selbst, der luftdichte Raum, dessen Tür jetzt wieder fest verschlossen und verschraubt wurde... die mannigfachen Meßinstrumente... es gab so viel Neues zu sehen, daß sie es fast überhörten, als die Motoren des Stratosphärenschiffes langsam angingen. Schon glitt es über die Wogen dahin, während die Schlepptrosse auf 300 Meter ausrollte. Jetzt ein stärkeres Trommeln der Maschinen, eine Bugwelle vor den Schwimmern. ›St‹ löste sich von der Seefläche, und fast im gleichen Augenblick geschah dasselbe mit dem Papillon. In gradem Aufwärtsflug stieg ›St‹ und gewann von Minute zu Minute größere Höhe. Wie gebannt starrten Bonnières und seine Kameraden auf den Höhenmesser, dessen Zeiger schnell über die Tausender kletterte... 5000... 6000 Meter... Jetzt hätte ein Mensch am Steuer des Papillon schon mit Erstickungsnöten zu kämpfen... 8000... 9000... 10 000 Meter.

„Wollen Sie sehen, meine Herren, wie brav sich Ihr Papillon in dieser für ihn ungewohnten Höhe benimmt?“ Mit einer Handbewegung lud Vinzent sie ein, ihm zum hinteren Ausguck der Eggerth-Maschine zu folgen. Er hatte nicht zuviel gesagt. Ruhig und sicher, als ob ein geschickter Pilot am Steuer säße, folgte die unbemannte französische Maschine in 300 Meter Entfernung dem Stratosphärenschiff.

Wunderbar!... Zauberhaft!... Großartig! überstürzten sich die Ausrufe von den Lippen der Franzosen. Dann geleitete sie Vinzent wieder in den Mittelraum zurück. Ehe sie sich's recht versahen, hatte er ein paar Flaschen Wein und Gläser auf den Tisch gestellt.

„Meinen Kameraden Hartmann werden Sie später kennenlernen, wenn ich das Steuer übernehme. Wollen Sie mir inzwischen die Ehre erweisen, meine Herren, ein Glas Wein mit mir zu trinken?“

Die Einladung kam von Herzen und wurde ebenso herzlich angenommen. Während das Stratosphärenschiff auf Südostkurs mit tausend Kilometer Stundengeschwindigkeit wie ein Meteor durch den Raum schoß, klangen die Gläser zusammen... Auf einen friedlichen Wettbewerb der Nationen... Auf eine gute Weiterentwicklung der Flugtechnik... Auf ein fröhliches Gedeihen aller Luftfahrt.

Hundert Fragen brannten den französischen Gästen auf den Lippen. Wie kam ›St‹ hierher?... Wie stand es überhaupt zum Rennen?... welche

Geschwindigkeit vermochte das geheimnisvolle Schiff wirklich zu entwickeln? Das und noch vieles andere wollten sie fragen und fühlten doch, daß Zeit und Ort für solche Fragen nicht recht geeignet waren.

Der Tisch, an dem die vier saßen, sprachen und tranken, stand so, daß Bonnières von seinem Platz aus durch eine offene Tür die Instrumentenwand des Führerraumes sehen konnte. Wie gebannt blieb sein Blick plötzlich an einem Skalenblatt hängen. Ein Geschwindigkeitsmesser ganz offensichtlich, die Einteilung darauf nach Stundenkilometern geeicht. Ein roter Strich auf dem Zahlenkreis bei tausend Stundenkilometern, aber die Zahlenreihe ging bis zu 1500 Stundenkilometern weiter. Wo stand der Zeiger? Bonnières suchte mit den Augen, bis er ihn fand, über die Tausend war der hinausgeklettert, schwankte leicht um die 1200 herum.

Vinzent bemerkte den gespannten Blick des Franzosen und ahnte, was der sah... den Tachometer... der gute Bonnières las jetzt ab, daß ›St‹ mit der dreifachen Geschwindigkeit der Konkurrenten durch den Äther sauste... war's richtig, war's falsch, daß man's ihn sehen ließ. Professor Eggerth würde wahrscheinlich wieder ein leichtes Donnerwetter um den halben Erdball funken... Ah was... mal mußte es ja doch ans Tageslicht kommen, was die Bitterfelder Werke mit dem Bau der Stratosphärenschiffe geleistet hatten. Das Vergnügen, es den Franzosen selber zu erzählen, wollte er sich nicht nehmen lassen.

„Ihr Interesse gilt unserem Tachometer, Monsieur Bonnières?“

Eine leichte Röte huschte über die Züge des Franzosen.

„Ich hatte es offen vor den Augen, Monsieur Vinzent, ich hoffe, daß ich nicht indiskret war.“

„Durchaus nicht, mein Herr! Wir haben an Bord unserer Stratosphärenschiffe keine Geheimnisse vor unseren Gästen.“ Vinzent drehte sich einen Augenblick nach der Instrumentenwand um. „Sie haben wohl richtig abgelesen. Wir fliegen zur Zeit mit 1200 Stundenkilometer. Ein wenig über den Normalflug von tausend Kilometer, aber wir legen Wert darauf, Sie recht schnell nach Kalena zu bringen.“

Latrouche stellte das Glas wieder auf den Tisch, ohne zu trinken.

„Was wir hier sehen, Monsieur Vinzent, was wir nach den Angaben Ihrer zweifellos untrüglichen Instrumente glauben müssen, geht über unser Vorstellungsvermögen heraus. Gestatten Sie Ihren Gästen eine Frage?“

„Bitte fragen Sie, Monsieur Latrouche.“

„Wie kommt es, Monsieur Vinzent, daß Sie mit dieser phänomenalen Maschine nicht schon seit vielen Stunden über Ihre Kontrollstation auf Claryland hinaus sind? Wie kommt es, daß Sie sich hier in ganz anderen Gewässern aufhalten und hochherzig um schiffbrüchige Piloten bemühen?“

„Mein lieber Monsieur Latrouche, das waren eigentlich zwei Fragen. Ich werde Ihnen die zweite beantworten. Unser Schiff ist gar nicht im Rennen. Wir fliegen hier nach Order unseres Chefs ein wenig spazieren, um uns der Teilnehmer des Rennens anzunehmen, wenn es nötig wird.“

„Sie sind nicht im Rennen?!“ Nicht nur Latrouche sperrte den Mund vor Staunen auf.

„Aber ›St‹ ist doch im Rennen“, fiel Bonnières ein.

„›St 1‹ ist im Rennen, Monsieur Bonnières. Sie dürfen nicht vergessen, daß wir über mehr als ein Schiff dieser Type verfügen. Die Eggerth-Werke haben ihre Stratosphärenflotte eingesetzt, um gefährliche Stellen des Rennens zu überwachen.“

Eine leichte Helligkeit drang allmählich in den Raum. Der Himmel über ihnen schimmerte licht durch die Glasplatten. Vinzent warf einen Blick auf die Borduhr.

„Der Tag bricht an, meine Herren. Er kommt etwas früher, weil wir ihm nach Osten entgegenfliegen. Noch zehn Minuten, denke ich, dann werden wir auf Kalena niedergehen. Die Lagune zwischen der Korallenbarre und der Insel ist günstig für eine Wasserung. Vielleicht gelingt es Ihnen, Ihre Maschine wieder flugfähig zu machen.“

Als die Sonne gerade wie ein roter Ball über den Osthorizont heraufkam, setzte ›St 2‹ auf der Lagune von Kalena auf. Langsam zog das Stratosphärenschiff die Trosse ein und schob den Papillon bis dicht an den Strand. Die drei französischen Piloten gingen auf ihre Maschine zurück, das Schleppseil wurde gelöst. Wie eine Lerche stieg ›St 2‹ in das strahlende Licht des jungen Tages empor. Wie ein Lerchengruß zwitscherte es aus seiner Antenne: ›Papillon sechs Uhr zwei Minuten Ortszeit Kalena gewassert.‹

In der Funkstation verlangte O'Donell von Forester seine Pfundnote, die er ihm leichtsinnigerweise zu früh ausgezahlt hatte, unter Anwendung recht unchristlicher Redensarten zurück.

***

Bonnières und seine Gefährten schauten sich gegenseitig an, als ob sie aus einem schweren Traum erwacht wären. War es denn Wirklichkeit oder träumten sie immer noch? Vor einer Stunde in dunkler Nacht mit wracken Motoren im Ozean treibend... kaum noch Hoffnung, das Leben zu retten, und jetzt in hellem Morgenschein auf der stillen Lagune dicht neben einem flachen Gestade. Leicht plätschernd spielte das Wasser über den weißen Ufersand. Kaum zwanzig Meter landeinwärts reckten Kokospalmen ihre schlanken Stämme empor, um deren gefiederte Wipfel die Strahlen der schnell höherkommenden Sonne spielten. Zwischen den Palmen, in der klaren Luft fast greifbar nahe, die Schuppen der Etappenstation, wo sie Ersatzteile und Hilfsmannschaften für ihre Reparaturen finden würden. Auf den Bergen dahinter aus dunkler Waldung aufragend die Antennenmasten des Senders von Kalena. War dies zauberhafte Bild, das sich ihren Blicken bot, Wirklichkeit oder eine Fata Morgana, welche die Sinne der immer noch verloren im Ozean Treibenden narrte?

Latrouche griff sich mit beiden Händen an den Kopf.

„Du vin, mes amis! Un verre de vin!“

Als ob es ein Befehl wäre, den er sofort ausführen müsse, stürzte Bertrand zu dem Verschlag, in dem sie ihren Weinvorrat aufbewahrten. Mit einer silberhalsigen Champagnerflasche unter dem Arm kam er zurück und stellte die Gläser zurecht. Mit einem Schraubenzieher brach Latrouche die Verschlußdrähte auf und hielt die Flasche vor sich hin in der Erwartung, daß der Korken herausspringen würde. Nur wenige Sekunden hielt er sie so, dann stellte er sie auf den Tisch und schlenkerte mit den Händen. Kalt war die

Flasche, so eisig kalt, daß sich in der warmen Tropenluft ein Schneebelag darauf niederschlug.

Die drei Piloten sahen es, ohne sich im Augenblick über den Grund der merkwürdigen Erscheinung klar zu werden, Latrouche griff nach einem Tuch, faßte die Flasche von neuem und zog den Korken mit Gewalt heraus. Er wollte den Schaumwein in die Gläser schenken, doch kein Tropfen floß aus der Flasche. Der Wein in ihr war zu einem massiven Block gefroren. Kopfschüttelnd stellte er sie auf den Tisch zurück.

„Was ist das, François?"

Ohne zu antworten lief Bonnières zu dem Mittelraum des Papillon, in dem ein Minimalthermometer hing. Er nahm es von der Wand und kehrte damit in den Führerstand zurück.

„45 Grad Celsius unter Null! Voilà! George, Henri, seht her! Hier ist der Stift in der Glasröhre stehengeblieben. 45 Grad unter Null... Stratosphärenkälte... wir sind durch die Stratosphäre hierher gekommen... Das ›St‹-Schiff existiert... es war kein Traum... Kein Spiel unserer verwirrten Sinne."

O'Donell hatte seine Pfundnote von Forester zurückerobert und dann das Telegramm durch den Fernsprecher an die französische Station weitergegeben. Dort wurde es auf die Nachricht hin schnell lebendig. Während die drei Piloten des Papillon noch mit gemischten Gefühlen ihre eingefrorene Sektflasche beschauten, erschien Monsieur Doumesnil, der Chef der Station, schon von weitem den weißen Tropenhut schwenkend, am Ufer, hinter ihm ein Dutzend Mechaniker und Monteure.

„Bravo, mes amis! Brillante Leistung! Trotz der Defekte sechs Uhr zwei Minuten Kalena erreicht. Den Vorsprung vor Fisher & Ferguson gehalten. Großartig, vorzüglich!"

Der kleine quecksilbrige Südfranzose lief in seiner Begeisterung ein paar Schritte durch das flache Wasser, kletterte über die Schwimmer in den Rumpf des Papillon und drückte die drei Piloten der Reihe nach an seine Brust. „Kommen Sie, meine Freunde! Sie müssen sich restaurieren. Ein gutes Frühstück steht bereit. Während Sie speisen, werden sich unsere Mechaniker an die Reparaturen machen."

Während Doumesnil die Worte hervorsprudelte, hatten Bonnières und seine Gefährten fast den gleichen Gedanken... lohnte es sich überhaupt, den Papillon wieder instand zu setzen?... waren sie denn überhaupt noch im Rennen? Die letzten tausend Kilometer waren sie geschleppt worden, hatten Kalena nicht mit eigener Maschinenkraft erreicht... Widersprach es nicht den Bedingungen des Wettbewerbes, nach solchem Zwischenfall das Rennen noch fortzusetzen?... Soweit sie sich erinnern konnten, war freilich ein derartiger Fall in den Propositionen, die John Sharp an die Aëro-Verbände der konkurrierenden Nationen geschickt hatte, gar nicht erwähnt...

Monsieur Doumesnil war mit seiner Einladung zu Ende und wollte Bonnières mit sich fortziehen. Der zögerte.

„Ich muß Ihnen sagen, die Reparatur wird viel schwerer werden, als Sie glauben. Ich fürchte, daß weit über die Hälfte aller Zylinder in Mitleidenschaft gezogen ist."... Nach einer Weile fügte er hinzu: „Es ist ein Wunder, daß der Papillon überhaupt noch bis Kalena gekommen ist."

„Die Hauptsache ist, daß Sie es geschafft haben, mein Braver. Wir haben alle Ersatzteile hier. Wenn es nötig sein sollte, alle 36 Zylinder des Papillon neu einzubauen, so werden wir sie neu einbauen. Das darf Sie und Ihre Kameraden nicht hindern, jetzt unserem Frühstück Ehre anzutun."

Ein kurzes Zaudern noch von seiten Bonnières. „Vergessen Sie nicht, Monsieur Doumesnil, den Montageingenieur darauf aufmerksam zu machen, daß man in der Tat am besten sämtliche Zylinder und Kolben auswechselt. Vielleicht empfiehlt es sich, auch die Kurbelwellen und Lager zu erneuern."

„Gut, Monsieur Bonnières, sehr gut! Ich werde die nötigen Befehle geben. Die Maschinennummern sind auf den Kurbelgehäusen eingeschlagen. Die müssen nach den amerikanischen Bedingungen bleiben, um die Identität der Motoren zu erweisen. Alles übrige dürfen wir während des Rennens nach Belieben erneuern."

Die Mechaniker hatten inzwischen den Papillon so dicht an das Ufer herangezogen, daß die Piloten trockenen Fußes das Land erreichen konnten. Doumesnil winkte den Chefingenieur Verdeau heran und gab ihm lebhaft gestikulierend seine Aufträge für die Reparatur.

„Alle Zylinder und Kolben abmontieren. Kurbelwellen und Lager heraus! Alles bis auf die Kurbelhäuser radikal erneuern! Mais vite, Monsieur Verdeau. Aussi vite que possible!"

Während Doumesnil seine Instruktionen gab, besprach sich Bonnières flüsternd mit seinen Kameraden. Ihr Entschluß stand fest. Die Begegnung mit dem Stratosphärenschiff verschweigen, das Rennen weiter mitmachen.

Dann saßen sie an einer wohlgedeckten Tafel, um sich von den Strapazen des langen Fluges zu erholen. Hier war der Sekt erfreulicherweise nicht eingefroren. Bald schäumte er lustig in den Gläsern, die hell zusammenklangen. Auch die Herren Leverrier und Buneau von den Cassard-Werken, die nach den Radiogrammen die Ankunft ihrer beiden Maschinen in aller Kürze erwarten durften, gesellten sich zu der Tafelrunde, und fröhlich flogen Rede und Gegenrede hin und her.

„Votre salut, monsieur", rief Leverrier und hob sein Glas gegen Bonnières. „Sie haben uns geschlagen... aber auch die Engländer. Ich trinke auf Ihr Wohl."

Bonnières leerte sein Glas und lehnte sich in den Sessel zurück.

„Ihre Maschinen wurden in den letzten Stunden auch langsamer. Kennen Sie die Ursachen dafür?"

Leverrier zuckte die Achseln. „Noch nicht sicher, Monsieur Bonnières. Wir erhoffen volle Aufklärung, sobald unsere Leute hier sind. Es scheint, als ob die Kompression der Maschinen nachgelassen hat."

„Ja, die Kompression", sagte Bonnières und strich sich nachdenklich über die Stirn. „Der Indische Ozean scheint für Kompressionen ein ungesundes Klima zu haben..." Er wollte weitersprechen, als der Chefingenieur Verdeau im Zimmer erschien und ihn beiseite bat.

„Was gibt's, mein lieber Verdeau?"

„Ihre Motoren sehen grauenhaft aus, Bonnières! Kein Kolbenring ganz. Die Zylinder bis an die Grenze des Möglichen ausgeschliffen... Eine fabelhafte Leistung, daß Sie überhaupt noch nach Kalena gekommen sind."

„Ja, es war schauderhaft. Ein Zylinder nach dem anderen versagte. Eine Erklärung für dies rätselhafte Vorkommnis fehlt mir vollständig."

„Ich kam, um Ihnen die Erklärung zu bringen, Bonnières. Sehen Sie hier." Verdeau hielt dem Piloten ein weißes Tuch hin, das mit einer Flüssigkeit getränkt war. Die war von dem Zeugstoff aufgesogen worden und hatte einen dunkelgelben Fleck hinterlassen. Auf dem Gelb aber hoben sich an zahllosen Stellen dunklere Stellen ab, als ob ein schwärzliches Pulver, irgendein brauner Staub darübergestreut wäre.

„Was haben Sie da? Was ist das?" fragte Bonnières und blickte verwundert auf den Lappen.

„Sabotage, Bonnières! Gemeine verbrecherische Sabotage! Das ist Schmieröl aus einem Ihrer Kurbelhäuser. Öl, in das man Ihnen händeweis Schmirgel hineingeworfen hat. Sehen Sie die dunkleren Partien hier über dem klaren Öl. Wir haben sie unter der Lupe betrachtet. Scharfkantige Schmirgelkristalle. Sie können sich wohl vorstellen, wie das auf Ihre Maschinen gewirkt hat. Alle bewegten Teile sind zerschliffen und zerfressen. Ein fabelhaftes Glück haben Sie gehabt, daß Sie Kalena mit den kranken Maschinen noch erreichen konnten. Nicht einen Kilometer mehr würde ich diesen Motoren zutrauen. Es ist der gemeinste Sabotageakt, den ich jemals in meiner Praxis gesehen habe."

Verdeau hatte zuletzt lauter gesprochen. Das Wort ›Sabotage‹ war an der Tafel gehört worden. Man wurde aufmerksam, Latrouche und Bertrand standen auf und traten zu Bonnières.

„Warum das verschweigen?!" sagte er. „Die anderen mögen diese bodenlose Gemeinheit auch hören, es geht uns ja alle an." Sie zogen den Chefingenieur zum Tisch, das Tuch mit den ominösen Flecken ging von Hand zu Hand, und für Minuten überboten sich die Stimmen in Verwünschungen über den nichtsnutzigen Anschlag. Dann aber tauchten andere Fragen auf... Wie war so etwas möglich?... Wo konnte es geschehen sein?... Wo waren die Urheber dieses Verbrechens zu suchen?

Schmirgel im Kurbelgehäuse... nur beim Nachfüllen von Öl konnte der gefährliche Stoff hineingekommen sein... Wann hatten sie das letztemal Schmieröl nachgefüllt? Latrouche erinnerte sich. Es war auf dem Mihadumadu-Atoll, einer der nördlichsten Lakkadiven-Inseln, geschehen. Hier hatte man für alle Fälle eine kleinere französische Etappenstation angelegt und sowohl der Papillon wie auch die Cassard-Maschinen hatten sie benutzt, um ihre Ölvorräte zu ergänzen. Die Anlage dort war reichlich primitiv. Auf die Errichtung von Schuppen hatte man verzichtet. Die Kanister mit Treibstoffen und Schmieröl lagerten offen am Strand. Schon das mußte jeden Sabotageakt erleichtern. Auch um die Beschaffung von Hilfskräften sah es dort windig aus. Die Eingeborenen dieser glücklichen Inseln lebten in einem paradiesischen Zustand und hatten von der Erfindung der Arbeit noch nichts gehört. Der französische Agent war froh gewesen, als ein paar zufällig auf der Insel weilende Japaner ihm ihre Dienste anboten. Mit deren Beistand hatte man die Ölbehälter zu den Flugzeugen gebracht und die Tanks aufgefüllt.

„Nom d'un chien!“ schrie Bertrand und schlug sich vor die Stirn. „Natürlich sind's die beiden gewesen! Im letzten Augenblick machten sie mich noch aufmerksam, daß es gut wäre, auch das Öl in den Kurbelgehäusen nachzufüllen. Kamen selber mit den Kanistern und füllten nach. Da muß es geschehen sein. Nur die können uns den gefährlichen Stoff in die Maschinen gegeben haben.“

„Mon Dieu, jetzt fällt mir noch etwas ein“, unterbrach ihn Bonnières, „die Ölkanister standen während der Bootsfahrt mit dem Kopf nach unten. Es fiel mir auf, als der Kahn an den Papillon herankam. Ich rügte es, fragte warum. Die Kerle grinsten nur, schüttelten die Köpfe. Verstanden natürlich kein vernünftiges Wort Französisch. Sprachen ein greuliches Pidgin-Englisch, daß man nicht klug aus ihnen werden konnte... aber die Kanister mit dem Kopf nach unten... jetzt ist's mir ja klar... damit das Schmirgelpulver sich da gut ansammelt und in der nötigen Menge in die Maschinen gerät. Verdammte Bande...“

Das Gespräch erfuhr eine Unterbrechung. Von der Lagune kam die Meldung, daß die erste Cassard-Maschine angekommen sei. Da hielt es die Herren Leverrier und Buneau nicht länger. Sie eilten hinaus, um ihre Piloten zu begrüßen und sofort eine gründliche Untersuchung anzustellen, ob auch hier irgendwelche Sabotage vorläge.

Diese Untersuchung war einfach und schnell erledigt. Es genügte, den Ablaßhahn des Kurbelgehäuses zu öffnen und einen weißen Lappen darunter zu halten. Auch hier in dem gelben Öl verdächtige schwarze Flecken, die nur

Schmirgel sein konnten. Viel weniger freilich als bei den Motoren des Papillon. Dessen Maschinen hatten offenbar den ersten reichen Segen abbekommen, während für die später tankenden Cassard-Maschinen nur ein schwächerer Nachguß übriggeblieben war. Aber immerhin war es genug gewesen, um auch hier Zylinder und Kolbenringe anzugreifen und eine merkwürdige Verschlechterung der Maschinenleistung herbeizuführen. In noch stärkerem Maße war das bei der zweiten Cassard-Maschine der Fall, die erst eine halbe Stunde nach der ersten Kalena erreichte. Gründliche Überholung auch hier notwendig. Nachschleifen aller Ventile, teilweiser Ersatz der Kolbenringe und ein radikales Auswaschen der Kurbelhäuser! lautete die Diagnose, welche die Ingenieure der Cassard-Werke schon nach kurzer Prüfung stellten.

Grimmige Arbeit gab das. Nur mit Hemd und Hose bekleidet, schufteten Mechaniker und Monteure in der tropischen Hitze wie die Wilden. Jede Minute war kostbar. Man lag ja im Rennen. Mit rund 400 Stundenkilometer waren die Fisher-Ferguson-Maschinen im Anflug auf Kalena. Erreichten sie die Insel, solange die französischen Maschinen noch hier waren, dann wurde die Niederlage offensichtlich, dann konnten die Engländer einen Vorsprung von tausend Kilometer auf ihr Konto gutschreiben. Der glühende Wunsch, das zu verhindern, beseelte alle und spornte sie an, ihre Kräfte bis zum Äußersten einzusetzen.

Obwohl der Papillon die schwerste Reparatur hatte, ging die Arbeit bei ihm doch am schnellsten vonstatten. Man brauchte sich hier nicht mit Kleinigkeiten aufzuhalten. Die alten Zylinder mit allem Drum und Dran demontiert und beiseite geworfen. Neue Lager und eine neue Kurbelwelle ins Gehäuse gebaut, die neuen Zylinder und Kolben aufgesetzt, und das Werk war getan. Ein Glück, daß die Fabrik aus Paris gut eingelaufene Ersatzstücke geschickt hatte. So durfte man erwarten, daß die neueingebauten Teile auch bei sofortiger voller Belastung ihren Dienst tun würden. Ein gewisses Risiko war dabei, aber man mußte es wagen, wenn man nicht jede Hoffnung auf den Sieg fahren lassen wollte.

Noch waren die Fisher-Ferguson-Maschinen 400 Kilometer entfernt, als der Papillon wieder aufstieg. Dreißig Minuten später folgten ihm die beiden Cassard-Maschinen. Wertvolle Zeit hatten die Reparaturen gekostet. Die nächsten Stunden mußten zeigen, ob es gelang, sie wieder einzuholen, oder ob der Sieg in dem erbitterten Match sich den Engländern zuneigte.

Bert Röge klappte den Sextanten zusammen und trug den Standort der ›Seeschwalbe‹ in die Karte ein.

„14 Minuten Nord, Schmieden!" Er arbeitete mit einem Maßstab auf der Karte, rechnete ein wenig und warf dann den Bleistift aufs Papier.

„Mensch, Kurt! In fünf Minuten passieren wir den Äquator. Die Sache muß begossen werden. Wo steckt denn Hein?"

Schmieden deutete mit dem Daumen über die Schulter. „Das Faultier schläft da hinten. Gleich nach dem Abschied von Hansen und Berkoff hat er sich wieder in seine Gemächer zurückgezogen und schnarcht, daß man's trotz der Motoren hören kann."

Röge legte die Kopfhörer ab. „Ist mir egal, den Äquator darf er nicht verschlafen." Bei den letzten Worten war er schon nach hinten gegangen und mühte sich, Hein aus seinem gesunden Schlaf aufzurütteln. Das war nicht leicht, denn Eggerth dachste wie ein Siebenschläfer, und als er sich schließlich etwas ermunterte, war seine erste Lebensäußerung ein kräftiger Stoß in Röges Magengegend, der dem für einen Moment die Luft benahm.

„Hein, steh auf! Wir gehen über den Äquator."

„Schiet up den Äquator!" knurrte Hein Eggerth wütend und wickelte sich fester in seine Decke. „Laß mich schlafen."

„Wer nicht will, der hat schon", brummte Röge und gab den Versuch auf.

In San Pedro hatten sie Mr. Stonefield vor ihrem Start noch um ein halbes Dutzend Flaschen Lagerbier gekränkt. Zwei davon holte Röge aus dem Vorratsschrank und kehrte damit in den Führerstand zurück. Er öffnete sie und gab eine davon an Schmieden.

„Kommt denn Hein nicht?" fragte der.

„Unmöglich, den Kerl munter zu kriegen. Na, laß ihn! Paß auf, Kurt, wenn der Minutenzeiger die 5 erreicht, ist's Zeit, da wollen wir prosten."

„Hast du wenigstens Gläser, Bert?"

„Keine Zeit mehr, Kurt. Jetzt paß auf... zehn Sekunden... fünf Sekunden... jetzt Prost Äquator!“ er setzte die Flasche an die Lippen und tat einen kräftigen Schluck. Schmieden folgte seinem Beispiel.

„So, mein Junge“, sagt Röge und stellte die Flasche neben sich auf den Boden. „Nun sind wir glücklich auf der südlichen Halbkugel. Auf dem Zeppelin haben sie bei der Gelegenheit immer eine großartige Taufe veranstaltet. Das erlauben uns unsere Mittel hier nicht. Aber das Bier ist gut. Mr. Stonefield scheint ein Mann von Geschmack zu sein, wenn sich's nicht gerade um Treiböl handelt. Na, nun wollen wir mal versuchen, auf unserer Kurzwelle eine Verbindung mit Bitterfeld zu bekommen und unserem guten Professor melden, daß wir den Äquator glücklich überschritten haben.“

„Tue das“, sagte Schmieden, „und wenn du es getan hast, dann könntest du mal wieder das Steuer nehmen.“

„Kann gern geschehen, Kurt. Hast ja deine drei Stunden hinter dir. Wollen mal erst Bitterfeld suchen.“

Während der nächsten Minuten glückte es Röge, die Kurzwellenverbindung mit den Eggerth-Werken aufzunehmen und den letzten Standort der ›Seeschwalbe‹ zu funken.

„So“, sagte er und schob die Hörer beiseite. „Das wäre gemacht, übrigens eine interessante Neuigkeit, nur die Eagle-Maschinen liegen im Rennen noch vor uns. Alle anderen haben keinen klaren Vorsprung mehr. Nun gib mir das Steuer.“

Er wechselte den Platz mit Schmieden. Der blieb stehen.

„So, mein Lieber! Nimm's mir nicht übel, wenn ich Heins Beispiel folge und mich auch hinhaue.“

Röge sah ihn einen Augenblick erstaunt an.

„Du willst auch schlafen? Nur einer soll wachen? Ich weiß nicht, Kurt, ob wir das verantworten können.“

Schmieden deutete durch die Fenster ins Freie. Sonnenüberströmt lag die endlose Meeresfläche in dunkler Bläue zweitausend Meter unter ihnen. Soweit das Auge reichte, keine Spur eines lebendigen Wesens, kein Segel, keine Rauchwolke, kein Land.

„Hier ist die beste Gelegenheit, Bert, auf Vorrat zu schlafen. Wir sind in der Calmengegend, der Zone der Windstillen. Selbst in unserer Höhe hier rührt sich kein Lüftchen. Wir wollen die Gelegenheit ausnutzen. In den höheren Breiten werden wir noch öfter, als uns lieb ist, alle drei zur gleichen Zeit wachen müssen. Übernächtige Leute sind als Flugzeugpiloten wenig empfehlenswert. Ganz besonders nicht in einem Wettrennen um den Erdball. Der Sieg hängt nicht nur von der Güte der Maschinen ab, sondern zu einem guten Teil auch von den Nerven der Flieger."

Röge schüttelte zustimmend den Kopf. „Da hast du recht, Kurt. Wenn man vor Übermüdung am Steuer einschläft, kann ein feines Luftschiff in einen Birnbaum rennen und Kleinholz machen. Das hat der alte Graf Zeppelin zu seinem Leidwesen erfahren müssen. Leg dich in Gottesnamen aufs Ohr... aber... halt! Was mache ich, wenn ich dich brauche und du schläfst da hinten wie ein Dachs in seiner Höhle?"

Schmieden überlegte eine Weile. „Hm... da hast du recht. Man muß sich allerlei um die Ohren wickeln, wenn man bei dem Motorengeräusch schlafen will. Da kannst du dich nachher totschreien, wenn du uns brauchst, wir würden doch nichts hören. Ja, was machen wir denn da?"

„Sehr einfach, Kurt. Bring mal unsere Leine her."

Schmieden verschwand mit etwas verwundertem Gesicht und kam gleich darauf mit einer etwa zwanzig Meter langen kräftigen Leine zurück, die sie gelegentlich bei Wasserungen benutzten, um die ›Seeschwalbe‹ irgendwo festzumachen.

„Hier ist das Ding, Bert. Was willst du denn damit anfangen?"

„Wirst du gleich sehen. Ich möchte meine Hände nicht vom Steuer nehmen. Stell mal gefälligst deinen linken Hinterfuß auf den Sessel hier und binde dir das Ende der Leine selber mit einer zuverlässigen Schlaufe um den Knöchel. So!... Endlich fest... mein Teuerer? Jetzt kannst du dich nach hinten verfügen und Hein Gesellschaft leisten. Wenn ich dich brauche, werde ich schon so stark an der Strippe ziehen, daß du's merkst."

Schmieden lachte.

„Na, Bert. Eine praktische aber etwas rauhe Methode hast du dir ausgedacht. Good night, my boy."

Er verschwand nach hinten, die Leine hinter sich nachziehend wie eine angebundene Geiß.

Nun war Röge allein im Führerraum. Stahlblau das Firmament über ihm, stahlblau die See unter ihm. Er hatte das Gefühl, als stünde sein Flugzeug im Mittelpunkt einer gewaltigen Azurkugel regungslos still. Der Gedanke überfiel ihn, es gebe kein Entrinnen aus dieser blauen Unendlichkeit. Für immer sei er ihr verfallen, müsse bis in alle Ewigkeit in ihr schweben. Wie gebannt haftete sein Auge an einem winzigen dunklen Punkt schräg voraus, auf der Seefläche. Es war der Schatten der ›Seeschwalbe‹, der da unten mit mehr als 400 Kilometer über dem Wasserspiegel dahinjagte. Aber für den Piloten stand der Schatten still, und wie hypnotisiert starrte er darauf, Minuten... Viertelstunden... Regungslos ruhten seine Hände auf dem Steuer. War auch der dritte Mann an Bord der ›Seeschwalbe‹ in Schlaf gefallen?

Mit einem Ruck fuhr er zusammen, sprach zu sich selbst. ›Halloh, Bert Röge! Nimm dich zusammen, alter Junge!... Was war das? Hast dich wohl selber hypnotisiert. Zu lange auf den Schattenpunkt gestarrt. Hätte am Ende ein schönes Malheur geben können.‹

Er sah auf die Borduhr. Fast zwei Stunden waren verstrichen, seitdem Schmieden sich schlafen legte. Die Zeit war vergangen, ohne daß er es gemerkt hatte. Wie im Traum hatte er hier gesessen und das Steuer geführt, vollkommen richtig, wie ihm ein Blick auf die Kompasse zeigte. Seine Rechte ging nach unten. Da stand neben seinem Sessel noch die Flasche, aus der er beim Passieren des Äquators getrunken hatte, Er führte sie an die Lippen, leerte sie restlos, schüttelte sich. ›So! Das hat gut getan. Weg mit den Träumen und Gedanken! Weg mit den Gespenstern! Mir scheint's, die blaue Mittagsstunde ist nicht nur auf dem Lande gefährlich.‹

Er steuerte mit der Linken allein weiter. Mit der Rechten verlängerte er die Fluglinie auf der Seekarte und steckte die Entfernung ab, welche die ›Seeschwalbe‹ nach den Angaben der Umdrehungszeiger seit der letzten Standortaufnahme am Äquator zurückgelegt hatte. Es konnte nicht mehr weit sein bis zur Karoline-Insel, der östlichsten der vielen Inseln der

Manihiki-Gruppe. Schärfer fixierte er den Horizont voraus. Langsam schlich der Zeiger der Borduhr von einem Minutenstrich zum nächsten. Jetzt war in der Ferne etwas zu erblicken. Wie eine lichtere Wolke hing es da an der Kimme in dem dunklen Blau. Immer deutlicher wurde es, während die ›Seeschwalbe‹ auf das ferne Ziel zujagte. Jetzt war es kein dunkles Gebilde mehr, sondern offensichtliches Land. Röge griff nach dem scharfen Glas und brachte es an die Augen. Da war's klar zu sehen. Ein Brandungsgürtel, weißer Strand und grünes Land. Wenige Minuten nur noch, und die ›Seeschwalbe‹ stand senkrecht darüber.

Eine Insel lag da unten, das stand außer Zweifel. Aber war's auch die richtige, die Insel Karoline, auf der das Brennstoffdepot lag, oder irgendeine der vielen anderen Koralleninseln, die zu dieser Manihikigruppe gehören? In Spiralen glitt die ›Seeschwalbe‹ aus ihrer Höhe hinab. Jetzt konnte Röge schon einzelne Palmen unterscheiden und daneben buntfarbige Punkte. Jetzt lösten sich auch die zu Flaggenbildern. An einem hohen Mast die Flagge Englands, dem die Inselgruppe gehört, daneben die Landesfarbe von Deutschland zum Zeichen dafür, daß Landsleute hier die Flieger erwarteten. Der letzte Zweifel, ob die ›Seeschwalbe‹ die richtige Insel angesteuert habe, war damit beseitigt. Noch eine letzte Schleife, und die Schwimmer des Flugzeuges setzten auf den Lagunenspiegel auf.

Die Ankunft des Flugzeuges war von der Insel aus beobachtet worden. Ein Boot stieß vom Ufer ab. Keine Motorbarkasse, ja nicht einmal ein einfaches Kielboot, sondern eins der primitiven Rindenkanus, mit denen die Eingeborenen Mikronesiens ihre Seefahrten unternehmen. Ein Dutzend kräftiger brauner Gestalten trieb das Kanu mit kräftigen Ruderschlägen zur ›Seeschwalbe‹ hin. Sie ruderten im Stehen ohne Dollen. Das Gesicht in die Fahrtrichtung gewandt, schaufelten sie das Wasser mit den Rudern hinter sich. Die Bekleidung dieser Wilden bestand nur aus einem schmalen Lendenschurz, aber trotzdem wirkten sie nicht nackt. Die braunen Körper waren ausnahmslos mit kunstvollen Tätowierungen bedeckt, die den Eindruck einer vollständigen Bekleidung vortäuschten. Am Heck des Kanus saß ein Europäer in weißer Tropenkleidung. Ein großer Basthut beschattete sein Gesicht und ließ seine Züge vorläufig nicht erkennen.

Das Boot legte am Backbordschwimmer der ›Seeschwalbe‹ an. Röge setzte die Motoren still und beugte sich zum Seitenfenster hinaus. Noch ehe er zum Sprechen kam, sprang der Weiße aus dem Kanu auf den Schwimmer und streckte ihm die Rechte entgegen.

„Grüß Gott, Bert! Willkommen auf der Karoline-Insel! Freue mich riesig, daß ihr mir die Ehre eures Besuches schenkt. Scheint ja bis hierher alles gut gelaufen zu sein."

Erst jetzt war es Röge gelungen, das Gesicht unter dem großen Tropenhut zu erkennen.

„Menschenskind! Ernst!... Ernst Liebert, wie kommst du denn in die Südsee?"

„Einfache Sache, Bert! Kopra-Mann! Bin schon seit fünf Jahren hier und nähre mich redlich von meinen Kokospalmen."

„Alle Wetter!" Röge drückte ihm kräftig die Hand. „Die Welt ist doch ein Dorf. Muß man hier auf... wie heißt das Inselchen, Karoline, einen Konpennäler aus Bitterfeld treffen. Schon fünf Jahre bist du hier... noch keine Sehnsucht nach Hause?"

Liebert schüttelte den Kopf.

„Nein, Bert! Wer auf den glücklichen Inseln lebt, vergißt alles andere. Aber wo stecken denn die beiden anderen. Du bist doch nicht solo allein über den Stillen Ozean geflogen?"

Röge machte eine einladende Handbewegung. „Bitte komm ins Flugzeug und sieh dir die lieben Zeitgenossen selber an."

Er empfing ihn an der offenen Tür und führte ihn in den hinteren Raum der ›Seeschwalbe‹.

„Da, Ernst, da liegen die Brüder und verschlafen die beste Zeit ihres Lebens."

Gemeinsam machten sie sich an die Arbeit, die Schläfer munter zu bekommen. Es war nicht leicht, denn die beiden lagen sehr fest in Morpheus Armen.

„Hein! Hein Eggerth! Du altes Faultier! Komm doch endlich zu dir", rief Liebert.

Verschlafen blinzelte Hein ihn an. Nur langsam kam ihm jetzt zu Bewußtsein, daß da ein Fremder vor ihm stand, den er doch irgendwie kannte. Ernst Liebert... Bitterfeld... Schule... Ja, zum Deubel!... wie kam denn Liebert in die ›Seeschwalbe‹? Schlaftrunken rieb Eggerth sich die Augen, und sah sich um... Die ›Seeschwalbe‹ war da... das war zweifellos die Achterkabine... Aber wie kam Ernst Liebert aus Bitterfeld hierher?... Träumte er denn immer noch?...

Noch ehe er sich selbst erheben konnte, riß ihn der andere mit einem Schwung in die Höhe und gab ihm einen kräftigen Schlag auf den Rücken.

„Na ja doch, Hein! Ich bin's, wenn du's auch nicht zu glauben scheinst."

Jetzt erst glaubte Eggerth es wirklich. Groß war auch hier die Freude des Wiedersehens. Ebenso groß die bei Schmieden. Zu viert kletterten sie in das Kanu und ließen sich von der braunen Mannschaft an Land rudern. Auf der kurzen Fahrt konnten sie feststellen, daß Liebert die Sprache der Eingeborenen beherrschte und sich fließend mit ihnen unterhielt. Sie konnten aber auch weiter konstatieren, daß die braunen Naturkinder den Anweisungen des Weißen aufs Wort folgten und jeden seiner Befehle ausführten.

„So!" sagte Liebert, als sie den Strand betraten. „Erst mal die wichtigste Frage. Wie lange Zeit habt ihr?"

„Sehr wenig, lieber Ernst", antwortete Hein. „Unsere Parole heißt: Treibstoff nehmen und so schnell wie möglich weiter."

„Na, na, Kinderchen! Macht's nur halblang. Ein ordentliches Mittagbrot werdet ihr doch nicht verschmähen?"

„Hm... hm . .!" die drei Piloten sahen sich an.

„Eine ordentliche Mahlzeit wäre nicht zu verachten", meinte Röge, „aber wer versorgt inzwischen unsere Tanks?"

„Das können wir Herrn Ohea Kiliri... da steht der Junge... überlassen. Der ist anstellig. Erste Kraft, sage ich euch. Wenn ich dem jetzt die Sache erkläre und ihm die Fülluken zeige, besorgt er die Geschichte tadellos und wir können futtern gehen."

„Na, denn in Gottes Namen, Ernst", sagte Hein, nachdem sie die braunen Männer Lieberts eine kurze Zeit bei der Arbeit beobachtet hatten. „Wir nehmen deine Einladung an, aber zu lange darf's nicht dauern. Vergiß nicht, daß die anderen uns mit 400 Stundenkilometer auf den Hacken sind."

Während sie sich unter Lieberts Führung auf den Weg machten, erklärte er ihnen die Umgebung.

„Das weiße Haus vor uns, kaum fünf Minuten von hier entfernt, ist mein Bungalow, etwas weiter links liegt unsere Eingeborenensiedlung Mahuka. Der Kokoswald dahinter, der sich bis zu den Bergen hinzieht, gehört mir, ein ganz hübscher Bestand, an die viertausend Palmen."

„Du sagst, du lebst davon?" fragte Eggerth. „Ist mir offen gesagt noch nicht ganz klar, wie du das anstellst."

„Sehr einfach, Hein. Wenn genügend Nüsse reif sind, ersuche ich meine Eingeborenen, sich in die Wipfel zu bemühen."

„Alle Wetter, das ist eine tüchtige Kletterpartie", sagt Röge und schaute prüfend an einem der schwanken Palmenstämme in die Höhe.

„Keine Sorge, Bert. Das machen die braunen Herrschaften schnell und schmerzlos. Mit einem Kletterstrick um die beiden Fußknöchel klimmen sie an den Stämmen wie die Eichhörnchen empor, sitzen in den Kronen, und die Ernte geht los."

„Ja und dann? Was macht ihr dann mit den Nüssen?" fragte Schmieden.

„Daraus machen meine Eingeborenen Kopra."

„Kopra, was heißt Kopra?"

„Na, Kinder, ihr habt euch doch alle schon mal in eurem Leben eine Kokosnuß gekauft und verkonsumiert. Da müßt ihr doch wissen, woraus sie besteht. Die Nüsse werden zerschlagen. Dann kann man das Nußfleisch, das wie eine innere Hülle an der äußeren harten Schale sitzt, loslösen. Dies Nußfleisch wird in Streifen zerschnitten, getrocknet und das nennt man Kopra."

Eggerth machte ihm eine komische Verbeugung. „Heißen Dank für deine Aufklärung. Aber was macht man denn nun weiter mit der Kopra?“

„Man verkauft es für ein schönes Geld an die Kopra-Kapitäne, die alle Monate hier anlegen und nicht eher zufrieden sind, als bis sie den Bauch ihrer Schiffe damit vollgestopft haben. Die bringen es dann nach Europa. Da wird es ausgepreßt, und man gewinnt Öle und Fette daraus, die zu allem möglichen benutzt werden. Es ist nicht ausgeschlossen, daß die Seife, mit der ihr euch in Bitterfeld wascht, aus dem Nußfett meiner Palmen hergestellt wurde.“

„Hm... hm! Nicht uninteressant“, murmelte Röge vor sich hin. „Man wird so alt wie eine Kuh und lernt doch immer noch dazu.“

„Hier kannst du noch mehr lernen, Bert“, sagte Liebert und sah ihn verschmitzt lächelnd von der Seite an. „Sieh mal den großen Baum da drüben mit der dichten Laubkrone, das ist ein Affenbrotfruchtbaum.“

Ein lautes Gelächter von seiten Eggerths und Schmiedens folgte dieser Erklärung, in das schließlich auch Röge mit einstimmte. Vor Jahren einmal auf der Schule hatte Röge seinen Geschichtslehrer ärgern wollen und auf die Frage, welcher Baum dem Apollo heilig sei, die Antwort gegeben: Der Affenbrotfruchtbaum. Die Sache war damals mit einer Stunde Arrest beglichen worden.

Liebert schlug Röge auf die Schulter. „Du wirst gleich Gelegenheit haben, die Erzeugnisse des Brotfruchtbaums zu probieren. Sie sind wirklich vorzüglich. Ich bin überzeugt, wenn die alten Griechen den Baum gekannt hätten, hätten sie den dem Apollo geweiht und nicht den ungenießbaren Lorbeer.“

Sie hatten das Haus inzwischen erreicht. Bald saßen sie um einen weißgedeckten Tisch und taten dem Mahl, das von braunen Boys serviert wurde, alle Ehre an. Die Schildkrötensuppe war gut, und der knusprige Schweinebraten hätte in einem europäischen Luxushotel nicht besser sein können. Auch die Zuspeise mundete, obwohl sie nicht feststellen konnten, woraus sie eigentlich bestand. Auf geröstete Kartoffeln riet Eggerth.

„Falsch, Hein“, belehrte ihn Liebert, „geröstete Jamswurzel ist das, und das andere da, Bert, was du gerade auf der Gabel hast, stammt von deinem geliebten Affenbrotfruchtbaum.“

„Tadellos!“ sagte Röge und nahm sich noch einmal von dem Gericht. „Schmeckt wirklich großartig. Ich sehe immer mehr ein, daß ich damals eine Stunde unschuldig brummen mußte.“

Während sie so tafelten und erzählten, verstrich die Zeit, ohne daß sie's merkten. Zufällig warf Eggerth einen Blick auf seine Armbanduhr und sprang erschrocken auf.

„Herrgott, Kinder! Wir sitzen hier schon vierzig Minuten. Höchste Eisenbahn, daß wir zu unserer Maschine gehen und starten.“

Liebert schüttelte den Kopf. „Vierzig Minuten... vierzig Jahre könnte ich hier sitzen und würde noch nicht an die Abreise denken.“

„Wir sind im Rennen, Ernst, das scheinst du hier auf deiner glücklichen Insel noch immer nicht kapiert zu haben.“

„Wie ihr wollt, Hein. Reisende Leute soll man nicht aufhalten. Ich werde euch wieder zu eurem Flugzeug bringen.“

Unter lustigem Gesang schlug das braune Volk die Ruder taktmäßig ins Wasser. Von zwanzig kräftigen Armen getrieben, schoß das Kanu zu der ›Seeschwalbe‹ hin und lag nach wenigen Minuten neben ihr. Ein letzter Händedruck mit dem philosophischen Koprafarmer, der wunschlos glücklich auf seiner Insel zurückblieb. Die Motoren der ›Seeschwalbe‹ gingen an. Eine kurze brausende Fahrt über die Lagune, und schon stieg sie leicht beschwingt wie ein Vogel in die Lüfte und jagte im Südwestkurs in die Ferne.

Das Steuer hatte Eggerth. Neben ihm saß Schmieden und kümmerte sich um die Funkanlage. Hinter ihnen hatte es sich Röge auf einem Sessel bequem gemacht. Mit bedächtigen Fingern steckte der sich eine Zigarette an. Prüfend stieß er die Rauchwolken aus und blies sie zu den beiden andern hin.

„Nicht übel, das Kraut, das uns Liebert gestiftet hat. Mahukatabak... habe nicht geahnt, daß es so was in der Welt gibt. Ist wirklich ganz rauchbar.“

„Her mit dem Gift“, rief Schmieden und ließ sich eine von den Zigaretten geben. Auch Eggerth, der sich sonst aus Tabak nicht viel machte, folgte dem Beispiel.

„Tja!“ sagte Röge und blies ein paar kunstvolle Rauchringe, „unser guter Liebert hat sich das Leben auf seine Weise eingerichtet. Frei von allen materiellen Sorgen, wunschlos... restlos glücklich. Ein kleiner König in seinem Reich... absoluter Herrscher über ein paar Dutzend dieser braunen Naturkinder... eigentlich könnte man ihn darum beneiden.“

Eggerth schüttelte den Kopf. „Wer's mag, Bert, der mag's ja wohl mögen. Wer's aber nicht mag, der mag es eben nicht, sagt Fritz Reuter. Ich könnte mich auf die Dauer mit einem solchen Phäakendasein nicht zufrieden geben. Leben heißt meiner Meinung nach kämpfen...“

Schmieden lachte. „Ach du lieber Gott, der gute Ernst und kämpfen... Kampf hat dem nie besonders gelegen. Der hat sich sein Leben schon so eingerichtet, wie es zu seinem Charakter paßt.“

Während die drei über ihren alten Schulkameraden plauderten, verfolgte die ›Seeschwalbe‹ unverdrossen ihren Südwestkurs. Regelmäßig wie Präzisionswerke trommelten die Motoren. Eine Stundengeschwindigkeit von 420 Kilometer ließ sich aus dem Stand der Tourenzeiger entnehmen. Unverändert wölbte sich der Himmel wie ein blauer Schild über ihnen, aber die See tief unten, die sie in zweitausend Meter Höhe überflogen, hatte jetzt einen anderen Anblick bekommen. Es war nicht mehr die endlose leere Fläche. Immer neue Inseln tauchten am Horizont auf, zogen unter der ›Seeschwalbe‹ hin, verschwanden hinter ihr. Nicht Dutzende, sondern Hunderte von Inseln und Inselchen, auf der blauen Fläche verstreut, als hätte ein Kind irgendwelches Spielzeug hingeworfen.

„Eine wunderbare Gegend“, sagte Schmieden.

„Polynesien, mein Lieber“, meinte Eggerth, „Poly heißt viel und Nesos die Insel. Wir überfliegen die Gegend der vielen Inseln...“ er unterbrach sich, um den Kurs auf der Karte einzutragen, deutete dann in der Kursrichtung nach vorn, wo das Meer jetzt buchstäblich mit Inseln besät war.

„Das dürften die Gesellschafts-Inseln sein. Hunderte von Atollen. Soweit wir sehen können, fehlen auf keiner die obligaten Kokospalmen. Dabei sind viele unbewohnt. Ich möchte es sogar bezweifeln, daß sie schon alle in die Seekarten eingetragen sind. Wenn wir die hinter uns haben, schneidet unser Kurs noch die Cook-Inseln. Danach dürfte das Meer dann wieder inselleer werden."

„Eigentlich, Herrschaften", fing jetzt Röge an, „ist doch unser Flug bisher... unberufen... unberufen... wundervoll verlaufen. Das müssen wir unserem Alten wirklich lassen, die Maschinen, die aus seinem Werk kommen, leisten doch allerhand."

„Unberufen... unberufen...", fiel ihm Eggerth ins Wort und klopfte dabei dreimal gegen das Steuerrad. „Vergiß nicht, Bert, daß wir noch längst nicht die Hälfte des langen Weges hinter uns haben. Unsere Maschinen... ja, du hast recht... auf die können wir uns verlassen. Aber es gibt doch so manche unangenehme Sachen... Nebelflug, Stürme... Versagen der Kompasse... wir wollen über jeden Kilometer froh sein, den wir glatt hinter uns bringen, und nicht zu früh triumphieren. Wenn du vernünftig bist, Bert, dann gehst du nach hinten und legst dich aufs Ohr, wir werden unsere Nerven noch zur Genüge brauchen."

„Hast recht, Hein! Ich werde es mir im Achterraum bequem machen, sonst dussele ich noch hier auf dem Sessel ein."

Er stand auf, um nach hinten zu gehen.

„Eigentlich könnte ich's ebenso machen", meinte Schmieden, „hier über der Südsee haben wir die beste Gelegenheit auf Vorrat zu schlafen. Wer weiß, wie's nachher kommt?"

Er schob Eggerth die Kopfhörer hin und wollte sich gerade erheben, als von hinten her die Stimme Röges ertönte.

„Herrgottshimmelkreuzdonnerwetter! Was ist denn das?"

„Sieh mal nach, Kurt, was dem da hinten fehlt", sagte Eggerth und schob sich die Kopfhörer über die Ohren.

Röge ging zu dem hinteren Raum. An der Tür hielt er verdutzt an. Täuschten ihn seine Augen oder sah er recht? Da stand Schmieden und vor ihm ein brauner Mensch, einer von den Leuten Lieberts, die sie mit dem Kanu zur ›Seeschwalbe‹ gerudert hatten. Er versuchte der Unterhaltung zwischen den beiden zu folgen, die von dem Manne aus Mahuka mit Hilfe schauerlicher englischer Brocken geführt wurde. Soviel er daraus entnehmen konnte, hatte der biedere Ohea Kiliri den nach seiner Meinung durchaus berechtigten Wunsch gehabt, auch einmal in dem großen Vogel der weißen Männer zu fliegen und sich zu dem Zweck einfach in der hinteren Kabine verkrochen. Erst als Schmieden die Steppdecken auseinander breitete, um sich ein Lager zu machen, hatte er den blinden Passagier entdeckt.

„Schöne Geschichte! Wat sagst du nu, Kurt?“ meinte Röge. „Ins Wasser schmeißen können wir den braunen Deibel nicht.“

Der konnte die deutschen Worte zu seinem Glück nicht verstehen und lachte nach wie vor über das ganze Gesicht.

„Zwischenlanden? Mister Kiliri auf Atiu absetzen?“ fragte Röge.

„Wird sich finden, Bert. Erst will ich den wunderlichen Vogel mal Hein zeigen.“ Schmieden suchte sein Englisch zusammen und wandte sich an den Insulaner. „Please, Mister Kiliri, kommen Sie mit mir zu unserem Kapitän, er wird sich mächtig freuen, Ihre Bekanntschaft zu machen.“

Immer noch lachend verbeugte sich der Braune und streckte Röge die Rechte hin, die der wohl oder übel ergriff und schüttelte. Dann führte er den neuen Passagier nach vorn.

„He, du, Hein! Guck mal her, aber versteuere dich dabei nicht. Wir haben Zuwachs bekommen.“

„I du Dunnerschlag!“ brummte Hein, nachdem seine erste Überraschung vorüber war, „so was hat uns gerade noch gefehlt.“ Doch seine abweisende Miene hielt vor dem gewinnenden Lächeln des blinden Passagiers nicht stand. Der hatte jetzt durch die großen Scheiben der Führerkabine zum erstenmal einen Ausblick ins Freie und schaute wie gebannt auf das wunderbare Bild, das sich seinen Blicken darbot. Die See tief unten, die Inseln, die kamen, unter ihnen hinzogen und wieder verschwanden. Die blinkenden Instrumente dann, mit denen der Herr des mächtigen Vogels, der weiße Mann am Steuer, wie ein Zauberer hantierte. Eine Fülle von überwältigenden Eindrücken, die auf den Eingeborenen einstürmten.

Hein Eggerth sah, wie es in dessen Zügen arbeitete, wie seine Augen sich in maßlosem Staunen weiteten. Mit einer Handbewegung zog er ihn in den leeren Sessel neben sich, gab ihm Erklärungen, nannte die Namen der einzelnen Inseln, die sie gerade überflogen.

„Da vor uns liegt Atiu", sagte Eggerth.

Die Augen des Mannes aus Mahuka wurden noch größer, als er den Namen hörte und die Insel erkannte. Atiu... es stellte sich heraus, daß er schon einmal auf Atiu gewesen war. Mit einem der Kopraschiffe war er von Mahuka dorthin gekommen. Aber die Reise hatte fast einen Monat gedauert, und der wunderbare Vogel, mit dem er jetzt flog, hatte die gleiche Strecke in wenigen Stunden zurückgelegt. Was waren die weißen Männer für mächtige Zauberer, die mit ihrem ehernen Vogel tausendmal schneller als das große Dampfschiff durch die Lüfte flogen. Würden sie ihm vielleicht zürnen, weil er heimlich in ihren Vogel geklettert war? Würden sie ihren Zauber gegen ihn loslassen? In wenigen Minuten vollzog sich ein Wechsel in den Mienen des Braunen. Hatte sein Gesichtsausdruck bisher demjenigen eines harmlos heiteren Kindes geglichen, so malte sich jetzt offensichtliche Angst in seinen Zügen. Seine Hände gingen zitternd zu dem Amulett, das er an einer Schnur um den Hals trug.

Röge erkannte, daß etwas geschehen müsse, um die alte Zutraulichkeit wieder herzustellen. Er verschwand und kam mit einigen Gläsern und einer Bierflasche zurück.

„Hein, du markierst zu sehr den Jupiter Tonans auf deinem Pilotenstuhl. Hier nimm mal ein Glas und stoße mit Mister Kiliri an, damit der arme Kerl seine Furcht vergißt."

Das geschah denn auch, und wie im April Sonnenschein und Regen schnell abwechseln, kehrte die frohe Laune des blinden Passagiers sofort zurück, als er sah, daß der große Zauberer am Steuer des Wundervogels ihm nicht böse war. Dann nahm sich Schmieden des Gastes an und führte ihn durch die Räume der ›Seeschwalbe‹, während Röge sich auf den Platz neben Eggerth setzte und während der nächsten halben Stunde allerlei zu funken hatte.

So verstrichen die Stunden. Längst lagen Atiu und Rarotonga, die südlichsten Inseln der Cookgruppe hinter ihnen. Mit erneutem Mißtrauen sah Ohea Kiliri, wie der weiße Mann an seiner Seite plötzlich einen neuen Zauber verübte, wie er mit einem blinkenden Instrument auf die Sonne zielte, Schrauben drehte, geheimnisvolle Zeichen auf weißes Papier malte. Und dann... er wurde unsicher, wer von den drei Weißen der mächtigste sei, zeigte der, der eben den Sonnenzauber gemacht hatte, die Zeichen dem großen Gott am Steuer und... Kiliri konnte es nicht fassen, wie das möglich war... der gehorchte den Zeichen und drehte das Rad in seinen Händen nach den Weisungen des anderen.

Der Herr des Vogels, der Herr der Sonne... unerklärliche Mächte, die der Braune nicht begreifen, vor denen er sich nur beugen konnte. Und nun begann auch der dritte irgendeinen gefährlichen Zauber zu treiben. Einen magischen Apparat auf einer Stange drehte der, und schien dabei aus den rätselhaften Dingern, die er an den Ohren trug, allerlei zu erlauschen, drehte den Zauberapparat weiter und bewegte mit der Hand eine blinkende Taste. Dann sagte er dem Herrn des Vogels Worte in einer unverständlichen Sprache und wieder schien der das Steuer nach den Befehlen des anderen zu führen. Zauber über Zauber, dachte Kiliri, der nie in seinem Leben etwas von einem Sextanten und von einem Funkpeiler gehört und gesehen hatte.

Eine einfache Funkpeilung war ja die letzte Zauberei gewesen, durch die Schmieden den genauen Kurs auf die Haymetklippen feststellte. Noch eine Viertelstunde, und die Klippen wurden sichtbar. Drei schroffe Felsenriffe, die kahl aus dem Weltmeer ragten. Kein Baum, kein Strauch wuchs darauf, kein grünes Fleckchen zeigte sich auf dem schwarzen Basalt. Seevögel waren zu anderen Zeiten die einzigen Bewohner dieser im Weltmeer verlorenen Riffe, jetzt aber während des Rennens hatten sich hier Menschen niedergelassen.

Auf der Mittelklippe wehte neben einem Zelt das Sternenbanner, als ein weithin sichtbares Zeichen, daß der amerikanische Zeitnehmer des Reading-Kuratoriums hier weilte, bereit seines Amtes zu walten. Die grün-weiß-rote Trikolore auf der östlichen Klippe gab Kunde davon, daß es die Antipodenstation der italienischen Rennroute war. Und wenn es die einzelne Fahne auf dem Riff noch nicht zur Genüge zeigte, so bewiesen es die drei Kreuzer, die mit der italienischen Kriegsflagge am Mast, zwischen der Ost- und Mittelklippe ankerten, jedenfalls aufs deutlichste.

In langem Gleitflug kam die ›Seeschwalbe‹ von ihrer Höhe hinab. Eine schaumige Welle stieg vor ihrem Bug auf, dann war die sausende Fahrt gebremst. Mit leise atmenden Motoren trieb das Flugzeug langsam zu den italienischen Schiffen hin. Schon wurde auf einem der Kreuzer eine Barkasse ausgeschwungen und zu Wasser gelassen. Bald lag sie neben der ›Seeschwalbe‹, und eine Pumpe warf gutes Leunaöl, das die Italiener für die Eggerth-Maschinen zu den Haymetklippen mitgenommen hatten, in die Tanks der deutschen Maschine.

Immer tiefer war inzwischen die Sonne gesunken. Jetzt erreichte sie den Horizont und für kurze Minuten verwandelte sich die eben noch blaue See in eine Flut von Gold und Rot. Dann versank die leuchtende Scheibe im Westen und fast unmittelbar brach die Nacht herein. Da flammten auf den italienischen Kreuzern die großen Scheinwerfer auf und übergossen die ›Seeschwalbe‹ mit ihrem blendenden Licht. Tageshell war die Stelle erleuchtet, an der die Ölübernahme flott weiterging.

Vom Führerstand der ›Seeschwalbe‹ aus beobachtete Kiliri mit Staunen die neuen Dinge. Die drei Riesenschiffe der weißen Männer, viel viel größer als alle Kopraschiffe, die er während der zwanzig Jahre seines Lebens in Mahuka gesehen hatte. Türme auf den Schiffen, die sich von selber drehten und aus denen lange Rohre hinausragten. Und dann die künstlichen Sonnen, die langen Lichtbalken, die durch die Luft huschten und jede Stelle, die sie trafen, in hellem Glanz erstrahlen ließen. Gewaltig war der Zauber der weißen Männer und wieder wollte Furcht den Braunen befallen. Da lenkte eine neue Erscheinung seine Blicke nach oben.

Fast senkrecht über ihm leuchtete ein strahlender Stern am Firmament, der stand nicht still, wie die anderen. Er bewegte sich, zog Kreise, glänzte immer stärker und jetzt ging auch von ihm ein Lichtbalken aus, huschte über die Seefläche, wanderte, suchte und leuchtete, bis er die ›Seeschwalbe‹ traf. Grell strömte das Licht in den Führerstand und erfüllte ihn einen Augenblick mit Tageshelligkeit. Geblendet schloß Kiliri für kurze Zeit die Augen. Als er sie wieder öffnete, sah er einen anderen Zaubervogel, noch größer als die ›Seeschwalbe‹ auf dem Wasser schaukeln. In einem Boot aus silberglänzendem Metall kam ein weißer Mann von dem zweiten Vogel zu ihnen hinüber. Kiliri sah, wie die drei Piloten der ›Seeschwalbe‹ ihn freudig begrüßten, hörte, wie sie in ihrer Sprache miteinander redeten, und vernahm zwischen den fremden Worten auch seinen eigenen Namen. Was mochten die weißen Götter wohl über ihn sprechen, was würden sie jetzt mit ihm tun?

Auf die Antwort brauchte er nicht lange zu warten. Der Lenker der ›Seeschwalbe‹ erklärte ihm freundlich aber bestimmt, daß der andere Vogel ihn jetzt wieder nach Mahuka zurückbringen würde. Und dann saß er neben Vinzent im Boot und fuhr zum Stratosphärenschiff hinüber. Eggerth sah ihm nach, bis das Boot dort festmachte und der Braune mit seinem Begleiter im Rumpf von ›St‹ verschwand.

„So, Herrschaften, unseren blinden Passagier sind wir glücklich wieder los. Der Boy wird in Mahuka jedenfalls allerlei zu erzählen haben. Unsere Tanks sind auch voll. Jetzt kannst du mal wieder das Steuer nehmen, Kurt. Mit Volldampf los! Kurs auf Claryland!“

Nach einem kurzen Start hob sich die ›Seeschwalbe‹ vom Wasser ab, stieg auf und entschwand schnell in südöstlicher Richtung.

Das Stratosphärenschiff lag noch eine Viertelstunde bei den Haymetklippen und füllte Treibstoff in seine Behälter. Dann startete es ebenfalls und zog auf Nordwestkurs davon.

Verwundert schaute ihm die Besatzung der italienischen Schiffe nach. Man verstand nicht, wie der deutsche Pilot einen Kurs nehmen konnte, welcher der Rennroute gerade entgegengesetzt war. Wollte das Stratosphärenschiff wirklich nach Mahuka zurückfliegen, nur um einen blinden Passagier, noch dazu einen Eingeborenen, wieder in seine Heimat zu bringen? Die Entfernung von den Haymetklippen bis zu den Manihiki-Inseln betrug reichlich zweitausend Kilometer, hin und zurück machte das viertausend Kilometer aus. Ganz unmöglich, daß ein Flugzeug, das im Rennen lag, sich einen solchen Umweg und Zeitverlust erlauben durfte. Aber die Tedeschi… man wußte ja nie, wie man mit diesen Deutschen dran war. Mochte der Himmel wissen, was sie vor hatten, was für Geheimnisse in ihrem Stratosphärenschiff stecken mochten… Noch lange ging an Bord des ›Dante Alighieri‹ das Rätselraten um das sonderbare Stratosphärenschiff weiter.

Nach der Ortszeit war es bei den Haymetklippen neun Uhr abends. Der Vollmond stand fast im Zenit, als Tiberio Guerazzi, der erste Offizier des ›Dante Alighieri‹ in die Kabine des Kapitäns Zanella stürmte.

„Incredibile, Signor Capitano! Das deutsche Stratosphärenschiff ist schon wieder zurück."

Kapitän Zanella fuhr von seinem Sitz empor.

„Impossibile, Guerazzi!"

„Doch, Signor Capitano! Es ist wirklich wieder da und nimmt neuen Treibstoff. Sie können es durch Ihr Fenster auf dem Wasser liegen sehen."

Der Kapitän trat an das Kabinenfenster.

„Corpo di bacco, Sie haben recht. Begreife das, wer's kann!"

Guerazzi zuckte die Achseln. „Keiner von uns versteht es, Signor Capitano. Wir dachten zuerst, das deutsche Schiff hätte vielleicht eine Panne gehabt, oder wäre aus anderen Ursachen vorzeitig zurückgekommen. Aber der Eingeborene, den es von hier mit fortnahm, ist nicht mehr an Bord der deutschen Maschine. Das haben wir mit Sicherheit erfahren."

Zanella griff sich an den Kopf. „Ganz unmöglich, Guerazzi, daß die Deutschen in der kurzen Zeit in Mahuka gewesen sind. Sie werden den blinden Passagier auf der nächsten Cook-Insel abgesetzt haben und sind dann sofort wieder ins Rennen gegangen. Sie wassern jetzt noch einmal bei uns, um ihre Tanks wieder aufzufüllen."

„Die gleiche Vermutung hatten wir auch zuerst, Signor Capitano. Aber die Tanks des deutschen Schiffes – sie fassen Treibstoff für etwa siebentausend Kilometer – sind bald leer. Dem Brennstoffverbrauch nach könnte das Schiff ungefähr die Strecke nach Mahuka hin und wieder zurück abgeflogen haben."

Der Kapitän griff nach seiner Mütze.

„Kommen Sie mit, Guerazzi! Wir wollen zu der deutschen Maschine hinfahren. Ich muß mich selbst davon überzeugen."

Kurze Zeit später stoppte eine Motorbarkasse des ›Dante Alighieri‹ neben dem Stratosphärenschiff, auf dem man noch eifrig mit der Ölübernahme beschäftigt war.

Wolf Hansen stand neben der Füllöffnung und überwachte die Arbeit an der Ölpumpe. In südländischer Lebhaftigkeit überschüttete ihn Kapitän Zanella mit einer Flut von Fragen und wurde erst ruhiger, als er genötigt war, sich zur Verständigung der französischen Sprache zu bedienen. Die erste für ihn wichtigste Frage: „Wo ist der blinde Passagier?"

Wolf Hansen hatte die letzten Stunden am Funkapparat gesessen und wußte allerlei um die Geschichte und den Verbleib von Mister Kiliri. Ohne mit den Wimpern zu zucken antwortete er: „Wieder in seiner Heimat, in Mahuka, Herr Kapitän."

Einen Augenblick blieb Zanella die Sprache weg, dann raffte er sich zur nächsten Frage auf.

„Verzeihen Sie, Signor. Es geht mich ja eigentlich nichts an. Würden Sie mir wohl sagen, wieviel Kilometer Sie seit Ihrer letzten Ölaufnahme zurückgelegt haben?"

Frag du immer, mein Junge, dachte Hansen bei sich. Ich will dir schon passende Antworten geben. Laut fuhr er fort.

„Viertausendvierhundert Kilometer, Signor. Unsere Tanks sind bald leer, war Zeit, daß wir Ihre Station erreichten."

Kapitän Zanella griff grüßend an die Mütze.

„Vielen Dank, Signor! Wir wünschen Ihnen weiteren glücklichen Flug."

Schweigend fuhren Zanella und Guerazzi zum „Dante Alighieri" zurück. Erst als der Kapitän die Planken seines eigenen Schiffes unter sich fühlte, fand er die Sprache wieder.

„Begreifen Sie das, Guerazzi?"

„No, Signor Capitano. Das deutsche Stratosphärenschiff ist vor..." Guerazzi schaute auf seine Uhr „. . . vor knapp drei Stunden von hier nach Mahuka gestartet. Drei Stunden... viertausendvierhundert Kilometer... fast tausendfünfhundert Stundenkilometer... impossibile... incredibile!... Signor Capitano."

Zanella riß die Mütze vom Kopf und ließ sich den Nachtwind um die heiße Stirn wehen.

„... tausendfünfhundert Stundenkilometer... narrt uns alle ein Gaukelspiel, Guerazzi?... oder ist es wirklich so? Dann können ja alle anderen Flugzeuge das Spiel aufgeben. Was könnten sie mit ihren vierhundert oder höchstens fünfhundert Stundenkilometern dagegen noch ausrichten?... Soll ich das überhaupt funken lassen? Wir würden die anderen entmutigen, uns selber vielleicht lächerlich machen."

Mit innerem Widerstreit schritt der Kapitän über das Deck, Guerazzi ging an seiner Seite, ebenfalls in Gedanken versunken. Plötzlich blieb der stehen.

„Eine Frage!... eine Idee, Signor Capitano! Die deutsche Eggerth-Maschine, die ›Seeschwalbe‹, liegt bisher mit durchschnittlich vierhundert Stundenkilometern im Rennen. Das Stratosphärenschiff ist erst eine Viertelstunde nach ihr zu unserer Station gekommen. Wie stimmt das mit jener unglaublichen Geschwindigkeit zusammen?"

„Santa Madonna, Guerazzi! Sie haben recht! Das Stratosphärenschiff liegt im Rennen hinter der ›Seeschwalbe‹..."

„... und müßte doch das Rennen schon längst beendet haben", fiel ihm Guerazzi ins Wort. „Wenn es diese undenkbare, diese unglaubliche Geschwindigkeit besäße."

Zanella atmete erleichtert auf.

„Gut, mein lieber Guerazzi, daß wir das rechtzeitig erkannt haben. Wir werden über die zweite Wasserung des Teufelsschiffes kein Wort funken."

„Kein Wort, Signor Capitano... obgleich... rätselhaft bleibt die Geschichte doch. Sie erinnern sich wohl, bei der Rettung unserer ersten Romea-Maschine durch das Stratosphärenschiff hat es schon einmal etwas Ähnliches gegeben..."

„Ah bah!" unterbrach ihn Zanella, „ich weiß, man phantasierte damals etwas von tausend Stundenkilometern. Eine falsche Ortsbestimmung, ein Irrtum unseres Funkers, der mit unvergleichlicher Geistesgegenwart noch während des Absturzes der ›Gamma Romea‹ die letzte Position morste. Der Fall ist vollkommen aufgeklärt, da ist nichts Rätselhaftes dabei."

„Aber die Sache heute, ›Signor Capitano‹... ich komme nicht darüber hinweg."

Zanella machte eine Handbewegung, als wolle er etwas fortwischen.

„Lassen wir das! Es ist nicht unsere Aufgabe, Rätsel zu lösen. Warten wir ab, was kommt. Bereiten wir uns darauf vor, unsere eigenen Maschinen bestens mit allem zu versorgen. Nur noch wenige Stunden, Guerazzi, und wir werden sie hier sehen."

Mit einem „buona notte" verabschiedete sich Zanella von seinem Wachtoffizier und suchte seine Kabine auf. Mit einer Flasche asti spumante versuchte er, die immer wieder andrängenden Gedanken und Vermutungen zu verscheuchen, doch es wollte ihm nicht recht gelingen. Irgendein Geheimnis – die Überzeugung wurde er nicht los – umwitterte dieses deutsche Schiff.

Auch Guerazzi konnte noch lange Zeit keine Ruhe finden, doch dessen Gedanken waren von anderer Art. War der deutsche Pilot, mit dem Zanella vorher sprach, denn der gleiche wie der, mit dem er selber bei der ersten Wasserung des Stratosphärenschiffes zu tun hatte? Das war doch ein baumlanger blonder Kerl gewesen; der andere, mit dem Zanella sprach, dagegen brünett und mehr untersetzt. Vergeblich hatte er bei der zweiten Wasserung des Stratosphärenschiffes nach dem Langen ausgeschaut. Guerazzi suchte sich die Sache auf plausible Weise zu erklären und verschüttete dadurch selber die Quelle der Erkenntnis, daß tatsächlich zwei Stratosphärenschiffe bei der italienischen Station Treibstoff genommen hatten. Zuerst hatte ›St 2‹ dort gewassert und war mit dem blinden Passagier nach Mahuka gestartet. Vier Stunden später war ›St 1‹ dorthin gekommen, das sich nach den Weisungen der Eggerth-Werke in der Nähe der ›Seeschwalbe‹ halten mußte. Hätten Zanella und Guerazzi eine Ahnung vom wahren Sachverhalt gehabt, so wären sie vermutlich schneller zu ihrer Nachtruhe gekommen.

***

In New York schlug die Uhr der trinity-church die elfte Abendstunde. Es war die fünfunddreißigste Stunde des Reading-Rennens. Durch die lichterfüllten Straßen der Hudson-Metropole pulste das Leben, vor dem Wettbüro von Harrow & Bradley staute sich die Menge, begierig die letzten Nachrichten über den Stand des Rennens zu erfahren. Sie brauchte nicht lange zu warten. Wenige Minuten nach elf Uhr flammte es in Leuchtbuchstaben an der Hausfront auf:

„Elf Uhr Eastern Time die beiden Eagle-Maschinen der Bay-City Werke bei Progresso auf San Cristobal gewassert."

Mit tausendfachen cheers begrüßte die Menge auf der Straße die Nachricht. Die amerikanischen Maschinen schon bei den Galapagos-Inseln, nur noch reichlich tausend Kilometer von der brasilianischen Gegenstation entfernt... bisher die Besten im Rennen... der Sieg des Sternenbanners in diesem gigantischen Wettstreit immer wahrscheinlicher... Hüte wurden in die Luft geworfen, fremde Menschen umarmten sich, die alte Hymne „Hail Columbia" brauste zum Nachthimmel empor.

Sie klang wieder ab, als jetzt weitere Zeichen auf der weißen Wand erschienen.

„Elf Uhr zwei Minuten Eastern Time die ›Seeschwalbe‹ der Eggerth-Werke bei den Haymet-Klippen gewassert."

Was war das... das deutsche Flugzeug schon bei den Haymet-Klippen?... Wollte es etwa den Eagle-Maschinen den Sieg streitig machen?

Soviel hatte jeder der vielen Tausenden, die hier beklommen auf die zweite Meldung starrten, in den letzten Tagen doch gelernt. Sie glaubten zu wissen, daß die Haymet-Klippen von der deutschen Gegenstation in Claryland nicht viel weiter entfernt waren als die Galapagos-Inseln von der amerikanischen Gegenstation. Die Deutschen nur zwei Minuten später bei den Haymet-Klippen als die Amerikaner auf San Cristobal?... Die laute Begeisterung machte einer verhaltenen Stille Platz.

Bis die Flammenzeichen von Harrow & Bradley weitere neue Kunde gaben, welche die Stimmung wieder emporriß.

„Durchschnittliche Fluggeschwindigkeit der ›Seeschwalbe‹ über vierzehntausend Kilometer von der Schreckensbucht bis zu den Haymet-Klippen vierhundert Stundenkilometer.

Durchschnittliche Fluggeschwindigkeit der Eagle-Maschinen über sechszehntausendsechshundert Kilometer von Luzon bis San Cristobal vierhundertachtzig Stundenkilometer.“ Von neuem brauste der Jubel auf. Zweitausendsechshundert Kilometer Vorsprung für die Amerikaner... Ausgeschlossen, daß die deutschen Maschinen das jemals einholen konnten.

Mit Gewalt drängte die Masse in das Haus und zu den Wettschaltern. Tausende und aber Tausende von Dollar wurden auf eine Siegerzeit von vierundachtzig Stunden gesetzt. Bis lange nach Mitternacht hatten die Clerks von Harrow & Bradley alle Hände voll zu tun, um die Wettzettel auszuschreiben und die Einsätze in Empfang zu nehmen.

Die Meldung von Harrow & Bradley war richtig. Um elf Uhr abends nach New-Yorker Zeit oder zehn Uhr abends nach der für die Galapagos geltenden Central Time waren die beiden Eagle-Maschinen im Hafen von Progresso niedergegangen, um neuen Treibstoff zu nehmen. Ein hartes, scharfes Rennen hatten sich die beiden Piloten Frank Kelly und James Thomson auf der fast achttausend Kilometer langen Strecke von Hawai bis San Cristobal geliefert. Nur einmal war es auf eine kurze Viertelstunde unterbrochen worden, um bei dem auf halbem Wege stationierten amerikanischen Kreuzer ›Philadelphia‹ zu tanken.

Auch im Hafen von Progresso war der Aufenthalt nur kurz. Während die Ölpumpen neuen Treibstoff in die Behälter der beiden amerikanischen Rennmaschinen warfen, machten sich die Mechaniker sofort daran, sämtliche Zündkerzen auszuwechseln. Die Neigung der Eagle-Maschinen, die Kerzen zu vergraphitieren, war und blieb ja der wunde Punkt dieser sonst so gelungenen Konstruktion. Sogar während des Fluges selbst war es mehrfach nötig geworden, schadhafte Kerzen durch neue zu ersetzen. Das war auch der Grund dafür, daß die Maschinen die während der Probeflüge gezeigte Geschwindigkeit von fünfhundert Stundenkilometer nicht voll durchhalten konnten.

„Hallo Thomson! Fertig zum Start?“ rief Frank Kelly, während er sich ein Dutzend Sandwiches in eine Serviette wickelte.

„Fertig, Mr. Kelly“, antwortete Thomson.

Kaum zwanzig Minuten hatte der Aufenthalt in Progresso gedauert, dann saßen sie wieder am Steuer ihrer Maschinen. Als erster stürmte der Eagle Frank Kellys über das im Mondschein schimmernde Hafenwasser. Fast unmittelbar folgte ihm das zweite Flugzeug. Gleichzeitig lösten sich beide Maschinen vom Wasser, hoben sich in die Luft, um in südöstlicher Richtung davonzujagen.

Frank Kelly führte das Steuer, Hobby saß neben ihm, die Kopfhörer der Funkanlage an den Ohren. Kelly beobachtete die Umdrehungszeiger.

„Hurra Hobby! Wieder fünfhundert Stundenkilometer. Hoffentlich bleibt's dabei.“

„Wäre schön, wenn's so wäre, Mr. Kelly. Noch dreitausendvierhundert bis zu unserer Kontrollstation am Rio Juruena. Freue mich schon auf das Wiedersehen mit dem alten Scott Campbell. Bin neugierig, wie sich der mit dem Einsiedlerleben im brasilianischen Urwald abgefunden hat.“

„Darüber brauchen wir uns den Kopf nicht zu zerbrechen, Hobby. Wenn Campbell bei Tag seinen Poker und abends seinen Whisky hat, macht ihm das Leben an jeder Stelle unseres gesegneten Erdballes Freude. Wichtiger ist mir die Frage, ob wir unsere fünfhundert Stundenkilometer bis zum Juruena durchhalten werden. Dreitausendvierhundert Kilometer... wir könnten es in sieben Stunden schaffen... morgen früh gegen sechs Uhr die Kontrollstation erreichen. Wäre eine feine Sache, wenn wir die erste Hälfte des Rennens mit einem klaren Vorsprung vor den anderen machten.“

„Wird sicherlich gelingen, Mr. Kelly“, mischte sich Pender ins Gespräch, „und wenn wir die verdammten Kerzen jede Stunde auswechseln sollten. Unsern Rekord müssen wir halten. Die Maschinen der Reading-Werke müssen den Reading-Preis gewinnen, oder ich will des Teufels Großmutter heiraten.“

Kelly lachte: „Seien Sie mit Ihren Äußerungen vorsichtig. Pender. Wenn wir den Preis nicht bekommen, ist die alte Dame fähig, Sie auf breach of promise zu verklagen. Könnte eine unangenehme Geschichte für Sie werden.“

Pender schüttelte sich: „Jagen Sie mir keinen Schreck ein, Mr. Kelly. So weit ist es noch nicht. Vorläufig werde ich mich erst mal ein paar Stunden schlafen legen. Wecken Sie mich, wenn es an den Motoren was zu tun gibt.“

Pender zog sich in die hintere Kabine zurück, um seinen Worten die Tat folgen zu lassen. Stunde um Stunde verstrich, während die beiden Maschinen der Bay-City-Werke in rasendem Flug über den Pazifik auf die amerikanische Küste zujagten. Auch auf dem ›Eagle 2‹ holte man aus den Motoren heraus, was sie herzugeben vermochten. James Thomson setzte alles daran, nicht hinter Kelly zurückzubleiben, und lange Zeit glückte es ihm auch, obwohl er früher und häufiger mit Kerzendefekten zu kämpfen hatte als Kelly.

Noch stand die Scheibe des vollen Mondes hoch im Westen, als das amerikanische Festland in Sicht kam. Trotz aller Anstrengungen war es Thomson nicht mehr möglich, das Tempo Kellys mitzumachen. Langsam fiel seine Maschine zurück. Nur noch durch die Funkanlagen standen die beiden amerikanischen Maschinen in Verbindung. Bei Payta erreichten sie die südamerikanische Küste. Im Mondlicht baute sich vor ihnen das gewaltige Massiv der Kordilleren auf. Zackige Felsgipfel, zum Teil mit Schnee bedeckt, tiefe Schluchten mit brausenden Bächen dazwischen.

Kelly zerkaute einen Fluch zwischen den Zähnen.

„Wir müssen klettern, müssen steigen, Hobby. Es hilft nichts, wenn's uns auch Geschwindigkeit kostet. Lieber eine halbe Stunde später den Juruena erreichen, als uns hier den Schädel an einer Bergwand einrennen.“

Das Flugzeug folgte dem Druck des Steuers. Stetig stieg es empor, bis die Höhenmesser sechstausend Meter zeigten und die Alpenwelt der Kordilleren tief unter ihnen lag. Die leichte Luft zwang sie, schneller zu atmen. Schneidende Kälte drang in den Führerstand. Frank Kelly schüttelte sich.

„Holen Sie mir meinen Pelz, Hobby! Er liegt in der hinteren Kabine. Ist ja eine Saukälte hier oben.“

Hobby erhob sich, immer noch die Telephone der Radioanlage an den Ohren.

„Thomson scheint stark unter Motorschwierigkeiten zu leiden. Er verwünscht die Notwendigkeit, jetzt über die Kordilleren klettern zu müssen."

Kelly klapperte mit den Zähnen: „Lassen Sie Thomson machen, was er will, Hobby! Bringen Sie mir meinen Pelz, ehe ich am Steuer einfriere."

Hobby streifte die Kopfhörer ab und ging, um das Gewünschte zu holen. Auf seinem Wege warf er einen Blick auf das Thermometer. 20 Grad Celsius unter Null, in der Tat eine Temperatur, bei der man einen Pelz gebrauchen konnte. Er kam zurück, nahm einen Augenblick das Steuer, während Kelly sich in den dicken, warmen Pelz hüllte, und streifte sich dann wieder die Kopfhörer über, um weitere Nachrichten von ›Eagle 2‹ zu hören. Doch vergeblich lauschte er, vergeblich drehte er an allen Knöpfen und Einstellungen des Gerätes. Es kam keine Nachricht mehr vom ›Eagle 2‹. Während der wenigen Minuten, in denen Hobby die Hörer von den Ohren gelassen hatte, war der Sender von Thomsons Maschine verstummt.

Etwa hundert Kilometer hinter Kelly hatte Thomson die Kordilleren-Kette erreicht und begann den Aufstieg. Was aber Kelly mit seinen intakten Motoren leicht gelang, bereitete Thomson erhebliche Schwierigkeiten. Fast die Hälfte seiner Zylinder arbeitete infolge der vergraphitierten Kerzen unregelmäßig und setzte teilweise ganz aus. Dabei war sein Vorrat an neuen Kerzen erschöpft. Es blieb nur die Möglichkeit, alte Kerzen von dem störenden Graphitbelag zu reinigen und wieder einzusetzen. Die eingefalteten Fallschirme wie Tornister auf den Rücken geschnallt, arbeiteten seine Mechaniker im schneidenden Fahrwind an den Motoren, um des Übels Herr zu werden. Nur langsam kletterte das Flugzeug. Es mußte hin und wieder Kreise beschreiben, um Höhe zu gewinnen und über das immer höher ansteigende Alpenmassiv hinwegzukommen. Fehlzündungen über Fehlzündungen verrieten, daß ein größerer Teil der Maschinenanlage immer noch nicht in Ordnung war. Wie ein dauerndes Geschützfeuer knatterten die Nachexplosionen aus den Auspuffrohren und weckten ein donnerndes Echo in den Tälern.

Unmöglich, in dieser Bergwelt zu landen. Der Versuch dazu hätte die Katastrophe bedeutet. Jeder kranke Zylinder, der wieder in Gang kam, konnte sie vielleicht verhindern. Deshalb schickte Thomson auch seinen Funker zu den Arbeiten an den Motoren hinaus, und so geschah es, daß Hobby plötzlich von der zweiten Eagle-Maschine nichts mehr in seinem Empfänger hörte. Alle Mann von deren Besatzung arbeiteten an den Motoren, während Thomson alle Steuerkunst aufbieten mußte, um einer Notlandung zu entgehen.

Vor ihm, kaum eine Viertel Meile entfernt, dehnte sich ein Gebirgszug, dessen Kamm das Flugzeug in seiner augenblicklichen Stellung um etwa fünfhundert Meter überragte. In lang ausgezogenen Spiralen suchte Thomson weiter zu steigen. Nur mühsam gelang es ihm. Jetzt glaubte er die Kammhöhe erreicht zu haben und steuerte den Bergkamm an. Knapp, sehr knapp, kam er darüber hinweg. Einen Augenblick stockte sein Herzschlag, er glaubte den Rumpf des Eagle über den Felsgrat scharren zu hören. Dann war die Maschine wieder frei. Vor ihm lag ein tiefes Tal, in dessen Grund ein Flußlauf schimmerte. Unter ständigem Verlust an Höhe schoß das Flugzeug beschleunigt vorwärts, während das Höllenfeuer der Fehlzündungen in den Auspuffrohren immer stärker wurde.

Aussichtslos jeder Versuch, mit den kranken Motoren die Gebirgskette auf der anderen Seite des Tales zu überfliegen. Nur eine Möglichkeit sah Thomson noch, im Gleitflug den Fluß zu erreichen, dort zu wassern und die Maschine gründlich in Ordnung zu bringen.

Er wollte das Steuer dazu ansetzen, als das Unglück passierte. Etwas Großes, Schwarzes, Bewegtes war plötzlich vor dem Flugzeug. Ein Kondor, den der Lärm der Fehlzündungen aus seinem Horst aufgescheucht hatte, einer jener gewaltigen Berggeier der Kordilleren flog dem Eagle quer in den Weg. Einen Augenblick, dann traf ihn der Propeller des mittleren Motors. Ein Schlagen, ein Brechen und Krachen. In Fetzen zerrissen die scharfen Flügel der Luftschraube den Vogelleib. Ein Ruck ging dabei durch den Rumpf des Eagle. Wie in einer Vision sah Thomson seine Leute abstürzen, sah ihre Körper in die Tiefe wirbeln. Dann öffneten sich die Fallschirme, schimmerten im Mondlicht wie weiße glänzende Wölkchen, tropften langsam nach unten.

Übel war das Flugzeug bei dem Zusammenprall aus dem Gleichgewicht geraten. Nur mit Mühe konnte Thomson ein Abrutschen der Maschine verhüten. Bange Sekunden verstrichen, bis er sie wieder in der Hand hatte und erkennen konnte, was geschehen.

Der mittlere Propeller war zerbrochen. In rasendem Spiel drehte der Motor den Propellerstummel, der ohne Flügel keinen Widerstand mehr in der Luft fand. Mit einem schnellen Griff schaltete der Pilot den Motor ab, um weiteres Unheil zu verhüten.

Letzte Rettung der Fluß. Würde er ihn noch erreichen... oder würde er in den Baumkronen des dichten Urwaldes notlanden müssen, der den Talhang bis zum Wasser bedeckte? Notlanden in den Baumkronen... durch die Kronen hindurchbrechen... weiterstürzen in modriges Dickicht... zerschellen, zugrunde gehen bei diesem letzten Sturz... oder ihn lebend überdauern und ein Opfer werden der Raubtiere, der Giftschlangen, die in diesem Urwald hausen mochten...?

Thomson fühlte, wie es ihn wechselweise kalt und heiß überkam. Klare Tropfen liefen ihm von der Stirn und rannen ihm in die Augen. Die Kleidung klebte ihm am Leibe, während ihn fröstelte. Nur der Gedanke war noch in ihm: werden die kranken Motoren es schaffen? Werde ich den ›Eagle‹ noch über den Wald bis zum Wasser bringen?

Immer tiefer sank die Maschine, immer näher kamen die Wipfel des Urwaldes. Jetzt noch fünfzig, jetzt noch zwanzig Meter war der ›Eagle‹ über ihnen. Jetzt huschte er dicht darüber hin, streifte hier eine Krone, dort einen Ast, hüpfte dann noch über einen buschigen Wipfel... da war der Wald zu Ende. Im Mondschein sah er kaum zwanzig Meter unter sich eine Wiese liegen, die sich bis zum Flußufer hinzog.

Verzweifelt riß Thomson an den Gashebeln, um der sterbenden Maschine noch einmal neue Kraft einzuflößen. Unerträglich laut wurde der Donner der Fehlzündungen. Wie blaues Elmsfeuer stand es vor den Mündungen der Auspuffrohre. Aber neben so vielen Fehlzündungen gab es doch wieder Arbeitszündungen in den Zylindern, die das Flugzeug tragen halfen, seinen Fall verlangsamten. Jetzt hatte es den Flußrand erreicht. Rohr- und Schilfhalme wurden von dem immer tiefer gehenden Rumpf geknickt und beiseite geschoben. Ein letzter Sprung noch der waidwunden Maschine, dann klatschten ihre Schwimmer auf die Wasserfläche auf, mit letzter Motorkraft trieb sie bis in die Mitte des Flusses, der sich an dieser Stelle etwa dreihundert Meter breit durch das Tal wälzte.

Mit einem Griff setzte Thomson die Motoren still und ließ sich erschöpft in seinen Sessel zurücksinken. Für kurze Zeit schloß er die Augen. Tausend Gedanken gingen ihm durchs Hirn und gipfelten schließlich in dem einen: Du bist aus dem Rennen! ›Eagle 2‹ hat das Spiel verloren…

Langsam schlug er die Lider wieder auf und blickte müde um sich. Da sah er durch die Seitenfenster, wie das Schilf an beiden Flußufern in rascher Fahrt vorüberzog. Der Bergfluß, auf dem der ›Eagle‹ niedergegangen war, eilte in reißender Strömung zu Tale. Mit gesunden Motoren wäre es ein leichtes gewesen, das Flugzeug gegen den Strom zu stellen und auf seiner Stelle zu halten. Jetzt blieb nur der Notanker, den man in Bay City für alle Fälle mit an Bord gegeben hatte. Thomson ging zur Achterkabine, ließ den Anker fallen und die Kette auslaufen. Eine Weile trieb das Flugzeug weiter, dann hatte der Anker irgendwie Halt gefunden, die Kette straffte sich, die wandelnden Schilfwälder an beiden Ufern kamen zur Ruhe. Würde der Anker halten? Würde die Kette nicht reißen? Thomson schob die Gedanken beiseite. Wichtiger jetzt die anderen Fragen: Wo war er? Wie konnte er Hilfe für sich und seine Leute herbeirufen?

Er kehrte zum Führerstand zurück und breitete eine Landkarte aus. Der Fluß, auf dem er lag, war der erste auf seinem Wege von der Küste her. Nur der Maranon, der Oberlauf des Amazonenstromes, konnte es sein. Er versuchte den Ankerplatz des ›Eagle‹ nach der in die Karte eingetragenen Flugroute festzustellen. Aller Wahrscheinlichkeit nach mußte er sich dicht vor der Biegung befinden, mit welcher der Maranon sich auf 6 Grad südlicher Breite nach Nordosten wendet. War seine Feststellung richtig, so lagen kleinere Ortschaften nur wenige Meilen entfernt zu beiden Seiten des Flusses und er durfte auf Rettung hoffen.

Aber wie die Hilfe herbeirufen? Was half ihm alles Morsen, wenn die Bewohner der Waldsiedlungen keine Empfangsgeräte besaßen, um seine Hilferufe zu hören, wenn sie keinen Sender hatten, um ihm zu antworten? Einen Augenblick zögerte er. Mochte dem sein wie ihm wolle, die

Radioanlage blieb das einzige Mittel für den in der Wildnis Gestrandeten, um überhaupt mit der übrigen Welt in Verbindung zu treten. Er stellte das Gerät auf Senden. Auf der Welle, die dem ›Eagle 2‹ für das Reading-Rennen zur Verfügung gestellt war, funkte er seinen Unfall und den Ort seiner Strandung. Schaltete dann auf Empfang und lauschte, die Kopfhörer an den Ohren, ob von irgendwo her Antwort käme.

Zweimal... dreimal wiederholte er es, dann kam eine Antwort, die ihn staunen ließ: „Deutsches Stratosphärenschiff der Eggerth-Werke hat Ihre Funkmeldung aufgenommen. Kommt schnellstens zu Hilfe.“ Thomson warf den Hebel wieder auf Senden, funkte und hörte noch einmal die gleiche Antwort: “›St‹ eilt zu Ihrer Hilfe herbei. Hat den Punkt Ihrer Notwasserung mit 6 Grad 40 Minuten Süd, 78 Grad West zur Kenntnis genommen. Wird in einer Viertelstunde da sein.“

Thomson schaltete den Empfänger aus. Das Funktelegramm war nicht mißzuverstehen, aber begreifen konnte er es trotzdem nicht. Das Stratosphärenschiff lag doch im Rennen. Es mußte auf der deutschen Route fliegen, mußte, soweit er über den Stand der anderen Maschinen unterrichtet war, jetzt etwa bei den Haymet-Klippen... vielleicht auch schon auf dem Weg nach Claryland sein. Wie konnte es versprechen, daß es in einer Viertelstunde hier sein würde? Vergeblich versuchte er eine Erklärung für das Unerklärliche zu finden...

In Gedanken hatte Thomson den Empfänger wieder eingeschaltet. Da!... was war das? Andere Morsezeichen drangen an sein Ohr. Zeichen, die er zweimal... dreimal hören mußte, bevor er ihren Sinn voll erfaßte. Die Mannschaft des ›Eagle‹ war nicht im Urwald verloren. Von den Fallschirmen sicher getragen, hatten seine Leute dicht neben der Ortschaft Jaen den Erdboden unversehrt erreicht...

Jaen... er suchte den Ort auf der Karte. Knapp zwanzig Kilometer westlich vom Maranon lag das Städtchen am Berghang. Dort waren seine Leute. Von dort her hatten sie Gelegenheit gefunden, die Funkverbindung mit ihm aufzunehmen...

Wieder klangen die Morsezeichen in den Hörern und brachten ihm weitere wertvolle Kunde. Seine Leute hatten in Jaen ein Lastauto aufgetrieben und standen jetzt im Begriff, alles, was es in dem Städtchen an Zündkerzen gab, aufzukaufen. Sobald als möglich wollten sie auf einem Waldwege zum Fluß hin aufbrechen, hofften spätestens bei Anbruch der Morgendämmerung das Flußufer zu erreichen...

Thomson stellte die Radioanlage wieder auf Senden, funkte zurück und gab seiner Mannschaft noch einmal den genauen Standort des ›Eagle‹ an, ließ dann die Morsetaste sinken und schaltete wieder auf Empfang.

Welches Glück im Unglück, daß seine Leute heil davongekommen und daß sie sogar imstande waren, ihm Hilfe zu bringen. Neue Hoffnung glomm in ihm auf. Vielleicht würde es doch noch möglich sein, die amerikanische Kontrollstation mit dem ›Eagle 2‹ ohne allzugroßen Zeitverlust zu erreichen. Dort lag ja alles bereit, was für eine gründliche Reparatur nötig war. Neue Propeller, sämtliche Ersatzteile für die Eagle-Motoren, frische Zündkerzen in jeder gewünschten Menge. Ein Dutzend geübter Werkleute aus Bay City würden sich dort sofort auf seine Maschine stürzen und sie in kürzester Zeit wieder instandsetzen.

Aber es waren immer noch gut zweitausend Kilometer von seiner Wasserungsstelle auf dem Maranon bis zur Kontrollstation. Die mußten erst einmal überwunden sein, und frühestens erst um sechs Uhr morgens konnte er seine Leute hier erwarten. Dann vielleicht noch zweistündige Arbeit an den Maschinen... dann der Flug über zweitausend Kilometer... der mittlere Motor fiel wegen des zerbrochenen Propellers unter allen Umständen aus. Viel mehr als dreihundert Stundenkilometer würde der ›Eagle‹ mit zwei Motoren kaum machen. Reichlich sechs Stunden mußte er für den Flug rechnen... um acht Uhr morgens konnte er hier vielleicht starten... um drei Uhr nachmittags frühestens, wenn alles gut ging, die Kontrollstation erreichen.

Das ergab einen Zeitverlust von mehr als sechs Stunden und nach der bisherigen Durchschnittsgeschwindigkeit einen Streckenverlust von dreitausend Kilometer. Seine Maschine würde weit hinter den deutschen Flugzeugen, weit auch hinter denjenigen der Engländer und Franzosen liegen... trotz alledem, es mußte gewagt werden. Er durfte die Nerven nicht verlieren, er mußte bis zum letzten Augenblick im Rennen bleiben. Wer konnte denn wissen, was den anderen auf der zweiten Hälfte des langen Weges noch zustoßen mochte...

Ein Geräusch riß ihn aus seinem Sinnen. Silbrig glänzend schoß es aus der Höhe herab, traf klatschend die Wasserfläche, trieb mit schimmernden Propellern zu ihm heran. Das deutsche Stratosphärenschiff war da. Dicht legte sich sein glänzender Duraluminiumrumpf neben den ›Eagle‹, daß die Besatzung unmittelbar hinübersteigen und in das amerikanische Flugzeug kommen kannte. Eine kurze Begrüßung mit dem vereinsamten Piloten, dann standen die Deutschen bei den kranken Maschinen des ›Eagle‹ und besahen sich den Schaden. Eine kurze Beratung, ein Hin und Her zwischen den beiden Flugzeugen, dann dröhnt es im Rumpfe der amerikanischen Maschine von Hammerschlägen und Werkzeuggeräusch. Die ganze Besatzung des Stratosphärenschiffes war an der Arbeit, die Motoranlage des ›Eagle‹ wieder instandzusetzen.

Das erste Morgenrot leuchtete im Osten auf, als ein Lastauto sich auf holprigen Waldwegen dem Maranon näherte. Indianisches Mischblut der Mann aus Jaen, der am Steuer des Wagens saß. Hinter ihm drei Mann von der Besatzung des ›Eagle‹. Neben und zwischen ihnen Reserveteile aller Art, die sie noch während der Nacht in Jaen aufgetrieben hatten.

Der Weg lief in etwa fünfzig Meter Höhe parallel neben dem Fluß. Unverkennbar war es, daß Fluß und Weg hier eine Biegung nach Osten machten. Die Strahlen der aufgehenden Sonne, die vor kurzem noch von rechts gekommen waren, trafen den Wagen immer mehr von vorn. Eine astronomische Ortsbestimmung war den Leuten vom ›Eagle‹ im Augenblick nicht möglich. Sie hatten ja weder Sextanten noch Sterntabellen zur Hand. Aber nach allem, was Thomson ihnen gefunkt, mußte hier ziemlich genau die Stelle sein, an welcher ihre Maschine wasserte. Es traf sich günstig, daß Mr. Watson vom ›Eagle‹ aus Südkalifornien stammte und genug Spanisch konnte, um sich mit dem Führer des Wagens zu verständigen.

Langsamer fuhr das Auto. Vier Augenpaare suchten den Strom ab, dessen breites Band im Schein der Morgensonne vor ihnen lag. Dort... etwa fünfhundert Meter voraus etwas Schimmerndes, Wiegendes auf dem Fluß, ein Flugzeug... ihr Flugzeug? Mit erhöhter Geschwindigkeit rasselte das Auto weiter und hielt nun querab von dem Flugzeug an.

„Ihre Maschine, Sennores“, rief der Chauffeur und wies mit der Hand über den Fluß. Enttäuschung malte sich auf den Gesichtern der Amerikaner. Ja! Ein Flugzeug lag dort auf dem Wasser, aber der ›Eagle‹ war es nicht. Ratlos schauten sie sich an, kopfschüttelnd blickten sie zu dem fremdartigen Metallbau hinüber.

Auf dessen Flanke löste sich ein Aluminiumboot. Von Ruderschlägen getrieben kam es schneller näher und bahnte sich seinen Weg durch das dichte Schilf, bis es festes Land erreichte. Ein Mann sprang heraus, schritt über die Sumpfwiese, klomm den Hang empor und stand neben dem Auto. Grüßend legte er die Hand an die blaue Schirmmütze und fragte in gutem Englisch:

„Mr. Watson unter Ihnen, meine Herren?“

Watson... der Kalifornier, der bisher mit dem Indio am Steuer des Wagens gesprochen hatte, wandte sich dem Ankömmling zu.

„Watson ist mein Name, Herr! What is the matter?“

„Ich habe Ihnen einen Gruß von Mr. James Thomson zu bestellen...“

„Mr. Thomson!?... Wo ist Mr. Thomson!? Wo ist der ›Eagle‹?“

Ein kaum merkliches Lächeln glitt über die Züge des Fremden.

„Mr. Thomson wollte keine Zeit verlieren. Er ist vor drei Stunden mit seiner Maschine gestartet.“

Die drei Mann vom ›Eagle‹ standen da, als hätte ein Blitz neben ihnen eingeschlagen... James Thomson war gestartet... ohne sie gestartet?... Der ›Eagle‹, dessen Katastrophe sie in die Tiefe wirbeln ließ, war wieder flugfähig geworden?... Unglaublich! Aber die Tatsache blieb, daß der ›Eagle‹ auf irgendeine Art und Weise verschwunden war.

Das Flugzeug und sein Führer waren fort. Jetzt saßen sie hier allein im Urwald mit einigen Zentnern verschiedener Ersatzteile, die plötzlich höchst überflüssig geworden waren und für die sie... eine recht fatale Sache... ihr letztes Bargeld ausgegeben hatten. Was sollte jetzt werden? Wie würden sie aus der Klemme herauskommen?

Ein schwerer Fluch von reichlich einem halben Meter Länge löste das drückende Schweigen. Er entschlüpfte den Lippen von Mr. O'Brien und weckte sofort ein Echo bei Watson und Jones, den beiden anderen Leuten des ›Eagle‹. Damit war der Bann gebrochen. In Rede und Gegenrede sprudelte eine Flut von Fragen und Ausrufen von drei Lippenpaaren.

Der Deutsche ließ sie eine Weile gewähren, dann mischte er sich ein.

„Herr Heinecken, der Chefpilot von ›St‹ hat Mr. Thomson versprochen, Sie so schnell wie möglich zu Ihrer Kontrollstation am Juruena zu bringen. Darf ich Sie einladen, Gentlemen, mit mir an Bord unseres Stratosphärenschiffes zu kommen."

„All right, Sir! Sehr freundlich von Mr. Heinecken und von Ihnen..."

„Beckmann ist mein Name", machte sich der Deutsche bekannt.

„Und von Ihnen, Mr. Beckmann, aber..."

Watson warf einen Blick auf das Lastauto, dessen Führer geduldig am Steuer hockte und an einer Zigarre von gewaltigem Ausmaß saugte.

„... aber was machen wir mit dem Kram da, für den wir unser gutes Geld ausgegeben haben?"

„Wenn es Ihnen Spaß macht, können Sie das Zeug mit an Bord nehmen, Mr. Watson. Viel Zweck hat es kaum. Sie finden am Juruena alles Notwendige in Hülle und Fülle."

Watson führte ein kurzes spanisches Gespräch mit dem Indio. Als der hörte, daß ihm der ganze Plunder auf dem Wagen geschenkt werden sollte, gab er seinem Dank mit vielen „muchos gracias" Ausdruck. Aber als kluger Mann setzte er gleichzeitig auch das Auto in Bewegung und rollte auf dem Waldweg davon, auf daß niemand auf den Gedanken kommen möge, ihm das Geschenk wieder abzunehmen.

„Die Sache ist entschieden!" lachte Beckmann, „kommen Sie, Gentlemen, wir haben keine Zeit zu verlieren."

In dem Metallboot fuhren sie zu ›St‹ hinüber und betraten den Mittelraum des Schiffsrumpfes. An der Tür empfing sie Peter Heinecken, der Führer des Flugzeuges. Wer den da so in seiner ganzen Länge von mehr als zwei Meter im Türrahmen stehen sah, der hätte allerdings dem Signor Guerazzi rechtgeben müssen, daß er bedeutend anders aussah, als Wolf Hansen, der Führer von ›St 1‹.

Mit einem Händedruck begrüßte er die Ankömmlinge und bat sie, es sich bequem zu machen. Noch während die drei sich in behagliche Korbsessel fallen ließen, wurde die Bordtür von ›St 2‹ verschlossen und verschraubt.

Ein kurzes Propellerspiel. Ein lautes, immer lauteres Aufheulen der Motoren. Das Schiff jagte über die Fläche des Maranon, hob sich und stieg. Wie Diamanten perlten in der jungen Morgensonne die Wassertropfen von seinem Rumpf und fielen in die Tiefe. Kurs West zu Südwest schoß das Schiff durch die Luft, während es unablässig stieg.

Der Oberingenieur Beckmann der Eggerth-Werke kam in den Raum zurück, in der einen Hand ein Tablett, in der andern eine elektrische Kaffeemaschine, und bewies während der nächsten Minuten, daß er außer seinen Ingenieur-Qualitäten auch noch die Eigenschaften eines guten Kabinen-Stewards besaß. Im Augenblick war die Kaffeemaschine an eine Steckdose angeschaltet und verbreitete ein einladendes Aroma, während Beckmann mit taschenspielerischer Geschwindigkeit Tassen und Teller aufbaute.

„Please gentlemen, help yourself. Sie werden nach Ihrem nächtlichen Abenteuer vielleicht Appetit haben."

Die drei vom ›Eagle‹ leisteten seiner Einladung Folge und langten kräftig zu. Aber sie versäumten es dabei nicht, nach Steuerbord und Backbord durch die Klarglasluken hinauszuschauen.

Tief und immer tiefer war das Land unter ihnen versunken. Wie Kinderspielzeug schimmerten die schneebedeckten Kämme der Kordilleren dort.

„Dammie, Jones!" rief O'Brien, „das geht anders als mit dem lahmen ›Eagle‹, möchte wissen, wie hoch wir sind."

Beckmann deutete auf ein Meßinstrument an der Wand. Dessen Zeiger spielte zwischen den Zahlen Elf und Zwölf. O'Brien schüttelte verständnislos den Kopf.

„11,5 Kilometer, Mr. O'Brien", sagte Beckmann, „wir nähern uns der Stratosphäre."

Watson ließ die Toastscheibe sinken, die er eben zum Munde führen wollte.

„11,5 Kilometer!?... Geht es vielleicht noch höher?"

Beckmann wies wieder auf das Instrument. Dessen Zeiger war unaufhaltsam weitergeklettert und ging eben über die 13 hin.

„Es geht noch etwas höher, Mr. Watson. Je schneller ein Stratosphärenschiff fliegen will, desto höher muß es steigen. Wir wollen über die 2000 Kilometer vom Amazonas bis zum Juruena einen Rekord aufstellen, um Sie sobald wie möglich Mr. Thomson zuzuführen. Ich glaube, wir werden diesmal bis auf 14 Kilometer steigen."

Watson wollte etwas erwidern, als ein Geräusch ihn aufmerken ließ. Die Tür der Mittelkabine hatte sich geöffnet; ein Mensch kam herein. Irgendein Wilder, ein Eingeborener von den Südsee-Inseln, durchzuckte es die drei Amerikaner bei seinem Anblick. In der Tat war es Mister Kiliri, der sich hier präsentierte. Nackt bis auf einen schmalen Lendenschurz, aber die braune Haut vom Hals bis zu den Füßen mit einer kunstvollen blauen Tätowierung bedeckt, so daß der ganze Körper doch fast bekleidet erschien. Er wandte sich an Beckmann und radebrechte zu ihm etwas in seinem Eingeborenenenglisch. Der lachte und wandte sich zu den Amerikanern.

„Gestatten Sie mir, Gentlemen, Ihnen unseren blinden Passagier aus Mahuka vorzustellen. Der junge Mann hatte sich an Bord unserer ›Seeschwalbe‹ verkrochen. Dort wollten sie ihn natürlich auf die Dauer nicht mitschleppen. Wir haben den Auftrag, ihn nach Mahuka zurückzubringen, sind leider bisher wegen anderen Geschäften noch nicht dazu gekommen."

Während Beckmann mit dem jungen Eingeborenen weitersprach, begannen die Amerikaner miteinander zu flüstern. Schließlich zog O'Brien seine Uhr, wies auf den Stand der Zeiger und sprach weiter auf die andern ein. Inzwischen hatte Beckmann Kiliri mit einigen Worten entlassen und wandte sich wieder seinen amerikanischen Gästen zu.

„Kann ich Ihnen mit irgendeiner Auskunft dienlich sein, Gentlemen?"

O'Brien raffte sich zur Antwort auf.

„Well, Sir. Es ist neun Minuten nach sieben Uhr morgens Eastern Time. ›Eagle 1‹ dürfte die Kontrollstelle erreicht haben. Wann gedenken Sie mit Ihrem Schiff bei den Haymet-Klippen zu sein?"

Beckmann zwang sich mit Gewalt, ernst zu bleiben. „Ich kann es Ihnen nicht auf die Stunde genau sagen, Mr. O'Brien", erwiderte er nach einigem Nachdenken, „es wird davon abhängen, ob wir unterwegs noch das eine oder andere Geschäft zu erledigen haben. Aber hinkommen werden wir schon noch einmal."

O'Brien tauschte ein paar Blicke mit seinen Gefährten. Alle drei hatten den ungewissen Eindruck, daß dieser Deutsche seinen Scherz mit ihnen triebe.

„Später, Gentlemen, später wird Ihnen das alles klar werden", sagte Beckmann, der ihre Gedanken ziemlich genau erriet. „Vorläufig lohnt es sich nicht, daß Sie sich die Köpfe darüber zerbrechen. Herr Heinecken würde sich freuen, Sie im Führerstand unseres Schiffes begrüßen zu können."

Sie folgten der Einladung und gingen mit Beckmann nach vorn. Ihr Weg führte sie zunächst in eine kleinere Kabine mit zwei Ruhebetten und einer elektrischen Küche. Dann kamen sie in den großen Maschinenraum, in dem sie unwillkürlich stehenblieben, um die eigenartigen Maschinenanlagen zu betrachten.

Das wußten sie ja, daß ein Stratosphärenschiff einen luftdichten und druckfesten Rumpf haben muß, in den durch Pumpenanlagen ständig so viel von der dünnen Außenluft hineingeworfen und komprimiert wird, daß im Innern des Schiffes der normale Druck von einer Atmosphäre herrscht. Aber von der ungefähren Kenntnis dieses allgemeinen Prinzips bis zur konstruktiven Lösung der Aufgabe war es ein langer Weg, und hier hatten sie die vorzügliche Lösung vor Augen, welche die Eggerth-Werke für die Aufgabe gefunden hatten. Mit Staunen bemerkten sie, wie die Motoren der Anlage in ganz eigenartiger Weise mit der Wandung des Rumpfes verbunden waren. Ein Teil davon, insbesondere die Zylinder, befanden sich außerhalb des Rumpfes, während die Kurbelgehäuse im Innenraum lagen.

Beckmann zeigte auf ein Instrument, dessen Zeiger bei 55 standen:

„Ein Außenbordthermometer, Gentlemen, Sie sehen, wir haben draußen 55 Grad Celsius unter Null. Im Innenraum hier“, er deutete auf ein gewöhnliches Quecksilberthermometer an der Wand, „halten wir die Temperatur immer auf 20 Grad über Null. Unsere Konstrukteure standen vor der Aufgabe, diesen gewaltigen Temperaturunterschied zwischen innen und außen, der uns natürlich aus den Messungen früherer Forscher bekannt war, für eine gute Kühlung unserer Maschinen auszunutzen. Wie das erreicht wurde, sehen Sie hier. Man ließ sehr einfach – das Einfachste ist ja immer das Beste – die Zylinder der Motoren, die der Kühlung bedürfen, aus dem Rumpfe in die kalte Stratosphäre hinausragen. Natürlich hat man sie außen durch Bleche von Stromlinienform verkleidet, um den Luftwiderstand des Schiffes so gering wie möglich zu machen. So sehen Sie hier im Innenraum eigentlich nur die Kompressionszylinder der Luftpumpen und die Kurbelgehäuse der drei großen Diesel-Maschinen.“

Beckmann wies zur Decke des Raumes, von der sich drei gewaltige Halbzylinder nach unten wölbten.

„Dort oben sind die Kurbelgehäuse in den Rumpf eingelassen. Die Anlage ist genau so abgeglichen, daß die Weltraumkälte der Stratosphäre die Zylinder kühlt, aber nicht bis zu den Kurbelwellen gelangen kann.“

„Gut, sehr gut!“ nickte Watson, „aber wie machen Sie es, wenn Sie während des Fluges eine Reparatur an den Motoren haben?“

Beckmann zuckte die Achseln.

„Sie verlangen zu viel, Mr. Watson. ›St‹ ist unsere erste Stratosphärenschiff-Type. Bei späteren Bauten wird man wahrscheinlich auch die Reparaturmöglichkeit während des Fluges berücksichtigen. Vorläufig müssen wir uns an dem Umstand genügen lassen, daß unsere neuen Diesel-Maschinen tausend Flugstunden ohne Panne leisten.“

Er öffnete eine Tür und bat seine Gäste, ihm zu folgen. Heller Sonnenschein strahlte ihnen durch die Vorderscheiben des Schiffes entgegen und durchleuchtete den Führerstand. In einem bequemen Sessel saß Heinecken, das Steuer des Schiffes in den Händen, die Kopfhörer des Radiogerätes an den Ohren, vor sich die Apparatenwand mit einer verwirrenden Fülle von Meßinstrumenten der verschiedensten Art. Unmittelbar vor seinen Knien spielten die Windrosen dreier Kompasse in ihren Gehäusen. In einer Vorrichtung, die etwa an ein Lesepult erinnerte, war eine Landkarte eingespannt, die auf einen Knopfdruck zu laufen begann. Beckmann trat an Heinecken heran. Der rief ihm ein paar Worte zu und deutete mit dem Finger nach vorn durch die Scheibe. Beckmann folgte der Richtung mit den Augen, zog dann die Amerikaner näher heran.

„Sehen Sie den schimmernden Punkt da unten vor uns?“

Etwas Helles, Schimmerndes zog dort eine Meile voraus tief unter ihnen durch die Luft. Ohne Zweifel ein Flugzeug, aber es war noch zu weit ab, als daß sie Einzelheiten erkennen konnten.

„Es ist der ›Eagle 2‹ mit Mr. Thomson“, rief Beckmann, „Herr Heinecken spricht gerade per Radio mit ihm. Er hat bisher guten Flug gehabt. Schafft mit seinen zwei Motoren immer noch 300 Stundenkilometer. Er hofft in etwa drei Stunden die Kontrollstation zu erreichen. Dann können Sie ein Wiedersehen feiern.“

„In drei Stunden“, sagte O'Brien mit einem Blick auf die Borduhr, „können Sie mir sagen, wann wir ungefähr dort sein werden?“

Beckmann beugte sich vor, betrachtete die Landkarte und stellte eine Frage an Heinecken.

„Es sind noch 900 Kilometer bis zum Juruena, ich denke in 40 Minuten werden wir über dem Platz sein.“

O'Brien zuckte zusammen, als hätte er einen elektrischen Schlag bekommen. Watson hielt die Hand ans Ohr, als habe er nicht richtig verstanden.

„Was? Wie? In 40 Minuten haben Sie gesagt? 900 Kilometer in 40 Minuten?“

Beckmann nickte bestätigend: „In 40 Minuten, Sir.“

„By Patrick and Brigitt!“

O'Brien konnte den heimischen Schwur nicht unterdrücken. „Habt ihr gehört, Watson, Jones? 900 Kilometer in 40 Minuten!“

Watson hatte gehört und hatte schon gerechnet.

„Macht in der Stunde 1350 Kilometer. Oh, ›Eagle 1‹ und ›Eagle 2‹ mit euren 500 Stundenkilometern. Ihr könnt das Rennen aufstecken und euch begraben lassen.“

Beckmann schüttelte den Kopf.

„Werfen Sie die Flinte nicht vorzeitig ins Korn, Mr. Watson. Die Eggerth-Werke wollen das Rennen mit der ›Seeschwalbe‹ machen. Die hat, wie Sie wissen, ja nur 420 Stundenkilometer. Es gibt immer noch Chancen für die Reading-Werke und die Eagle-Maschinen.“

„Aber Sie, Mr. Beckmann, und ›St‹? Sie sind doch auch im Rennen!“

Beckmann lachte.

„Sie irren sich, Mr. Watson! Wir sind gar nicht im Rennen. Wir fliegen hier nur zu unserem Vergnügen etwas spazieren.“

Erstaunen, Zweifel, Ungläubigkeit malten sich in den Mienen der Amerikaner.

„Ich sehe, Gentlemen“, rief Beckmann, „daß Sie meine Mitteilung nicht so trocken verdauen können. Kommen Sie wieder in die Mittelkabine und nehmen Sie einen Soda Whisky.“

Mit einer Geschwindigkeit von mehr als 1300 Stundenkilometern schoß ›St‹ auf seinem Kurs weiter durch die dünne Stratosphäre. Um 8 Uhr 25 morgens nach Eastern Time stand das Schiff über dem amerikanischen Kontrollplatz am Juruena und begann in weiten Spiralen aus seiner Höhe herabzugleiten. Um 8 Uhr 30 setzte es auf dem Rasen vor der großen Wellblechbude auf, in der die Herren Scott Campbell und Williamson nun schon seit Monaten die amerikanische Nation mitten im Urwald vertraten.

Der Morgen des zweiten Renntages kam über New York herauf. Die Spannung, in der sich die Riesenmetropole seit mehr als 40 Stunden befand, hatte nicht nachgelassen. Nur fiebriger, flackriger war sie geworden. Vielen unter den Tausenden, die auch während der zweiten Nacht des Rennens die Straßen bevölkerten, konnte man es ansehen, daß sie seit dem Fallen des Startschusses in kein Bett gekommen waren.

Unablässig funkte der große Sender von Radio City in kurzen Zwischenräumen die Renn-Nachrichten heraus, wie sie aus allen Teilen der

Welt im Rockefeller Building einliefen, und drei Millionen Hörer in New York, 30 Millionen in den Vereinigten Staaten lauschten vor ihren Lautsprechern, begierig das Neueste zu hören. Einem Beobachter, der die Empire City aus großer Höhe betrachtete, mochte sie wohl wie ein Ameisenhaufen erscheinen, den der Stock eines Wanderers aufstört, als nach Mitternacht die Nachricht von der Katastrophe des ›Eagle 2‹ eintraf. Eine der besten Maschinen des Rennens, deren Sieg 120 Millionen Menschen in der Union erhofften, havariert... abgestürzt... im Urwalde verschollen.

Die Massen atmeten auf, als gegen 2 Uhr morgens die Nachricht kam, daß der ›Eagle 2‹ auf dem Oberlauf des Amazonas vor Anker gegangen sei. Ein dröhnender Donner von Cheers und Hail-Rufen rollte über den Broadway und die Bovery, als man in der vierten Morgenstunde hörte, daß der ›Eagle 2‹ wieder gestartet und mit eigener Maschinenkraft auf dem Wege zur brasilianischen Kontrollstelle am Juruena sei.

Andere Nachrichten liefen dazwischen ein. Aber zu groß war das Interesse der Amerikaner an den amerikanischen Maschinen, als daß sie diesen Nachrichten, die gewiß nicht unwichtig waren, besondere Beachtung schenkten. Da war schon vor Mitternacht die Meldung gekommen, daß eine der englischen Fisher-Ferguson-Maschinen in der Großen Victoriawüste in Westaustralien eine böse Notlandung gehabt hätte. Das Flugzeug ein Wrack und in Flammen, zwei Mann der Besatzung verletzt. Sie hatten eben noch den Ort des Unfalls funken können, bevor das Feuer ihren Sender erreichte und den weiteren Funkverkehr unmöglich machte.

Ganz Australien war über diese Hiobsbotschaft in Aufregung geraten. Schon eine Stunde später starteten in Perth, Radcliffbay und Albany Fliegergeschwader der australischen Heeresverwaltung, um die Verunglückten vor einem qualvollen Ende in der großen Wüste zu bewahren.

In New York wurde die Nachricht von der kurz danach eintreffenden Kunde vom Unfall des ›Eagle 2‹ vollkommen überschwemmt und weggewischt. Nur wenige in der Menge, die noch in Eile feststellten, daß mit dieser Fisher-Ferguson-Maschine einer der gefährlichsten Konkurrenten der Eagle-Flugzeuge aus dem Rennen gefallen sei.

Nach jenem dunklen Gesetz der Serie, das bei Unfällen zu herrschen scheint, meldete der Reading-Sender in den nächsten Morgenstunden, daß auch die beiden französischen Cassard-Maschinen in Victoria mit schweren Motordefekten zur Notlandung gezwungen worden waren. Erfreulicherweise in einer besiedelten Gegend in der Nähe von Portland. Auch diese Meldung ging in New York in der allgemeinen Aufregung spurlos unter. Nur die französische Kolonie in der Hudsonstadt, an ihrer Spitze Generalkonsul Gérardin, vernahmen sie mit aufrichtigem Bedauern. Lagen doch danach alle französischen Chancen einzig und allein bei dem kleinen Papillon-Flugzeug. – Höher stieg die Sonne und ließ ihre Strahlen in die Straßenschluchten von New York fallen. Es war zu spät, um sich ins Bett zu legen, zu früh, um schon in die Büros zu gehen. Übernächtigt, aufgeregt wogte die Menge durch die Straßen der unteren Stadt und staute sich vor dem Gebäude von Harrow & Bradley.

Von Trinity Church her klangen die Schläge der Uhr durch die Straße. Vier helle, danach sieben dunkle. Sieben Uhr morgens. Die dreiundvierzigste Stunde des Rennens war vorüber. Die Ungeduld der Menge schwoll auf. Dreiundvierzig Stunden, und noch nicht das halbe Rennen vollendet. Viele Tausende, die Wettzettel von Harrow Bradley in ihren Brieftaschen hatten, begannen zu rechnen. Ein einfaches Exempel: 2 mal 43 sind 86. Alle Wettzettel, die auf eine geringere Siegeszeit als 86 Stunden lauteten, schienen in diesem Augenblick wertlos... nicht mehr das Papier wert, auf dem sie geschrieben waren.

Da ging eine Bewegung durch die Massen. Licht huschte über die große Leinwand an der Hausfront. Leuchtende Buchstaben bildeten sich auf ihr und dann war es deutlich zu lesen:

„Amerikanische Kontrollstation am Juruena. ›Eagle 1‹ mit Frank Kelly am Steuer 7 Uhr morgens Eastern Time gelandet. Flugzeit 43 Stunden, durchschnittliche Geschwindigkeit 465 Stundenkilometer.“

Wie ein Block stand die Masse vor dem Hause von Harrow & Bradley. So dicht preßten sich die Leiber der Tausenden zusammen, daß der einzelne keinen Schritt vorwärts oder rückwärts tun konnte. Mit Mühe nur behielten sie die Hände frei und schleuderten in ihrer Begeisterung über die Rekordzeit der amerikanischen Maschine Hüte, Zeitungen, Taschentücher und was sie sonst bei sich hatten in die Luft. Irgendwo anders fielen diese Dinge wieder zu Boden und wurden von der dicht geballten Menge zertreten. Was kam's denn auf einen Hut oder eine Zeitung weiter an. Der ›Eagle‹, die glorreiche amerikanische Maschine, war ja als die erste, weit vor aller Konkurrenz, in ihrer Kontrollstelle angekommen. Stunden noch konnte es nach den letzten Meldungen dauern, bevor die andern, die Flugzeuge der Deutschen und Italiener, der Franzosen und Engländer, die Hälfte des langen Rennens vollendeten.

Die Massen, die unmittelbar vor der Leinwand von Harrow & Bradley standen, konnten nicht vom Fleck, und immer neue Menschenmengen strömten von beiden Seiten hinzu. Immer stärker wurde der Druck auf die eingekeilten Massen. Schon stützte sich hier und dort einer schwer auf die Nächststehenden. Wurde er ohnmächtig, sank er zu Boden, so war sein Schicksal besiegelt. Unter den Füßen der Tausenden würde er in kurzem zertreten werden.

Schon splitterten hier und da die großen Spiegelscheiben der Läden unter dem Drucke der Menschenmassen. Dutzende wurden durch das zerbrochene Glas in die Schaufenster hineingepreßt und holten sich an den Scherben böse Wunden.

Vergeblich das Bemühen der wenigen Policemen, die Menschenmengen von den beiden Enden her zu zerteilen und zum Weitergehen zu bewegen. Selbst der Gummiknüppel war dieser enthusiasmierten Menge gegenüber machtlos. Aber bei Harrow & Bradley hatte man das Unheil kommen sehen und sich telephonisch mit dem Polizeihauptquartier in Verbindung gesetzt.

Jetzt schrillten von den nächsten Straßenblocks her die Hupensignale der Polizeiwagen. Motoren brummten, Schläuche wurden gelegt, blanke Strahlrohre gerichtet. Dann brach es los. Armstarke Strahlen ergossen sich auf die Menge, schleuderten den einzelnen, den sie trafen, mit Gewalt beiseite, und was die Gummiknüppel nicht vermocht hatten, das schaffte das kalte Wasser in wenigen Minuten. Triefend, fluchend suchten die Menschen dem unfreiwilligen Bad zu entfliehen. Die Eagle-Maschinen und das ganze Reading-Rennen waren vergessen, wo die schweren Wasserstrahlen niederklatschten. Es gab wieder Luft in der verstopften Straße. Die

Sanitätswagen der Polizei konnten bis zu Harrow & Bradley vordringen und sich der Ohnmächtigen und Verletzten annehmen. Etwa ein Dutzend Personen mit Knochenbrüchen und Schnittwunden mußten auf den Ambulanzwagen abtransportiert und in die Spitäler eingeliefert werden. Viele kamen an diesem Morgen unpünktlich in ihre Büros. Andere, die zwar pünktlich da waren, zogen feuchte Spuren auf dem Linoleum des Fußbodens hinter sich her.

Während der folgenden Stunden blieb die Polizei auf der Hut. Verstärkte Posten patrouillierten zwischen Harrow & Bradley und dem Reading-Haus auf und ab und zerstreuten jede größere Ansammlung sofort im Entstehen. Die Motorspritzen und Wasserwagen standen für alle Fälle betriebsbereit in den nächsten Seitenstraßen.

Kurz vor 9 Uhr leuchteten neue Zeichen bei Harrow & Bradley auf.

„Amerikanische Kontrollstation am Juruena. Deutsches Stratosphärenschiff ›St‹ mit drei Mann Besatzung von ›Eagle 2‹ 8 Uhr 40 Minuten gelandet."

Von neuem kam Aufregung in die Massen. ›St‹, das geheimnisvolle Stratosphärenschiff! Was war mit dieser verteufelten Maschine eigentlich los? überall auf dem Globus tauchte sie plötzlich auf... hilfreich, nützlich... das war ohne Zweifel zuzugeben. Schon die nächsten Buchstaben auf der Leinwand brachten wieder eine Bestätigung dafür.

„›St‹ hat Besatzung von ›Eagle 2‹ am Amazonas bei Jaen aufgenommen, nach Kontrollstelle gebracht. Besatzung wartet dort auf Ankunft von ›Eagle 2‹, mit James Thomson am Steuer. ›St‹ nach Treibstoffaufnahme zum Weiterflug gestartet."

Da war wieder das Rätsel. Zu welchem Weiterflug war das Stratosphärenschiff denn gestartet? Claryland, die Kontrollstation der Deutschen, lag doch wenigstens um den vierten Teil des Erdumfanges von der amerikanischen Station am Juruena entfernt. War das deutsche Schiff überhaupt noch im Rennen, oder trieb es seinen Scherz mit der ganzen Welt? Als wolle die Leinwand an der Hausfront eine Antwort auf alle die vielen Fragen geben, begann sie von neuem aufzuleuchten.

„Nach übereinstimmender Aussage der Besatzung von ›Eagle 2‹ hat das deutsche Stratosphärenschiff die 2000 Kilometer vom Amazonas bis zum Juruena in anderthalb Stunden zurückgelegt. Mr. O'Brien behauptet, daß das Schiff in 14 Kilometer Höhe mit 1350 Stundenkilometer geflogen ist."

Wie ein Lauffeuer ging die neue Nachricht durch ganz New York. Was half's, daß ein paar Bekannte von O'Brien behaupteten, daß er ein Ire und dazu ein ganz ausgekochter Lügenbeutel sei. Die Tatsache und die Zahlen standen fest, und sie wurden in späteren Meldungen auch noch durch die Aussagen der Herren Watson und Jones bekräftigt. Leute, die gut rechnen konnten, versuchten zu beweisen, daß das Stratosphärenschiff auch jetzt noch trotz aller seiner Nebenwege das Rennen nach Belieben gewinnen könne. Die Rechnung war ja auch so einfach. 10 000 Kilometer vom Juruena bis nach Claryland, denn die Kontrolle mußte das Schiff nach Bedingungen des Rennens berühren. 20 000 Kilometer dann von Claryland bis zur Schreckensbucht. 30 000 Kilometer im ganzen. Bei dieser phantastischen Geschwindigkeit von 1350 Stundenkilometern würde das Teufelsschiff sie in 22 Stunden zurücklegen und weit vor allen andern sein Ziel erreichen können.

Ein wenig Wasser in den Wein dieser Rechnung goß eine spätere Nachricht, daß das Stratosphärenschiff einen blinden Passagier von den Manihiki-Inseln an Bord habe, den es erst wieder dorthin zurückbringen wollte. Aber trotzdem, selbst bei solchem Umwege mußte es immer noch in der Lage sein, das Rennen zu gewinnen, wenn es diese unglaubliche Geschwindigkeit wirklich besaß, von der die Eagle-Leute fabelten.

Kurz nach 11 Uhr vormittags flammte eine neue Nachricht von der Front von Harrow & Bradley herab.

„Amerikanische Kontrollstation am Juruena. ›Eagle 2‹ elf Uhr morgens Eastern Time mit Thomson am Steuer gelandet. Gesamtflugzeit 47 Stunden. Durchschnittsgeschwindigkeit 425 Stundenkilometer. Voraussichtliche Dauer der Reparaturarbeiten etwa eine Stunde."

Von neuem brauste Jubel durch die Straße. Auch die zweite amerikanische Maschine, nach ihrem schweren Unfall in den Kordilleren schon verloren gegeben, hatte doch noch vor allen andern Konkurrenten das halbe Rennen beendet. Die Dinge standen gut für die Union, gut auch für den Reading-Konzern und die Reading-Werke in Bay City.

An tausend Stellen rechnete man es sich aus, daß ›Eagle 1‹ wenigstens einen Vorsprung von vier Stunden oder 1850 Kilometer vor seinen Konkurrenten habe. An tausend Stellen konstatierte man mit Befriedigung, daß auch ›Eagle 2‹ noch mit guten Chancen im Rennen lag.

Und während die Minuten verstrichen und sich zu Viertelstunden summten, stieg die Siegesgewißheit der Menschenmassen in den Straßen immer mehr.

Da endlich kurz vor 12 Uhr mittags eine neue Meldung in Flammenschrift.

„Deutsche Kontrollstation auf Claryland. Deutsches Flugzeug ›Seeschwalbe‹ 11 Uhr 45 Minuten angekommen. Flugzeit 47 Stunden 45 Minuten. Durchschnittliche Geschwindigkeit 420 Stundenkilometer."

Mit Befriedigung nahm die Menge die Mitteilung auf. Nicht die schnellen englischen Fisher-Ferguson-Maschinen lagen an zweiter Stelle, sondern das deutsche Flugzeug. Man wußte allgemein, daß es nur für 420 Stundenkilometer gebaut war, niemand glaubte, daß es den um 80 Stundenkilometer schnelleren Eagle-Maschinen ernsthaft gefährlich werden könne.

Noch besprach man die Aussicht der Deutschen, als die Leinwand wiederum aufleuchtete.

„Italienische Kontrollstation bei den Haymetklippen. Eine Maschine Gamma Romea 11 Uhr 30 Minuten gewassert. Flugzeit 47 Stunden 30 Minuten. Durchschnittsgeschwindigkeit fast 421 Stundenkilometer."

Mit gemischten Gefühlen las man die Meldung. Was war aus dem stolzen italienischen Geschwader von sechs dieser bewährten schnellen Gamma-Romea-Maschinen geworden. Nur eine einzige hatte vorläufig die Station erreicht. Aber deren Leistung war nicht zu unterschätzen. Schneller als die deutsche, nur wenig langsamer als die amerikanischen Maschinen, konnte sie vielleicht im Endkampf noch ein ernstes Wort mitsprechen. Entschieden war das große Rennen nach den ersten 20 000 Kilometern jedenfalls noch längst nicht.

Die Uhren des Stadtviertels huben gerade an, die Mittagsstunde zu schlagen, als es wieder von der Wand leuchtete.

„Deutsche Kontrollstation auf Claryland. Deutsches Stratosphärenschiff ›St‹ 11 Uhr 50 Minuten angekommen. Flugzeit 47 Stunden 50 Minuten. Durchschnittsgeschwindigkeit etwas unter 420 Stundenkilometer."

Die Menge stand verdutzt vor dem Wettbüro. Viele tausend Augenpaare starrten zu der Leinwand empor und lasen die Worte der Meldung wieder und immer wieder, ohne sie doch begreifen zu können. Ein vergebliches Raten, Fragen, Raunen unter den Tausenden, ohne daß es einem einzigen gelungen wäre, des Rätsels Lösung zu finden.

Im Reading-Haus saß John Sharp mit einigen Herren des Kuratoriums in seinem Arbeitszimmer, als der Lautsprecher die Nachricht von der Ankunft des Stratosphärenschiffes in Claryland verkündete. Auch hier war die Verblüffung nicht geringer als draußen bei der Menge.

„Unbegreiflich! Verstehen Sie das, Sharp?" fuhr der Präsident des amerikanischen Aero-Clubs auf, als die letzten Worte der Meldung im Lautsprecher verklungen waren.

„Mein lieber Stangland!" meinte John Sharp, „schließlich entspricht es den Bedingungen unseres Rennens, daß auch dies... ich gebe zu etwas mysteriöse Stratosphärenschiff einmal zu der deutschen Kontrollstation kommt und dort seine Besuchskarte abgibt. Seine Flugzeit und Geschwindigkeit sind bei Gott nicht überwältigend. Ich verstehe nicht recht, warum sich die Eggerth-Werle mit einer derartigen gewiß nicht einfachen und durchaus nicht billigen Sonderkonstruktion abgegeben haben, wenn sie schließlich doch nicht schneller ist als die ›Seeschwalbe‹."

„Wir dürfen nicht vergessen", fiel ihm Francis Flagg ins Wort, "daß ›St 1‹ gleich nach seinem Start in der Schreckensbucht eine Panne gehabt hat, die ihm wenigstens sechs Stunden kostete. Es ist ganz achtbar, daß das Schiff diesen Verlust bis auf wenige Minuten wieder aufgeholt hat. Ziehen wir mal die sechs Stunden von seiner wirklichen Flugzeit ab, dann kommen wir auf eine Durchschnittsgeschwindigkeit von 470 Stundenkilometer und damit, meine Herren... ja damit wird dies Stratosphärenschiff ein sehr beachtenswerter Konkurrent für unsere Eagle-Maschinen."

„Aber“, unterbrach ihn Stangland unwirsch und schlug mit der Hand auf den Tisch, „wir reden ja um die Sache herum, Gentlemen! Es dreht sich ja gar nicht darum, ob ›St 1‹ etwas früher oder später seine Kontrollstation erreicht hat. Darum handelt es sich, daß das Stratosphärenschiff noch vor wenigen Stunden in Brasilien auf unserem Kontrollplatz gewesen ist.“

In die Stille, die seiner Rede folgte, fielen die Worte Jack Gibsons.

„So ist es, Gentlemen! Die Tatsache steht unerschütterlich fest. Es wird durch die übereinstimmenden Meldungen sowohl unserer Leute am Juruena, wie der Besatzung von ›Eagle 2‹ erhärtet, daß das deutsche Stratosphärenschiff um neun Uhr auf unserem Kontrollplatz gewesen ist. Es muß demnach rund 10 000 Kilometer bis Claryland in der Zeit von zwei Stunden und fünfzig Minuten zurückgelegt haben. Gentlemen, daraus errechnet sich eine Stundengeschwindigkeit von 3400 Kilometer.“

John Sharp fuhr sich nachdenklich über die Stirn.

„3400 Stundenkilometer? Ungefähr Sternschnuppengeschwindigkeit!? Eine kosmische Geschwindigkeit von einem Kilometer in der Sekunde… unmöglich!“

„Vergessen Sie nicht“, sagte Stangland, „daß das Teufelsschiff nach den Aussagen der Leute vom ›Eagle‹ die Strecke vom Amazonas zum Juruena mit 1350 Stundenkilometer geflogen ist.“

„Wenn es wahr ist?“, warf Flagg ein. „Ich muß sagen, daß ich Zweifel habe. Es klingt zu unwahrscheinlich, und es verträgt sich nicht mit der Geschwindigkeit, die ›St 1‹ auf dem Wege von der Schreckensbucht nach Claryland entwickelt hat.“

„Ein verdammtes Rätsel, das die Dutchmen uns da aufgeben!“ schrie Stangland ärgerlich. „Der Teufel soll alle Stratosphärenschiffe und alle verrückten Erfinder holen!“

Der Lautsprecher mischte sich in die Debatte. Eine neue Meldung klang von seiner Membrane her durch den Raum:

„Coolgardie, Westaustralien. 12 Uhr 10 Minuten American Eastern Time. Das deutsche Stratosphärenschiff ›St‹ ist mit der Besatzung der in der Viktoriawüste abgestürzten Fisher-Ferguson-Maschine hier gelandet. ›St‹ ist nach kurzem Aufenthalt wieder gestartet, um, wenn möglich, auch die Maschine zu bergen."

Verschieden wirkte die Nachricht auf die drei Männer im Zimmer. Der rote Teint Stanglands verfärbte sich ins Bläuliche. Verzweifelt schöpfte er nach Luft.

„Das Stratosphärenschiff um 12 Uhr in Westaustralien?" fragte Flagg wie traumverloren, während er mit dem Bleistift in seiner Rechten allerlei Figuren auf ein Stück Papier malte.

„Nicht ›das‹ Stratosphärenschiff, Flagg!" schrie John Sharp wie erlöst. „Ein Stratosphärenschiff ist in Coolgardie. Ein anderes ist am Juruena gewesen, das dritte hat in Claryland gewassert. Wenigstens drei Stück von den verdammten Teufelskähnen schwimmen auf dem Globus herum und halten die Welt zum Narren. Das ist die einfache Lösung des Rätsels."

Stangland ließ die Luft aus seinem breiten Brustkasten. Sein Gesicht nahm wieder die natürliche Kupferfärbung an.

„Uff, gentlemen! That settles the matter. Geben Sie mir einen Soda Whisky, Sharp! Die Überraschung war etwas zu heftig."

Ein Boy brachte dem Präsidenten des Aëro-Clubs das Gewünschte. Während er sich bediente, hub John Sharp an.

„Gentlemen! Des Rätsels Lösung haben wir jetzt. Die Lösung kann für die Eggerth-Werke unangenehme Folgen haben."

„Wieso? Weshalb?" fragten die andern.

„Well, Gentlemen! Die Eggerth-Werke haben ein Stratosphärenschiff mit der Kennmarke ›St 1‹ für das Reading-Rennen gemeldet und in der Schreckensbucht starten lassen. Das gleiche Schiff muß die Kontrollstation in Claryland passieren, und dasselbe Schiff muß auch wieder nach der Schreckensbucht zurückkommen. So verlangen es die Bedingungen des Rennens. Ich werde unsere Kontrolleure durch Funkspruch anweisen, scharf darauf zu achten, daß diese Bedingungen auch erfüllt werden. Es geht natürlich nicht, daß die Eggerth-Werke uns irgendein beliebiges Schiff unterschieben und eventuell als Sieger präsentieren."

„Für Claryland dürfte es schon zu spät sein“, sagte Stangland, „da ist das Stratosphärenschiff... oder ein Stratosphärenschiff, wie Sie wollen... schon gewesen.“

Flagg schüttelte nachdenklich den Kopf.

„Ich glaube, Sie machen sich vergebliche Mühe. Nach dem, was wir allmählich über die Stratosphärenschiffe herausbekommen haben, fürchte ich, daß die Deutschen mit ihnen das Rennen gewinnen, wie sie wollen und wie es ihnen paßt.“

John Sharp zuckte die Achseln.

„Vielleicht, Flagg, vielleicht auch nicht. Unsere Kontrollorgane werden von jetzt an ein scharfes Auge auf diese Maschinen haben.“

Er trat an das Fenster und warf einen Blick auf die Straße, winkte sich die beiden andern heran.

„Sehen Sie, wie die Massen sich da unten trotz der Unfälle des heutigen Morgens schon wieder drängen und stauen. Die Polizei scheint machtlos dagegen zu sein.“

„Kein Wunder, Sharp“, meinte Stangland, „das Wettbüro von Harrow & Bradley zieht das Volk an wie der Honig die Fliegen. Letzte Nachrichten und Wettmöglichkeiten zusammen an der gleichen Stelle. Kein Wunder, daß unsere lieben New Yorker da in Massen kommen. Ein Mordsgeld muß die Firma in den letzten 24 Stunden gescheffelt haben. Man müßte etwas dagegen tun. Heute morgen hat es Verletzte gegeben. Beim nächstenmal könnte es Tote geben.“

John Sharp nickte.

„Sie haben recht, Stangland, man muß den Unfug inhibieren. Ich werde mich mit dem Polizeihauptquartier in Verbindung setzen. Die Lichtreklame und die Rennmeldungen an der Hausfront müssen verschwinden. Das Gesetz über die Sicherheit des Verkehrs bietet der Polizei eine Handhabe, das zu verbieten.“

„Tun Sie das so schnell wie möglich, lieber Sharp“, rief Stangland, während er nach seinem Hute griff. „Wir müssen endlich wieder einen vernünftigen Verkehr in unserer Straße bekommen.“

„Ich werde es besorgen“, sagte John Sharp und reichte den beiden Mitgliedern des Kuratoriums die Hand zum Abschied.

Nicht nur im Reading-Haus beklagte man sich über die dauernden Verkehrsstockungen vor den Büros von Harrow & Bradley. Fast noch ungehaltener waren die Herren Tredjakoff, Bunnin und Perow darüber. Die saßen ebenso wie vor 24 Stunden mit Mr. Hyblin in dem kleinen Salon in der Nähe des Reading-Hauses und blickten abwechselnd ungeduldig auf die Uhr an der Wand und das Gedränge in der Straße.

„Keine Möglichkeit, Gentlemen“, knurrte Hyblin vor sich hin, „heute ist es noch schlimmer als gestern. Beinahe ebensoviel Volk auf der Straße wie vor 24 Stunden und viermal soviel Polizei.

Sie haben sicher von den Vorkommnissen hier am heutigen Morgen gehört. Die Blauen haben ihre Motorspritzen und Wasserwagen immer noch in den Querstraßen bereitstehen. Unsere drei Überfallwagen mußten machen, daß sie weiterkamen. Wären sonst am Ende den Greifern noch in die Hände gefallen, die Polypen zeigten schon ein unangenehmes Interesse für unsere Leute und unsere Maschinengewehre.“

Tredjakoff fuhr sich mit beiden Händen verzweifelt in die Haare.

„Es ist zum Verrücktwerden, Mr. Hyblin. Das dreimal verfluchte Wettbüro von Harrow & Bradley macht uns einen Strich durch unsere besten Pläne. Die erste Hälfte des Rennens ist vorbei. In spätestens noch mal 40 Stunden wird eins der Flugzeuge sein Ziel erreichen, mag's nun der ›Eagle‹ der Reading-Werke oder die ›Seeschwalbe‹ der Deutschen oder sonst wer sein, für uns ist es dann zu spät. In 48 Stunden geht John Sharp an den Tresor, holt die wertvollen Pläne heraus und übergibt sie dem Sieger. Nur heute und morgen bleibt uns noch die Mittagsstunde, danach ist alles vorbei.“

Hyblin schüttelte den Kopf.

„Heute geht's unmöglich, Mr. Tredjakoff. Bei solchem Unternehmen kommt alles darauf an, sofort nach geschehener Tat zu verschwinden. Unsere Überfallwagen müßten schon wenigstens einen Kilometer weg sein, bevor das Publikum wieder zur Besinnung kommt und die Polizei alarmiert wird. Wie wollen Sie das hier machen, wo die Polizei schon in voller Alarmbereitschaft zur Stelle ist? Vollkommen ausgeschlossen, Mr.

Tredjakoff. Wir können uns nicht auf eine Sache einlassen, bei der die Chancen 99 zu 1 gegen uns stehen."

„Dann bleibt uns nur noch der morgige Mittag, Mr. Hyblin. Geht's da wieder so, ist das Spiel verloren. Schade um die schönen Dollars, die Ihnen entgehen werden."

Bunnin sah auf die Uhr.

„30 Minuten nach 12. Noch eine halbe Stunde, dann sperren die Zeitschlösser den Tresor wieder. Was meinen Sie, Tredjakoff? Ob ich's versuche, allein an den Schrank zu kommen?"

Tredjakoff wiegte nachdenklich den Kopf, Hyblin mischte sich lebhaft ein.

„Um keinen Preis, Gentlemen! Sie dürfen die Nerven nicht verlieren. Sie würden durch einen voreiligen Schritt alles verderben. Uns bleibt noch die Mittagsstunde von morgen und auch sicher noch die von übermorgen. Der Sieger muß doch erst wieder von seiner Zielstation zurück sein, bevor ihm die Pläne übergeben werden können."

Die drei Russen steckten die Köpfe zusammen und redeten eifrig hin und her. Bunnin wollte es heute noch versuchen, Perow war dagegen, Tredjakoff schwankte, und während sie so hin und her debattierten, rückte der Minutenzeiger der Uhr unaufhaltsam weiter vor.

„10 Minuten vor 1, Gentlemen", mischte sich Hyblin in das Gespräch der Russen, „für heute ist's auf alle Fälle zu spät. Wir müssen das Unternehmen auf morgen verschieben. Ist es morgen wieder ebenso wie heut, dann mag Mr. Bunnin es auf seine Gefahr versuchen, selber an den Tresor heranzukommen. Ich kann meine Jungens nicht in eine Sache schicken, die sie totsicher nach Sing-Sing bringt."

„Der Teufel soll Harrow & Bradley holen", knurrte Tredjakoff wütend, „ohne den verfluchten Wettladen hier wäre die Geschichte schon vor 24 Stunden erledigt gewesen."

„Harrow & Bradley", sagte Bunnin nachdenklich vor sich hin. „Die Kerls haben in den letzten Tagen Millionen eingenommen. Müßte sich eigentlich für Sie lohnen, Hyblin, denen mal einen Besuch zu machen."

Hyblin zuckte die Achseln.

„Wäre zwecklos, Gentlemen, wir sind informiert. Die Herren Harrow Bradley schaffen ihre Einnahmen viermal am Tage auf die Bank. Man würde in dem Bau da drüben verdammt wenig finden. Ah, sehen Sie doch mal…“

Hyblin beugte sich näher zum Fenster hinüber und deutete auf den Haupteingang des Wettbüros. Ein Polizeioffizier in Begleitung von sechs Policemen verschwand dort eben in der Tür.

Mr. Hyblin alias Texas Jack pfiff durch die Zähne.

„Hm, hm! Merkwürdig, sehr merkwürdig! Möchte wissen, was die Blauen da drüben wollen. Glaube nicht, daß die Herren Harrow & Bradley über den Besuch besonders entzückt sein werden.“

„Wollte Gott, sie machen den verdammten Laden zu“, entfuhr es Tredjakoff.

„Glaube ich nicht, Gentlemen“, meinte Hyblin. „Vermute eher, daß es sich da um die Sicherstellung von Steuergeldern handeln könnte.“

„Steuergelder? Sicherstellung?“ kam es fast gleichzeitig von den Lippen der Russen. Um Hyblins Mund spielte ein pfiffiges Lächeln.

„Hab mich ein bißchen um die Firma gekümmert, Gentlemen. Sie verstehen, berufliches Interesse. Habe dabei allerlei Interessantes erfahren. Sind in den letzten Tagen große Summen vom Konto der Firma auf Kanadische Banken transferiert worden. Verstehen doch, Gentlemen? An das, was in Kanada ist, kann Uncle Sam nicht mehr ran.“

„Alle Wetter, Hyblin“, rief Tredjakoff und kramte einen Haufen Wettzettel aus seinen Taschen. „Sie meinen, die edle Firma will nach Kanada verduften, wenn's hier ans Auszahlen geht?“

Hyblin machte eine vielsagende Bewegung.

„Wer kann das wissen, Mr. Tredjakoff? Der kluge Mann baut vor. Harrow & Bradley sind zweifellos sehr kluge Leute.“

Tredjakoff zerknitterte nervös die zahlreichen roten und grünen Wettzettel, auf denen zu lesen war, daß er eine sehr beträchtliche Anzahl von Dollars bei Harrow & Bradley angelegt hatte.

„Eine faule Geschichte, Mr. Hyblin, wenn das Wettbüro seinen Verpflichtungen nicht nachkäme. Das würde ja einen Riesenskandal geben. Millionen an Wettgeldern einnehmen und damit ausrücken…“

Hyblin machte eine beschwichtigende Handbewegung.

„Braucht ja nicht so zu sein, Gentlemen. Habe nur gesagt, daß es vielleicht so kommen könnte, wenn die drüben kein rundes Buch haben.“

Wieder unterbrach er sich und deutete auf das Haus von Harrow & Bradley. Dort erschienen Angestellte an den Fenstern und zogen die große Leinwand ein, auf der bisher die Renn-Nachrichten in Flammenschrift erschienen waren.

„Was soll das bedeuten?“ fragte Tredjakoff.

Hyblin rieb sich die Hände.

„Ich glaube, Gentlemen, die Polizei arbeitet für uns. Vielleicht hat man die Entfernung der Lichtreklame aus verkehrspolizeilichen Gründen angeordnet. Das könnte uns morgen helfen. Ohne diese Renn-Nachrichten wird der Verkehr hier schwächer sein.“

Hyblin schickte sich zum Gehen an.

„Es bleibt bei unserer Verabredung, Gentlemen, wir treffen uns morgen mittag wieder hier.“

Er verließ den Salon. Die Russen hörten es nicht mehr, wie er vor sich hinmurmelte: ›Hoffentlich sind die Messers Harrow & Bradley morgen mittag noch nicht in Kanada. Sonst wären das Gedränge und der Spektakel hier in der Straße schlimmer denn je.‹

Mit sehr gemischten Gefühlen hatten die Herren Eliha Bradley und Roger Harrow den Besuch der Polizei empfangen. Ihre ersten Vermutungen bewegten sich in ähnlicher Richtung wie diejenigen des ehrenwerten Mr. Hyblin. Die rückständigen Steuern für die Wetteinnahmen an Uncle Sam abführen? Sie hatten es bisher nur in sehr bescheidenem Maße getan und für alle Fälle einen sehr großen Teil der Einnahmen über die Grenze nach Kanada verschoben.

Seit 24 Stunden hatten die beiden Firmeninhaber schwere Sorgen. Ihr Buch war nicht mehr rund. Die Stundenzahlen zwischen 80 und 90 für die Siegeszeit waren von der wettlustigen Menge in einer Weise übersetzt, daß sie ihren Bankrott vor Augen sahen, wenn das gewinnende Flugzeug wirklich innerhalb dieser Zeiten sein Ziel erreichte. Die Wahrscheinlichkeit aber, daß das geschehen könnte, war nach der Ankunft der amerikanischen, deutschen und italienischen Maschinen an ihrer Kontrollstelle bedeutend gestiegen, und zum Leidwesen von Harrow & Bradley war sich das Publikum dieser Tatsache schnell bewußt geworden. Die Rechnung war bei den Odds 1:100, welche die Firma immer noch bot, verhältnismäßig einfach. Man setzte auf die Zahlen von 80 bis 90 je einen Dollar, riskierte also elf Dollars und hatte die schöne Chance, hundert herauszubekommen, wenn der Sieger innerhalb dieser Stunden sein Ziel erreichte. Aus diesem Grunde hatte es heute vormittag noch einmal einen gewaltigen Run auf das Büro gegeben. Mehrere hunderttausend Dollar waren im Laufe weniger Stunden in die Kassen der Firma geflossen, aber die Aussicht, aller Wahrscheinlichkeit nach ein Vielfaches an Gewinnen auszahlen zu müssen, stimmte die Firmeninhaber nicht gerade heiter. In ihre Beratungen und Überlegungen platzte der Besuch der Polizei hinein: Verfügung des Hauptquartieres, die Lichtreklame sofort zu entfernen und während der Dauer des Rennens nicht wieder anzubringen.

Mit einem Gefühl der Erleichterung unterschrieben die Firmeninhaber den Schein, in dem sie sich verpflichteten, der Anordnung nachzukommen, und gaben Auftrag, die anstößige Leinwand einzuziehen. Sie wußten nicht, daß die Anordnung auf Veranlassung von John Sharp erfolgt war und John Sharp wußte nicht, daß er damit den besten Schutz für seinen Tresor aus dem Wege räumen ließ. Die Polizei hatte ihre Pflicht getan und zog salutierend ab. Elihu Bradley und Roger Harrow blieben mit ihren Sorgen allein zurück. An ihren Schreibtischen saßen sie sich im Chefkabinett gegenüber, einen Haufen von Zahlenaufstellungen und Kurvenzeichnungen vor sich. Der lange rothaarige Harrow und der kurze wohlbeleibte, brünette Bradley, die jeden, der sie zusammen sah, unwillkürlich an die Filmkomiker Pat und Patachon erinnerten.

„Wir können unser Buch nicht mehr rundhalten", seufzte Bradley und deutete auf die vor ihm liegende Kurvenzeichnung, die sich über den Zahlen 80 bis 90 stark nach oben ausbeulte.

Harrow kratzte sich verdrießlich den Kopf.

„Wir müssen die Odds verkürzen, Bradley, sonst gehen wir pleite. Höchstens noch 1:25 können wir bieten."

„Unmöglich, Harrow! Die New Yorker schlagen uns den Laden kurz und klein, wenn wir jetzt schlechtere Odds legen."

Harrow griff nach der Brandyflasche und mischte sich einen kräftigen Toddy.

„Wir werden es trotzdem müssen, Bradley. Seit den letzten Meldungen von den Kontrollstellen ist das Publikum auf diese Zahlen wie versessen. Oder..."

„Oder?..." sagte Bradley, während er eine Zahlenaufstellung studierte. „Wir haben fünf Millionen Dollars... gut verteilt auf die Banken von Quebec, Toronto und Winnipec, die wären mal vorläufig in Sicherheit, etwa eine Million haben wir noch hier in den Staaten. Die könnten in vierundzwanzig Stunden auch drüben sein..."

„Sie meinen, Bradley?..."

„Ich meine, Harrow, wir nehmen das Geschäft hier mal erst bis auf den letzten Dollar mit. Die Wettnarren werden uns in den nächsten vierzig Stunden noch allerlei ins Haus bringen."

„Aber die Odds, Bradley! Wir hätten es uns vorbehalten müssen, die Odds im Verlauf des Rennens zu ändern."

„Geht nicht mehr, Harrow. Wir müssen die Dinge laufen lassen wie sie wollen."

„Also abwarten und die Dinge an uns herankommen lassen?"

„Unbedingt, Harrow. Eventuell sperren wir unsere Schalter zwölf Stunden vor dem voraussichtlichen Ende des Rennens und sehen uns den Ausgang von Kanada aus an. Dann können wir uns immer noch entscheiden, ob wir..." Bradley machte mit der Rechten die Bewegung des Geldauszahlens, „oder ob wir... na Sie wissen ja Harrow!"

Der lange Harrow sah bedrückt aus.

„Die Auslieferungsgesetze, Bradley?…“

„Sind sehr günstig, Harrow. Der Fall würde nicht unter die Auslieferung fallen.“

„Dann warten wir ab“, sagte Harrow und vertiefte sich in sein Toddyglas.

„Warten wir ab“, bestätigte Bradley und machte sich fertig, um zum Lunch zu gehen.

Die Herren Harrow und Bradley waren nicht die einzigen, denen die bisherige Entwicklung der Dinge beim Reading-Rennen Kopfschmerzen verursachte. Auch Yoshika und Hidetawa verfolgten die Meldungen des Reading-Senders mit Spannung und wachsendem Mißvergnügen.

Das erbitterte Rennen, das die japanischen Flugzeuge den Eagle-Maschinen auf der langen Ozeanstrecke von den Hawaiinseln bis nach dem Südamerikanischen Kontinent geliefert hatten, war zuungunsten der Japaner ausgegangen. Ein Teil ihrer Maschinen hatte die gewaltige Überbeanspruchung nicht ausgehalten und zu zeitraubenden Reparaturen bei den Galapagosinseln Station machen müssen.

Als Frank Kelly mit dem ›Eagle 1‹ die Kontrollstation am Juruena erreichte, war überhaupt nur noch eine einzige japanische Maschine in der Luft, die zu dieser Zeit eben erst die Küste von Ekuador bei Esmeraldas überflog.

Am Morgen des zweiten Renntages befanden Yoshika und Hidetawa sich wieder in Hackensack. Es sah wüst und unaufgeräumt in ihrem Laboratorium aus. Flecke von allen erdenkbaren Farben und Formen bedeckten den Fußboden. Kanister und Retorten standen zu Dutzenden unordentlich durcheinander. Es war offensichtlich, daß hier längere Zeit intensiv gearbeitet und die Arbeit dann aus irgendwelchen Gründen plötzlich abgebrochen worden war.

Ein Lautsprecher, der zwischen all diesen chemischen Gerätschaften fast wie ein Fremdkörper wirkte, war eingeschaltet und verkündete die laufenden Nachrichten des Reading-Senders.

„Unsere Aussichten sind nicht gut“, sagte Yoshika.

„Sie sind schlecht“, bestätigte Hidetawa. „Wenn nicht noch ein glücklicher Zwischenfall die amerikanischen Maschinen während der zweiten Hälfte des langen Fluges aus dem Rennen wirft, wird der Reading-Preis nicht nach Tokio kommen.“

Ein kaum merkliches Lächeln glitt über die unbewegten Züge Yoshikas. Mit einer Handbewegung auf die Retorten und Kanister sagte er: „Wir haben getan, was möglich war, Hidetawa. Unser Mann ist seit 36 Stunden in dem Rennflugzeug auf dem Wege nach Brasilien. Die letzten Meldungen aus Radio-City haben unsere erste Annahme bestätigt, daß die Eagle-Maschinen bei Porto Alegre zu neuer Treibstoffaufnahme niedergehen werden. Wenn Adams mit den neuen Lacken rechtzeitig da ist, kann noch alles nach Wunsch gehen.“

Hidetawa nickte:

„Ich meine es auch, Yoshika. Das Flugzeug ist zuverlässig und schnell, Okuru der beste Pilot, den wir zur Verfügung hatten. Nur... ich habe Zweifel, ob wir in Adams den richtigen Mann für unser Unternehmen eingesetzt haben. Beumelé wäre dafür vielleicht besser gewesen.“

Yoshika zuckte die Achseln.

„Ich weiß, Hidetawa, es ist nicht leicht, geeignete Personen für solche Aufgaben zu finden. Sie tun es ja nicht für das Vaterland wie wir. Sie sind nicht wie wir bereit, sich schweigend zu opfern und ihr Leben für die höchste Idee hinzugeben. Es sind Schufte, die jedem für Geld ihre Dienste anbieten. Dabei sind sie immer geneigt, auf beiden Achseln zu tragen und ihre Auftraggeber gelegentlich zu verraten.“

Hidetawas Gesicht, solange unbeweglich, zeigte Bewegung.

„Eben deshalb, Yoshika, hätte ich diesen Beumelé lieber gehabt... Er ist ein ausgekochter Halunke, aber er muß zu uns halten, weil er zuviel zu verlieren hat. Bei Adams bin ich meiner Sache nicht so sicher.“

Yoshika machte eine wegwerfende Handbewegung.

„Adams ist wenigstens ein ebenso großer Schuft wie Beumelé. Außerdem haben wir ihn vollkommen in der Hand.“

Der Japaner entnahm einer Schublade ein stattliches Päckchen von Geldscheinen. Es waren Hundertdollarnoten, aber nur die Hälften davon. Das ganze Bündel schien mit Gewalt in der Mitte durchgerissen zu sein. Hidetawa konnte beim Anblick der Scheine ein Lächeln nicht unterdrücken.

„Eine gute Idee, Yoshika, dem Manne nur die Hälften der Banknoten zu geben. 15 000 Dollar sind für Adams eine große Summe. Er wird alles tun, um seinen Auftrag zu erfüllen und sich danach die andern Hälften zu holen."

„Wir wollen es hoffen, Hidetawa. Entkommen uns die Eagle-Maschinen ungehindert auf den Atlantischen Ozean, wird die Aufgabe immer schwerer für uns. Erst in der Malakkastraße könnte unsere Organisation sie dann wieder fassen."

Hidetawa legte die Finger auf die Lippen.

„Sprich nicht davon, Yoshika! Die Wände könnten Ohren haben. Wir müssen abwarten, wie unser Unternehmen in Porto Alegre ausgeht."

„. . . und dann nach Tokio zurückkehren, Hidetawa. Ich möchte nicht zurückkehren, wenn unser Auftrag nicht gelingt."

„Wir werden in wenigen Stunden wissen, ob er gelungen ist. Wir wollen nach New York zurückfahren."

Sabotage am Werk

Mit überschäumender Begeisterung hatte die Bevölkerung von New York die Nachricht von der Ankunft des ›Eagle 1‹ in der amerikanischen Kontrollstelle aufgenommen. Die amerikanische Maschine die erste im Rennen, allen Konkurrenten um mehrere 1000 Kilometer voraus... das war für die sport- und wettlustigen Bürger der Union schon ein ausreichender Grund, um außer sich zu geraten.

Fast noch größer war die Freude auf dem Kontrollplatz am Juruena, als der ›Eagle‹ dort am Morgen des zweiten Renntages nach einer Flugdauer von 43 Stunden niederging. Kommandant Scott Campbell und sein Ingenieur Jack Williamson ließen es sich nicht nehmen, Frank Kelly aus dem Flugzeug zu heben und im Triumph über den Platz zum Kasino zu tragen. Von allen Seiten strömten die Montagemannschaften, welche die Bay-City-Werke hier stationiert hatten, zusammen, um den bisherigen Sieger des großen Rennens mit endlosen Cheers und Hails zu bewillkommnen. Auch Pender und Hobby bekamen einen gehörigen Teil von dem Empfang ab und erreichten mehr getragen als gehend das Stationsgebäude.

Ob sie wollte oder nicht, die Besatzung des ›Eagle 1‹ mußte zunächst einmal an der geschmückten Tafel Platz nehmen und den guten Dingen zusprechen, die hier für sie aufgebaut waren.

Als Frank Kelly von den für sein Flugzeug notwendigen Überholungsarbeiten sprechen wollte, deutete Scott Campbell lachend auf den Platz.

„Keine Sorge, Direktor, die Boys haben den ›Eagle‹ schon vor, die Jungens wissen, was Ihrer Maschine nottut. Garantiere Ihnen, daß der ›Eagle‹ in einer knappen Stunde von vorn bis hinten überholt und aufs neu frisiert dastehen wird."

Da ließ Kelly dem Platzkommandanten seinen Willen und bediente sich von den Gerichten, die vor ihm aufgebaut standen. Aber es war ihm anzumerken, daß er nur mechanisch aß und trank, während seine Gedanken wo anders weilten.

Campbell trank ihm zu. „Auf Ihr Wohl, Mr. Kelly, auf einen glücklichen Weiterflug, auf Ihre siegreiche Ankunft nach nochmals 43 Stunden in Manila. Der Reading-Preis muß von den Reading-Werken gewonnen werden. Unser alter Morgan im Himmel wird sich freuen, wenn er es von oben mit ansieht."

Kelly runzelte die Stirn.

„Ich danke Ihnen für Ihren Toast, Campbell. Wir wollen uns nichts vormachen, das schwierigste Stück liegt noch vor uns."

Campbell versuchte zu lachen.

„Warum schwieriger als das erste? Ich sehe keinen Grund dafür. Bis Porto Alegre haben Sie glatten Flug, auf Trinidad nehmen Sie noch mal Treibstoff. Danach das Stückchen Atlantik. Auf dem Wendekreis erwartet Sie unser Kreuzer Connecticut. Danach die kurze Strecke durch Südafrika und dann geht's ja schon auf den Stall zu. Da laufen die Gäule ganz von allein schneller… wollte sagen, fliegen die Maschinen von selber besser."

„Sie haben gut reden, Campbell. Sitzen hier auf Ihrem Kontrollplatz und können den lieben Gott einen guten Mann sein lassen. Ist aber verflucht anders, Sir, wenn man in der Maschine sitzt und unaufhörlich lauschen muß, ob die Motoren auch richtig trommeln und die Zündungen richtig kommen. Da verwächst man mit seinem Flugzeug, hört im Augenblick die kleinste Unregelmäßigkeit heraus, wird schließlich nervös dabei, Campbell."

Jetzt konnte der Platzkommandant ein Gelächter nicht unterdrücken.

„Sie und nervös, Mr. Kelly! Das glaubt Ihnen ja kein Mensch in Bay-City. Ich wäre froh, wenn ich Ihre Nerven hätte."

Kelly zuckte die Achseln.

„Vorgestern hätten Sie noch recht gehabt, Campbell. Aber heute… ich kann Ihnen versichern, die letzten 43 Stunden haben mich einige Nerven gekostet. Je länger ich's mir überlege, desto mehr sehe ich's ein. Die Eggerth-Werke haben sehr klug getan, ihre Flugzeuge mit Spezial-Diesel-Motoren auszurüsten. Diese Pannen an unserer Zündung können einen Menschen zur Verzweiflung bringen."

„Die Geschichte mit den Kerzen, Mr. Kelly? Wir werden Ihnen hier so viel Kerzen mitgeben, daß Sie damit bequem nach Manila kommen können."

Kelly versuchte zu scherzen.

„Sie dürfen sich nicht ganz ausplündern, Mr. Campbell. Freund Thomson wird leider auch starken Bedarf in dem Artikel haben…"

Ihr Gespräch wurde durch einen Monteur unterbrochen, der meldete, daß der ›Eagle‹ startbereit war. Kelly erhob sich.

„Los Pender, Hobby! Wir wollen keine Minute verlieren, die Zeit ist zu wertvoll."

Von Campbell begleitet, ging er zu seiner Maschine. Mit einem sehnsüchtigen Blick auf die Frühstückstafeln folgten ihm Hobby und Pender. Wenige Minuten später setzte das klingende, donnernde Spiel der Motoren ein. Kurs West zu Süd verließ der ›Eagle 1‹ den Kontrollplatz, um in jagendem Flug der südamerikanischen Küste zuzustreben.

„Hol's der Teufel“, sagte Campbell zu Williamson, „Old Kelly gefällt mir nicht. Hatte doch früher Nerven wie bessere Starkstromkabel. Die Schweinerei mit den Kerzen allein kann ihn nicht so nervös gemacht haben. Ob ihn noch eine andere Sorge drückt?“

Kelly saß am Steuer des ›Eagle‹. Während der Stunden des langen Fluges von Luzon nach Brasilien schien er wirklich mit seiner Maschine zu einem organischen Ganzen verwachsen zu sein. Jeder einzelnen der Explosionen, die sich in jeder Sekunde so viele Male in den Motorenzylindern wiederholten, folgte er mit angespanntem Gehör, während sein Auge unablässig an den Meßgeräten der Instrumentenwand hing. Dann wieder blickte er auf die Karte vor sich, verglich Orte, die dort verzeichnet standen mit Siedlungen, die sie eben überflogen. Immer sorgenvoller wurde dabei sein Gesicht. Schließlich konnte Hobby nicht länger an sich halten und fragte:

„Was haben Sie, Mr. Kelly? Ich meine, unsere Motoren laufen nach der Überholung wieder großartig.“

Kelly nickte.

„Sie haben recht, Hobby, die Motoren laufen so gut, wie sie jemals in Bay-City gelaufen sind. Wir wollen hoffen, daß es recht lange so bleibt.“

Er hielt inne und schien wenig Lust zu haben, das Gespräch weiterzuführen, aber Hobby ließ nicht locker und fragte weiter.

Kelly hatte wieder die Karte vor, maß Entfernungen ab und rechnete. Jetzt warf er den Bleistift mißmutig auf die Karte.

„Ich will Ihnen sagen, was mir Sorge macht. Unsere Motoren arbeiten in der Tat vorzüglich und trotzdem bekommen wir unsere alte Geschwindigkeit von 500 Stundenkilometern nicht mehr heraus. Sehen Sie hier...“, er deutete auf das Papier, auf dem er Notizen und Rechnungen gemacht hatte, „seit unserm Start am Juruena habe ich bei den Ortschaften, die wir überflogen, die Zeiten notiert und danach unsere Geschwindigkeit festgestellt. Jetzt eben wieder über Cuyabà. Nach der Karte sind es von unserem Kontrollplatz bis dahin genau 500 Kilometer, wir hätten die Strecke in einer Stunde bewältigen müssen. Anstatt dessen haben wir eine Stunde 8 Minuten und 30 Sekunden gebraucht. Das ergibt nur eine Stundengeschwindigkeit von 485 Kilometer."

Kelly deutete in wachsender Erregung auf das Blatt mit den Zahlen. „Können Sie mir sagen, Hobby, warum uns diese 15 Kilometer fehlen, obwohl unsere Motoren gut arbeiten?"

Hobby rieb sich nachdenklich die Stirn.

„Es wären verschiedene Möglichkeiten denkbar, Mr. Kelly. Vielleicht, daß der Treibstoff, den wir zuletzt genommen haben, nicht von derselben Güte ist, wie..."

Kelly unterbrach ihn heftig.

„Ausgeschlossen, Hobby! Wir haben uns unseren Treibstoff direkt von Bay-City nach dem Juruena kommen lassen. Das ist es nicht."

Hobby suchte nach anderen Möglichkeiten.

„Vielleicht, Mr. Kelly, daß die Zylinder etwas ausgeschliffen, die Kolbenringe nicht ganz dicht sind. Etwas schwächere Kompression, das könnte schon etwas ausmachen."

„Glaube ich nicht, Hobby! Dazu kann ich mich zu genau auf meine Ohren verlassen. Die Explosionen erfolgen in der gewohnten Stärke, übrigens, das wissen Sie ja ebensogut wie ich, es müßte schon eine gehörige Anzahl von Pferdestärken ausfallen, um die Geschwindigkeit von 500 auf 485 Stundenkilometer sinken zu lassen. Das kann es auch nicht sein."

Hobby war mit seinem Latein zu Ende. Dafür mischte sich Pender, der hinter den beiden saß, ins Gespräch.

„Oh my, Mr. Kelly! Fünfzehn Kilometer weniger in der Stunde. Wie leicht ist das möglich. Nehmen Sie einen kleinen Gegenwind an... eine mäßige Brise von 15 Stundenkilometern und Sie haben die Erklärung für die fehlenden 15 Kilometer."

Kelly winkte unwirsch ab.

„Sie hätten auf dem Kontrollplatz Ihre Nase lieber in den Wetterbericht als in die Stachelbeertorte stecken sollen, Pender! Da hätten Sie gesehen, daß auf unserer Flugstrecke bis zum Atlantik bis zu einer Höhe von 2 Kilometer absolute Windstille herrscht. Ein seltener Fall in diesen Gegenden, es mußte jedem auffallen, der auch nur einen Blick auf den Bericht warf."

„Oh! Bah! Wetterbericht?!" Suchte Pender sich zu rechtfertigen. „Die Herren Meteorologen schwindeln das Blaue vom Himmel runter und verkünden danach Regenwetter. Wenn unser ›Eagle‹ bei guter voller Maschinenkraft jetzt gegen den Boden 15 Stundenkilometer weniger macht, dann muß eben einfach eine Gegenbrise vorhanden sein, die einen Zusatzwiderstand bildet."

Pender war ordentlich stolz auf diese nach seiner Meinung schön wissenschaftliche Erklärung. Kelly fing nur ein einziges Wort daraus auf: „Zusatzwiderstand!" Murmelte er vor sich hin, „das ist es. Ein Zusatzwiderstand ist plötzlich da. Ein Widerstand, der den Flug des ›Eagle‹ um 15 Stundenkilometer abbremst. Aber wo kommt er her? Wenn ich das wüßte, wäre mir wohler."

Eine Weile schwiegen alle drei, während die brasilianischen Urwälder gleichmäßig unter dem ›Eagle‹ dahinzogen. Kelly in sorgenvollen Gedanken versunken, die beiden andern darüber grübelnd, wie sie ihm seine Grillen ausreden könnten. Aber fast schien es, als ob sie dabei selber Grillen fingen.

„Vielleicht", begann Hobby vorsichtig, „vielleicht..."

„Was ist's mit vielleicht?" unterbrach ihn Kelly unwirsch.

„Der Lack... die Lackierung des Eagle... vielleicht ist sie während der 20 000 Kilometer, die wir hinter uns haben, doch ein wenig rauher geworden."

Kelly griff sich an die Stirn, als hätten die Worte Hobbys ihm die Erleuchtung gebracht. In der Tat, das war denkbar. Wie viele und wie lange Versuche hatten sie nicht in Bay-City gemacht, um unter hundert verschiedenen Lackarten endlich diejenige Sorte herauszufinden, die den glattesten Anstrich ergab, den geringsten Luftreibungswiderstand erzeugte. Es war ja beinahe lachhaft, wieviel bei diesen hohen Geschwindigkeiten von scheinbaren Nebensächlichkeiten abhing. Erst nach dem Aufbringen eines ganz besonders glatten Lackanstriches hatten die Eagle-Maschinen in Bay-City die 500 Stundenkilometer erreicht, während sie bei anderen Anstrichen, die äußerlich fast gleichwertig schienen, um 20-30 Stundenkilometer langsamer waren.

„Teufel Hobby! Wenn Sie recht hätten?“ entfuhr es Kelly. „Der lange Flug. Wir haben über den Kordilleren ein paar schwere Hagelböen abbekommen... Wenn die Glätte unserer Lackierung darunter gelitten hätte...“

Pender versuchte zu beschwichtigen.

„Bis jetzt sind die Eagle-Maschinen immer noch die schnellsten im Rennen, Mr. Kelly. Die andern haben natürlich auch besondere Anstriche und die werden nach 20 000 Kilometern auch nicht besser geworden sein. Ich meine, wir brauchen den Kopf noch nicht hängen zu lassen, wenn uns auch ein paar Stundenkilometer fehlen.“

Weder Pender noch Hobby vermochten die Stimmung Kellys zu verbessern. Der blieb während des Weiterfluges einsilbig und verschlossen.

Um 7 Uhr 35 Minuten American Eastern Time war der ›Eagle 1‹ auf dem Kontrollplatz am Juruena gestartet, kurz vor 12 Uhr mittags kam die Atlantische Küste in Sicht, und um 12 Uhr 8 Minuten wasserte das Flugzeug bei der Etappenstation in Porto Alegre. Als es auf der spiegelglatten Wasserfläche an einer Boje festmachte, konnten seine drei Insassen feststellen, daß kein Lüftchen wehte. Für die unteren Luftschichten traf der Wetterbericht jedenfalls zu. Mit stillem Ingrimm konstatierte Kelly, daß der ›Eagle‹ auf der 2200 Kilometer langen Strecke vom Juruena bis zur Küste nur eine Stundengeschwindigkeit von 485 Kilometer entwickelt hatte.

Seine Neigung, der Einladung des Leiters der Station zu einem Imbiß Folge zu leisten, war nur gering. Erst nach einigem Zögern folgte er Pender und Hobby in den Wellblechschuppen, in dem Don Alfonzo Valleida das Beste an Speisen und Getränken aufgebaut hatte, was die brasilianische Küche in dieser Jahreszeit zu bieten vermag.

Draußen an der Hafenmole entwickelte sich inzwischen eine Szene, die während der ersten beiden Renntage an den verschiedensten Punkten des Erdballes nun schon so oft zu sehen war, welche die Illustrierten Zeitungen der ganzen Erde während der letzten 48 Stunden nach Funkbildern aus allen Weltteilen schon viele dutzende Male veröffentlicht hatten.

Eine starke Motorbarkasse, schwer beladen mit eisernen Fässern, die den Treibstoff enthielten, fuhr auf das Flugzeug zu und machte neben ihm fest. Ein Schlauch wurde zur Füllöffnung des ›Eagle‹ hinübergereicht, eine Pumpe begann zu arbeiten und warf das Benzin in die Tanks des Flugzeuges. Reichlich vier Tonnen Öl sollte der ›Eagle‹ in dreißig Minuten an Bord nehmen. Es lag auf der Hand, daß die Leute in der Treibstoffbarkasse sich kräftig dranhalten mußten und wenig Zeit hatten, sich um andere Dinge zu kümmern. So fiel es kaum auf, daß zur gleichen Zeit auch an der andern Seite des ›Eagle‹ ein Motorboot anlegte. Auch auf dem begann eine Pumpe zu arbeiten. Aber sie warf keinen Treibstoff in die Tanks des Flugzeuges, sondern spritzte es aus einer feinen Brause mit einer wasserklaren Flüssigkeit ab, so wie man wohl Eisenbahnwagen und Kraftfahrzeuge vom Staub eines langen Weges zu säubern pflegt. Als die Steuerbordtanks des ›Eagle‹ gefüllt waren, fuhr die Treibstoffbarkasse nach der Backbordseite hinüber, um die Füllung dort fortzusetzen. Da war das andere Boot dort schon seit geraumer Zeit mit seiner Reinigungsarbeit fertig. Es ging jetzt an die Steuerbordseite des ›Eagle‹, um das Abbrausen hier fortzusetzen.

Der Obmann in der Barkasse sah ungeduldig auf die Uhr, trieb seine Leute an: „He! Hallo! Noch drei Minuten, dann müssen die letzten Liter in den Tanks sein.“

Stärker arbeitete die Pumpe. Ein Faß und noch ein Faß wurde herangerollt. Dann endlich lief das Benzin an der Füllöffnung über, die Tanks waren voll, die Barkasse kehrte zur Mole zurück. Auch das zweite Motorboot war verschwunden. Zwischen zwei Kohlenschuten verborgen, lag es an einer andern Stelle der Mole gegen eine Sicht vom Wasser oder vom Lande gleich gut gedeckt. Der einzelne Mann in diesem Boot zündete sich nach getaner Arbeit seine Pfeife an. Die Hände zitterten ihm dabei, als ob er stark erregt wäre. Von seinem Platz aus beobachtete er, wie Frank Kelly mit seinen beiden Piloten in der Barkasse zum ›Eagle‹ zurückkehrte. Er sah sie in ihre Maschine steigen, hörte das Brummen und Donnern der Motoren, sah den ›Eagle‹ über das Wasser schäumen, aufsteigen und nach Westen hin in der Himmelsbläue verschwinden. Mit einem Atemzug der Erleichterung ließ er die erloschene Pfeife sinken. Seine Hand strich über die linke Brusttasche, in der Papiere knisterten. Dann zog er die Uhr, während seine Lippen Worte murmelten...

›Noch vier Stunden... dann kommt der zweite... den auch noch abgebraust, dann sind die Dollars verdient... vier Stunden noch...‹

Mr. Adams streckte sich auf dem Boden des Bootes aus und suchte sich eine bequeme Lage. Bald verkündeten seine tiefen Atemzüge einen gesunden Schlaf.

Die Freude des wackeren Platzkommandanten am Juruena war groß, als das deutsche Stratosphärenschiff um die neunte Morgenstunde des zweiten Renntages dort die drei Mann des ›Eagle 2‹ wohlbehalten ablieferte. Sie wurde noch größer, als Heinecken Mr. Campbell auf sein Wort versicherte, daß der ›Eagle 2‹ mit seiner Hilfe repariert und im Anfluge wäre. Er wußte nicht, wie er seiner Dankbarkeit Ausdruck geben sollte und stellte dem deutschen Piloten den ganzen Kontrollplatz mit allem Drum und Dran zur Verfügung.

Heinecken dankte lachend für das großzügige Angebot.

„Ihren ganzen Platz kann ich nicht gebrauchen, Mr. Campbell. Aber Treibstoff, viel Treibstoff! Unsere Tanks sind fast leer."

Kaum war der Wunsch ausgesprochen, als Campbell seine Leute auch schon auf die Beine brachte. Bei den Lagerschuppen wurde es lebendig. Ein Motorwagen, der in seinen Abmessungen an einen vorweltlichen Saurier erinnerte, kam puffend über den Platz gerollt und hielt neben dem Stratosphärenschiff. Ein moderner Tankwagen, dessen Behälter an die zwölf Kubikmeter fassen mochte.

Heinecken musterte das Untier mit wohlwollenden Blicken.

„Heißen Dank, Sir! Ich denke, das wird's tun", sagte er englisch zu Campbell. Fügte zu Beckmann auf deutsch hinzu, „Donnerwetter, die Kerls verstehen zu leben. Die erste anständige Tankstelle, die uns auf dem ganzen Flug bis jetzt begegnet ist."

Dann begann die Pumpe des Tankwagens zu arbeiten und mit Staunen sah Campbell, wie die Behälter des Stratosphärenschiffes den größten Teil des Treibstoffes schluckten. Aber jeden Versuch Heineckens, das Öl zu bezahlen, wies er energisch zurück und sagte schließlich:

„Wenn Sie den Treibstoff bezahlen wollen, Mr. Heinecken, dann muß ich auch den Transport von drei amerikanischen Bürgern über 2000 Kilometer mit Ihnen verrechnen. Da bekommen Sie noch verschiedene Dollar heraus."

So wurde Heinecken sein Geld nicht los und machte sich wieder zum Start bereit. Gerade als er die Tür schließen und verschrauben wollte, kam Campbell noch einmal zurück, einen der Leute vom ›Eagle 2‹ neben sich herziehend:

„Hallo Sir! Hallo Mr. Heinecken! Der Mann hier ist verrückt geworden! Behauptet, Sie hätten ihn in eineinhalb Stunden vom Amazonas hierher gebracht."

Heinecken nickte ihm lachend zu:

„Der Mann ist gar nicht verrückt. Good by, Mr. Campbell!" er warf die Tür ins Schloß und zog die Dichtungsschrauben fest. Gleich darauf hob sich ›St 2‹ vom Boden ab und stieg in die Höhe.

Er ließ die Amerikaner auf dem Platz in einer lebhaften Diskussion darüber zurück, wer von ihnen denn nun eigentlich verrückt wäre.

„So, Beckmann!" sagte Heinecken befriedigt, als der Kontrollplatz unter ihnen versank, „den Bauch haben wir ordentlich voll. Der Yankee hat uns wenigstens acht Kubikmeter gestiftet. Was wollen wir jetzt unternehmen?"

Beckmann deutete nach hinten.

„Eigentlich könnten wir mal unsern blinden Passagier, den braunen Boy aus Mahuka nach Hause bringen. Der dürfte nachgerade genug vom Fliegen haben."

Heinecken zuckte die Achseln.

„Ach was, der Junge macht sich ganz nützlich. Seitdem wir ihn an Bord haben, brauchen wir uns ums Kochen und Tellerabwaschen nicht mehr zu kümmern. Der kann ruhig noch eine Weile bei uns bleiben."

„Wie Sie meinen, Heinecken. Aber drei Menschen essen mehr als zwei. Wir werden bei nächster Gelegenheit unseren Proviant auffüllen müssen."

Heinecken griff sich nach der Stirn.

„Schade, Beckmann! Das haben wir in der amerikanischen Kontrollstation versäumt. Dieser Mr. Campbell hätte uns in seiner Herzensfreude die Speisekammer gut gefüllt."

Beckmann beschwichtigte.

„So schlimm ist's noch nicht. Für die nächsten fünf bis sechs Tage sind wir noch gut versehen."

„Wissen Sie", sagte Heinecken, „gegen zwei Uhr mittags könnten vielleicht die ersten Japaner in ihrer Kontrollstation bei Petrolina-Joazeiro fällig sein. Wir könnten mal rüber fliegen und uns die Ankunft der Gelben aus der Nähe besehen."

„Einverstanden, Heinecken! Aber nicht zu sehr aus der Nähe. Unter keinen Umständen möchte ich auf dem Kontrollplatz landen. Dafür ist mir ›St 2‹ zu sehr ans Herz gewachsen."

Heinecken nickte vergnügt.

„Ich verstehe, Beckmann! Sie haben die Herren Yoshika und Konsorten noch von den Eggerth-Werken her in zu guter Erinnerung."

„Habe ich auch, Heinecken! Nach meiner Meinung haben wir Sabotageakte in erster Linie von den Gelben, in zweiter vielleicht von Moskau zu fürchten. Erinnern Sie sich an die dunkle Sache mit dem Nitroöl, die unserer ›Seeschwalbe‹ in San Pedro passierte?"

„Natürlich. Hansen hat uns die Sache ja haarklein gefunkt."

„Das hat er und weiter auch, daß er unserem ehemaligen Schulze 3 aus Bitterfeld dafür in San Pedro die Jacke vollgehauen hat."

„Aber ich sehe noch keinen Zusammenhang mit...?"

„Mit den Japanern, wollen Sie sagen", fiel ihm Beckmann ins Wort, „der Zusammenhang ist mir von Tag zu Tag klarer geworden. Niemand anders als diese, wahrscheinlich sogar die Gruppe Yoshika und Genossen haben uns diesen Menschen als Spion ins Bitterfelder Werk gesetzt und nachher weiter für Sabotagezwecke benutzt."

Heinecken pfiff durch die Zähne.

„Sie könnten recht haben. Wir wollen unter keinen Umständen auf dem japanischen Kontrollplatz landen, sondern uns die Dinge aus einer sicheren Entfernung besehen."

Um die zweite Nachmittagsstunde hing das Stratosphärenschiff ›St 2‹ in 10 Kilometer Höhe über dem japanischen Kontrollplatz bei Joazeiro.

Ein verschwindender Punkt im Äther, völlig unsichtbar für das Volk, das sich unten auf dem Platz aufhielt. Aber auch die Insassen von ›St 2‹ konnten von den Vorgängen unten kaum etwas erkennen. Während Heinecken das Schiff möglichst langsam seine Kreise ziehen ließ, gerade ebenso schnell, daß es sich in der Luft hielt, versuchte Beckmann die Vorgänge auf dem Flugplatz mit einem scharfen Glas zu beobachten. Es brachte mit einer zwölffachen Vergrößerung die zehn Kilometer entfernten Gegenstände bis auf etwa 800 Meter heran, doch das genügte nicht, um einzelne Personen oder irgendwelche technischen Einzelheiten erkennen zu können.

Immerhin konnte Beckmann feststellen, daß nach einiger Zeit eine gewisse Unruhe auf dem Platz entstand. Die winzigen Punkte, die nach seiner Meinung Menschen sein mußten, liefen umher, bildeten Gruppen, schienen immer aufgeregter zu werden.

„Merkwürdig", sagte er zu Heinecken, „irgendwas muß da unten los sein. Möchte nur wissen, was eigentlich? Die Leute stehen da um irgendein Ding herum, ich werde nicht recht klug, was es eigentlich sein mag. Ein Tankwagen oder ein großer Radioempfänger. Man müßte viel tiefer heruntergehen, wenn man es genau sehen will."

Heinecken winkte ab.

„Vorläufig noch nicht, Beckmann, wenn wirklich japanische Flugzeuge ankommen, können wir es auch von hier sehen. Dann wäre eventuell immer noch Zeit dafür."

Der Gegenstand, den Beckmann von dem Stratosphärenschiff aus nicht richtig erkennen konnte, sah in der Nähe doch wesentlich anders als ein Tankwagen aus, obwohl er ebenfalls fahrbar eingerichtet war. Auf einer kräftigen Automobilchassis war um einen kurzen senkrechten Mast drehbar ein Gebilde angeordnet, das recht wunderlich aussah. Es bestand aus wenigstens einem Dutzend größerer, mehrere Meter langer Metalltrichter, wie sie vor langen Jahren einmal für die ersten Starktongrammophone in Gebrauch waren. Aber diese Trichter hier waren nicht zum Sprechen, sondern zum Hören da. Ihre engen Enden mündeten gemeinsam in einem sehr empfindlichen Mikrophon, das seinerseits wieder mit einem hochwertigen Verstärker verbunden war. Das Ganze war ein modernes Schallmeßgerät, das die Japaner hierher gebracht hatten, um herankommende Flugzeuge schon auf große Entfernungen feststellen zu können.

Schon seit den Vormittagsstunden war der Apparat in Betrieb. Das Trichtergebilde war in die Richtung gedreht, aus der man die Ankunft der japanischen Flieger erwartete. Die Lampen des Verstärkers brannten, und ein Mann, die Kopfhörer an den Ohren, war ständig bei dem Gerät.

Er hörte gegen zwei Uhr Motorgeräusche und gab Alarm. Eilig kam Itomo, der Führer der japanischen Mannschaften, herbeigeeilt.

„Was gibt's, Koami?“ fragte er den Horchposten. „Sind unsere Leute zu hören?“

Der Gefragte machte ein verlegenes Gesicht, antwortete:

„Eben noch war das Motorgeräusch deutlich hörbar. Jetzt ist es wieder verschwunden.“

Itomo griff nach einem Kopfhörerpaar, stöpselte es an den Verstärker und lauschte. Nichts als ein leises Rauschen, das Eigengeräusch des Verstärkers, drang an sein Ohr. Er warf einen verweisenden Blick auf Koami.

„Sie haben sich getäuscht. Geben Sie weiter scharf acht. Alarmieren Sie nur, wenn Sie Ihrer Sache sicher sind.“

Er wollte die Hörer wieder abstreifen, als er plötzlich innehielt. Erst noch schwach, dann plötzlich viel stärker war jetzt deutlich Motorengeräusch in den Hörern. Doch ebenso schnell, wie es anwuchs, schwoll es auch wieder ab, eine kurze Zeit nur, und es hatte aufgehört.

Kopfschüttelnd blickte Itomo den Posten an. Der zuckte die Achseln.

„Genau so war es vorher. Das Geräusch war ebenso stark. Das Flugzeug kann seitdem nicht näher gekommen sein.“

„Wir wollen warten, Koami, und hören, ob es zum dritten Male wieder kommt."

Schweigend lauschten sie... eine Minute... zwei Minuten... drei Minuten... dann war das Geräusch von neuem da und schwoll auf. Als es schwächer werden wollte, griff Itomo nach einem Stellrad an der Apparatur, er drehte es und gleichzeitig begann sich auch das große Trichtergebilde zu drehen. Es schwenkte ein wenig nach rechts herum und schon war wieder ein Trommeln von Flugzeugmotoren in den Kopfhörern. Sobald es nachließ, schwenkte Itomo weiter. Jetzt folgte er mit ständiger Drehung und behielt das Geräusch in gleicher Stärke in den Hörern. Drei Minuten verstrichen darüber. In drei Minuten hatte er das Gerät einmal um seine Achse gedreht.

„Sonderbar, Koami", kam es von seinen Lippen. „Ein Flugzeug, das um unsern Platz kreist. Warum funkt es nicht, wenn es zu uns gehört?"

Während er sprach, blieb seine Rechte unablässig an dem Handrad, welches die Schwenkung des Apparates betätigte, jetzt griff seine Linke noch nach einem zweiten Rad und das Trichtergebilde begann sich auch noch um eine waagerechte Achse zu drehen. Wie etwa ein Astronom mit seinem Fernrohr den Himmel nach irgendeinem Stern absucht, versuchte Itomo durch gleichzeitiges Schwenken und steiler oder flacher Richten der Trichter die größte Lautstärke zu bekommen. Es gelang ihm, als die Schallfänger in einem Winkel von 45 Grad nach oben gerichtet waren. Mehrmals hatte er während dieses Suchens die ganze Apparatur bereits um einen vollen Kreis geschwenkt. Nun nahm er die Hände kopfschüttelnd von den Stellrädern, sprach mehr zu sich als zu dem andern:

„Merkwürdig! Unverständlich! Ein Flugzeug muß über unserm Platz sein. Alle drei Minuten vollendet es einen Kreis."

Er zog einen Schreibblock aus der Tasche und begann zu rechnen, sprach dabei weiter:

„Es könnte mit 400 Stundenkilometer fliegen. Dann würde es in drei Minuten einen Kreis von 3,3 Kilometer Halbmesser vollenden können..."

Nachdenklich betrachtete er seine Zahlen.

„Das könnte auch damit stimmen, daß wir es unter 45 Grad am besten hören. Es müßte dann auch in 3,3 Kilometer Höhe fliegen. Aber dann…“, wieder führte er eine Rechnung aus, „….dann müßte es ja weniger als 5 Kilometer von uns entfernt sein. Dafür ist das Geräusch ja viel zu schwach… und wir sehen nichts von dem Flugzeug… bei dem klaren Wetter müßte es doch mit Leichtigkeit zu erkennen sein.“

Er gab Koami einen Auftrag. Der eilte zu den Stationshäusern und kam bald in Begleitung einer größeren Anzahl von Mannschaften zurück, die einen umfangreichen Apparat mit sich schleppten. Das geschah gerade in dem Moment, als 10 Kilometer höher im Stratosphärenschiff Beckmann zu Heinecken sagte, daß man unten unruhig würde.

Das Ding, was die Mannschaften anbrachten, erwies sich als ein ziemlich großes Fernrohr mitsamt einem Stativ. Itomo ließ es dicht neben dem Schallmesser aufstellen, und während er Koami anwies, diesen stets in der Richtung der größten Schallstärke zu halten, versuchte er es selber, mit dem Fernrohr die gleiche Richtung anzuvisieren. Das war nicht eben leicht, aber nach einigem Hin und Her glückte es schließlich doch, und mit Staunen sah Itomo durch das starke Rohr ein Flugzeug, das nach allem, was er aus gelegentlichen Abbildungen und Beschreibungen davon wußte, nur das deutsche Stratosphärenschiff sein konnte.

Ein Rätsel schien dadurch gelöst zu sein, aber andere tauchten dafür auf. Wie kam das geheimnisvolle Schiff hierher? Was hatte es über dem japanischen Kontrollplatz zu suchen? Warum zog es hier beharrlich seine Kreise, anstatt sein Rennen auszufliegen? Viele neue Fragen, zu denen die Antworten fehlten. Hätten aber die Führer des Stratosphärenschiffes geahnt, wie genau sie beobachtet wurden, sie hätten sich ihren Beobachtungsplatz vielleicht doch irgendwo anders gesucht.

Es ging bereits auf die vierte Nachmittagsstunde, als Beckmann in Richtung West zu Nord durch die Steuerbordscheibe deutete.

„Da hinten kommt was, Heinecken. Könnte ein Japs sein.“

Heinecken setzte den Kurs auf die angedeutete Richtung und ließ die Motoren stärker arbeiten. Im Augenblick war unten auf dem Kontrollplatz das Bild des Stratosphärenschiffes aus dem Fernrohr verschwunden. Den

Leuten am Schallmesser gelang es, sein Motorgeräusch wieder einzufangen. Aber da hörten sie jetzt noch etwas anderes. Ein Trommeln und Donnern anderer Maschinen, das schnell lauter wurde und die Geräusche des Stratosphärenschiffes übertönte. Im Augenblick wußten sie, daß einer ihrer eigenen Flieger herankam und verloren darüber das Interesse an dem Stratosphärenschiff.

Und dann war die japanische Maschine über dem Platz und ging in Spiralen nieder. Itomo und seine Leute eilten darauf zu. Langsamer und würdevoll folgte Mr. Darlington, der Zeitnehmer des Reading-Kuratoriums, ein Präzisionschronometer in der Hand, gefolgt von zwei amerikanischen Kontrolleuren.

„Drei Uhr 30 Minuten American Eastern Time“ konstatierte er und schrieb sich die Zeit der Sicherheit halber auf seine Manschette.

Es folgte eine Prüfung der Fabriknummern und Erkennungszeichen an den Motoren und anderen Bauteilen seitens der beiden Kontrolleure, durch welche die Identität des hier gelandeten Flugzeuges mit dem auf der Insel Jap gestarteten festgestellt wurde, und die Formalitäten seitens der Beamten des Reading-Kuratoriums waren beendet. Ebenso würdevoll, wie er gekommen war, begab sich Mr. Darlington wieder in sein Astbesthaus und unter den Schutz des Sternenbanners zurück. Wenige Minuten später flatterte sein Funkspruch aus der Antenne, gleich danach verkündete ihn der Reading-Sender in der New Yorker Radio City der ganzen Welt.

›Petrolina-Joazeiro, 3 Uhr 30 Minuten Eastern Time erstes japanisches Flugzeug gelandet, Flugdauer 51 Stunden 30 Minuten. Durchschnittsgeschwindigkeit 390 Stundenkilometer.‹

Schon den Funkspruch Mr. Darlingtons fing Beckmann auf und schob den Zettel, auf dem er ihn notiert hatte, Heinecken hin. Der konnte ein schadenfrohes Lächeln nicht unterdrücken.

„Ja, ja, Beckmann. Unrecht Gut gedeihet nicht. Da haben die Herren unsere ›Seeschwalbe‹ gekauft. Haben sich davon inspirieren lassen... haben... sagen wir mal... stark nachempfunden und jetzt haben sie den Salat. 390 Stundenkilometer Durchschnittsgeschwindigkeit... damit können sie in diesem Rennen und bei dieser Konkurrenz keine Bilder rausstecken.“

Beckmann zuckte die Achseln.

„Unterschätzen Sie die Japaner nicht. Sie erinnern sich wohl, daß Yoshika und seine Leute damals in Bitterfeld die ältere ›Seeschwalbe‹ mit 300 Stundenkilometer bekamen. Sie müssen die Type doch ganz gehörig verbessert haben, wenn sie jetzt eine Durchschnittsgeschwindigkeit von 390 Stundenkilometer damit schaffen. Berücksichtigen Sie die Zeitverluste bei den Zwischenlandungen, so können sie immerhin mit wirklichen Fluggeschwindigkeiten von 400 Stundenkilometer rechnen."

„Hm, hm", sagte Heinecken nachdenklich, „wenn Sie es so betrachten, sieht die Sache allerdings etwas anders aus. Sie haben recht, es sind mit unsere stärksten Gegner in diesem Rennen. Ein Glück, daß sie keine Gelegenheit hatten, etwas von unserem Stratosphärenschiff zu sehen. Das hätte sonst vielleicht eine unangenehme Überraschung für uns werden können."

Beckmann zog die Stirn in Falten.

„Das sagen Sie so, Heinecken. Wir wissen ja gar nicht, was für Material durch den Werkspion, diesen Schulze 3, in japanische Hände gekommen ist. Vielleicht ist man in Tokio schon heftig dabei, nach den Bitterfelder Plänen Stratosphärenschiffe zu bauen."

Heinecken machte eine Bewegung, als ob er etwas fortwischen wolle.

„Kann sein, kann auch nicht sein, Beckmann, jedenfalls waren die Japs noch nicht in der Lage, Stratosphärenschiffe in das Reading-Rennen zu schicken und das ist im Augenblick für uns die Hauptsache. Mit unserm ›St 1‹ haben wir einen Trumpf in der Hinterhand, mit dem wir immer noch stechen können, wenn die ›Seeschwalbe‹ versagen sollte."

„Wenn...", fiel ihm Beckmann ins Wort, „ich hoffe, dies ›Wenn‹ wird nicht eintreten. Die erste Hälfte des langen Weges hat unsere ›Seeschwalbe‹ tadellos durchgehalten. Denken Sie an die großen Kanonen, mit denen unsere Konkurrenten in das Rennen gingen, an die Gamma-Romea-Maschinen der Italiener, an die schnellen Flugzeuge der Engländer und Franzosen. Von welchen Geschwindigkeiten wurde da berichtet. Fast aussichtslos schien es, mit der ›Seeschwalbe‹ dagegen ankämpfen zu wollen. Und wie sehr haben diese Maschinen nachgelassen, wie stark sind ihre Geschwindigkeiten gesunken. Unsere ›Seeschwalbe‹ dagegen... ich möchte einen trivialen Vergleich machen und sagen, die mahlt ihre Tour so regelmäßig wie eine Kaffeemühle ab, ist heute noch ebenso schnell wie vor 50 Stunden in der Schreckensbucht."

Heinecken wollte etwas erwidern, was jedenfalls für Professor Eggerth und seine Konstrukteure schmeichelhaft ausgefallen wäre, als die Aufmerksamkeit der beiden Piloten durch zwei japanische Flugzeuge in Anspruch genommen wurde, die sich vom Westen her dem Kontrollplatz näherten. Heinecken warf einen Blick auf die Uhr an der Apparatenwand.

„Die Leutchen haben sich ja reichlich Zeit gelassen. Fast 53 Stunden. Durchschnittsgeschwindigkeit 380 Kilometer. Die dürften unserer ›Seeschwalbe‹ nicht mehr gefährlich werden."

Beckmann hatte sich inzwischen die Hörer der Radioanlage über die Ohren gezogen, fingerte an den Abstimmknöpfen herum und sagte dabei zu Heinecken:

„Eigentlich haben wir hier ja alles gesehen. Ich schlage doch vor, daß wir endlich einen Abstecher nach Mahuka machen, um diesen Mister Kiliri endlich los zu..."

Er unterbrach sich plötzlich, stimmte den Empfänger noch schärfer ab und schrieb ein paar Worte auf seinen Notizblock.

Heinecken las den Zettel.

„Der gute Kiliri wird sich noch etwas gedulden müssen. Das hier ist wichtiger. Wir müssen mit Volldampf dorthin."

Noch während er es sagte, drehte er das Steuer. Das Stratosphärenschiff nahm Kurs Ost zu Süd und stieg bis in die Höhe von 13 Kilometern, in der es seine größte Geschwindigkeit entwickeln konnte. Mit voller Maschinenkraft schoß es auf dem neuen Kurse davon, während Beckmann den Sender in Betrieb setzte. Aus der Antenne von ›St 2‹ spritzte die Nachricht, daß es dem havarierten ›Eagle 1‹ zu Hilfe komme.

***

Nach dem Start in Porto Alegre begann sich die Laune Kellys allmählich zu bessern. Während die Motoren des ›Eagle‹ wieder in voller Stärke ihr altes dröhnendes Lied sangen, während Hobby am Steuer saß und die Maschine genau auf dem angegebenen Kurse auf Trinidad zu hielt, ließ Kelly den Sextanten kaum aus den Händen. Immer wieder nahm er die Sonnenhöhe, wälzte astronomische Tabellen und zog ein Chronometer zurate, welches die Zeit von Greenwich auf die zehntel Sekunde genau hielt. Er rechnete, schrieb Ortsbestimmungen und Zeiten nieder, ließ endlich zufrieden den Bleistift sinken.

„Es stimmt, Pender! Der ›Eagle‹ macht wieder 500 Stundenkilometer."

Pender nickte zustimmend. Er zog es in diesem Augenblick vor, seine Gedanken für sich zu behalten. Die Ansicht nämlich, daß es mit der Genauigkeit von Ortsbestimmungen, wenn man sie bei Tage macht, und nur auf die Sonne angewiesen ist, bisweilen eine etwas unsichere Sache sein kann.

„500 Stundenkilometer", wiederholte Kelly seine letzten Worte.

„Dann waren ja Ihre Sorgen überflüssig, Mr. Kelly", pflichtete ihm Pender bei. „Wir sind die ersten im Rennen und was an uns liegt, werden wir tun, um den Reading-Preis für die Reading-Werke nach Hause zu bringen. Schade, daß Harrow & Bradley keine telegraphischen Wetten annehmen. Die Kerls wollen immer gleich bar Geld sehen. Möchte sonst noch eine ordentliche Summe auf die Zeit von 86 Stunden setzen."

Kelly lachte. Er hatte seine gute Laune wiedergefunden und sagte wohlmeinend:

„Sie brauchen bei Harrow & Bradley keine Nebenverdienste zu suchen, Pender. Wenn wir den Preis gewinnen, werden die Bay-City-Werke sich gegen die Mannschaft ihrer siegreichen Flugzeuge sehr nobel zeigen. Auf ein Extrajahresgehalt dürften Sie dann rechnen."

„Alle Wetter, Mr. Kelly!" Pender rieb sich vergnügt die Hände. „Das wäre so was für meines Vaters einzigen Sohn. Käme mir gerade zupasse."

Kelly schien Spaß daran zu finden, seinem Piloten rosige Zukunftsmöglichkeiten auszumalen. Während er sich behaglich eine Zigarre anzündete, sprach er weiter.

„Damit würde es noch nicht getan sein, Pender. Was meinen Sie, was unser Geschäft in Bay-City für einen Aufschwung nehmen würde, wenn wir den

Preis gewinnen. Die Eagle-Type würde die große Mode sein. Wir werden Bestellungen auf Hunderte von Maschinen bekommen... vielleicht auf Tausende... wir werden dafür eine besondere große Abteilung einrichten müssen. Sie könnten Direktor dieser Abteilung werden."

Pender machte eine abwehrende Bewegung.

„Nicht zu schnell rechnen, Mr. Kelly. Wer zu schnell rechnet, muß doppelt rechnen. Erst wollen wir den Preis mal haben, dann werden wir weiter sehen. Vielleicht gibt's dann noch andere Möglichkeiten. Man hat in Bay-City so mancherlei von dem Stratosphärenschiff gesprochen, für das Mr. Reading während seiner letzten Lebensjahre die Pläne entwickelte..."

„Halt Freundchen!" unterbrach ihn Kelly, „daraus wird nichts. Die praktische Ausführung von Morgan Readings Stratosphärenschiff behalte ich mir selber vor. Sie werden Direktor der neuen Abteilung für die Eagle-Maschinen."

Pender versuchte zu widersprechen. Er wollte lieber einfacher Mechaniker bei dem neuen Stratosphärenschiff als Direktor der anderen Abteilung werden. Kelly bestand darauf, ihn zum Direktor zu machen, und so stritten sie scherzhaft hin und her.

Schneller als sie es gedacht, verstrich darüber die Zeit, und schon kam in der Ferne die Insel Trinidad in Sicht. Ein kleines felsiges Eiland, ein verlorener Punkt in der unendlichen Weite des Weltmeeres. Eine der vielen Inseln und Inselchen des südlichen Atlantik, die von den ersten spanischen Entdeckern nach der heiligen Dreieinigkeit benannt wurden.

In tausend Meter Höhe zog der ›Eagle‹ seine Kreise darüber, bis Kelly in einer Bucht das Sternenbanner wehen sah. Dort lag die Tankstelle der Reading-Werke, hier mußten die Behälter für den Ozeanflug zur afrikanischen Küste noch einmal gefüllt werden.

Kelly blieb mit seinen beiden Piloten im Flugzeug, während die Pumpen den Treibstoff in die Tanks des ›Eagle‹ warfen. Mit der Uhr in der Hand hatte er festgestellt, daß die Geschwindigkeit des ›Eagle‹ auf der Strecke Porto Alegre-Trinidad tatsächlich nur um einen ganz geringen Betrag unter 500 Stundenkilometer geblieben war. Jetzt fieberte er darauf, das Rennen in diesem Tempo weiterzufliegen, die 4700 Kilometer lange Strecke bis nach

Swakopmund in der Walfischbay an der südafrikanischen Westküste womöglich in den nächsten 10 Stunden hinter sich zu bringen. Kaum waren die letzten Behälter gefüllt und die Öffnungen verschraubt, als der ›Eagle‹ schon wieder startete, um seinen Flug nach Osten fortzusetzen. Auf diese Weise waren Kelly und seine Leute bei Trinidad nicht aus ihrer Maschine herausgekommen und hatten manches nicht gesehen, was sie sonst vielleicht nachdenklich gestimmt hätte.

Kopfschüttelnd schaute die brasilianische Mannschaft in der Treibstoffbarkasse dem davonstürmenden ›Eagle‹ nach.

„Merkwürdige Farbe“, sagte Antonio Ruasta und spuckte eine Ladung Tabaksaft über Bord.

„Vielleicht neue Gringo-Mode?“, meinte José Pereira und rollte den Füllschlauch zusammen. „Sah ja wie feinste Perlmutter aus.“

In der Tat bot der ›Eagle‹ den Leuten in der Barkasse einen merkwürdigen Anblick. An vielen Stellen hatte die reine Silberfarbe seiner Lackierung sich verändert. Sie zeigte dort den eigentümlichen, in allen Farben des Regenbogens opalisierenden Glanz der Perlmuttermuschel.

Es lag den Herren Ruasta und Pereira fern, sich über diese Erscheinung weiter den Kopf zu zerbrechen. Ein Physiker aber, der es versucht hätte, wäre wahrscheinlich zu der folgenden Erklärung gekommen. Durch irgendwelche äußeren chemischen oder sonstigen Einflüsse mußte der Lacküberzug des amerikanischen Flugzeuges eine Strukturveränderung erfahren haben. Ähnlich wie die Kalkschicht auf der Innenseite der Perlmuttermuschelschalen mußte er sich in allerfeinste Schichten und Lamellen von der Größenordnung der Lichtwellen aufgespalten haben, so daß nun das auffallende Tageslicht in diesen bunten Interferenzfarben reflektiert wurde.

Der Physiker, der solche Erklärung gab, hätte damit das Richtige getroffen, denn in der Tat war das die erste Folge jener äußerlich so harmlos scheinenden Flüssigkeit, mit der Mr. Adams in Porto Alegre den ›Eagle‹ abgebraust hatte. Aber es war nur die erste Erscheinung, denn die Wirkung dieser gefährlichen Chemikalie, die Yoshika und Hidetawa in ihrem New

Yorker Laboratorium zusammengebraut hatten, ging unter der Mitwirkung des Luftsauerstoffes unablässig weiter.

Zunächst freilich schien das Brausebad in Porto Alegre dem ›Eagle‹ gut bekommen zu sein. In seinen ersten Auswirkungen gab es dem Lacküberzug jene vollkommene Glätte wieder, die er fabrikneu einmal besessen hatte. So konnte Kelly auf der Strecke Porto Alegre-Trinidad freudig feststellen, daß der ›Eagle‹ wieder mit der alten Geschwindigkeit durch den Äther stürmte.

Nun hatte der lange Ostflug über den Atlantik begonnen. Von einem wolkenlosen Himmel brannte die Nachmittagssonne mit tropischer Kraft hinab. Kein Lüftchen regte sich, nur der starke Fahrwind der mit voller Motorkraft dahinbrausenden Maschine brachte den drei Leuten an Bord etwas Kühlung. Kelly saß selbst am Steuer. Hobby hatte noch einmal durch den Bordsender die letzte Position des ›Eagle‹ gefunkt und sich dann zum Schlaf zurückgezogen. Pender überlegte es sich in der Mittelkabine des Flugzeuges gerade, ob er seinem Beispiel folgen solle, als sein Blick auf die Schwingen des ›Eagle‹ fiel, die hier durch die Seitenfenster gut zu sehen waren. Flecke bemerkte er da, eigentümliche, in Perlmutterglanz schimmernde Flecke, die sichtlich größer wurden, zusammenwuchsen und schließlich die ganzen Schwingenflächen in wunderbarem Farbenspiel erglänzen ließen. Wie hypnotisiert starrte Pender auf die farbenprächtige Erscheinung. Immer glänzender, immer leuchtender irisierte es auf den Schwingen. Mit Gewalt riß er sich endlich zustimmen. Narrten ihn seine Sinne oder war es Wirklichkeit, was seine Augen dort erblickten? Er schloß sie, er öffnete sie, das merkwürdige Bild blieb unverändert. Er lief zum Führerstand und berichtete Kelly, was er eben gesehen. Der schüttelte unwirsch den Kopf.

„Haben Sie Fieber, Pender? Lassen Sie mal Ihren Puls fühlen.“

Penders Puls ging mit hundert Schlägen, aber er wehrte sich energisch gegen Kellys Behauptung, krank oder betrunken zu sein. Widerwillig überließ ihm Kelly schließlich das Steuer und ging selbst in den Mittelraum. Tief erblaßt kehrte er zurück. Heiser kamen die Worte aus seiner Kehle.

„Sie haben recht, Pender. Irgend etwas Unerklärliches, Unheimliches geht mit dem ›Eagle‹ vor. Wecken Sie Hobby! Nehmen Sie den Sextanten und machen Sie Ortsaufnahmen. Wir müssen die Geschwindigkeit des ›Eagle‹ dauernd kontrollieren.“

Während der nächsten zwei Stunden verlief der Flug ohne Zwischenfall, überraschend gut hielten sich die Motoren, mit unverminderter Stärke sangen sie ihr ehernes Lied und wirbelten die Propeller mit den höchsten Tourenzahlen durch die Luft. Es schien, als ob die neuen Kerzen, die man ihnen am Juruena gegeben hatte, störungsfrei arbeiteten. Aber dies unerklärliche Farbenspiel, jetzt nicht nur auf den Schwingen, auch auf jedem anderen Teil des Flugzeuges; den die Insassen von innen her erblicken konnten! Kelly saß im Mittelraum und konnte den Blick nicht von den opalisierenden Flächen abwenden. Hobby steuerte und Pender machte andauernd Ortsbestimmungen, aus denen er die Geschwindigkeit errechnete. Die erste Stunde war sie noch auf der alten Höhe geblieben. In der zweiten begann sie erst langsam, dann schneller abzusinken. 490, 470, 450 Stundenkilometer stellte Pender fest. Vergeblich bemühte er sich, durch immer neue Messungen ein besseres Resultat zu bekommen. Die Zahlen wurden immer niedriger.

Kelly hörte die Ergebnisse kaum, die Pender ihm meldete. Wie geistesabwesend starrte er auf die Tragflächen, an denen sich jetzt neue Veränderungen zeigten. Der bunte Perlmutterglanz war verschwunden. Aber die Schwingen, die fabrikneu sonst wie spiegelndes Silber schimmerten, zeigten jetzt ein stumpfes, fleckiges Grau. Und jetzt… Kelly kniff die Lider zusammen… jetzt schienen sich an den fleckigen Stellen Blasen zu bilden. Es sah aus, wie wenn man lackiertes Metall über ein Feuer hält. Schon platzten die Blasen an einigen Stellen, und der scharfe Fahrwind riß die Fetzen von dem Metall.

„300 Stundenkilometer“, meldete Pender, als Kelly die ersten Blasen aufschäumen und platzen sah. Er trat an das Fenster und versuchte von dort aus noch mehr zu erschauen, überall das gleiche Bild. Der Lackbezug des ›Eagle‹ schien in seiner ganzen Ausdehnung zu zerkochen und zu zergehen.

In tiefer Entmutigung ließ sich Kelly in einen Sessel fallen und legte den Kopf auf die Arme. Er fühlte es im Unterbewußtsein, daß ein schweres unabwendbares Verhängnis über den ›Eagle‹ hereinbrach.

„250 Stundenkilometer“, kam die neue Meldung Penders. Kelly fuhr auf und starrte ihn verständnislos an. Dann ging sein Blick wieder zu den Schwingen da draußen. Mit einem Schrei sprang er auf, riß Pender mit an das Fenster.

„Sehen Sie, Pender, sehen Sie da!“

Penders Blick folgte der weisenden Hand. An jenen Stellen, an denen die Lackierung zuerst aufkochte und Blasen bildete, schien das Metall der Schwingendecken jetzt von einer fressenden Krankheit befallen zu sein. Wie wenn es von einer scharfen Säure zerfressen und gelöst würde, sah es aus. Schon war das kräftige Duraluminblech an einzelnen Stellen papierdünn geworden. Schon konnte es hier und dort dem starken Druck des Fahrtwindes nicht mehr Widerstand leisten, beulte sich ein und riß auf. Erst in kleineren, dann in immer größeren Fetzen wurde die Metallhaut der Schwingen abgerissen und wirbelte davon.

Schon pfiff der Wind durch die durchlöcherten Schwingen, schon begann der Flug des ›Eagle‹ unsicher zu werden. Hobby am Steuer hatte alle Mühe, die Maschine im Gleichgewicht zu halten.

Kelly raffte sich auf.

„Wir haben das Spiel verloren, Pender. Verloren durch eine unerklärliche, gemeine Schurkerei. Wir müssen niedergehen. Senden Sie SOS. Geben Sie unsere letzte Position an.“

Während Pender auf der Morsetaste hämmerte, während Kelly noch einmal eine Ortsbestimmung zu machen versuchte, brachte Hobby den weidwunden ›Eagle‹ unter Aufbringung aller Pilotenkunst ohne Absturz auf die Wasserfläche hinunter. Ein klägliches Wrack, trieb das einst so stolze Flugzeug auf einer leichten Dünung des Atlantik dahin.

Kelly hatte die Ortsbestimmung vollendet. Er reichte den Zettel mit der letzten Breite und Länge Pender hin.

„Funken Sie weiter, Pender, stecken Sie die Notantenne aus.“

Abwechselnd arbeitete der Empfänger und der Sender des ›Eagle‹. Nach einer Minute war es Pender gelungen, mit einer andern Station in Verbindung zu kommen. Wortlos hielt er den Block mit der Antwort Kelly hin. Es war ein deutsches Stratosphärenschiff, das den Notruf vernommen hatte und zur Hilfeleistung herbeistürmte.

Pender warf den Hebel der Anlage wieder auf Senden herum und funkte der Sicherheit halber noch einmal den genauen Ort des Absturzes. Dann warf er den Schalter wieder auf Empfang zurück und lauschte. Von dem deutschen Schiff keine Antwort mehr. Es mochte seine Anlage wohl abgestellt haben. Dafür meldete sich ›Eagle 2‹, der sich bereits auf der Strecke vom Juruena nach Porto Alegre befand. Bestürzt und erregt – Pender merkte es an der Art, wie die Morsezeichen kamen, erkundigte sich Jones nach den Einzelheiten des Unfalles. Mit Entsetzen vernahm er die Antwort, daß die ganze Außenhaut des ›Eagle 1‹ durch irgendeinen Sabotageakt zerstört worden sei. Er funkte zurück, wollte Näheres erfahren, aber plötzlich wurden die Zeichen von ›Eagle 1‹ undeutlich, blieben dann ganz aus. Trotz allen Bemühungen gelang es Jones nicht, die Verbindung wieder herzustellen.

James Thomson wurde durch die Nachricht vom Unfall des Schwesterflugzeuges nicht weniger erschüttert als Jones. Lag doch die letzte Möglichkeit, das Rennen für die Reading-Werke zu gewinnen, jetzt bei seiner Maschine, und diese Maschine bereitete ihm dauernd Sorgen. Zwar war sie am Juruena gründlich überholt worden, und er hatte sich überreichlich mit Reservekerzen versehen. Aber die Überholung in der amerikanischen Kontrollstelle hatte auch wertvolle Zeit gekostet und die Geschwindigkeit des ›Eagle 2‹ war trotz der gründlichen Überholung nicht mehr die alte. Vergeblich zerbrach sich Thomson den Kopf über die Ursachen. Seine Motoren arbeiteten jetzt wieder mit voller Kraft. Die Umdrehungszeiger bewiesen es, daß die Propeller mit der vorschriftsmäßigen Tourenzahl liefen, und trotzdem lag die Geschwindigkeit des Flugzeuges unter 470 Stundenkilometer und zeigte eine bedenkliche Neigung, noch weiter abzufallen.

Ganz ähnlich wie einige Stunden vorher auf dem ›Eagle 1‹ begann jetzt auch auf dem ›Eagle 2‹ ein Herumraten, was wohl die Gründe für diese Verschlechterung sein mochten und ebenso wie dort kam man schließlich zu der Meinung, daß die wunderbare Glätte des Lacküberzuges auf dem langen Wege um den halben Erdball Schaden gelitten haben mochte.

Das war unangenehm. Es konnte, wenn es so weiter ging, die Siegesaussichten des ›Eagle 2‹ gefährden. Aber es war schließlich ein erklärlicher Vorgang. Es war nicht eine solche plötzliche Zerstörung, wie sie den ›Eagle 1‹ durch eine Sabotage betroffen hatte.

Zähneknirschend stellte O'Brien fest, daß dieser hundsföttische Streich nur in Porto Alegre verübt sein konnte. Mit geballten Fäusten stimmten ihm Watson und Jones bei. Sie leisteten sich einen Schwur, die Augen in Porto Alegre gut aufzuhalten und mit den Saboteuren hart auf hart abzurechnen.

Mit einer durchschnittlichen Stundengeschwindigkeit von 465 Kilometern legte der ›Eagle 2‹ den Weg vom Juruena bis nach Porto Alegre zurück und ging dort ebenso wie seine Schwestermaschine zur Treibstoffaufnahme nieder.

Mr. Adams war nach dem Start des ›Eagle 1‹ in einen gesunden Schlaf verfallen, durch den angenehme Träume von Reichtum und vielen Banknoten flatterten. Er wurde erst munter, als der ›Eagle 2‹ auf dem Hafenwasser aufsetzte und sich mit langsam laufenden Propellern dem Ufer näherte. Selbst dann hätte er vielleicht noch weiter geträumt, wenn nicht ein paar kanonenschußartige Fehlzündungen des amerikanischen Flugzeuges ihn aus seinem Schlummer gerissen hätten, und wahrscheinlich wäre das besser für Mr. Adams gewesen als sein rechtzeitiges Erwachen.

Er warf den Motor des Bootes an und fuhr aus seinem Versteck heraus, um sich in einem vorsichtigen Bogen an den ›Eagle 2‹ heranzuschlängeln. Die der Mole abgewendete Seite des ›Eagle‹ schien ihm eine günstige Gelegenheit zu bieten. Kein Mensch war hier zu sehen. Offenbar zog es die Besatzung des ›Eagle 2‹ vor, während des Tankens in den Innenräumen des Flugzeuges zu bleiben. Adams legte sein Boot neben das Flugzeug und hob das Strahlstück mit der Brause, um sich die Dollar der Japaner endgültig zu verdienen.

Eben wollte er das Ventil aufdrehen, als es... peng, peng, peng... scharf krachte. In unheimlicher Nähe seiner Finger schlugen Revolverkugeln in das Brausestück. Entsetzt fuhr er zusammen und ließ es fallen. Wo kamen die Schüsse her!? Vergeblich sah sich Mr. Adams nach einem Schützen um. Er konnte nichts entdecken, denn Jones stand gut gedeckt im Innern des Flugzeuges hinter einer kleinen Ausguckluke.

Flucht, schnellste Flucht war Adams nächster Gedanke. Er beugte sich zu dem Bootsmotor, um ihn wieder anzuwerfen. So konnte er nicht sehen, wie eine Bordtür des ›Eagle‹ aufgestoßen wurde und zwei Männer mit gewaltigen Sätzen in sein Boot sprangen. Erst als O'Brien und Watson über ihm waren, merkte er es... aber auch nur für einen kurzen Moment. Ein mächtiger Kinnhaken von O'Briens Rechten schleuderte ihn auf die Bootsplanke nieder, und für geraume Zeit befand Mr. Adams sich, wie man in Boxerkreisen zu sagen pflegt, im Land der seligen Träume.

Er spürte nichts davon, wie sie ihn umdrehten, seine Taschen durchsuchten und wie ein dickes Paket halbierter Banknoten aus seiner Brusttasche in diejenige Watsons hinüberwanderte. Er spürte den Fußtritt nicht, mit dem Jones ihm seine Ankunft in dem Boot anzeigte, obwohl dieser Tritt jeden Fußball dreißig Meter weit geschossen hätte.

Erst in der Baracke an der Mole kam Mr. Adams wieder einigermaßen zu sich. Aber da trug er um seine Handgelenke bereits einen solide verknoteten Strick und Don Alfonso Pereira machte ihm die Eröffnung, daß er sich voraussichtlich für die Dauer einiger Jahre als Gast der brasilianischen Justiz betrachten dürfte.

„Viel zu wenig!“ knurrte O'Brien und rieb sich wütend die Knöchel seiner rechten Hand, „hängen müßte man den Hund oder gleich auf der Stelle totschlagen.“

Obwohl Don Alfonso bereit war, der Besatzung des ›Eagle‹ jeden Wunsch an den Augen abzulesen, konnte er dies Verlangen O'Briens nicht erfüllen. Er sorgte dafür, daß Mr. Adams alsbald in Begleitung zweier handfester Polizisten den Weg in das Gefängnis antrat und ließ die verdächtige Flüssigkeit in dem Motorboot für die spätere Untersuchung sicherstellen.

Befriedigt kehrte James Thomson mit seinen Leuten zum ›Eagle‹ zurück. Dem Saboteur war das Handwerk rechtzeitig gelegt, aber Thomson erschrak noch nachträglich bei dem Gedanken, wie knapp er dem Schicksal Kellys entgangen war.

Die Lage Frank Kellys und seiner beiden Begleiter war in der Tat derartig, daß nur schnelle Hilfe eine Katastrophe verhüten konnte. Um sie ganz zu verstehen, ist es erforderlich, die Bauart der Eagle-Maschinen etwas näher zu betrachten.

Um die hohe Geschwindigkeit von 500 Stundenkilometern zu erreichen, hatten die Konstrukteure in Bay-City dem Rumpf dieser Maschinen die vollkommene Stromlinienform des geringsten Luftwiderstandes gegeben. Nach diesem Grundsatz war auch die Unterseite des Rumpfes gestaltet worden. Sie lief nach unten in zwei Schwimmkörper aus, die äußerlich etwa zwei in einiger Entfernung nebeneinander liegenden Kielbooten glichen. In der Mitte jedes dieser Bootskörper war ein Rad angeordnet, das ähnlich wie das Schwert eines Segelbootes in einem wasserdichten Kasten untergebracht war und je nach Bedarf hinausgelassen und wieder eingezogen werden konnte. Wenn man wasserte, blieben die Räder eingezogen und das Flugzeug wurde von der Schwimmkraft der Bootskörper getragen. Wenn man landete, mußten die Räder vorher ausgelassen werden und die Maschine lief dann wie ein normales Landflugzeug auf ihnen.

Wie erinnerlich, schrieben ja die Bedingungen des Reading-Rennens aus Sicherheitsgründen solche doppelten Einrichtungen zum Wassern und zum Landen vor. Während des bisherigen Rennens waren die Eagle-Flugzeuge nur auf dem Kontrollplatz am Juruena gelandet, sonst hatten sie überall gewassert. Auch in Porto Alegre ruhte der ›Eagle 1‹ auf seinen Schwimmern, als Mr. Adams seinen Anschlag verübte. Alles, was von dem Flugzeug über die Wasserlinie herausragte, wurde dabei von der ätzenden Flüssigkeit getroffen und einer späteren Zerstörung preisgegeben.

Ein glücklicher Umstand hatte es gefügt, daß die Tanks des ›Eagle‹ damals schon stark gefüllt waren, und seine Schwimmer daher sehr tief im Wasser lagen. Als der ›Eagle‹ im Atlantik notwassern mußte, war erheblich weniger Treibstoff in seinen Behältern. Seine Schwimmer ragten daher um einige Fuß mehr aus dem Wasser heraus und um diesen Betrag waren ihre Wände auch oberhalb der Wasserlinie unversehrt.

So war es möglich, daß der ›Eagle‹ sich auf der glatten, nur von einer leichten Dünung bewegten Oberfläche des Atlantik zunächst schwimmend halten konnte, aber die Frage, wie lange das möglich sein würde, war schwer zu beantworten. Kam auch nur ein schwacher Seegang auf, so mußten die Wellen sehr bald die lecken Stellen der Schwimmer treffen, denen das

Wasser schon jetzt bei dem leichten Schaukeln der Maschine oft bedenklich nahekam.

Verzweifelt arbeitete Pender an der Funkanlage herum. Mitten im Gespräch mit Jones hatte er es gemerkt, daß sein Sender ausfiel, hatte durch den Empfänger noch die aufgeregten Fragen vom ›Eagle 2‹ gehört, ohne antworten zu können. Endlich fand er den Fehler. Ein dummer Kurzschluß hatte die Sicherungen zerstört, die zum Schutz der Senderöhre in das Gerät eingebaut waren. Er ersetzte sie durch neue, und nun arbeitete die Anlage wieder. Noch einmal funkte er den Ort ihrer Notwasserung und den Hilferuf in den Äther. Sagte dann, während er den Schalter wieder auf Empfang umlegte, zu Kelly:

„Die japanischen Maschinen müßten in unserer Nähe sein. Sehen Sie." Er deutete auf die Seekarte, die vor dem Pilotensitz ausgebreitet war. „Die japanische Route verläuft hier nördlich neben unserer. Die Japaner könnten uns zu Hilfe kommen."

Kelly schüttelte den Kopf.

„Das erste japanische Flugzeug ist erst kurz vor unserer Notwasserung in Diamantino angekommen. Selbst wenn es uns zu Hilfe eilte, könnte es vor sechs Stunden kaum hier sein. Sechs Stunden, Pender? Wer weiß, wo wir in sechs Stunden sein werden..."

Er wollte weiter sprechen, als Pender nach Block und Bleistift griff, um zu notieren, was der Empfänger aufnahm. Schweigend schob er das Papier Kelly zu, der las.

›Deutsches Stratosphärenschiff. Sind in 45 Minuten bei Ihnen.‹

Pender warf einen Blick auf die Borduhr.

„45 Minuten, Mr. Kelly. Die 45 Minuten werden wir wohl noch aushalten."

Kelly runzelte die Stirn. Seine Hand deutete nach vorn zu einer Stelle, wo sich an dem strahlend blauen Himmel ein dunkles Wölkchen zeigte.

„Sehen Sie das, Pender? Wenn es vor dem Stratosphärenschiff hier ist, sind wir verloren."

Langsam, schwerflüssig wie Blei tropften die Minuten dahin. Unbarmherzig brannte die Sonne von oben. Jetzt, wo der erfrischende Fahrwind fehlte, brütete eine unerträgliche Hitze in den Räumen des ›Eagle‹. Hobby hatte die Zeit benutzt, um noch einmal eine genaue Ortsbestimmung zu machen. Er kam in den Führerstand, um sie mit der vorangegangenen zu vergleichen. Kelly nickte ihm zu.

„Stimmt auf die Seemeile genau, Hobby. Wollen hoffen, daß sie uns danach finden, ehe es zu spät ist."

Er deutete wieder auf die Wolke, die inzwischen merklich größer geworden war. Pender blickte auf die Borduhr.

„Noch 30 Minuten, Mr. Kelly, 30 Minuten werden wir noch aushalten."

Während er es sagte, lief aus der Richtung der Wolke her ein leichtes Wellengekräusel über das Meer. Bedenklich klatschten die Wellen gegen die Schwimmkörper, warfen hier und dort ihren Schaum durch die lecken Stellen in das Innere.

„Noch 25 Minuten, bis das Stratosphärenschiff kommt", sagte Pender.

„Zeit genug, um zweimal zu versaufen", knurrte Hobby vor sich hin.

Wie um seine Worte zu bestätigen, schlug im gleichen Augenblick eine stärkere Welle gegen die Schwimmer des ›Eagle‹ und warf eine gehörige Portion Wasser hinein.

„Noch ein dutzendmal so, dann sacken wir ab", schrie Hobby.

Kelly hatte die letzten Minuten nachdenklich vor sich hin gestarrt, jetzt sprang er mit einem Ruck auf.

„Wir müssen leichtern! Her mit den Handpumpen! Ran an die Tanks! Pender, Hobby! Raus mit dem Treibstoff in die See. Los Pender! Los Hobby!"

Im Augenblick begriffen die beiden, was ihr Chef wollte. Schätzungsweise mochten noch vier Tonnen Treibstoff in den Tanks des ›Eagle‹ sein. Pumpte man die in die See, erleichterte man das Flugzeug um dieses Gewicht, so mußten die Schwimmer naturgemäß um ein gutes Stück mehr aus dem Wasser herausragen. Aber höchste Zeit war es, denn von Minute zu Minute war der Wellengang stärker geworden. Bedrohlich groß und dunkel stand jetzt die Sturmwolke am Himmel.

Pender und Hobby hatten die Füllöffnungen der großen Tanks in den beiden Schwimmern aufgeschraubt, die Saugschläuche der Handpumpen hineingesteckt und arbeiteten, daß ihnen der Schweiß bald von den Stirnen lief. In breiten Strömen warfen die Pumpen den Treibstoff in die See. Mehrere Liter förderte jeder Kolbenhub und sobald das leichte Öl die Wasserfläche erreichte, schwamm es darauf und breitete sich weit aus.

Hobby und Pender waren dabei, einen Fettfleck in den Atlantik zu machen, und mit einigen 5000 Litern Leichtöl kann man schon einen ganz gehörigen Fettfleck erzeugen.

Weiter und immer weiter breitete die ölige Flüssigkeit sich über das Wasser aus. Dabei aber bewirkte sie etwas, an das Kelly bei seinem Befehl gar nicht gedacht hatte und was für ihre Rettung noch viel wichtiger war, als das Leichtern des Flugzeuges. Überall dort, wo das Öl sich über das Wasser hin verbreitete, dämpfte es den Wellengang und brachte ihn schließlich zum Einschlafen.

Schon war in einem Umkreis von 100 Metern um den ›Eagle‹ herum tote See, während weiter draußen die Wellen weiß kämmten, und immer noch spieen die Pumpen frisches Öl über Bord. Noch waren die Tanks ja kaum zur Hälfte geleert. Dabei hatten sich die Schwimmer schon ein merkliches Stück aus dem Wasser gehoben. Vorläufig wenigstens war die Gefahr eines Vollschlagens und Versackens gebannt.

Auf wie lange, das blieb eine offene Frage. Vom Flugzeug her strömte ständig neues beruhigendes Öl auf das Wasser, am Rande dieser gewaltigen Fläche nagten die immer stärker aufkommenden Wellen und versuchten sich einen Weg zu dem wracken Flugzeug hinzufressen. Was würde geschehen, wenn der letzte Liter Öl aus den Tanks heraus war, wenn die ständige Erneuerung der schützenden Schicht damit aufhörte?

Kelly, die Uhr in der Hand, war zu den beiden getreten.

„Langsamer, Pender, langsamer Hobby! Spart mit dem Öl! Noch 12 Minuten, dann kommt das Stratosphärenschiff!“

Pender und Hobby richteten sich auf. Sie trockneten die glühenden Gesichter und gönnten den schmerzenden Armen etwas Ruhe. Erst jetzt fanden sie Gelegenheit, das Ergebnis ihrer Arbeit zu betrachten, die weite glatte Kreisfläche rund um den ›Eagle‹, an deren Rand sich die Wogen brachen. In diesem Augenblick schob sich die Wolke vor die Sonne, mit einem Schlag verschwand die glänzende Helligkeit. Die starke, scheinbar von allen Seiten gleichzeitig hereinbrechende Brise machte sich fühlbar und brachte Kühlung. Aber immer stärker stürmten auch draußen ringsherum die Wellen dort, wo die Ölschicht nicht mehr stark genug war, ihre Kraft zu brechen. Es war deutlich zu sehen, wie sie mit breiten schäumigen Bahnen in die Fettschicht eindrangen, wie jeder neue Brecher große Teile davon zerschlug, zerwirbelte und unwirksam machte.

Kelly sah wieder auf die Uhr.

„Noch 7 Minuten, Boys. Wieviel habt ihr noch in den Tanks?“

„Vielleicht noch 1000 Liter, Mr. Kelly.“

„Pumpt wieder! Pumpt weiter, aber nicht zu schnell!“

Von neuem setzte das Spiel der Pumpen ein. Es war nicht zu früh dafür, denn schon war von der Luvseite die brandende See wieder bedenklich nahe an das Flugzeug herangekommen.

Pender und Hobby arbeiteten mit verringerter Geschwindigkeit. Sie pumpten nur eben noch so stark, daß die schlimmsten Lücken, die das brandende Meer in den schützenden Ölpanzer schlug, sich wieder schlossen. Aber es kam doch der Augenblick, da die Tanks leer waren, die Pumpen keinen Tropfen mehr über Bord warfen.

„So!“ sagte Hobby und ließ die Hände vom Pumpengriff, „nun wären wir fertig, was jetzt?“

Kelly starrte auf die Uhr und wischte sich die Stirn. Ein Stoßseufzer entfuhr ihm.

„Wollte Gott, daß die Deutschen kommen... sonst... vielleicht, daß uns die leeren Tanks noch eine kurze Zeit über Wasser halten. Werft die Pumpen über Bord, verschraubt die Füllöffnungen!“ rief er Pender und Hobby zu.

Die taten es, und dann standen die drei und blickten rings umher in die endlose Weite. Sie hatten getan, was sie tun konnten. Ihre letzten Hilfsmittel waren jetzt erschöpft. Immer kleiner wurde der schützende Kreis, immer näher fraß sich die schäumende See an das Flugzeug heran. Bald würde die Brandung sie erreichen. Der erste schwere Brecher, der die Schwimmer traf, mußte den ›Eagle‹ zum Kentern bringen, und dann war das Ende da.

Kelly warf einen verzweifelten Blick auf die Uhr.

„Schon fünf Minuten über die Zeit, die Deutschen kommen nicht."

Ein schwerer Schlag, ein Aufklatschen, das Geräusch verschäumenden, verspritzenden Wassers übertönte seine letzten Worte. Unmittelbar bei dem ›Eagle 1‹ war das Stratosphärenschiff niedergegangen.

Nun schob ›St 2‹ sich noch ein wenig vor, bis es die Backbordschwinge des ›Eagle‹ berührte. Eine Tür in seinem Rumpf wurde geöffnet; in dem gleichen Augenblick, in dem die ersten Brecher bis an die Schwimmer des amerikanischen Flugzeuges herankamen und es kräftig schlingern ließen.

Hobby riß die Backbordtür des Pilotenraumes auf und kletterte auf die Schwinge des ›Eagle‹ hinaus, Kelly und Pender folgten ihm. Sie hatten etwa vier Meter zurückzulegen, bevor sie auf die Steuerbordschwinge des Stratosphärenschiffes auftreten konnten. Ein Weg, der unter gewöhnlichen Umständen kaum mehr als vier Sekunden beansprucht hätte. Jetzt brauchten sie viel längere Zeit dafür. Was war aus dem festen Duraluminblech des Schwingenbezuges unter der Wirkung jener höllischen Chemikalie geworden. Zerfressen, stellenweise bis auf Papierdünne angeätzt, hatte es alle Tragfähigkeit verloren. Schon beim ersten Schritt brach Hobby ein. Er wäre auch durch das untere Blech der Schwinge gebrochen und in die See gestürzt, wenn es ihm nicht eben noch gelungen wäre, ein paar unversehrte Streben des Fachwerkes zu ergreifen, das den inneren Schwingenkörper bildete. Für einen Moment steckte er bis an die Achseln in dem zerstörten Flügel. Mit Mühe gelang es ihm, sich herauszuarbeiten. Liegend, kriechend, immer nach den nächsten noch tragfähigen Fachwerkrippen greifend, kam er langsam vorwärts, bis er endlich die sichere Schwinge des Stratosphärenschiffes unter sich hatte. Kelly und Pender sahen seinen Unfall und warfen sich sofort der Länge nach nieder. So kamen sie besser und schneller voran und erreichten dicht hinter ihm den Rumpf von ›St 2‹. Mit einem stummen Nicken empfing sie Beckmann, zog sie in die Kabine hinein und schloß sofort wieder ab. Im gleichen Augenblick gingen die Propeller des Schiffes an und zogen es aus der Nähe des ›Eagle‹ fort.

Erst jetzt fand Beckmann, während er Kelly die Hand drückte, Worte:

„Ich heiße Sie an Bord von ›St 2‹ willkommen, Mr. Kelly. Ich fürchte, Ihr Flugzeug ist verloren. Wir glaubten, wir würden es durch die Luft abschleppen können, aber... bei diesem Zustand der Schwingen..."

Er zuckte die Achseln. Kelly trat an ein Fenster und blickte hinaus nach dem ›Eagle‹, der etwa fünfzig Meter von ihnen entfernt in der kochenden See trieb. Immer stärker brachen sich die Wogen an seinem zerfressenen, zerstörten Rumpf, immer stärker holte das Flugzeug unter ihrem Anprall über. Jetzt tauchte es mit der Spitze der Backbordschwinge in das Wasser ein. Bevor es sich wieder aufrichten konnte, traf es von Steuerbord her ein neuer schwerer Brecher. Es kenterte, lag einen Augenblick auf der Seite, die Steuerbordschwinge senkrecht zum Himmel gerichtet.

Mit zusammengebissenen Zähnen sah Kelly dem Todeskampf seines Flugzeuges zu, schweigend standen Pender und Hobby neben ihm.

Der nächste Brecher drehte den Rumpf des ›Eagle‹ ganz um. Einen Augenblick noch ragten die scharfen Kiele der beiden Schwimmkörper empor, dann versanken sie. Ungehemmt stürmten die weißmähnigen Wellen über die Stelle, an welcher das Flugzeug versunken war.

Im Pilotenraum des Stratosphärenschiffes hatte Heinecken allein den Untergang des ›Eagle‹ angesehen. Er griff nach einem Bleistift, machte auf seiner Seekarte ein Kreuz und schrieb den Namen ›Eagle 1‹ daneben. An dieser Stelle gab die Karte eine Meerestiefe von ungefähr 7000 Meter an. Seine Gedanken folgten der entschwundenen Maschine. Fast eine deutsche Meile würde sie während der nächsten Stunden nach unten sinken, bis sie endlich auf dem Seegrund in ewiger Kälte und Dunkelheit zur Ruhe kam.

Jedem menschlichen Zugriff entzogen, würde sie da liegen, jahrzehnte. . . jahrhundertelang... und die Natur, die ewig schaffende, würde ihr das Leichentuch weben. Das reiche Leben hier in den oberen, von der Sonne durchleuchteten und durchwärmten Schichten des Ozeans war ja auch zum ständigen Sterben verurteilt. Millionen und aber Millionen jener kleinsten Wesen des Atlantischen Plankton endeten in jeder Sekunde ihr Leben und ihre toten Körper rieselten im langsamen Fall in die dunkle Tiefe. Immer dichter, immer stärker würden sie auch in den kommenden Jahren die Stelle bedecken, an welcher der ›Eagle‹ auf den Grund ging…

Seemannslos, Pilotenlos! Wie viele tausend Schiffe, wie viele Flugzeuge ruhten auf dem Grund der Weltmeere? Wie viele würden noch hinzukommen?

Heinecken riß sich von seinen Gedanken los. Noch wiegte sich sein stolzes Schiff leicht wie ein Schwan auf den Wogen des Ozeans. Noch vermochte es in rasendem Flug durch die Stratosphäre zu stürmen.

Er verließ den Pilotenraum und ging in die Mittelkabine, in der Beckmann und die Leute des ›Eagle‹ an dem runden Tisch Platz genommen hatten. Eine kurze Vorstellung und ein fester Händedruck. Noch besser vielleicht als Beckmann war Heinecken imstande, nachzufühlen, wie es Kelly nach dem Verlust seines Flugzeuges zumute sein mochte. Beckmann gab einen Befehl nach achtern. Kiliri erschien und stellte Soda Whisky auf den Tisch. Verwundert schaute Kelly dem braunen Burschen nach.

„Auch ein unvorhergesehener Passagier“, erklärte Heinecken. „Wir übernahmen ihn von der ›Seeschwalbe‹ und wollten ihn in seine Heimat auf den Gesellschaftsinseln zurückbringen. Immer kam etwas dazwischen, erst der Unfall des ›Eagle 2‹ am Amazonas, dann Ihre Notwasserung hier. Einmal werden wir ja schließlich wieder nach Mahuka kommen und den braunen Zeitgenossen endlich abliefern können.“

„Vorher müssen wir die Wünsche unserer andern Gäste berücksichtigen“, fiel Beckmann ein. „Wollen Sie zum Juruena gebracht werden, Mr. Kelly, oder ziehen Sie einen direkten Rückflug nach Bay-City vor?

Kelly zögerte mit der Antwort. Das Schwere, das ihn betroffen, kam ihm wieder zum Bewußtsein. Um den sicheren Sieg betrogen… ein Schiffbrüchiger auf einem fremden Flugzeug… Er schwieg und stützte den Kopf in die Arme.

Heinecken verstand ihn und ließ ihm Zeit. Beckmann war an das Fenster getreten und blickte hinaus.

Wie hatte sich die Umgebung dort draußen inzwischen verändert. Der Himmel vor einer Stunde noch strahlend blau, war mit einer dichten, schwarzen Wolkenschicht bedeckt.

Immer gröber wurde die See. Schon riß der schnell aufkommende Sturm weißen Gischt von den Wogenkämmen ab und trug ihn durch die Lüfte davon. Das Stratosphärenschiff tanzte auf den von Osten heranrollenden langen Ozeanwogen wie ein schwimmender Korken auf und nieder. Dabei hielt es sich aber... Pender und Hobby stellten es mit Erstaunen fest... mit seiner Längsachse immer senkrecht zu den Linien der Wogenkämme. Dadurch wurden seitliche Schlingerbewegungen vermieden, die bei diesem Seegang auch einem Schiff mit den guten Eigenschaften von ›St 2‹ gefährlich werden konnten.

Beckmann sah die Verwunderung der beiden Amerikaner.

„Ein einfaches, aber wirksames Hilfsmittel, Gentlemen, wir treiben an einem Wasseranker vor dem Winde. Trotzdem..."

Er wandte sich an Heinecken. „Ich glaube, wir starten, bevor die See noch gröber wird."

Heinecken nickte. „Sie haben recht, Beckmann. Das Barometer ist rapid gefallen. Wir müssen uns auf einen gehörigen Sturm gefaßt machen. Wollen Sie das Steuer nehmen, ich werde den Anker einholen."

Beckmann ging nach vorn in den Pilotenraum und ließ sich hinter dem Steuer nieder. Seine Rechte drehte ein Ventil, zischend trat die Druckluft in die Zylinder und warf die Motoren an. Ein zweiter Griff Beckmanns zu den Ventilen für die Brennstoffpumpen und schon donnerten die ersten Explosionen der nun mit eigener Kraft arbeitenden Maschinen in das Toben der Elemente hinein.

Im gleichen Augenblick betätigte Heinecken einen Schalter. Eine elektrische Motorwinde begann zu arbeiten und holte den Wasseranker herein. Vom Mittelraum aus war die breite, an vier Schnüren befestigte Leinewandbahn, die den Anker bildete, nicht zu sehen, aber es war zu spüren, wie das Schiff unter dem Druck des von der Winde eingeholten Ankers gegen den Sturm ein wenig rückwärts ging, obwohl die Motoren liefen. Dann kam der Anker aus dem Wasser und verschwand in einer

Ausbuchtung am Achterrumpf, über die sich eine in Stromlinienform gebaute Abdeckung schloß.

„Anker eingeholt“, telefonierte Heinecken in die Pilotenkabine.

„Anker eingeholt“, bestätigte Beckmann von seinem Platz am Steuer aus die Meldung.

Stärker liefen die Motoren von ›St 2‹, donnerten, dröhnten und trommelten. In weiten Sprüngen jagte das Stratosphärenschiff über die langen Ozeanwellen. Dreimal, viermal schnitt sein Bauch noch durch die schäumenden Kämme. Dann kam es frei und stieg. In weiten Spiralen schraubte es sich in die Höhe. Hobby und Pender blickten auf den Höhenzeiger in der Mittelkabine. Dessen Zeiger kletterte, ein Kilometer… zwei Kilometer… zweieinhalb Kilometer… dann wurde es plötzlich dunkel um sie, so tiefe Nacht, daß sie kaum noch die nächsten Gegenstände erkennen konnten.

Kelly fuhr aus seinem Sinnen auf, als die Dunkelheit einbrach.

Heinecken drehte einen Wandschalter. Das Licht der Deckenbeleuchtung flutete durch den Raum.

„Wir müssen die Wolkendecke durchstoßen“, sagte er. „Scheinen gerade ein besonders dusteres Stück davon erwischt zu haben.“

Immer noch stieg ›St 2‹, immer noch kletterte der Zeiger des Höhenmessers. Drei Kilometer… vier Kilometer… die Dunkelheit vor den Kabinenfenstern wurde etwas lichter. Viereinhalb Kilometer… sie wich einem weißlichen Nebel… fünf Kilometer… plötzlich fiel Sonnenlicht in den Raum. Bizarre Nebelgebilde wogten unter dem Schiff, während sich über ihm der wolkenlose Himmel spannte.

„Fünf Kilometer“, sagte Hobby und stieß Pender an, „Thomson wird guttun, in fünf Kilometer Höhe zu fliegen. Hoffentlich spielen ihm seine Motoren keinen Streich.“

Pender antwortete nicht. Wie gebannt hing sein Blick an dem Höhenzeiger. Sieben Kilometer, neun Kilometer, elf Kilometer… schon lag das wogende Nebelmeer tief, tief unter ihnen.

Dabei kreiste ›St 2‹ noch immer über der Stelle, von der es aufgestiegen war. Weit im Westen sank die Sonne unter den Horizont. Im Osten, dort wo hinter der Wasserwüste der afrikanische Kontinent lag, kam der volle Mond über die Kimme. Die Borduhren von ›St 2‹, auf American Eastern Time gestellt, zeigten eben erst die vierte Nachmittagsstunde. In New York war zu dieser Zeit noch heller Tag. Aber die Stelle, wo der ›Eagle 1‹ sein Grab in den Wellen gefunden hatte, lag ja viele Breitengrade östlicher als die Hudson-Metropole.

Heinecken blickte nachdenklich vor sich hin. Langsam kamen die Worte von seinen Lippen:

„Es gibt für die andern, die noch im Rennen sind, einen Nachtflug bei schwerem Oststurm über den Atlantik. Wir wollen die Entscheidung darüber, wohin wir Sie bringen sollen, Mr. Kelly, bis morgen aufschieben. Ich möchte vorläufig zwischen der amerikanischen und japanischen Rennstrecke kreuzen. Es könnte sein, daß man uns in dieser Nacht noch braucht."

Kelly nickte nur. Nach so jähem Sturz aus Siegeshoffnungen war ihm alles gleichgültig. Mochte der Deutsche ihn bringen, wohin er Lust hatte. Seine Gedanken weilten bei dem Schwesterschiff, dem ›Eagle 2‹, der jetzt die letzte Hoffnung der Reading-Werke trug. Würde James Thomson auch ein Opfer der unbekannten Gegner werden? Oder würde er die Warnung beherzigen, die er ihm während der letzten Minuten vor seinem Sturz noch gefunkt hatte?

Gerade, während Kelly es dachte, hatten Thomson und seine Leute in Porto Alegre ihre handgreifliche Auseinandersetzung mit Mr. Adams beendet, und mit frisch gefüllten Tanks setzte der ›Eagle‹ seinen Weiterflug über den Atlantik fort. Um die gleiche Zeit ungefähr verließ auch die erste japanische Maschine bei Villa Nova unter dem zehnten Grad südlicher Breite die amerikanische Ostküste und begann den langen Seeflug.

Wer den Globus nur oberflächlich betrachtete, hätte in diesem Augenblick wohl meinen können, daß die Siegesaussichten zwischen Japanern und Amerikanern wieder ziemlich gleich verteilt seien. Aber tatsächlich hatte der ›Eagle 2‹ die Hälfte seiner langen Reise ja bereits am Juruena vollendet, das japanische Flugzeug dagegen erst in dem viel weiter östlich gelegenen

Joazeiro. Trotz des schweren Unfalles, den die amerikanische Maschine am Amazonas erlitten hatte, lag sie immer noch mit ungefähr 2000 Kilometer Vorsprung vor der japanischen.

In der fünften Nachmittagsstunde wurden die beiden Nachrichten von der Katastrophe des ›Eagle 1‹ und von dem Stand des Rennens zwischen ›Eagle 2‹ und der ersten japanischen Maschine durch den Reading-Sender in New York verbreitet. Mit verbissenem Ingrimm vernahm die Bevölkerung die Kunde von dem Attentat, dem Frank Kellys Flugzeug zum Opfer gefallen war. Hätten sie in diesem Augenblick den Verbrecher gehabt, er wäre von der empörten Menge sofort gelyncht worden. Die Stimmung wurde wieder besser, als die zweite Nachricht vom Weiterflug des ›Eagle 2‹ aus Porto Alegre und von seinem günstigen Stand im Rennen gemeldet wurde.

Zu ihrem Leidwesen waren die Herren Harrow und Bradley nicht mehr in der Lage, sich an der Verbreitung dieser wichtigen Nachrichten zu beteiligen, da die Polizei ihre Lichtreklame verboten hatte. Trotzdem war ihre Stimmung nicht schlecht. Sie waren die einzigen Bürger der amerikanischen Union, welche die Nachricht vom Untergang des ›Eagle 1‹ mit einer gewissen Befriedigung vernommen hatten.

Im Chefkabinett des Wettbüros rieb sich der lange Harrow vergnügt die Hände.

„Gott sei Dank, Bradley, daß wir den ›Eagle 1‹ los sind. Ich hoffe, die Stundenzahl von 86 wird uns nicht mehr gefährlich werden."

„Wäre dringend zu wünschen", brummte Bradley, der eine statistische Aufstellung vor sich liegen hatte. „Die Zahlen von 84-88 sind scheußlich überbesetzt. Wenn einer innerhalb der Zeit ankommen sollte, können wir den Laden zumachen und nach Kanada verduften."

Noch ein anderes Paar vernahm die Kunde vom Untergang des ›Eagle 1‹ mit Vergnügen, die Herren Yoshika und Hidetawa. Sie hatten ihr Laboratorium in Hackensack aufgegeben. Die verschiedenen im Rennen befindlichen Flugzeuge hatten sich ja inzwischen so weit von New York entfernt, daß irgendein Eingreifen von dieser Stadt aus nicht mehr möglich war. Es hatte keinen Zweck mehr, hier irgendwelche höllischen Chemikalien zusammenzubrauen.

Im großen und ganzen waren sie mit dem, was sie bisher geleistet hatten, nicht unzufrieden. Daß freilich der Versuch, die Tanks der ›Seeschwalbe‹ mit Sprengöl zu laden, vorbeigelungen war, blieb ärgerlich. Erst vor wenigen Stunden hatten sie die Einzelheiten darüber erfahren. Monsieur Beumelé war, mehrfach bandagiert, grün- und blaufleckig im Gesicht bei ihnen aufgetaucht. Er hatte das schnellste Verkehrsflugzeug der Linie Frisko–New York benutzt, um zu ihnen zu eilen und ihnen sein Mißgeschick zu klagen. Doch er fand wenig Gegenliebe bei den Japanern. Seine Hoffnung, noch ein Schmerzensgeld aus ihnen herauszupressen, ging nicht in Erfüllung. Mit einer Fahrkarte für die Touristenklasse und einer verhältnismäßig geringfügigen Summe hatten sie ihn auf den nächsten Europadampfer abgeschoben. Mochte Frankreich mit ihm glücklich werden!

Dafür war die Sache mit Mr. Adams offenbar besser gegangen. Der gefährlichste Konkurrent, der ›Eagle 1‹, war erledigt. Die Meldung, die allen anderen Bewohnern der Riesenstadt unverständlich blieb, die Meldung, daß die Außenhaut des ›Eagle‹ einer unerklärlichen Zerstörung anheimgefallen war, war Yoshika und Hidetawa kein Rätsel. Schon bei den ersten Worten jener Funkdepesche wußten sie, daß ihre Säuren gewirkt hatten. Erwartungsvoll vernahmen sie jetzt aus dem Lautsprecher die Nachricht vom Start des ›Eagle 2‹ in Porto Alegre.

Yoshika zog eine Schublade auf und nahm ein Bündel halbierter Banknoten heraus. Wie spielend glitten seine Finger über die Scheine. Sein Blick ging zur Uhr. Vielleicht noch zwei... höchstens drei Stunden, dann würde die bewährte Mischung auch den Rumpf des ›Eagle 2‹ zerfressen haben. Dann würde auch dieser unbequeme Wettbewerber sein Ende in den Fluten des Atlantik finden.

Unangenehm war es nur, daß die deutschen Stratosphärenschiffe immer gerade bei solchen Zwischenfällen auftauchten. So war es schon bei der ›Seeschwalbe‹ und jetzt wieder beim ›Eagle 1‹. Doch immerhin mochte dies mysteriöse Schiff auch noch beim Ende des ›Eagle 2‹ zugegen sein, aufzuhalten war dessen Untergang ja nicht. Das wußten Yoshika und Hidetawa genau. Sie hatten die höllische Säure vor ihrer Verwendung genügend erprobt.

Unmerkbar für das Auge ging sie mit dem Lack des Anstriches eine neue gefährliche Verbindung ein. Erst wenn das geschehen war, traten gewisse optische Erscheinungen, insbesondere ein Irisieren auf. Aber dann war es schon längst zu spät. Dann fraß dieser höllische Stoff schon an dem unter der ursprünglichen Lackschicht liegenden Metall, fraß unaufhaltsam weiter, bis die Zerstörung vollendet war. So war es dem ›Eagle 1‹ gegangen und so würde es bald auch dem ›Eagle 2‹ geschehen.

„Es ist sehr viel Geld, was wir Adams zahlen müssen", sagte Yoshika und spielte mit den halbierten Banknoten.

„Nicht zuviel, Yoshika, wenn er leistet, was er leisten soll", meinte Hidetawa, „ich denke, jetzt wird er schon auf dem Wege zu uns sein, um sich seine Belohnung zu holen. Wir dürfen ihm das Geld nicht vorenthalten, wenn er seinen Auftrag ausgeführt hat."

Während Hidetawa sprach, hatte Yoshika die Banknotenhälften nach Art eines Kartenfächers ausgebreitet. Plötzlich stutzte er und fiel Hidetawa, der noch weitersprechen wollte, in seine Rede:

„Ich begreife nicht, wir haben Adams doch die Banknotenhälften ohne Nummern gegeben. Die Hälften mit den Nummern müßten hier sein, aber..."

Hidetawa trat zu ihm, nahm ihm die Scheine aus der Hand und betrachtete sie von allen Seiten.

„Unglaublich!" entfuhr es ihm, „nur die beiden ersten tragen Nummern. Wie ist das möglich?"

Yoshika wiegte nachdenklich den Kopf.

„Ein sehr geschickter Taschenspieler, dieser Adams. Anders kann ich es mir nicht erklären. Er muß die beiden Pakete vor unsern Augen vertauscht haben.

13 000 Dollar könnte er sich jetzt bei der Bank direkt holen, ohne uns weiter zu bemühen. Aber wenn ihm auch der Streich gegen den ›Eagle 2‹ gelingt, wird er die übrigen 2000 Dollar nicht schießen lassen. Wenn er hierher kommt, wollen wir ihn fragen, wie er die Vertauschung bewerkstelligt hat."

„Das wollen wir!" sagte Hidetawa.

Weder Yoshika noch Hidetawa konnten ja ahnen, daß Mr. Adams zu dieser Zeit sich bereits in der Obhut einer brasilianischen Gefängnisverwaltung befand, und daß die Banknotenhälften längst in Watsons Brusttasche steckten.

Für Watson aber sollte die Verwechslung erfreuliche Folgen haben. Vierzehn Tage später war er in Bay-City in der angenehmen Lage, sein Bankkonto um 13 000 Dollar zu verbessern.

Kopfschüttelnd legte Yoshika die Banknotenhälften wieder in die Schublade zurück.

„Wir müssen abwarten, Hidetawa, wie sich die Dinge entwickeln. Wenn beide Eagle-Maschinen ausfallen, steht das Rennen für unsere Leute nicht schlecht."

Noch ehe Hidetawa antworten konnte, mischte sich der Lautsprecher wieder ein.

›Französische Kontrollstelle auf der Insel Warekauri. Papillon-Maschine landet 2 Uhr 30 Minuten Eastern Time. Flugdauer 50 Stunden 30 Minuten. Durchschnittsgeschwindigkeit 397 Stundenkilometer.‹

Yoshika biß sich zornig auf die Lippen.

„397 Stundenkilometer! Der Franzose war um sieben Kilometer in der Stunde schneller als wir? Warum kommt die Meldung erst jetzt durch? Warum die Verspätung von fast drei Stunden in der Benachrichtigung?"

Hidetawa zuckte die Achseln.

„Wer kann das wissen, Yoshika. Vielleicht schlechtes Funkwetter über dem Pazifik."

Noch ehe er geendet, meldete sich der Lautsprecher wieder.

›Englische Kontrollstation auf der Nordinsel von Neuseeland. Zwei Fisher-Ferguson-Maschinen 3 Uhr 30 Eastern Time angekommen. Flugdauer 51 Stunden 30 Minuten. Durchschnittsgeschwindigkeit 390 Stundenkilometer.‹

Der Lautsprecher sagte noch etwas von atmosphärischen Störungen über dem Stillen Ozean und von der Unmöglichkeit, rechtzeitiger mit den

Neuseeländischen Inseln in Verbindung zu kommen. Die beiden Japaner hörten es kaum. Schweigend blickten sie sich an. Auch ohne Worte wußte jeder von ihnen um die Gedanken des andern. Nach diesen letzten Meldungen stand das Rennen unentschiedener denn je und für Japan keineswegs günstig. Auch wenn man von den Amerikanern absah, lagen die deutsche ›Seeschwalbe‹ und die italienische ›Gamma Romea‹ mit großem Vorsprung an der Spitze. Dann kam die französische Papillon-Maschine und danach erst an vierter bis fünfter Stelle lagen die Japaner mit den Engländern zusammen im Rennen.

Hidetawa ließ sich verdrossen in einen Sessel fallen. Yoshika versuchte ihn zu trösten.

„Unser Auftrag ging nur dahin, die amerikanischen Flugzeuge aus dem Rennen zu bringen. Wenn uns das gelingt, haben wir die uns auferlegte Pflicht getan. Gegen die andern Maschinen sind andere Agenten eingesetzt worden."

Hidetawa schüttelte den Kopf:

„Die ›Seeschwalbe‹, Yoshika! Sie ist uns entgangen, und sie liegt jetzt mit an der Spitze des Rennens."

Yoshika pfiff durch die Zähne.

„Das Rennen ist noch nicht zu Ende, Hidetawa. In Arabien warten unsere Leute schon auf die ›Seeschwalbe‹."

***

Die letzte Nachricht über die ›Seeschwalbe‹ besagte, daß das Flugzeug mittags 11 Uhr 45 nach New Yorker Zeit die deutsche Kontrollstation bei Claryland erreicht hatte. Es war eine der letzten Nachrichten, welche die Herren Harrow & Bradley noch in Flammenschrift veröffentlichen konnten, bevor die Polizei ihnen ihre Projektionsleinewand konfiszierte.

Aus der Richtung der Cook-Inseln, von Nordosten her, kam die ›Seeschwalbe‹ an den vereisten Rand des antarktischen Landes heran. Die geographischen Verhältnisse der Kontrollstation hier im südpolaren Gebiet waren denen der Startstelle in der Schreckensbucht sehr ähnlich. Auch hier ein steil aus der See steigendes vereistes Plateau, auf dem die verschiedenen

Baulichkeiten der Station errichtet waren. Dicht davor eisfreies Wasser, auf dem die Flugzeuge gefahrlos niedergehen und Treibstoff nehmen konnten.

Die Ortszeit von Claryland unterscheidet sich um zehn Stunden von derjenigen New Yorks. Als der Rumpf der ›Seeschwalbe‹ auf dem Wasser des Südlichen Eismeeres aufsetzte, war es in New York Mittag. In Claryland erst zwei Uhr nachts. Aber die Kontrollstation lag ja auf dem südlichen Polarkreis, und man schrieb den 23. September. Schon war die Sonne sichtbar. Dicht über dem Horizont vollendete sie in 24 Stunden ihre Bahn und übergoß die Polarlandschaft mit einem trüben rötlichen Dämmerlicht.

In einer Barkasse, von deren Heck das Sternbanner wehte, fuhr Mr. Vandersteen, der Zeitnehmer des Kuratoriums, zur ›Seeschwalbe‹ hin und stellte ihre Ankunftszeit und bisherige Flugdauer fest. Er tat es mit gemischten Gefühlen, denn instinktiv fühlte er, daß das deutsche Flugzeug der gefährlichste Wettbewerber seiner Landsleute in dem ganzen Rennen war. Trotzdem lud er die deutschen Piloten zu einem Imbiß ein.

„Keine Zeit, Mr. Vandersteen! Wir haben große Eile. Die Eagle-Maschinen sind verflucht schnell“, meinte Hein Eggerth mit einem spitzbübischen Lachen, „wir müssen uns dranhalten, wenn wir Ihren Preis nach Hause bringen wollen.“

In einer knappen Viertelstunde hatte die ›Seeschwalbe‹ neuen Treibstoff genommen. Schon um 12 Uhr nach amerikanischer Ostzeit startete sie nach der vorgeschriebenen Haltezeit zum Weiterflug.

Kopfschüttelnd blickte Vandersteen vom Klippenrand der entschwindenden Maschine nach. Er wußte, daß ihr ein langer gefährlicher Seeflug über den Indischen Ozean bevorstand. Rund 11 000 Kilometer war es von Claryland bis zur afrikanischen Somaliküste. Die einzige Möglichkeit, unterwegs Treibstoff zu nehmen, bot sich allenfalls auf der Insel Mauritius, aber der Weg bis dorthin war auch 8000 Kilometer lang. Wie sollte das Flugzeug ihn mit der Ölmenge, die es in Claryland an Bord genommen hatte, glücklich hinter sich bringen?

Noch bevor der Amerikaner eine Antwort auf seine Frage gefunden hatte, brauste die See vor ihm unter einem neuen Anprall auf. Das deutsche

Stratosphärenschiff, ›St 1‹, war niedergegangen und trieb mit langsam laufenden Propellern der Küste zu.

Wolf Hansen hatte nicht geringere Eile als Hein Eggerth. Während Vandersteen mit seinen Leuten noch einmal in seine Barkasse kletterte, um auch bei dem Stratosphärenschiff seines Amtes als Zeitnehmer zu walten, begannen bereits die Ölpumpen zu arbeiten. Bis an den Rand füllte ›St 1‹ seine mächtigen Tanks, um dann der ›Seeschwalbe‹ nachzueilen. Nur eine Stunde nahmen die beiden deutschen Maschinen zusammen die Zeit von Mr. Vandersteen in Anspruch, dann konnte er sich seiner wohlverdienten Nachtruhe hingeben.

Zu der Zeit ungefähr, zu der Heinecken mit ›St 2‹ die Besatzung des weidwunden ›Eagle 1‹ in Sicherheit brachte, war die ›Seeschwalbe‹ bereits 2000 Kilometer von Claryland entfernt und kreuzte eben den 60. Grad südlicher Breite. Von Nordwest her war sie nach Claryland gekommen. Jetzt flog sie nach der Angabe des Kompasses in reiner Nordostrichtung. Der Kurswechsel war zustandegekommen, obwohl sie ständig dem größten Erdkreis ihrer Route folgte. So ging es ja allen Flugzeugen, die in diesem gigantischen Rennen lagen. Stetig verfolgten sie ihren gradlinigen Kurs und ständig drehten sich dabei die Himmelsrichtungen um sie.

Während in New York die Nacht des dritten Renntages hereinbrach, verfolgte die ›Seeschwalbe‹ ihre Route über den Indischen Ozean bei hellem Tageslicht.

„Wir haben Glück“, sagte Bert Röge zu Hein Eggerth, als die Maschine auf dem 50. Breitengrad aus einem dichten Nebel heraus in hellen Sonnenschein kam. „Es hätte schlimmer werden können. Ein Nebelflug ist kein reiner Genuß.“

„Glück muß der junge Mann haben!“ lachte Eggerth. „Aber du hast recht, Bert. Die Geschichte hätte eklig werden können, wenn auch die Station auf Claryland im Nebel lag. Da hätten wir unter Umständen lange peilen und suchen können.“

Eggerth saß am Steuer. Während er die Seekarte vor sich ein Stückchen weiter schob, stieß er Röge in die Seite.

„Bitte munter, Bert! Nimm den Sextanten und mache eine möglichst anständige Ortsbestimmung.“

Seufzend erhob sich Röge.

„Ein Sklavendasein, Hein! Ich soll alles an Bord machen. Das Faultier, der Schmieden, hat sich schon gleich hinter Claryland wieder aufs Ohr gelegt.“

„Laß ihn, Bert! Wer schläft, der sündigt nicht.“

Nach kurzer Zeit hatte Röge die neue Ortsbestimmung.

„40 Grad Süd, 73 Grad Ost“, meldete er das Ergebnis an Eggerth. Der trug die Position in die Seekarte ein.

„So, Bert! Dann wird es Zeit, daß wir mit ›St 3‹ in Verbindung kommen.“

Röge griff zu den Kopfhörern und nahm das Funkgerät in Betrieb.

„Scheren Sie sich aus der Leitung!“ brummte er vor sich hin, als ihm die Morsezeichen von ›St 1‹ in die Ohren drangen. Er fingerte weiter an den Abstimmknöpfen, und dann hatte er ›St 3‹ gefaßt. Bald war ein lebhaftes Funkergespräch zwischen Röge in der ›Seeschwalbe‹ und dem dicken Kraus in Gang, der die Morsetaste in ›St 3‹ bediente. Röge wollte Näheres über das Abenteuer in Westaustralien hören. Wie es ›St 3‹ da gelungen sei, die englischen Piloten in der Wüste zu finden und auch noch die Fisher-Ferguson-Maschine glücklich nach Coolgardie abzuschleppen.

›War eine dolle Geschichte!‹ funkte Kraus zurück. ›Die Englishmen haben große Augen gemacht, als wir mit ihrer Maschine im Schlepp über Coolgardie erschienen. Noch größere, als wir die Kiste aufsetzten, ohne Kleinholz zu machen. Das muß ich Ihnen mündlich erzählen.‹

Dann brach Kraus seine Meldungen ins Geschäftliche ab. Er wünschte die genaue Position der ›Seeschwalbe‹ zu wissen und funkte noch allerlei, warum die lahme Ente, die ›Seeschwalbe‹, sich denn nicht früher gemeldet hätte.

Röge gab die Position und protestierte energisch gegen die ehrenrührige Bezeichnung seines Flugzeuges.

So spritzten die Funkdepeschen zwischen der ›Seeschwalbe‹ und ›St 3‹ hin und her. Derweil hatte Wolf Hansen in ›St 1‹ die Hörer an den Ohren und amüsierte sich.

„Die beiden sind mal wieder gut, Georg“, meinte er zu Berkoff. „Der dicke Kraus in ›St 3‹ und Röge werfen sich gegenseitig Liebenswürdigkeiten an den Kopf. Letzte Position der ›Seeschwalbe‹ war 40 Süd und 73 Ost. Drehe ordentlich Dampf auf, damit wir zu dem Rendezvous nicht zu spät kommen. Das wird ein rührendes Wiedersehen zwischen Kraus und Röge geben.“

Noch während er die letzten Worte sprach, machte Hansen sich daran, seinerseits eine möglichst genaue Ortsbestimmung für ›St 1‹ zu nehmen. Er trug sie in die vor Berkoff ausgespannte Karte ein, auf der die letzte Position der ›Seeschwalbe‹ bereits verzeichnet war. Berkoff änderte den Kurs ein wenig und ließ alle Motoren mit voller Kraft laufen. Und so ereignete sich eine Stunde später unter 38 Grad Süd und 67 Grad Ost eine merkwürdige Begebenheit.

Bert Röge und Hein Eggerth riefen fast gleichzeitig „Da kommt ›St‹!“

Aber dabei sah Röge nach Steuerbord und Bert nach Backbord aus den Fenstern der ›Seeschwalbe‹ heraus.

„Da ist es“, rief Röge und deutete mit der Hand hinaus.

„Nein, da drüben kommt es“, verbesserte ihn Eggerth, folgte dann einen Augenblick der weisenden Hand des andern und schlug sich auf den Schenkel.

„Menschenskind, Bert! Du hast wahrhaftig recht. Tres faciunt Collegium! Da kommen mitten im Indischen Ozean drei Maschinen aus Bitterfeld zusammen. Die Sache ist lustig.“

Dann schaukelten die drei Flugzeuge dicht nebeneinander auf den Ozeanwellen. Kraus von ›St 3‹ warf eine Trosse zur ›Seeschwalbe‹ hinüber, die Röge geschickt auffing und festmachte. Gleich darauf schob Kraus den Füllschlauch von ›St 3‹ zur ›Seeschwalbe‹ hinüber, und eine Pumpe begann zu arbeiten. Währenddessen stand Eggerth in der Achterkabine der ›Seeschwalbe‹ und rüttelte den verschlafenen Schmieden munter.

„Kurt, steh auf! es sind ein paar Bitterfelder da, die dir guten Tag sagen wollen.“

„Die Organisation unseres Alten arbeitet mal wieder tadellos“, sagte zur gleichen Zeit Röge zu Kraus. „Das hat er fein ausgeknobelt, wie er euch hier als Tankstelle für uns rankommandiert hat.“

Kraus nickte zustimmend.

„Sie haben recht, Röge. Wir bekamen seinen Funkspruch aus Bitterfeld gerade, als wir die englische Maschine in Coolgardie abgesetzt hatten. Befehl, sofort nach Carnarvon an der australischen Westküste zu fliegen, uns bis an die Klüsen voll Treiböl laufen zu lassen und euch danach hier auf dem halben Wege nach Mauritius abzupassen. Hat mal wieder großartig geklappt.“

„Kleine Ursachen, große Wirkungen“, lachte Röge, „wenn ich's so bedenke, die Italiener müssen auf ihrer Route von den Haymet-Klippen bis zur Delagoa-Bai einen Haufen dicker Schiffe aufbauen, um den Flug ihrer Leute zu sichern, und unser alter Professor macht's mit einem einzigen lumpigen Stratosphärenschiff.“

„Oho!“ fiel ihm Kraus ins Wort, „von wegen ›lumpig‹, das nehmen Sie mal gefälligst schnell zurück. Zwei gute Stratosphärenschiffe ›St 1‹ und ›St 3‹ bemühen sich um die ›Seeschwalbe‹ wie zwei Kindermädchen um ein Baby, und…“, fuhr er fort, obwohl Röge ihn unterbrechen wollte, „am besten hätten wir noch ›St 2‹ hier, damit wir das Kind sicher nach Hause bekommen. Weiß der Teufel, wo Heinecken sich mit seinem Kahn rumtreibt. Der scheint sich ja inzwischen als Spezialschutzengel für die Amerikaner etabliert zu haben.“

Die Tanks der ›Seeschwalbe‹ waren wieder gefüllt.

„Wo werden Sie bleiben?“ fragte Röge, bevor es zum Abschied ging.

„Alles schon vom Professor angeordnet, lieber Röge! Wir gehen gleich nach Carnarvon zurück, fassen neues Öl und folgen Ihnen zur Somaliküste.“

„Warum die ehrenvolle Begleitung?“ fragte Röge. „Ich meine, wir hätten an ›St 1‹ Eskorte genug.“

Kraus zuckte die Achseln. Sein Gesicht wurde ernst. „Genau kann ich es Ihnen nicht sagen. Sie wissen, daß Professor Eggerth die Gründe für seine Anordnungen gern für sich behält. Aber denken kann ich mir allerlei. Wenn Sie sich an den Untergang der amerikanischen Eagle-Maschine erinnern, werden Sie vielleicht ähnliche Gedanken haben.“

Röge schüttelte den Kopf.

„Keine Ahnung, Kraus! Bitte schießen Sie los! Was meinen Sie?"

„Ich meine, Röge, daß Ihr Überlandweg von der Somaliküste bis nach Deutschland noch allerlei Gefahren bringen könnte. Das Schicksal des ›Eagle‹ mahnt zur Vorsicht. Deshalb hat der Professor angeordnet, daß wir von Obia aus beständig in Ihrer Nähe bleiben. Ich würde mich nicht wundern, wenn dort noch ›St 2‹ zu uns stieße. Wir werden von dort an immer gemeinschaftlich tanken und die Augen sehr scharf offenhalten."

Röge warf die verbindende Trosse los. Ein letztes Winken und Grüßen von beiden Seiten. Dann stürmte die ›Seeschwalbe‹ über das Wasser, hob sich aus den Wellen und flog auf Nordwestkurs davon. Gleich danach starteten auch die beiden Stratosphärenschiffe. ›St 1‹ folgte der ›Seeschwalbe‹. ›St 3‹ nahm reinen Ostkurs, um nach Carnarvon zurückzukehren.

Am Steuer der ›Seeschwalbe‹ saß Schmieden. Nach einem achtstündigen Schlaf fühlte er sich äußerst frisch und unternehmungslustig. Während er das Flugzeug auf 2000 Meter Höhe brachte und nach der auf der Seekarte eingetragenen Route auf genauen Kurs setzte, fand er noch Zeit und Gelegenheit, seine Shagpfeife anzuzünden. Behaglich sah er den blauen Rauchwölkchen nach, die in einem breiten Sonnenstrahl spielten.

„Eigentlich", begann er zu Eggerth, „eigentlich ist so ein Weltflug um den Erdball die harmloseste Sache, die ich mir denken kann. Unsere Werkflüge mit der ›Seeschwalbe‹ waren aufregender."

„Danke deinem Schöpfer, Kurt, daß unser Weltflug bisher unberufen... unberufen... so harmlos, wie du dich auszudrücken beliebst, verlaufen ist."

„Aber die Geschichte wird allmählich etwas eintönig..."

Eggerth fiel ihm lebhaft ins Wort.

„Je eintöniger, desto besser, Kurt! Denke mal an unsere vielen Werkflüge. Wie oft haben wir da notlanden müssen. Wie oft mußte das Flugzeug auf unsern Lastkraftwagen nach Hause gebracht werden. Dann wurde umgebaut und geändert. Es kamen neue Flüge, neue Umkonstruktionen, bis die ›Seeschwalbe‹ endlich so wurde, wie sie jetzt ist. Wie oft haben wir alle drei in Bitterfeld darüber geschimpft. ›Der Alte wird niemals mit seinen Plänen fertig, dem ist eine Maschine nie gut genug‹, hieß es da oft. Heute weiß ich, was mein Vater damit bezweckte, und ich bin ihm aus tiefstem Herzen dankbar dafür.“

„Bravo, Hein“, rief Röge und schlug Eggerth auf die Schulter. „Du hast mir aus der Seele gesprochen. Auf das Wohl deines Alten Herrn.“

Er tat einen kräftigen Zug aus einem vollen Bierglas und sprach dann weiter.

„Ich bin stolz auf unsere ›Seeschwalbe‹. So regelmäßig wie die Kaffeemühlen mahlen ihre Motoren. Mit einer... ich möchte sagen... mathematischen Genauigkeit hält sie ihre Tourenzahlen und ihre Geschwindigkeit inne. Ihr habt doch auch die Depeschen über die andern Maschinen gelesen. Wie sind die inzwischen von ihren Anfangsleistungen abgefallen. Unsere ›Seeschwalbe‹ macht immer noch ihre 420 Stundenkilometer, so wie es ihr Konstrukteur wollte.“

„Du irrst dich, Bert“, fiel ihm Eggerth ins Wort. „Die ›Seeschwalbe‹ macht jetzt 430 Stundenkilometer.“

„430 Stundenkilometer?“ warf Schmieden dazwischen.

„430“, wiederholte Eggerth, „und das war auch vorgesehen. Wir haben die Maschine über eine Strecke von 2000 Kilometer eingeflogen. So sind wir mit ihr bei der Schreckensbucht in das Rennen gegangen. Die 20 000 Kilometer bis Claryland haben ihr erst so den richtigen letzten Schliff gegeben. Ich denke, sie wird jetzt auf der zweiten Hälfte des Weges immer noch besser werden.“

Schmieden schüttelte ungläubig den Kopf.

„Noch besser, Hein?“

„Jawohl, Kurt! Ich halte es für wahrscheinlich, daß unsere ›Seeschwalbe‹ nach etwa 12 Stunden auf eine Geschwindigkeit von 440 bis 450 Kilometer kommen wird. Damit wird allerdings die Höchstleistung erreicht sein. Danach dürfte es mit der Geschwindigkeit wieder langsam bergab gehen. Aber jede Stunde bringt uns unserm Ziele näher, und bei unserer Ankunft in der Schreckensbucht werden wir immer noch 420 Stundenkilometer haben. Das hat mein Vater sich vorher sehr genau überlegt.“

Schmieden saugte kräftig an seiner Pfeife.

„Alle Wetter, Hein! Wenn das so ist, dann den Hut ab vor deinem Alten Herrn. Wir verbessern uns auf 450. Die Yankees rutschen von ihren 500 auf 450 runter. Da haben wir ja wirklich Aussichten, das Rennen vielleicht zu gewinnen. Bis jetzt habe ich's nicht recht geglaubt."

„Wir haben die Aussicht, wenn das Wetter uns weiter günstig bleibt", sagte Eggerth.

„Das Wetter?!" lachte Röge und wies auf die blaue See und den sonnigen Himmel draußen. „Ich denke, wir können uns kein besseres Wetter wünschen."

„Wir sind auf dem Wege nach Mauritius, Bert."

„Weiß ich, Hein. Was willst du damit sagen?"

„Hast du schon mal was von Mauritius-Orkanen gehört, Bert?"

Röge zuckte die Achseln.

„Keine Ahnung, Hein. Ich weiß nur von einer roten und blauen Mauritius-Marke, die schandbar selten und teuer sein sollen."

„Dann laß dir sagen, Bert, daß diese Orkane verheerende Wirbelstürme sind, die von den Sundainseln nach Mauritius hinüberziehen, und daß sie leider nicht so selten sind, wie die von dir erwähnten Briefmarken. Wir werden gut daran tun, in den nächsten Stunden Wetternachrichten aufzufangen, von woher wir sie nur immer bekommen können."

„Das heißt, ich soll mich jetzt an das Radio setzen", sagte Röge mit einem sauren Gesicht. „Schade, ich wollte mich eigentlich schlafen legen."

Eggerth schüttelte den Kopf.

„Hier ist die Gegend nicht zum Schlafen geeignet, mein lieber Bert. Wir müssen rechtzeitig wissen, was auf der Strecke Sumatra-Mauritius los ist."

„Na und, Hein? Wenn der Teufel wirklich so einen Wirbelsturm aus dem Sack gelassen hat? Was können wir da tun?"

„Allerlei, mein Lieber. Diese Orkane haben die Gewohnheit, bei Mauritius nach Südosten abzubiegen. Der Wirbelsturm würde uns also gerade entgegenkommen. Wir müßten also nach Westen ausbiegen, um ihm aus dem Wege zu gehen. Denke an Eckener, Bert! Man muß das Wetter beizeiten riechen, dann bringt man sein Schiff oder Flugzeug glücklich ans Ziel."

Die Stunden verstrichen, die Abenddämmerung kam herauf. Unermüdlich arbeitete Röge am Funkgerät. Er suchte Verbindung mit festen Stationen und Schiffen im Norden, um Wetternachrichten zu empfangen. Bei dem großen Interesse, das die ganze Welt an dem Reading-Rennen nahm, waren die angerufenen Stellen bereitwillig, ihm jede gewünschte Auskunft zu geben, und bald bedeckten sich die Seiten seines Schreibblockes mit Meldungen über Windstärken und Windrichtungen aus allen Teilen des nördlichen Indischen Ozeans.

Brummend schob er die Zettel Eggerth zu. „Da soll der Teufel draus klug werden, Hein. Scheint mir meistens Kohl zu sein, was die Leute funken."

Hein Eggerth nahm sich eine Seekarte vor und begann die verschiedenen Meldungen in Form von Windpfeilen einzutragen.

„Leider gar kein Kohl, lieber Bert! Ein nettes solides Wirbelstürmchen ist da eben westlich von Sumatra im Entstehen begriffen. Ein Glück, daß wir nicht März, sondern September schreiben. Im März sind die Stürme besonders schlimm. Wollen doch mal gleich sehen, was mein Alter Herr darüber vermerkt hat."

Er stand auf und holte ein Buch. Es war die ziemlich umfangreiche Segelanweisung, die Professor Eggerth seinen Piloten mit auf den Weg gegeben hatte. Hein Eggerth blätterte, las, rechnete und ließ das Buch dann sinken.

Die Sonne war inzwischen in das Meer gesunken; tief rotglühend war sie in die blaue Flut getaucht. Fast unmittelbar danach brach die Nacht an. Für eine halbe Stunde gab nur der sternklare Himmel dem über die endlose Wasserfläche jagenden Flugzeug ein schwaches Licht auf den Weg. Dann kam von Osten her die volle Mondscheibe herauf.

„Das Wetter ist vorzüglich", trumpfte Röge auf, „es ist zum mindesten so gut wie gestern. Es ist ein prima primissima Wetter."

„Das Wetter ist oberfaul, mein Lieber“, widersprach Eggerth, der unermüdlich weitergerechnet hatte.

„Der Alte Herr hat uns hier eine ganze Menge über die Geschwindigkeiten aufgeschrieben, mit denen die Orkane nach Westen wandern. Aber wie ich's auch drehe, das Resultat bleibt immer dasselbe. Wir kommen an dem Sturm nicht vorbei. Wenn wir unsern Kurs auf Mauritius beibehalten, laufen wir dort gerade in das Sturmzentrum hinein.“

Röge hatte wieder die Kopfhörer an den Ohren und fingerte an den Abstimmknöpfen des Funkgerätes herum. Er schrieb und schob den Zettel Eggerth zu. Der las ihn.

„Da haben wir die Geschichte schon, Bert. SOS-Ruf vom Dampfer ›Cyanous‹. Position 65 Ost und 10 Süd. Das Sturmzentrum wandert noch schneller, als ich annahm. Wir müssen nach Westen ausbiegen, Kurs auf Madagaskar nehmen.“

„Schön gesagt, nach Madagaskar ausbiegen...“ brummte Röge. „Wo sollen wir tanken? Unser Treibstoff liegt in Port Louis auf Mauritius.“

„Du hast recht, Bert. Gestatte bitte.“

Hein Eggerth nahm Röges Platz am Funkgerät ein, und die Morsetaste begann unter seinen Fingern zu klappern. Er sprach mit ›St 1‹, er funkte mit ›St 3‹, er hörte deren Antworten, gab Weisungen, und während die Stunden der Nacht langsam verstrichen, ereignete sich mancherlei, was durch diese Funksprüche verursacht war.

Um sieben Uhr morgens nach New Yorker Zeit oder um 11 Uhr abends nach Ortszeit ging die ›Seeschwalbe‹ mit beinahe leeren Tanks unter 47 Grad östlicher Länge und 10 Grad südlicher Breite auf dem offenen Ozean nieder. Fast gleichzeitig wasserte neben ihr ›St 1‹.

Auf die Sturmwarnung Eggerths hin war das Stratosphärenschiff mit Höchstgeschwindigkeit nach Mauritius gestürmt. Es erreichte Port Louis noch vor der Ankunft des Orkans, füllte seine Behälter mit Treibstoff und jagte danach sofort westwärts weiter zu dem von Eggerth bestimmten Treffpunkt.

Jetzt lag es Seite an Seite mit der ›Seeschwalbe‹. Das Meer war hier verhältnismäßig ruhig. Nur eine lang auslaufende Dünung zeugte von den Stürmen, die im Osten tobte. Ohne Schwierigkeiten ließ sich die Treibstoffübernahme bewerkstelligen. Eine knappe halbe Stunde später stieg die ›Seeschwalbe‹ schon wieder mit frisch gefüllten Tanks auf und nahm Kurs auf Obia an der Somaliküste. Fast zur gleichen Zeit, zu der ›St 1‹ neben der ›Seeschwalbe‹ lag, zog ›St 3‹ seine Kreise über dem sinkenden ›Cyanous‹. Auf den Funkspruch Eggerths hatte dies Stratosphärenschiff Kurs auf den in Seenot befindlichen Dampfer gesetzt. Der ›Cyanous‹, ein Frachtdampfer von 2000 Tonnen, lag, als ›St 3‹ ihn erreichte, in verhältnismäßig ruhigem Wasser. Er befand sich genau im Zentrum des Tornado, in dem ja fast Windstille zu herrschen pflegt, aber er war durch die äußere Sturmzone gegangen und dabei zu einem lecken Wrack geschlagen worden. Und er würde bald – denn der Zyklon wanderte ja schnell nach Westen weiter – zum zweiten Male in die Sturmzone geraten und dabei unweigerlich in die Tiefe gehen.

Die Minuten waren kostbar, aber ›St 3‹ wußte sie zu nutzen. Als der Wind wieder anschwoll und die See von neuem hohl wurde, stand es schon 3000 Meter über dem Wrack des ›Cyanous‹ und schraubte sich immer höher hinauf in die Stratosphäre, bis zu der keine Stürme und Orkane heranreichen. Die Besatzung des englischen Frachtdampfers, zwölf Köpfe stark, hatte ›St 3‹ wohlgeborgen an Bord. So weit war alles in Ordnung, und die Eggerth-Werke in Bitterfeld durften im Laufe der nächsten Monate auf ein Dankschreiben der englischen Schiffahrtsbehörde rechnen. Aber etwas anderes machte Rudolf Kraus Sorge. Zwölf Schiffbrüchige, zwölf ausgehungerte englische Seemannsmägen an Bord, und dazu nur bescheidenen Proviant für die zwei Menschen, welche die normale Besatzung des Stratosphärenschiffes bildeten. Daneben die Unmöglichkeit, wegen des Orkanes das nächstgelegene Land, die Insel Mauritius, anzufliegen. Ein Ausweg aus dem Dilemma mußte gesucht werden, und nach kurzer Beratung fanden ihn Rudolf Kraus und Peter Pedersen, die beiden Piloten von ›St 3‹.

Die französische Hafenwache in Tamatawe an der Ostküste von Madagaskar war etwas erstaunt, als mitten in der Nacht ein fremdes Flugzeug an der Mole festmachte, und sie wunderte sich noch mehr, als ihr zwölf

Schiffbrüchige der im Indischen Ozean untergegangenen ›Cyanous‹ von den Piloten dieses Flugzeuges zur weiteren Betreuung übergeben wurden. Schließlich gab sie sich mit der Erklärung zufrieden, daß die Piloten des Flugzeuges keine Zeit für längere Erklärungen hätten, weil sie das Reading-Rennen mitflögen. Vom Reading-Rennen hatte auch die Hafenwache von Tamatawe schon gehört und war danach im Bilde. Gegen zwei Uhr morgens nach der Ortszeit von Madagaskar war ›St 3‹ der Sorge um seine unfreiwilligen Passagiere enthoben und konnte sich wieder seiner eigentlichen Aufgabe widmen. Mit voller Geschwindigkeit setzte es sich auf die Spur der ›Seeschwalbe‹.

Eine Sturmnacht

Um die achte Abendstunde des dritten Renntages funkte der Readingsender von Radio City:

„Trinidad 7 Uhr 10 Minuten abends amerikanischer Ostzeit ›Eagle 2‹ gewassert. Gesamtflugstrecke 23 100 Kilometer. Flugzeit 55 Stunden 19 Minuten. Durchschnittsgeschwindigkeit fast 420 Stundenkilometer."

Die Herren Harrow & Bradley hatten zwar keine Lichtmeldungen mehr, aber der Riesenlautsprecher in ihrer Office schrie die Nachricht immer noch weit genug auf die Straße hinaus, und mit fiebernden Pulsen vernahm sie die Menge, die sich dort auf den Bürgersteigen drängte. Tausende zogen ihre Notizbücher heraus und prüften betroffen die Eintragungen nach, die sie sich über den bisherigen Stand des Rennens gemacht hatten. Der ›Eagle 2‹ nicht mehr an der Spitze des Rennens, sondern in gleicher Höhe mit der deutschen ›Seeschwalbe‹?! Die Nachricht ging den Yankees schwer ein. Nur allmählich besannen sie sich darauf, daß die Reading-Maschine durch ihren Unfall in den Kordilleren einen Vorsprung von rund 2500 Kilometer eingebüßt hatte. Aber jetzt lag sie ja wieder im Rennen. Jetzt flog sie wieder mit wenigstens 470 Stundenkilometer. In kurzer Zeit würde sie die von Hause aus langsamere deutsche Maschine wieder hinter sich lassen…

An tausend Stellen begann ein eifriges Rechnen. Die Gesichter gerötet von der Aufregung und Spielleidenschaft, dividierten und addierten die

Wettlustigen, um eine neue Stundenzahl herauszurechnen, auf die sie bei Harrow & Bradley ihre Dollars setzen könnten. Und dann hub ein neuer Sturm auf die Schalter dieser geschäftstüchtigen Firma an. Diesmal waren es die Zahlen von 91 bis 94, auf welche Harrow & Bradley im Laufe der nächsten Stunden mehr als 100 000 Dollar einkassieren konnten.

In ihrem Privatkontor saßen die beiden Firmeninhaber vor einem Stapel von Zahlentabellen und statistischen Kurven.

„Unser Buch wird wieder rund“, bemerkte Bradley vergnüglich. „Alles was früher auf die Zahlen bis 90 gesetzt wurde, dürfte uns sicher sein.“

„Gott sei Dank, Bradley! Die Zahlen von 85 bis 88 haben mir eine schlaflose Nacht gemacht.“

Bradley warf seinem Kompagnon einen verstohlenen Blick zu. Sollte sich der biedere Roger Harrow auf seine alten Tage noch so etwas wie ein Gewissen zugelegt haben, dachte er bei sich. Dann sollte er bald mal zum Doktor gehen. So etwas kann in seinem Alter gefährlich werden. Laut fuhr er fort:

„Was fehlt Ihnen denn? Sie sehen ja so verdrossen aus!“

Harrow strich sich mit einem Seufzer über die Stirn.

„Wir haben einen Fehler gemacht, Bradley. Wir hätten es vorher bekanntmachen sollen, daß wir Einsätze nur bis zu einem bestimmten Termin annehmen. Das haben wir leider versäumt. Jetzt werden die Narren uns die nächsten zwei Tage überlaufen und noch bis in die letzte Stunde des Rennens ihre Einsätze machen. Sie können sich ja selber sagen, was dabei für uns herauskommt.“

„Hm, hm!“ Bradley legte die Stirn in Falten. „Allerdings faul... oberfaul, Harrow, wenn die Geschichte so kommt. Das müssen wir irgendwie verhindern.“

„Leicht gesagt, aber schwer getan, Bradley. Das Volk lyncht uns, wenn wir unsere Schalter schließen.“

Ein breites Grinsen lag auf Bradleys Gesicht, als er antwortete:

„Wir werden unsere Schalter nicht schließen, Harrow. Wenigstens vorläufig nicht. Nach unseren Bedingungen zahlen wir die Gewinne erst an dem Tage aus, der auf die offizielle Bekanntgabe des Siegers und seiner Flugzeit durch Mr. Sharp folgt. Das bedeutet für uns einen Zeitgewinn von 24 Stunden."

„Schon gut, Bradley. Was dann?"

Bradley griff nach einem Bankbuch. Seine Augen glitten über Zahlenreihen und Firmennamen.

„Wir haben ganz gut transferiert, Harrow. Zwei Millionen in Melbourne, eine in Kalkutta... drei in London... In Kanada sollten wir nicht so viel stehenlassen. Kanada ist zu nahe bei den Vereinigten Staaten. Es darf nur als Zwischenstation für die weiteren Transfers benutzt werden. Was heute nacht noch an Wettgeldern eingeht, muß auch gleich über die Grenze gebracht werden. Einer von uns muß morgen mittag nach Kanada fliegen."

Harrow schüttelte abwehrend den Kopf.

„Wenn Sie es nicht wollen, Harrow, bringe ich das Geld dorthin." Er unterbrach sich und lauschte einen Augenblick. „Hören Sie den Lärm da draußen an den Schaltern? Das Volk kann seine Dollars nicht schnell genug loswerden. Vielleicht kommt in den nächsten 24 Stunden noch mal eine Million zusammen."

Bradley hatte recht gehört. Das Gedränge an den Wettschaltern in den unteren Räumen war beinahe lebensgefährlich und ließ auch während der Nacht nicht nach. Diese dritte Nacht des großen Rennens konnte ja vielleicht schon eine entscheidende Wendung bringen. Viel, ja vielleicht alles kam darauf an, wie die Überquerung des südlichen Atlantik von Brasilien nach Afrika den amerikanischen und japanischen Piloten gelang.

Für den ›Eagle 2‹ hatten die Wettlustigen sich von Trinidad bis zur Walfischbay eine Flugdauer von 10 Stunden errechnet. Etwa um 5,30 Uhr morgens nach New-Yorker Zeit konnte er dort sein. Etwa zur gleichen Zeit konnten auch die japanischen Flieger, deren Route sich hier mit der amerikanischen kreuzte, die afrikanische Küste erreichen. Sollte man da etwa zu Bette gehen und das spannende Wettrennen verschlafen? Die große Mehrzahl verneinte die Frage. Noch belebter als während der ersten beiden

Nächte blieben die Straßen der New-Yorker City in dieser Nacht. Wo immer ein Lautsprecher sich hören ließ, da stauten sich die Massen, um die letzten Nachrichten zu vernehmen.

Nachrichten kamen, aber sie klangen anders, als man sie erhofft hatte. Ein schwerer orkanartiger Oststurm tobte in dieser Nacht über dem Südatlantik.

Um drei Uhr morgens traf ein Funkspruch von der Insel St. Helena in Radio City ein: Zwei von den drei im Rennen befindlichen japanischen Maschinen von ihrem Kurs nach Norden vertrieben, mit schweren Pannen auf St. Helena zur Notlandung gezwungen. Die dritte japanische Maschine vorläufig verschollen. Ein SOS-Ruf das letzte, was man von ihr gehört hatte.

In New York nahm man die Kunde mit gemischten Gefühlen auf. Das Unglück der Japaner ließ die Menge ziemlich kalt. Sie lagen ja im Rennen weit zurück und wurden kaum noch als eine ernsthafte Konkurrenz betrachtet. Aber der Sturm, dessen Opfer sie geworden waren, konnte auch der amerikanischen Maschine gefährlich werden, und das gab der Nachricht ein besonderes Gewicht. Waren die Volksmassen in der City von New York bisher nur sportlich erregt gewesen, so schlug die Stimmung jetzt in ernste Sorge um das Schicksal des ›Eagle 2‹ um. Vergeblich wartete man auf neue Nachrichten, während Stunde um Stunde verrann. Schon kündigte ein lichter Schein im Osten die nahende Morgendämmerung an, als der Reading-Sender eine neue Nachricht funkte.

Deutsches Stratosphärenschiff meldet unter 10 Grad West, 20 Grad Süd:

›Eagle 2 kämpft mit Motorstörungen. Halten uns zur Hilfeleistung in seiner Nähe.‹

Wie der Stab des Wanderers im Ameisenhaufen wirkte die Depesche auf die in der New-Yorker City versammelten Volksmassen. Stärker schwoll der Lärm auf, Gruppen bildeten sich, erregte Gespräche wurden geführt. Was war mit dem ›Eagle 2‹ los?... Wieder ein Sabotageakt, wie beim ›Eagle 1‹?... Oder was sonst?... Wieder war das geheimnisvolle deutsche Stratosphärenschiff dabei... hatte das einen tieferen Zusammenhang?... Waren die Deutschen an diesen Unfällen schuld?... Hunderttausend Köpfe und ebensoviele verschiedene Meinungen, die hier wild durcheinanderschwirrten.

Während in New York eben die Dämmerung aufkam, herrschte am Standort von ›St 2‹ bereits heller Tag, soweit man in dem dichten Regengewölk von einem Tag sprechen konnte.

Das deutsche Schiff hatte sein eigentliches Gebiet, die ewig stille, allen Stürmen entrückte Stratosphäre, verlassen. Sobald Beckmann mit seinem Empfänger die ersten bedenklichen Nachrichten von ›Eagle 2‹ hörte, war ›St 2‹ zu dessen Standort hingestürmt. Und dann, als die Depeschen des ›Eagle‹ immer schlimmer, immer hoffnungsloser lauteten, schraubte das Stratosphärenschiff sich im Vertrauen auf seine starken erprobten Maschinen aus der Höhe hinunter in das brodelnde, sturmgepeitschte Wolkenmeer, in dem der ›Eagle‹ um sein Leben kämpfte.

In höchster Erregung, die Zähne in die Lippen gepreßt, daß sie bluteten, stand Frank Kelly hinter Beckmann, der an der Funkanlage saß. Vorbei war es mit dem ruhigen glatten Flug in der Stratosphäre. Auch der starke Rumpf von ›St 2‹ wurde im Aufruhr der Elemente wild hin und her geschüttelt, daß Kelly sich oft an Beckmanns Sessel festklammern mußte.

Sie funkten und peilten, suchten und peilten weiter, bis sie fanden, was sie suchten. Bis sie den Motorlärm des ›Eagle‹ vernahmen, ihm näher und näher kamen, die amerikanische Maschine endlich für kurze Augenblicke in Sicht halten. Und dann kam das Schwerste. Während ›St 2‹ sich dicht über dem ›Eagle‹ hielt, lief eine kräftige Stahltrosse aus seinem Heck. Wild schwankte sie im Sturm hin und her. Pendelte weit aus, drohte sich in den Propellern des ›Eagle‹ zu verfangen, bis es der Besatzung der amerikanischen Maschine schließlich gelang, das Seil zu fangen und am Bug des ›Eagle‹ festzumachen.

Absturz und Verderben konnte das Seil bringen, solange es noch frei vor dem ›Eagle‹ in der Luft schwang. Rettung bedeutete es, sowie es festgemacht war. Die Rettung kam keinen Augenblick zu früh. Kaum war die Verbindung hergestellt, als auch die letzten Zylinder des ›Eagle‹, die bis dahin noch notdürftig gearbeitet hatten, aussetzten. Aber da lag der ›Eagle 2‹ schon im Schlepptau des Stratosphärenschiffes. Da wirbelten dessen Dieselmaschinen die Propeller schon mit voller Gewalt durch die Luft und rissen auch die amerikanische Maschine im schnellen Flug hinter sich her, immer weiter, unwiderstehlich immer weiter nach Osten.

Heller wurde der Tag, lichter das Gewölk, schwächer der Sturm. Es schien, als ob er genug an den Opfern dieser Nacht und dieses Tages habe und nun zur Ruhe gehen wolle. Schon stahl sich vereinzeltes Blau durch die Wolken. Noch eine Stunde und noch eine halbe, dann lag das Gewölk hinter ihnen im Westen, und die See unter ihnen wurde ruhiger. Noch eine halbe Stunde, da war sie fast glatt.

›Wir wollen runtergehen und wassern‹, funkte Beckmann dem ›Eagle‹, und Heinecken sagte das gleiche zu Kelly. Der blickte zu Boden und schwieg. Zu viele Gedanken stürmten ihm durch den Kopf, die er nicht in Worte zu fassen vermochte. Heinecken ahnte, was der denken mochte, und sprach weiter: „Wir sind nur noch eine halbe Stunde von der Küste ab. Es macht einen besseren Eindruck, Mr. Kelly, wenn der ›Eagle‹ Swakopmund unter eigenem Dampf ansteuert."

Kelly rang nach Worten. Schließlich fand er sie, stieß sie heraus.

„Der ›Eagle‹ ist nicht mehr im Rennen, Mr. Heinecken. Er mußte sich von Ihnen schleppen lassen."

Heinecken zuckte die Achseln und lachte.

„Lieber Mr. Kelly, wenn alle Maschinen aufgeben müßten, die in den letzten Tagen von unsern St-Schiffen geschleppt wurden, dann wären nicht mehr viele im Rennen. Lassen Sie sich darüber keine grauen Haare wachsen. Jetzt wollen wir erst mal zusehen, daß Ihr ›Eagle‹ möglichst schnell wieder flugfähig wird."

In langsamem Gleitflug ging ›St 2‹ nieder, und fast gleichzeitig mit ihm setzte der ›Eagle‹ auf die Seefläche auf. Hier, schon ziemlich dicht unter Land, war das Meer fast völlig ruhig. Bald schwammen die beiden Maschinen vertäut dicht nebeneinander. Bei beiden wurden die Türen geöffnet.

Ein wehmütiges Wiedersehen gab es zwischen den Besatzungen der beiden ›Eagle‹-Maschinen. Seit ihrer letzten gemeinsamen Landung an der südamerikanischen Ostküste hatten sich Kelly und Thomson nicht mehr gesehen. Während sie sich die Hand drückten, gedachten beide des Schicksals, das sie inzwischen betroffen hatte. Der Sturz des ›Eagle 2‹ in den Amazonas, der Sturz und Untergang des ›Eagle 1‹ im Atlantik, und nun auch der ›Eagle 2‹ nur mit knapper Not und fremder Hilfe der Vernichtung entgangen. Wahrlich, es stand nicht mehr gut um die Sache der Reading-Werke in diesem Rennen.

Heinecken riß die beiden amerikanischen Piloten aus ihren Gedanken.

„Time, gentlemen, time! Alle Hände an die Instandsetzung Ihrer Maschine!“

Thomson schüttelte hoffnungslos den Kopf.

„Es waren wieder die Kerzen“, sagte er mehr zu Kelly als zu Heinecken. „Wir haben keine frischen Kerzen mehr an Bord. Meine Leute setzten die letzten ein, bevor uns das deutsche Flugschiff fand.“

Heinecken kratzte sich die Stirn.

„Dumme Geschichte, Mr. Thomson. Allen anderen Kram haben wir in ›St‹ doppelt und dreifach an Bord, mit Kerzen können wir Ihnen nicht dienen. Das Zeug haben wir für unsere Diesel-Maschinen Gott sei Dank nicht nötig. Dann mal frisch alle Mann an die Reinigung eines Satzes alter Kerzen. Die halbe Stunde bis Swakopmund werden Sie damit schon noch schaffen. Dort werden Sie ja alle Ersatzteile reichlich vorfinden.“

Die zielbewußten Worte Heineckens taten ihre Wirkung. Bald verkündete metallischer Klang von Werkzeugen aus dem Rumpf des ›Eagle‹, daß viele Hände dabei waren, den Rat des deutschen Piloten zu befolgen.

***

Die dritte Nacht des Rennens war vorüber. Hunderttausende hatten sie in den Straßen der New-Yorker City verbracht, harrend und immer wieder hoffend, daß eine Nachricht über das Schicksal des ›Eagle‹ käme. Längst stand die Sonne wieder hoch am Himmel. Schon nahte die Stunde, zu der die meisten dieser übernächtigten, fieberhaft erregten Menschen wieder in ihre Büros mußten, und noch immer war keine Nachricht gekommen, weder vom ›Eagle‹ noch auch von jenem deutschen Stratosphärenschiff, das sich in seiner Nähe aufhalten sollte.

Immer hoffnungsloser wurde die Menge, je weiter die Zeit vorschritt. Schon begann die begeisterte Stimmung der früheren Tage hier und dort in ihr Gegenteil umzuschlagen, schon sprachen es einzelne offen aus, dieses

Fliegerrennen um den Erdball hieße nicht anderes als Gott versuchen. Schon nannten andere den verstorbenen Morgan Reading einen Narren, der um einer überspannten Idee halber die besten Sportsleute und Ingenieure aller Nationen in den Tod jage.

Kurz nach acht Uhr morgens kam John Sharp wieder in sein Büro im Reading-Haus. Es war ihm anzumerken, daß er in dieser Nacht nicht viel Schlaf gefunden hatte. Er griff zum Telephon und ließ sich mit Mr. Bourns, dem Chef des Reading-Senders in Radio City verbinden. Die Nachrichten, die ihm Bourns durch den Draht zusprach, waren erschütternd.

Man wußte jetzt, daß eine japanische Maschine mit ihrer Besatzung im Atlantik brennend abgestürzt war und die beiden anderen als hoffnungslose Wracks auf St. Helena lagen.

„Haben Sie etwas von den Deutschen gehört, Bourns?“ fragte Sharp.

„Nichts Direktes, Sir“, kam die Antwort aus der Telephonmuschel. „Wir hatten Schiffsmeldungen, daß die beiden deutschen Maschinen in einen der gefährlichen Mauritius-Orkane geraten sind. Ich fürchte, Mr. Sharp, ihr Schicksal ist besiegelt.“

John Sharp umklammerte den Telephonhörer, als wolle er ihn zerbrechen.

„Was machen die Italiener?“ fragte er heiser.

„Wir haben seit der Wasserung bei den Haymet-Klippen nichts mehr von ihnen gehört, Sir. Ihre Rennroute führt jetzt über den vereisten antarktischen Kontinent.“

John Sharp schloß die Augen, aber auch mit geschlossenen Lidern glaubte er die drei noch im Rennen befindlichen Gamma Romea-Maschinen gescheitert, zerschmettert, verbrannt irgendwo in einer unwirtlichen eisigen Einöde liegen zu sehen.

Die Stimme von Bourns riß ihn aus seiner Vision.

„Der französische Papillon und zwei Fisher-Ferguson-Maschinen befinden sich seit 18 Stunden auf dem Seeflug über den Pazific nach Ekuador. Letztes Funkgespräch kam vor zehn Stunden.“

John Sharp griff nach dem Taschentuch und wischte sich die nasse Stirn. Während Bourns von den französischen und englischen Maschinen berichtete, hämmerte nur der einzige Gedanke in Sharps Hirn; warum spricht Bourns nicht vom ›Eagle‹?

„Vielleicht schlechte Ätherverhältnisse über dem Pazifik, Sir", sagte Bourns gerade, „nach dem letzten Funkspruch war bei den Franzosen und Engländern alles wohl an Bord..."

„Der ›Eagle‹, Sir! der ›Eagle‹!" schrie ihm Sharp in seine Rede. „Haben Sie Nachrichten vom ›Eagle‹?"

„Leider nein, Sir! Wir wissen nur, daß das deutsche Stratosphärenschiff in seiner Nähe ist."

„Danke sehr. Rufen Sie mich gleich wieder an, wenn Sie Nachricht haben. Ich bin in meiner Office im Reading-Haus."

Sharp legte den Hörer auf. Den Kopf in die Hände gestützt, ließ er seine Gedanken laufen, wie sie wollten. Dunkle Gedanken waren es. Mit einer Katastrophe sah er das große Reading-Rennen enden, wie sie in der Geschichte des Flugwesens bisher nicht ihresgleichen hatte. Vielleicht, daß schließlich doch die eine der wenigen noch im Rennen befindlichen Maschinen ihr Ziel erreichte. Eine englische vielleicht, oder eine französische... in wenigen Tagen würden dann Engländer oder Franzosen die Herren des ganzen großen Reading-Vermögens sein. Fremde würden hier zu bestimmen haben. Er selber, John Sharp, der Freund und beste Mitarbeiter des verstorbenen Morgan Reading, der den gewaltigen Konzern in jahrzehntelanger Arbeit aufgebaut hatte... er würde hier nichts mehr zu sagen, nichts mehr zu tun haben...

Mit einem Ruck riß Sharp sich zusammen. Er griff nach den Aktenstücken, die den großen Schreibtisch bedeckten, und zwang sich mit Gewalt zur Arbeit. Bis zur letzten Stunde wollte er seine Pflichten als Leiter des großen Konzerns erfüllen.

Das Telephon meldete sich. Bourns war am Apparat.

„Hallo Sharp, gute Nachricht! ›Eagle‹ 10 Uhr 30 New-Yorker Zeit wohlbehalten in Swakopmund gewassert."

Sharp griff sich an die Brust. Er glaubte seinen Herzschlag stocken zu fühlen.

„Ist es wahr, Bourns? Der ›Eagle‹ ist heil in Swakopmund angekommen?“

„Er ist da, Sharp! Ein Wunder Gottes, daß er da ist. Es war ein fürchterlicher Sturmflug über den Atlantik. Man merkt es an der Zeit. Reichlich 15 Stunden für eine Strecke, die in 10 Stunden gemacht werden sollte. Gesamtflugdauer für den ›Eagle‹ 70 Stunden und 30 Minuten. Gesamte Flugstrecke 27 800 Kilometer. Durchschnittliche Stundengeschwindigkeit 395 Kilometer. Wir müssen bescheiden werden, mein lieber Sharp.“

„›Bescheiden‹, sagen Sie, Bourns. Nein! Stolz bin ich, daß unser ›Eagle‹ sich im Sturm gehalten hat, in dem die anderen scheiterten. Jetzt habe ich wieder Hoffnung, daß er das Rennen doch noch gewinnt. Rufen Sie mich wieder an, wenn neue Nachrichten kommen.“

John Sharp legte den Hörer auf und vertiefte sich wieder in seine Arbeit.

***

Langsam verstrichen die Vormittagsstunden. Die Straße vor dem Reading-Haus bot das gewohnte Bild. Menschenmengen drängten sich auf den Bürgersteigen und stauten sich vor den Büros von Harrow & Bradley. Nur spärlich liefen Meldungen vom Rennen ein. Gegen Mittag kamen Funksprüche von den im Indischen Ozean stationierten italienischen Schiffen. Drei Gamma-Romea-Maschinen lagen wieder zusammen. Sie hatten das antarktische Festland glücklich überflogen und setzten ihren Weg über das offene Meer nach Südafrika fort. Ihre Durchschnittsgeschwindigkeit für die ganze bisher zurückgelegte Strecke betrug 421 Stundenkilometer. Das amerikanische Publikum nahm die Nachricht ohne besonderes Interesse hin. Die italienischen Maschinen lagen ja hinter dem ›Eagle‹. Vergeblich wartete man auf Meldungen über die deutschen Flugzeuge. Je weiter die Zeit vorrückte, um so mehr gewann die Ansicht Boden, daß sie in jenem Orkan bei Mauritius untergegangen seien.

Die Uhr im Reading-Haus zeigte ein Uhr Mittag an, als ein gut gekleideter Herr in die Vorhalle trat und Mr. Sharp zu sprechen wünschte. Der in einer prunkhaften Livree steckende Neger an der Drehtür wies ihn nach dem

Anmelderaum. Er konnte sich weiter nicht um ihn kümmern, weil im gleichen Augenblick schon drei weitere Personen in die Vorhalle kamen und dicht an ihn herantraten. Er wollte ihnen die gewünschte Auskunft geben, als er plötzlich stutzte, staunte, Mund und Augen aufriß.

Unmittelbar hinter den dreien war noch ein vierter durch die Drehtür gekommen. Ein Neger, genau so schwarz und wollköpfig wie der Türsteher des Reading-Hauses und in genau der gleichen prunkvollen Livree. Und dann sauste ein schwerer Gummiknüppel mit blitzartiger Schnelle auf den Schädel des überrumpelten Schwarzen nieder. Sechs kräftige Arme packten zu und schleppten ihn in den Anmeldungsraum, während der falsche Türsteher seine Stelle einnahm. Vergnüglich grinsend dienerte er vor sechs weiteren Herren, die jetzt durch die Drehtür kamen und von denen einer unverkennbar Mr. Hyblin war.

Auch diese sechs begaben sich sofort in die Anmeldung. Dort hatten die zuerst gekommenen vier bereits saubere Arbeit gemacht. Gut verschnürt, solide Knebel im Mund, lagen die beiden Beamten des Empfangsraumes und der schwarze Türsteher in einer Ecke des Raumes, durch einen Tisch so verdeckt, daß man sie beim Eintreten nicht sehen konnte.

Jack Hyblin drückte sich den Melonenhut fester in die Stirn.

„Der erste Teil hat geklappt, Boys. Jetzt ran an den Tresor! Sie wissen hier am besten Bescheid, Gill, Sie übernehmen die Führung. Ihr vier da bleibt für alle Fälle in der Anmeldung."

Mr. Gill hatte plötzlich eine stählerne Beißzange in der Hand und ließ sie wie spielend durch die Finger gleiten.

„Erst mal den Generalalarm abkneifen, Mr. Hyblin. Das Kabel liegt neben den Fahrstühlen. Warten Sie hier, bis ich zurück bin."

Gill riß ein Blatt von einem der Meldeblocks und füllte es flüchtig aus. Mit diesem Papier in der Hand, das die Legitimation für jeden regulär gemeldeten Besucher des Reading-Hauses war, schlenderte er gemächlich durch die Vorhalle bis zu der Wand, an der die zehn Fahrstühle des Reading-Hauses lagen. Einen Augenblick blieb er dort stehen, lehnte gegen das Mauerwerk. Dann, als hätte er sich anders besonnen, kehrte er wieder zur Anmeldung zurück.

„So, Gentlemen! der Alarm ist außer Betrieb. Wir können gehen."

Schon während er es sagte, trat er wieder in die Vorhalle und ging zu einer Tür an der rechten Seite. Sie war verschlossen, aber Mr. Gill war ja nicht umsonst eine Woche lang im Reading-Haus als Fahrstuhlführer tätig gewesen. Ein kleiner blinkender Schlüssel, den er aus der Westentasche holte, öffnete sie schnell und lautlos.

Sechs Männer gingen hindurch. Als letzter ließ Hyblin die Tür wieder ins Schloß fallen. Erst ein kurzes Stück Gang, dann eine schmale Wendeltreppe. Auf steilen Stufen ging es in die Tiefe. Ein Stockwerk, ein zweites und noch ein drittes. Im dritten Tiefkeller war der Tresor eingebaut, der den kostbaren Nachlaß Morgan Readings barg.

An das Ende der Treppe schloß sich wieder ein Gang an. Er war dunkel, aber die ungebetenen Gäste hatten sich darauf eingerichtet. Jeder von ihnen führte eine starke elektrische Taschenlampe mit sich.

„Hier!" sagte Gill im Vorbeigehen, „hier liegen die Sperren mit dem ultravioletten Licht. Hätten wir das Kabel nicht abgekniffen, wäre jetzt der Teufel los. Generalalarm im Reading-Haus und im Hauptquartier der Polizei. Na, den Spaß haben wir den Blauen versalzen."

Noch etwa 50 Schritt weiter, und der Gang schien plötzlich zu Ende zu sein. Verdutzt starrte Hyblin auf die glatte Betonwand, die ihn abschloß. Gill lachte.

„Feine Anlage, die Mr. Sharp hier bauen ließ. Wer's nicht wüßte, würde hier niemals einen Tresor vermuten."

Während der letzten Worte begann Gill bereits, die Wand mit seiner Taschenlampe abzusuchen. Jetzt schien er etwas gefunden zu haben. Eine winzige graue auf dem Beton der Mauer kaum sichtbare Platte. Unter Gills geschickten Fingern glitt sie zur Seite. Ein Schlüsselloch wurde sichtbar. Eine Sekunde später steckte der erste der drei Tresorschlüssel in seinem Schloß. Ein paar weitere Minuten mußte Gill suchen. Dann lagen die beiden anderen Schlüssellöcher frei, auch die beiden anderen Schlüssel steckten in den für sie bestimmten Öffnungen.

Dreimal drehte Gill jeden der Schlüssel nach rechts herum, dann fingerte er wieder an der Wand. Eine große runde Platte war dort durch das Schließen mit den drei Schlüsseln beweglich geworden. Auch sie ließ sich zur Seite schieben. Dahinter kam ein Handrad zum Vorschein. Mr. Gill drehte es solange nach rechts herum, bis er auf Widerstand stieß. Dann trat er zur rechten Seitenwand des Ganges und suchte mit seiner Taschenlampe, bis er einen winzigen Schaltknopf entdeckte. Auf den drückte er.

Es war still in dem Gang. Keiner der sechs Männer sprach ein Wort. Kaum hörbar zu atmen wagten sie, während die Lichtkegel ihrer Lampen über die Abschlußwand des Ganges hin und her huschten.

Würde der Panzerschrank sich jetzt auftun? Würden die Schätze Morgan Readings frei und ungeschützt vor ihnen liegen? Alle jene Kostbarkeiten, die man hier unter einem solchen Aufwand von Sicherheitsmaßnahmen verwahrte?

Während sie noch wie gebannt auf die Wand starrten, wurde ein feiner kreisförmiger Riß sichtbar. Zusehends wurde er stärker, verbreiterte sich immer mehr. Der elektromotorische Antrieb arbeitete, die mächtige runde Panzertür schwenkte aus der Wand heraus, bis sie senkrecht dazu stand.

Das Innere des Reading-Tresors lag frei vor den Eindringlingen.

Zur gleichen Zeit zog in dem Saloon an der nächsten Straßenecke Tredjakoff seine Uhr aus der Westentasche.

„Ein Viertel nach eins, Bunnin. Jetzt müßte Hyblin die Pläne wohl schon haben, wenn…“

„Es ist kein ›Wenn‹ dabei“, fiel ihm Perow in die Rede. „Unsere Nachschlüssel sind absolut genau. Gill weiß über alles Bescheid. Hyblin hat versprochen, einen von seinen Leuten hierher zu schicken, wenn die Sache erledigt ist. Warten wir noch ein Weilchen, in einer Viertelstunde kann sein Bote hier sein.“

„Gedulden wir uns, Tredjakoff“, pflichtete Bunnin Perow bei, „Hyblin hat seinen Plan so durchdacht, daß er gelingen muß.“

In der Tat war Hyblins Plan auch ganz vorzüglich. Er berücksichtigte alles, was Gill während seiner achttägigen Gastrolle im Reading-Haus über die

Sicherungen des Tresors in Erfahrung gebracht hatte. Aber etwas konnten die Herren Hyblin und Gill nicht wissen. Den Umstand nämlich, daß John Sharp nach dem Besuch des Unbekannten bei seinem Banksafe einen gewissen unbestimmten Verdacht gefaßt hatte und eine kleine Änderung an den Sicherheitsvorrichtungen vornehmen ließ.

Sie war wirklich äußerst geringfügig. Bestand sie doch nur darin, daß man einerseits in eine bestimmte Gasleitung, die durch John Sharps Privatkontor ging, einen Hahn einbaute und andererseits den elektrisch gesteuerten Verschluß dieser Leitung im Innern des Tresors so umschaltete, daß er sich auf jeden Fall gleichzeitig mit der Tresortür öffnen mußte. Sharp hatte sich damals folgendes gesagt: Wenn der Tresor rechtmäßig geöffnet wird, muß ich selbst mit meinem Schlüssel unbedingt dabei sein. Für diesen Fall kann ich vorher in mein Kontor gehen und dort den Hahn in der Gasleitung schließen, wonach die Öffnung des Schrankes gefahrlos geschehen kann. Bin ich aber bei der Öffnung nicht dabei, dann erfolgt sie bestimmt unrechtmäßig, und dann kann es nur gut sein, wenn dieser Hahn offensteht.

Das war nun heute der Fall. In dem Augenblick, in dem die Tresortür voll aus der Wand herausschwenkte, öffnete sich auch das Ende der Gasleitung im Tresor. Ihr Verschluß wurde ja von einer Trockenbatterie betätigt, die sich im Innern des Tresors befand und den Zugriffen Gills daher entzogen war.

Die Tresortür stand weit offen. Hinter ihr zeigte sich ein großes Regal. Man mußte einen guten Schritt in den Panzerschrank hinein treten, um zu dessen Fächern zu gelangen. Mehrere eiserne Kassetten standen in den Fächern, gebündelte und verschnürte Akten lagen daneben. Dort im Mittelfach ein Paket mit der Aufschrift: ›Für den Gewinner des Reading-Preises.‹

Gill wollte vortreten, um sich dieses Päckchens zu bemächtigen, an dem den Russen so viel lag. Hyblin wandte sich zu seinen Leuten: „Der Aktenkram hat keinen Zweck für uns. Die vier eisernen Kassetten da nehmen wir uns mit.“

Während Hyblin sprach, war Gill in den Schrank getreten und wollte nach dem Paket mit den Plänen Morgan Readings greifen. Da sah Hyblin ihn taumeln, schwanken, bewußtlos zusammenstürzen.

„Teufel, Jungens!... Was ist denn das? Was ist...“

Hyblin konnte nicht weitersprechen. Das betäubende Gas war schon aus dem Tresor heraus in den Gang gedrungen und tat seine Wirkung auch an ihm und seinen Leuten. Noch ehe sie wußten, was geschah, brauste es ihnen in den Ohren, wurde es ihnen schwarz vor den Augen. Sie wankten, stürzten nieder. In wirrem Durcheinander lagen ihre bewußtlosen Leiber vor der offenen Tresortür.

John Sharp wurde durch ein leises Klicken an der Wand bei seiner Arbeit gestört. Er blickte zu der Wand hin, von der das Geräusch kam. Neben mehreren andern Meßinstrumenten, die mit den verschiedenen Installationen des Reading-Hauses in Zusammenhang standen, befand sich dort auch ein Manometer, das den Druck in jener zu dem Tresor führenden Gasleitung anzeigte.

Unverrückt hatte der Zeiger dieses Instrumentes stets auf der „Vier" gestanden, denn vier Atmosphären herrschten in der Leitung. Jetzt war er – Sharp sah es mit einem Blick – bis auf die Null zurückgegangen. Die Leitung war drucklos. Im nächsten Augenblick hatte Sharp das Telephon in der Hand und sprach mit dem Polizeihauptquartier.

„Polizeiwagen... Überfallkommando", sagte in dem Saloon an der nächsten Ecke Tredjakoff zu Bunnin.

„Wird wieder irgendeine Schweinerei bei Harrow & Bradley sein", meinte der achselzuckend.

Bunnin irrte sich. Die beiden Polizeiwagen fuhren an der Office von Harrow & Bradley vorüber und hielten vor dem Reading-Haus.

Der Türhüter, ein livrierter Neger, sah sie. Mit einem Satz war er auf der Straße und wollte über den Fahrdamm laufen. Da hatten ihn schon zwei Polizisten am Kragen. Im nächsten Moment klirrten die stählernen Fesseln um seine Handgelenke.

„Schlechtes Geschäft, Jimmy", meinte der Sergeant, der sie ihm anlegte, „kalkuliere, die Sache wird euch für zehn Jahre nach Sing-Sing bringen."

Aus der Anmeldung stürmten vier Männer in die Vorhalle. Sie sahen, daß der Ausgang des Reading-Hauses bereits von der Polizei besetzt war und wollten über die Treppe neben den Fahrstühlen in die oberen Stockwerke entkommen. Ein scharfer Ruf hinter ihnen: „Hands up!“ Im nächsten Augenblick dröhnte ein Schuß durch den Raum. Scharf pfiff die Kugel an den Banditen vorbei und schlug in die Wand des Treppenhauses ein. Da gaben sie das ungleiche Spiel auf und ließen sich gefangennehmen.

In der Anmeldung fanden die Polizisten die drei von Hyblins Bande geknebelten Leute und befreiten sie aus ihrer unangenehmen Lage. Dann gab es ein Telephongespräch zwischen der Anmeldung und John Sharp, und danach kam der schwierigste Teil des Unternehmens.

Nur mit Gasmasken konnten die Polizeibeamten durch den vergasten Gang zu dem Tresor vordringen und die sechs dort in schwerer Betäubung liegenden Eindringlinge ins Freie schaffen. Das Gas, das John Sharp für den Schutz seines Panzerschrankes gewählt hatte, war keines jener fürchterlichen Kriegsgase, die jeden lebendigen Organismus sofort vernichten. Es besaß nur die Eigenschaft, diejenigen, die es einatmeten, in eine tiefe Narkose zu versenken. Bei längerer Wirkung freilich konnte der Schlummer, den es erzeugte, auch leicht in den ewigen Schlaf übergehen.

Eine halbe Stunde verging mit Wiederbelebungsversuchen. Dann kamen Hyblin und seine Leute allmählich wieder zu sich und erkannten, daß sie sich in der Obhut der ihnen zutiefst verhaßten New Yorker Polizei befanden.

Während im Reading-Haus die Ventilatoren arbeiteten und saugten, rückte die Polizei wieder ab.

Das Glas, das Tredjakoff eben zum Munde führen wollte, entglitt seiner Hand und zerschellte auf dem Fußboden. Unter den Zivilisten, die auf dem Polizeiwagen draußen vorbeigefahren wurden, hatte er Gill und Hyblin erkannt.

„Was gibt's? Was haben Sie, Tredjakoff?“ fragte ihn Bunnin, der dem Fenster den Rücken zuwandte.

„Das Spiel ist verloren, Bunnin“, kam es dumpf von Tredjakoffs Lippen. „Eben fuhr die Polizei mit Hyblin und seinen Leuten vorbei.“

Ein langes Schweigen folgte seinen Worten. Alle drei waren erblaßt, alle drei wußten, was das Mißlingen des Planes für sie zu bedeuten hatte. Einen Mißerfolg verzieh Moskau seinen Agenten nicht. Von heute an würden sie den Machthabern im Kreml verdächtig sein. Von heute an würde ihre Freiheit gefährdet, ihr Leben bedroht sein.

***

In den Straßen New Yorks riefen die Zeitungsboys noch die Extrablätter über den versuchten Einbruch in das Reading-Haus aus, als der Sender von Radio City wieder eine Nachricht funkte.

„Obia, Somaliküste. Deutsches Flugzeug ›Seeschwalbe‹ zwei Uhr mittags amerikanischer Ostzeit gewassert. Bisherige Flugstrecke 31 000 Kilometer. Gesamtflugdauer 74 Stunden. Durchschnittsgeschwindigkeit 420 Stundenkilometer."

John Sharp hörte den Funkspruch aus dem Lautsprecher in seinem Arbeitszimmer und seine Stirn krauste sich. Die ominöse Zahl von 420 Stundenkilometer... in allen Meldungen über die ›Seeschwalbe‹ war sie immer wieder unverändert aufgetreten... mit einer geradezu verblüffenden Beharrlichkeit hielt das deutsche Flugzeug seine Anfangsgeschwindigkeit bei, während alle anderen Maschinen während der vielen Stunden, die das Rennen nun schon dauerte, ganz erheblich an Schnelligkeit eingebüßt hatten...

Sharp war zu anständig, um der ›Seeschwalbe‹ geradezu einen Unfall zu wünschen, aber eine Verringerung ihrer Geschwindigkeit würde er doch mit Genugtuung begrüßt haben, denn wie die Dinge jetzt lagen, war sie für den ›Eagle‹ ein gefährlicher Wettbewerber.

Wo blieb der ›Eagle‹? Warum kam keine Meldung von ihm? Sharps Unruhe stieg, während die Stunden verstrichen. Da endlich kurz nach halb sechs Uhr nachmittags meldete sich das Telephon auf seinem Schreibtisch. Bourns war am Apparat.

„Hallo Mr. Sharp! Nachricht von Thomson. Der ›Eagle‹ ist um 5 Uhr 30 amerikanischer Ostzeit in Mozambique angekommen..."

„Wie ist die bisherige Durchschnittsgeschwindigkeit?" rief Sharp ins Mikrophon.

„Leider nicht so, wie sie sein sollte, Sir. Bisherige Flugstrecke 30 800 Kilometer. Flugdauer 77 Stunden und 30 Minuten. Durchschnittsgeschwindigkeit fast 400 Stundenkilometer.“

„Verdammt Bourns! Das ist zu wenig, die deutsche ›Seeschwalbe‹ hat 420.“

„Weiß ich, Mr. Sharp, läßt sich nicht ändern. Die deutsche Maschine hat einen Vorsprung von 1500 Kilometer vor dem ›Eagle‹. Warten Sie einen Augenblick, eben kommt ein neuer Funkspruch. Hören Sie? Lohaja, Arabien. 5 Uhr 30 amerikanische Ostzeit. ›Seeschwalbe‹ hat Lohaja überflogen.“

„Der Teufel soll die Schwalbe holen!“ knurrte Sharp ärgerlich.

„Fluchen ist unchristlich und eines Gentleman nicht würdig“, lachte Bourns am anderen Ende der Leitung, „im übrigen, Mr. Sharp, hat die ›Seeschwalbe‹ immer noch 7500 Kilometer bis zum Ziel zurückzulegen. Es kann noch mancherlei passieren, was unserm ›Eagle‹ wieder Chancen gibt.“

„Ich will Ihnen ganz genau sagen, was passieren wird“, schrie Sharp erbost in sein Mikrophon. „Die deutsche Satansmaschine wird die 7500 Kilometer in 17 Stunden und 48 Minuten zurücklegen, mit einer Durchschnittsgeschwindigkeit von... hören Sie gut zu... von 420 Stundenkilometer. Danach werde ich dann das Vergnügen haben, Herrn Professor Eggerth aus Deutschland den Preis zu übergeben und ihn als den neuen Chef des Reading-Konzerns zu begrüßen. Nette Aussichten sind das, Bourns. Haben Sie mir sonst noch was zu sagen?“

„Jawohl, Mr. Sharp. Machen Sie mich bitte nicht persönlich für die Nachrichten verantwortlich, die unsere Station über das Rennen empfängt. Es sieht nachgerade wirklich so aus, als ob die ›Seeschwalbe‹ den Preis gewinnen könnte...“

„Um Himmels willen, Bourns, haben Sie schlechte Nachrichten vom ›Eagle‹?“

„Nein, Gott sei Dank nicht. Aber die schärfsten Konkurrenten der deutschen Maschinen haben Pech gehabt. Die drei italienischen Flugzeuge, die noch im Rennen sind, hatten mit sturmartigen Gegenwinden zu kämpfen. Sie liegen jetzt bei dem unter dem 60. Grad südlicher Breite stationierten Mutterflugschiff und nehmen Treibstoff. Es wäre ein Wunder, wenn eine von ihnen noch den Preis gewinnen sollte."

Die unmutigen Züge Sharps glätteten sich.

„Schadet denen gar nichts, Bourns. Die Kerle glaubten, den Sieg schon in der Tasche zu haben."

John Sharp wollte den Hörer auflegen, als Bourns sich mit einer neuen Nachricht meldete.

„Hallo! Sharp! Hören Sie! Die Franzosen sind auch erledigt. Ihr letztes Pferd im Rennen, die Papillon-Maschine ist mit einer gebrochenen Kurbelwelle auf der Osterinsel niedergegangen."

„Auf der Osterinsel, sagen Sie, Bourns? Verdammt einsame Gegend sonst. Meines Wissens kommt ungefähr alle zwei Jahre einmal ein Schiff vorbei."

Bourns lachte.

„Solange werden die Herren in Paris ihre Piloten nicht unter den Eingeborenen der Osterinsel sitzen lassen, Sharp."

Sharp knurrte etwas Unverständliches in die Mikrophonmuschel.

„Wie meinten Sie, Sharp?"

„Ich meine, Bourns, die Bilanz unseres Rennens ist nicht sehr erbaulich. Russen, Japaner und Franzosen ausgeschieden. Italiener und Engländer im Hintertreffen. Unsere einzige Hoffnung, der ›Eagle‹. Wenn er für den Rest der Rennstrecke wieder an 500 Stundenkilometer herankäme, kann er den Preis noch gewinnen."

„Hoffen wir es", sagte Bourns, und Sharp legte den Hörer nun wirklich auf die Gabel.

Die Nacht des vierten Renntages brach über New York an. Sie bot ein ähnliches Bild wie die vorangegangenen drei andern. Immer mehr spitzte sich der große Weltflug Morgan Readings zu einem Duell zwischen dem amerikanischen ›Eagle‹ und der deutschen ›Seeschwalbe‹ zu.

Um die vierte Morgenstunde verbreitete der Reading-Sender einen Funkspruch: „Eagle hat 3 Uhr 30 amerikanische Ostzeit den Äquator überflogen. Flugstrecke seit Mozambique 4700 Kilometer. Durchschnittsgeschwindigkeit auf dieser Strecke 495 Stundenkilometer."

Endlose Heil- und Cheerrufe in den Straßen. Heller Jubel vor Tausenden von Lautsprechern. Der ›Eagle‹ kam wieder auf Touren, die glorreiche amerikanische Maschine hatte ihre alte Geschwindigkeit wieder gewonnen. Sie konnte das Rennen noch machen. Sie würde es machen.

Die ›Seeschwalbe‹?! Seitdem sie Lohaja überflogen, hatte man von ihr nichts mehr gehört. Vielleicht war die Teufelsmaschine endlich von ihrem Schicksal ereilt worden? Vielleicht lag sie mit einer Panne irgendwo in der arabischen Wüste und konnte dem amerikanischen Flugzeug nicht mehr gefährlich werden. Manch einer unter den Millionen in New York hoffte es im stillen, ohne es laut auszusprechen.

Auch die Herren Yoshika und Hidetawa verbrachten diese voraussichtliche letzte Nacht des großen Rennens schlaflos.

„Alles vergeblich", seufzte Hidetawa, „wer konnte damit rechnen, daß der Sturm im Atlantik alle unsere Maschinen aus dem Rennen werfen würde."

„Ein Glück für uns, Hidetawa, daß es so kam. Man wird uns jetzt in Tokio keine Vorwürfe mehr machen können. Was würde es jetzt noch nutzen, wenn wir auch die ›Seeschwalbe‹ und den ›Eagle 2‹ wirklich unschädlich gemacht hätten. Irgendein anderer, wahrscheinlich der Engländer, hätte dann den Preis bekommen."

„Die Russen waren klüger, Yoshika. Sie wollten sich den Preis von Anfang an lieber direkt aus dem Tresor des Reading-Hauses holen."

„Die Russen? Wie kommen Sie darauf, Hidetawa? Es waren New Yorker Gangsters."

„Haben Sie die letzten Ausgaben der Abendzeitungen nicht gelesen, Yoshika. Man hat Mr. Hyblin acht Stunden lang nach dem dritten Grad verhört. Anerkennenswert, daß er die Folter acht Stunden lang ausgehalten hat. Dann entschloß er sich zu einem Geständnis. Einige Russen, einen gewissen Tredjakoff und noch zwei andere nannte er als seine Auftraggeber."

Yoshika strich sich über die Stirn. Tredjakoff? Der Name kam ihm irgendwie bekannt vor. Nach einigem Nachdenken entsann er sich, daß er vor längerer Zeit einmal mit dem Mann zu tun hatte.

„Woran denken Sie?“ fragte Hidetawa.

„Ich denke, daß die Russen mit ihrem Plan auch kein Glück gehabt haben. Es wäre uns ebenso gegangen. Mr. Sharp hat seinen Tresor so gesichert, daß kein Gangster herankommt.“

„Mag sein, Yoshika. Ob unsere Leute in Arabien und Kleinasien noch etwas gegen die ›Seeschwalbe‹ unternehmen werden? Kyushu hat alles vorbereitet. Schmirgel in das Treiböl, Wasser in den Vergaser. Die ›Seeschwalbe‹ würde bestimmt in Arabien liegenbleiben.“

„Es hat keinen Zweck mehr“, sagte Yoshika achselzuckend, „ob die ›Seeschwalbe‹ oder sonst eine Maschine gewinnt, kann uns jetzt gleichgültig sein.“

***

Sowohl in Arabien wie auch in Kleinasien hatte Kyushu, der nach dem Besuche der drei Japaner in den Eggerth-Werken in Europa zurückgeblieben war, eine vorzügliche Organisation aufgezogen. Aber trotzdem würde er kaum einen Erfolg damit erzielt haben.

Gleich nach dem Start in Obia an der Somaliküste fand in dem Geheimkode des Bitterfelder Werkes ein langes Funkgespräch zwischen Professor Eggerth und der Besatzung der ›Seeschwalbe‹ statt, das danach auch auf die beiden Stratosphärenschiffe ›St 1‹ und ›St 3‹ ausgedehnt wurde. Und dann geschah es, daß man die ›Seeschwalbe‹ nirgends mehr landen oder wassern sah.

Nur das wurde gelegentlich noch gemeldet, daß sie diese oder jene Ortschaft überflogen habe. Aber diese Nachrichten blieben unsicher, denn die ›Seeschwalbe‹ selbst meldete sich nicht mehr und wer wollte es einem Flugzeug, das in 2000–3000 Meter Höhe flog, sicher ansehen, ob es wirklich die ›Seeschwalbe‹ war.

„Die Satansmaschine muß doch schließlich mal irgendwo niedergehen!“ knirschte John Sharp ingrimmig, als Stunde auf Stunde verrann, ohne daß ein Lebenszeichen von dem deutschen Flugzeug kam.

Aber die ›Seeschwalbe‹ ging nicht nieder, und das hatte seine guten Gründe. Professor Eggerth hatte die Sprengölaffäre von San Pedro nicht vergessen, und er hatte sich seine ganz bestimmte Meinung über die Vorgänge beim Untergang des ›Eagle 1‹ gebildet. Sabotage durch mißgünstige Konkurrenten war überall zu fürchten, doch für ganz besonders gefährlich hielt der Alte in Bitterfeld die Strecke durch Arabien, Kleinasien und die Balkanhalbinsel. Da hieß es besonders vorbeugen. Deshalb hatte er jenes lange Gespräch mit den Besatzungen seiner Flugzeuge geführt, und nach seinen Anweisungen wurde jetzt verfahren.

In New York ging es eben erst auf die Mitternachtsstunde, während die Sonne die Ostküste des Mittelmeeres bereits in ihren Strahlen erglänzen ließ. In Haifa, der alten Hafenstadt an der Küste von Palästina sollte die ›Seeschwalbe‹ nach dem ursprünglichen Programm der Eggerth-Werke frischen Treibstoff nehmen. Doch vergeblich wartete man dort auf ihre Ankunft. In einer Höhe von 4000 Metern fliegend, ein verschwindender Punkt in dem lichtblauen Morgenhimmel, hatte sie, von niemand gesehen, zwischen Haifa und Jaffa bereits die Küste verlassen und stieß mit Nordwest-Kurs auf Cypern zu. Schon kam neblig verschwommen die Silhouette der Insel weit voraus in Sicht.

Am Steuer der ›Seeschwalbe‹ saß Hein Eggerth. Neben ihm bediente Schmieden die Funkanlage. Immer lebhafter klapperte die Morsetaste unter seinen Fingern. Immer häufiger schaltete er vom Senden aufs Empfangen und dann wieder zurück zum Senden.

Dann kam es achtern von oben herangebraust und trommelte und donnerte über der ›Seeschwalbe‹. Ganz dicht über ihr in einem Abstand von kaum 20 Metern flog auf dem gleichen Kurs und mit gleicher Geschwindigkeit ein deutsches Stratosphärenschiff. Eine kurze Zeit noch geringfügige Schwankungen im Abstand, dann hatten sich die Flugzeuge aufeinander eingespielt. Als ob sie nur ein einziger Körper wären, brausten sie durch den Äther dahin.

Ein feines Drahtseil, an dessen Ende eine schwere Bleikugel hing, senkte sich aus dem Rumpf von ›St‹ hinab. Länger und länger wurde es. Jetzt pendelte die Kugel dicht neben der ›Seeschwalbe‹, jetzt konnte Bert Röge sie greifen und mit ihr das untere Ende des Seiles in den Rumpf der

›Seeschwalbe‹ hineinziehen. Während er zog, quoll es dicker aus dem Leib des Stratosphärenschiffes. Ein starker Füllschlauch glitt an dem Drahtseil, das nun die beiden Flugzeuge fest verband, hinab. Ein paar Handgriffe von Röge, ein Winken seiner Rechten nach oben. Dort schraubte Berkoff ein Ventil auf. In breitem Strahl ergoß sich der Treibstoff aus den Tanks des Stratosphärenschiffes durch den Schlauch in die Behälter der ›Seeschwalbe‹.

Eine Viertelstunde blieben die beiden Flugzeuge so verbunden, während das eine aus den Adern des anderen neue Kraft sog. Dann war die Treibstoffübernahme in der Luft vollendet, die Verbindung wurde wieder gelöst.

In einer weiten Kurve drehte ›St 1‹ nach Südost zurück, während die ›Seeschwalbe‹ allein nach Nordwesten weiterjagte.

Der deutsche Tankwart in Haifa rieb sich die Augen, als das Stratosphärenschiff zum zweiten Male bei ihm wasserte und sich die Tanks von neuem vollaufen ließ, doch weder aus Wolf Hansen noch aus Georg Berkoff konnte er eine Erklärung herausholen. Als das Stratosphärenschiff schon wieder am Nordwesthorizont verschwunden war, zerbrach er sich noch den Kopf darüber, wie es in so kurzer Zeit fünf Tonnen besten Treibstoffes verbrauchen konnte.

Seine Verwunderung wurde nicht geringer, als das Stratosphärenschiff eine Stunde später schon wieder erschien. Diesmal fuhr er selbst mit der Barkasse zu dem Flugschiff hin und mußte dabei eine Entdeckung machen, die ihn für den Rest des Tages vollkommen aus seinem seelischen Gleichgewicht brachte.

Es waren auf einmal ganz andere Leute in diesem verrückten Stratosphärenschiff als vorher. Ein energischer dicker Herr, der sich als Pilot Kraus vorstellte, verlangte Treibstoff.

„Aber Sie haben doch erst... Sie haben doch sogar schon zweimal... heute morgen...“ stammelte der Tankwart.

„Sie irren sich, mein Lieber“, erwiderte Kraus, „›St 1‹ und ›St 2‹ haben vielleicht. Wir sind ›St 3‹, das dritte Stratosphärenschiff der Eggerth-Werke.“

Auf diese Erklärung hatte der Tankwart keine Entgegnung mehr. Schweigend sah er zu, wie sich auch ›St 3‹ acht Kubikmeter Treibstoff in die Behälter pumpen ließ und danach auf Nordwestkurs davonstürmte.

In New York trafen während der vierten Nacht des Rennens nur spärliche Nachrichten ein. Fast drei Stunden waren seit jener letzten Meldung verstrichen, daß der ›Eagle‹ den Äquator passiert habe. Schon rötete der Morgenschein des jungen Tages die Gipfel der Wolkenkratzer, als der Sender von Radio-City wieder zu funken begann.

„Privatmeldung aus Gleiwitz, Deutschland. Die ›Seeschwalbe‹ soll um 5 Uhr 30 morgens nach New Yorker Zeit über der Stadt gesehen worden sein. Amtliche Bestätigung fehlt. Vom Flugzeug liegt kein Funkspruch vor."

Aus eigenem fügte der amerikanische Sender noch hinzu, daß die Strecke von Gleiwitz bis zur Schreckensbucht noch 3300 Kilometer betrüge. Auf das Publikum wirkte die Nachricht im ersten Moment wie ein Keulenschlag. Der ›Eagle‹, um dessen Sieg soviel amerikanische Herzen zitterten, noch über dem Indischen Ozean... noch beinahe 5000 Kilometer von seinem Ziel entfernt... das deutsche Flugzeug schon wieder über Deutschland... Geographie war niemals die starke Seite der New Yorker... Deutschland und die Schreckensbucht, das lag nach der allgemeinen Volksmeinung schon verteufelt nahe beieinander.

Vereinzelt kamen während der nächsten Zeit Funksprüche von den Engländern und Italienern. Die letzte Fisher-Ferguson-Maschine, die noch im Rennen lag, hatte im Hafen Port of Spain auf Trinidad zu einer Motorreparatur niedergehen müssen. Es war noch unbestimmt, wie lange die Wiederherstellungsarbeiten dauern würden. Für den Preis kam das englische Flugzeug danach kaum mehr in Betracht. Die drei italienischen Maschinen hielten sich tapfer und hatten den afrikanischen Kontinent inzwischen erreicht. Aber die Zeitverluste über dem Indischen Ozean hatten ihre Durchschnittsgeschwindigkeit auf 398 Stundenkilometer herabgesetzt. Die ›Seeschwalbe‹ lag jetzt mit einem erheblichen Vorsprung vor ihnen im Rennen. Für die Volksmenge in New York war es jetzt schon eine ausgemachte Sache, daß das Rennen nur noch zwischen dem ›Eagle‹ und der ›Seeschwalbe‹ lag. Zweifelhaft blieb, wie es zwischen denen ausgehen würde. Ob es der amerikanischen Maschine gelingen könnte, dank ihrer an sich höheren Geschwindigkeit den Vorsprung der ›Seeschwalbe‹ vor dem Ziel noch aufzuholen.

Während die Zeit vorrückte, stieg die Spannung von Minute zu Minute. Da endlich kurz nach acht Uhr morgens ein neuer Funkspruch des Reading-Senders: „Salang auf Malaka, Hinterindien. ›Eagle‹ acht Uhr morgens nach amerikanischer Ostzeit gewassert. Durchschnittliche Geschwindigkeit während der letzten Stunden 500 Kilometer. Reststrecke Malaka–Manila 2500 Kilometer."

Unendlicher Jubel brauste durch die Straßen der Hudson-Metropole. Der ›Eagle‹... der unüberwindliche Eagle hatte seine alte Stundengeschwindigkeit wieder erlangt. Nur noch 2550 Kilometer waren es bis zum Ziel, dem Flugplatz von Manila. In fünf Stunden konnte er sie schaffen, wenn er die wiedergewonnene Schnelligkeit beibehielt.

Noch dröhnte der Jubel der begeisterten Menge durch die Straßen, als die Lautsprecher eine neue Nachricht herausschrien:

„Privatmeldung aus Stavanger, Norwegen. Ein deutsches Flugzeug, vermutlich die ›Seeschwalbe‹, hat vor acht Uhr morgens nach New Yorker Zeit die skandinavische Küste mit Kurs auf die Färöer verlassen. Vom Flugzeug selbst keine Funkmeldung."

Auch hier machte der Sender einen Zusatz, daß es von Stavanger nach der Schreckensbucht noch 2000 Kilometer weit sei. –

An vielen Hunderttausenden von Lautsprechern vernahmen Millionen von Menschen auf dem ganzen Erdball die beiden letzten Funkmeldungen.

Nach mitteleuropäischer Zeit war es nach zwei Uhr mittags, als Professor Eggerth sie mit Oberingenieur Vollmar in seinem Arbeitszimmer in Bitterfeld abhörte. Vollmar rückte unruhig auf seinem Stuhl hin und her. Der Professor arbeitete mit dem Rechenschieber und warf Zahlen auf ein Blatt Papier.

„Was ist Vollmar? Haben Sie was auf dem Herzen?"

„Wenn ich mir einen Vorschlag erlauben darf, Herr Professor?"

„Bitte, lieber Vollmar, sprechen Sie."

„Ich möchte raten, ›St 1‹ einzusetzen."

„Ich sehe keinen Grund dafür. Unsere ›Seeschwalbe‹ wird das Rennen machen."

„Vielleicht... vielleicht auch nicht, Herr Professor. Das wird noch ein scharfes Rennen. Es geht hart auf hart."

Professor Eggerth griff nach dem Papierblatt.

„Ich sehe vorläufig keinen Grund, ›St‹ einzusetzen. Der ›Eagle‹ hat noch 2500 Kilometer zu machen. Selbst wenn er seine alte Geschwindigkeit beibehält, braucht er fünf Stunden dafür. Die ›Seeschwalbe‹ hat noch 2000 Kilometer vor sich. Mit 420 Stundenkilometer kann sie sie in vier Stunden 45 Minuten schaffen. Sie wird das Ziel 15 Minuten vor dem ›Eagle‹ erreichen."

Oberingenieur Vollmar erhob sich. Er war mit der Entscheidung des Professors nicht einverstanden.

„Auf jeden Fall, Herr Professor, möchte ich an ›St 1‹ höchste Alarmbereitschaft funken."

„Das können Sie tun, Herr Vollmar, aber erinnern Sie Hansen bei der Gelegenheit noch einmal sehr deutlich an seine Instruktion."

Zwischen Island und den Färöer zogen ›St 1‹ und ›St 3‹ auf Nordwestkurs dahin.

„Ein nervös machendes Leichenwagentempo!" sagte Hansen verdrießlich zu Berkoff.

„Hilft nichts, Wölfchen. Die Instruktion verlangt, daß wir der ›Seeschwalbe‹ in der Kielluft folgen sollen. Ergo dürfen wir nur 440 Stundenkilometer machen."

Der Unmut Hansens war nicht ganz unberechtigt. In der Stratosphäre zwischen 12–14 Kilometern Höhe hätte das Flugschiff mit dem gleichen Brennstoffaufwand bequem 1000 bis 1300 Stundenkilometer gemacht. Aber in diesen Höhen hätte es auch so schnell fliegen müssen. Bei einem Tempo von 440 Stundenkilometer wäre es in der so stark verdünnten Luft jener Höhen leicht durchgesackt. Nur wenn es mit der hohen Geschwindigkeit ständig Kreise abflog, hätte es sich in der Nähe der ›Seeschwalbe‹ halten können.

In Kenntnis dieser Tatsache hatte Professor Eggerth in seine Segelanweisung den nach Hansens Meinung niederträchtigen Passus gesetzt, daß die Stratosphärenschiffe vom 60. Grad nördlicher Breite an der ›Seeschwalbe‹ in der Kielluft zu folgen hätten. Das hieß in der gleichen Höhe wie die ›Seeschwalbe‹ fliegen, hieß infolge der hier herrschenden dichteren Luft auch notgedrungen langsamer fliegen, und das langsame Fliegen machte Wolf Hansen nervös.

„Möchte wohl wissen, wie der Alte zu der blödsinnigen Anweisung gekommen ist?“ brummte er ärgerlich vor sich hin.

Der Alte in Bitterfeld aber wußte sehr genau, warum er gerade diese Anweisung gegeben hatte. Er kannte die jungen ehrgeizigen Piloten seiner Stratosphärenschiffe gut genug. Zu groß wäre für sie die Versuchung gewesen, jetzt mit Höchstgeschwindigkeit auf die Schreckensbucht vorzustoßen und schon lange vor der ›Seeschwalbe‹ dort niederzugehen. Gerade das sollte seine Anweisung verhindern, über die in diesen Stunden an Bord von ›St 3‹ Petersen und Kraus nicht weniger schimpften wie Hansen in ›St 1‹.

Berkoff griff zum Schreibblock und stenographierte die Worte mit, die Oberingenieur Vollmar in Bitterfeld in die Morsetaste hämmerte.

„Da hast du's noch mal schriftlich“, sagte er und hielt Hansen das Papier vor die Nase. „Nur im äußersten Notfalle vor der ›Seeschwalbe‹ in der Schreckensbucht wassern. Er hat sich's nun mal in den Kopf gesetzt, daß die ›Seeschwalbe‹ das Rennen machen soll.“

„In Gottes Namen ja!“ knurrte Hansen. „Funke nach Bitterfeld zurück, daß wir uns natürlich an ihre Vorschriften halten.“

Während dies Gespräch an Bord von ›St 1‹ geführt wurde, überflogen die drei Maschinen der Eggerth-Werke bereits Island. An mehr als einer Stelle wurden sie beobachtet, und bald darauf begann der dänische Sender von Reykjavik zu funken. Ungefähr zur gleichen Zeit, zu der auch der französische Sender von Saigon in Annam eine Meldung an die amerikanische Station in Radio City weitergab. Fast gleichzeitig wurden die beiden Funksprüche in New York aufgenommen und auf die Lautsprecher weitergegeben.

„Reykjavik, Island, 11 Uhr 20 amerikanische Ostzeit. Drei Flugzeuge mit Kurs zur Schreckensbucht über der Insel. Vermutlich ›Seeschwalbe‹ und Stratosphärenschiffe dabei!“

Die Meldung aus Saigon lautete:

„Cap Varella, Annam, 11 Uhr 10 amerikanische Ostzeit, ›Eagle‹ verläßt mit Kurs auf Manila das Festland.“

Die letzten Kilometer

Am Vormittag des vierten Renntages wurde in New York in diesen Stunden nicht viel gearbeitet. Wo immer in den Büros und Werkstätten, in den Ladengeschäften und Gastwirtschaften ein Lautsprecher stand, war er umlagert. Man fieberte auf neue Nachrichten und verdachte es den deutschen Flugzeugen schwer, daß sie selbst keine Funksprüche über ihren Standort gaben. An tausend Stellen maß man auf Globus und Atlanten die Entfernung zwischen Annam und Manila einerseits und zwischen Island und der Schreckensbucht andererseits aus, um über die Wegreste, die den konkurrierenden Maschinen noch blieben, Klarheit zu bekommen.

Immer sicherer wurde es, daß dies gigantische Wettrasen um den Erdball in zwei Stunden zu Ende gehen müßte. In zwei Stunden... das hieß um ein Uhr mittags. Das bedeutete eine Rennzeit von 96 oder 97 Stunden.

Mit Schrecken erkannten Hunderttausende, daß ihre Wettzettel, die auf geringere Zahlen lauteten, wertlos waren. Allein bei Harrow & Bradley waren auf die Stundenzahl 86 anderthalb Millionen Dollar gesetzt worden, die nun verspielt waren. Aber die Office von Harrow & Bradley stand ja noch am alten Fleck.

In wenigen Minuten bildeten sich in der City von New York lange Züge, die zu diesem Ort hinströmten, um durch neue Einsätze die alten Verluste wieder wettzumachen. Im Augenblick waren die Straßen, die dorthin führten, überfüllt, war die Straße, in der das Büro lag, rettungslos verstopft. Selbst im günstigsten Falle hätte nur ein winziger Prozentsatz der unzähligen

Wettlustigen sein Geld dort anbringen können. Aber auch diesen wenigen gelang es nicht mehr.

Die Türen von Harrow & Bradley waren geschlossen. Starke solide Bronzetüren, gegen welche die aufgeregte Menge vergeblich mit Fäusten und Stöcken hämmerte. Die Nächststehenden konnten die Anschläge lesen, die an diesen Türen klebten und bekanntgaben, daß die Schalter geschlossen seien. Während der letzten drei Stunden des Rennens könnten Einsätze nicht mehr angenommen werden. Die es lasen, riefen es den hinter ihnen Stehenden zu. Die sagten es weiter. Wie ein Lauffeuer eilte die Nachricht von Mund zu Mund, bis zur Unkenntlichkeit wurde sie dabei verändert und entstellt.

An den nächsten Straßenecken hieß es bereits, daß die Firmeninhaber mit ungezählten Dollarmillionen das Weite gesucht hätten. In den Seitenstraßen wollte man sogar wissen, daß die Polizei im Hause sei und keinen roten Cent in den Kästen des Wettbüros vorgefunden hätte.

Die Menge, übernächtig, hysterisch erregt, um die Möglichkeit betrogen, neue Einsätze zu machen, geriet in Raserei. Wären ihnen die Herren Harrow & Bradley jetzt in die Hände geraten, sie wären ohne weiteres gelyncht worden. Nur mit dem Einsatz der schärfsten Mittel gelang es der Polizei, die fanatisierten Massen in die Nebenstraßen abzudrängen und größeres Unheil zu verhüten. Für den Rest des Tages zog eine starke bewaffnete Polizeiwache vor dem Wettbüro auf.

Die Uhr im Privatbüro John Sharps zeigte die erste Nachmittagsstunde an. Schon seit vielen Minuten war der Telephonhörer nicht mehr auf seine Gabel gekommen. Hart preßte ihn Sharp gegen sein Ohr. In seiner Erregung spürte er es nicht, daß der scharfe Rand der Hörmuschel sich tief in sein Fleisch eindrückte. Am andern Ende der Leitung in Radio City stand Bourns, der ihm die Funkmeldungen zusprach, sowie sie dort ankamen. Glückverheißende Nachrichten vom ›Eagle‹ waren es. Ein Wunder schien sich ereignet zu haben. Mit der alten Geschwindigkeit von 500 Kilometer stürmte die Reading-Maschine nun schon seit Stunden auf ihr Ziel, den Flugplatz von Manila zu, und seit Stunden saß James Thomson selber am Steuer. Fast ununterbrochen machten Jones und Watson Ortsbestimmungen, und O'Brien funkte die Position des Flugzeuges jedesmal nach Radio City.

In hellem Mondglanz schimmerte die südchinesische See tief unter der Maschine. Während in New York die Mittagsonne auf die Wolkenkratzer brannte, war es hier ja eben erst Mitternacht.

„Wir schaffen es, Boys!“ keuchte Thomson am Steuer, als ihm Watson die letzte Ortsbestimmung unter die Augen hielt. Die Taste unter O'Briens Fingern begann zu klappern.

„Neue Nachricht vom ›Eagle‹, hörte es John Sharp wenige Sekunden später aus seiner Muschel, ›1 Uhr 30 New Yorker Ostzeit. Noch 250 Kilometer bis Manila. Werden in einer halben Stunde landen... Haben Sie Nachricht von der ›Seeschwalbe‹?“

Mechanisch hatte Bourns auch noch den Rest des Funkgesprächs, der nur eine Anfrage an den Reading-Sender bedeutete, mitgelesen.

„Haben Sie Nachricht von der ›Seeschwalbe‹, Bourns?“ schrie Sharp in seinen Apparat.

„Keine neue Meldung, Sir! Letzte Nachricht über die ›Seeschwalbe‹ kam von Reykjavik.“

„Noch eine halbe Stunde, Bourns.“ Sharp trocknete sich die Stirn mit seinem Taschentuch, warf dabei einen Blick auf die Uhr.

„. . . noch 25 Minuten, Bourns... noch 24 Minuten... Bourns, wenn wir das Rennen für die Reading-Werke gewinnen... bleiben Sie am Apparat, Bourns. Geben Sie mir jede Meldung sofort durch.“

In Manila war es ein Uhr nachts, in New York ging es auf die zweite, in der Schreckensbucht auf die vierte Nachmittagsstunde. Tiefer war die Sonne dort während der vier Tage gesunken, die das große Rennen nun schon währte. Wie ein roter Feuerball kroch sie während der Mittagsstunden dicht am Horizont dahin. In kupfernen Reflexen schimmerten die vereisten Felsen unter ihren Strahlen. In seiner durchwärmten behaglichen Behausung saß Mr. Jenkins und drückte den Telephonhörer ebenso ans Ohr, wie John Sharp in New York. Ebenso erregt, wie sein Chef dort, hörte er die Funksprüche des Reading-Senders, die den Sieg der amerikanischen Maschine von Minute zu Minute sicherer erscheinen ließen. Unwillig fuhr er zusammen, als es klopfte und der Funker vom Eggerth-Haus in sein Zimmer trat.

„Funkspruch von ›St 1‹, Mr. Jenkins. Die ›Seeschwalbe‹ wird 1 Uhr 45 New Yorker Ostzeit am Ziel wassern.“

Jenkins starrte den Boten mit aufgerissenen Kiefern an. Nur langsam faßte er den Sinn der Meldung, nur allmählich besann er sich auf seine Pflicht als Zeitnehmer des Reading-Kuratoriums.

„Noch drei Minuten, Sir“, mahnte der deutsche Funker.

Jenkins warf den Mantel über, griff nach dem plombierten Chronometer und folgte ihm auf die Klippe hinaus.

Da weit voraus im Osten drei schimmernde Flugzeuge in der Luft. 1 Uhr 44 zeigte das Chronometer in seiner Hand… 1 Uhr 45… da setzte die ›Seeschwalbe‹ klatschend auf das Wasser der Bucht auf.

„Seeschwalbe 1 Uhr 45 am Ziel gewassert“, rief der Funker mit einem Blick auf die eigene Uhr.

„1 Uhr 45“, murmelte Jenkins und wollte zu seinem Haus zurückkehren. Der Deutsche hielt ihn zurück.

„Noch einen Augenblick, Sir! 1 Uhr 47 wassert ›St 1‹ im Ziel.“

Noch während er es sagte, legte sich das Stratosphärenschiff neben die ›Seeschwalbe‹ auf das Wasser.

Jenkins nickte und ging schweigend zu seiner Funkstation. Er sah nicht mehr, daß 1 Uhr 50 noch ein zweites Stratosphärenschiff niederging.

„Noch 10 Minuten, Bourns!“ John Sharp schrie es fast in sein Mikrophon. „Noch 10 Minuten!“

Die Stimme von Bourns klang aus der Telephonmuschel. Worte drangen an John Sharps Ohr.

„Schreckensbucht. 1 Uhr 45 Minuten amerikanische Ostzeit. ›Seeschwalbe‹ am Ziel gewassert. Flugstrecke 40 000 Kilometer. Durchschnittsgeschwindigkeit 410 Stundenkilometer.“

„Der ›Eagle‹, Bourns! Wo bleibt der ›Eagle‹?“ keuchte Sharp.

Langsam, schwerfällig kam die Antwort aus dem Apparat.

„Flugplatz von Manila, 2 Uhr amerikanische Ostzeit. ›Eagle‹ im Ziel gelandet. Flugstrecke 40 000 Kilometer. Durchschnittsgeschwindigkeit 408 Stundenkilometer."

„Der ›Eagle‹ geschlagen, Bourns?!"

„Geschlagen, Sharp! Um 15 Minuten bei einem Flug über 40 000 Kilometer geschlagen."

John Sharp ließ den Hörer fallen und schlug die Hände vors Gesicht.

Die Station von Radio City schrie die Nachricht in den Äther hinaus. Alle großen Sender der fünf Kontinente gaben sie weiter. Wenige Minuten später wußten Hunderte von Millionen auf der ganzen Erde um den Ausgang des gigantischen Rennens. Die Deutschen hatten es gewonnen, den Eggerth-Werken würde der große Reading-Preis zufallen.

Ausklang

Verschieden wurde die Nachricht in den verschiedenen Staaten aufgenommen. Man jubelte in Deutschland und trauerte in Italien. Man beneidete Deutschland in Frankreich und fluchte mehr oder minder laut in England. Man schwieg in Rußland und in Japan. Verhältnismäßig schnell fand man sich in der Union mit der gegebenen Tatsache ab. Man tröstete sich damit, daß die amerikanische Maschine ehrenvoll unterlegen war. Man bewunderte ihren rapiden Flug von Afrika bis Manila, bei dem sie den Vorsprung der siegreichen ›Seeschwalbe‹ bis auf wenige Minuten einzuholen vermochte, und man fand schließlich Trost in dem Gedanken, daß der ›Eagle 1‹ das Rennen sicher gewonnen hätte, wenn er nicht das Opfer eines Sabotageaktes geworden wäre. Noch immer saß John Sharp in Gedanken versunken an seinem Schreibtisch. Auch er versuchte es, zu der neuen Sachlage Stellung zu nehmen. Viel Arbeit mußten ihm die nächsten Tage und Wochen bringen. Die Errichtung der Reading-Stiftung nach dem Vorbild der schwedischen Nobel-Stiftung. In Anlehnung an das amerikanische Recht mußte die juristische Form dafür gefunden werden. Danach die sichere Anlage der zu dieser Stiftung gehörenden Vermögenswerte und die Bildung eines amerikanischen Treuhänder -Kuratoriums. Es würde darüber zu wachen haben, daß das Vermögen Morgan Readings von den Deutschen im Sinne des Erblassers Verwendung fand. Danach ein feierlicher öffentlicher Akt, in welchem dem Gewinner des Rennens die Pläne des Verstorbenen zu übergeben waren.

John Sharp warf sich in den Sessel zurück und preßte die Hände vor die Augen. Die Millionen, die den Deutschen zufielen, ließen sich verschmerzen. Auch nach deren Auszahlung würde der Reading-Konzern immer noch ein mächtiges, finanzstarkes Gebilde bleiben. Aber die Pläne… die wertvollen Pläne, in denen ein Teil der Lebensarbeit von Morgan Reading steckte… wie sehr hatte er gehofft, daß sie den Werken von Bay City zufallen möchten… daß dort das Luftverkehrsmittel einer kommenden Zeit, das Stratosphärenschiff, zur höchsten Vollendung entwickelt werden möchte… jetzt… nur noch wenige Tage, dann würde er sie den siegreichen Deutschen ausliefern müssen…

Ein Geräusch ließ ihn sich umwenden. Die Tür hinter ihm wurde geöffnet, ein Mann trat ins Zimmer.

„Kelly! Wo kommen Sie her? Ich vermutete Sie noch in Afrika."

Frank Kelly drückte ihm schweigend die Hand und ließ sich in einen Sessel fallen.

„Ich komme von Afrika… Sharp… ein deutsches Stratosphärenschiff brachte mich hierher."

„Sie wissen, Kelly, daß unser ›Eagle 2‹ das Rennen knapp gegen die ›Seeschwalbe‹…?"

Kelly machte eine abweisende Handbewegung.

„Nebensächlich, Sharp!"

„Aber der ›Eagle‹ hätte doch beinahe…"

Kelly schüttelte den Kopf.

„Ein Irrtum, Sharp, ein schwerer Irrtum. Die Deutschen hätten mit ihren Stratosphärenschiffen das Rennen in weniger als 30 Stunden machen können, wenn sie es gewollt hätten." Sharp schüttelte den Kopf.

„Ich verstehe Sie nicht, Kelly. ›St 1‹ ist erst zwei Minuten nach der ›Seeschwalbe‹ in der Schreckensbucht angekommen. Das Schiff war nur 13 Minuten schneller als unser ›Eagle‹."

„Ein Scherz, Sharp! Ein verdammter Scherz, den sich Professor Eggerth mit uns geleistet hat. Sie werden es begreifen, wenn ich Ihnen von meinem Flug mit ›St 2‹ erzähle. Während jener Sturmnacht im Indischen Ozean brachten wir die Schiffbrüchigen eines Dampfers nach Madagaskar..."

Sharp blickte nachdenklich. „In der Tat, Kelly, erstaunlich schnell sind Sie nach New York gekommen. Auf dem kürzesten Wege sind es von hier bis nach Madagaskar etwa 15 000 Kilometer."

„Wir sind aber nicht auf dem kürzesten Wege hierher gekommen, Sharp. Wir flogen erst nach den Manihiki-Inseln, um einen Eingeborenen abzusetzen, der dort bei einem früheren Aufenthalt an Bord gekommen war. Von Madagaskar bis zu den Manihiki-Inseln sind es 18 000 Kilometer. Erst nach längerem Aufenthalt flogen wir darauf nach New York. Sind noch mal 10 000 Kilometer. Ich habe an Bord des Stratosphärenschiffes eine Strecke von 28 000 Kilometer in einer reinen Flugzeit von 21 Stunden zurückgelegt... wissen Sie, was das heißt, Sharp?" John Sharp schwieg.

„Es bedeutet eine Stundengeschwindigkeit von 1350 Kilometer. Die Deutschen hätten, wie ich's Ihnen schon sagte, mit ihren Stratosphärenschiffen das Rennen in 30 Stunden machen können."

Der Gesichtsausdruck Sharps veränderte sich. Der Ernst wich aus seinen Zügen, ein Lächeln glitt darüber hin, und dann lachte er laut auf.

Kelly sah ihn verwundert an.

„Ich begreife Sie nicht, Sharp. Ich sehe keinen Grund zu einer besonderen Freude."

„Aber ich, Kelly!" rief Sharp immer noch lachend. „Um die Pläne unseres alten Morgan Reading hat mir's leid getan. Wenn die Deutschen aber schon so weit mit ihren Stratosphärenschiffen sind, werden sie keinen Vorteil mehr davon haben."

„Jedenfalls keinen bedeutenden mehr", stimmte ihm Kelly bei. „Was ich von ›St 2‹ gesehen habe, war wundervoll. Nach meiner Meinung haben die

Eggerth-Werke das Problem des Stratosphärenschiffes schon von sich aus zu 90 Prozent gelöst."

„Die Pläne werden ihnen nicht mehr viel nützen..." sagte Sharp.

„... aber unsere Millionen werden sie leider bekommen", schloß Kelly den Satz. Der weitere Verlauf der Ereignisse ist schnell erzählt. Am Tage nach dem Rennen waren die Schalter von Harrow & Bradley wieder geöffnet. In 97 Stunden und 45 Minuten hat die deutsche ›Seeschwalbe‹ das Rennen gewonnen. Die Zahl 97 galt als Siegesstunde und alle diejenigen, die diese Zahl auf ihren Wettzetteln hatten, bekamen den hundertfachen Wert ihres Einsatzes ausgezahlt. Die glatte Auszahlung erregte das Erstaunen vieler Leute in New York, die den Herren Harrow & Bradley eine derartige Ehrlichkeit nicht zutrauen wollten. In der Tat war ihr auch eine lange und keineswegs friedliche Aussprache zwischen den beiden Partnern der Firma vorausgegangen. Immerhin standen Einsätze in der Höhe von 17 000 Dollar auf der Zahl 97. Den hundertfachen Betrag davon, die Summe von einer Million und siebenhunderttausend Dollar mußte die Firma auszahlen, wenn sie ehrlich bleiben wollte. Bradley war dagegen, Harrow war dafür. Der Hinweis Harrows, daß der Firma auch nach der Auszahlung immer noch ein Gewinn von beinahe acht Millionen Dollar verblieb, hätte Bradley kaum zu überzeugen vermocht. Durchschlagend war das andere Argument, daß eine ehrliche Firma Harrow & Bradley in New York bleiben und bei nächster Gelegenheit ihre Netze für irgendeinen anderen großen Fischzug auswerfen könnte. So kamen die glücklichen Wetter zu ihrem Geld, und die amerikanische Polizei brauchte sich, vorläufig wenigstens nicht, um die Firma Harrow & Bradley zu bemühen. Auf den ersten Oktober lud John Sharp die Vertreter der Weltpresse wieder in den großen Sitzungssaal des Reading-Hauses. Sie sollten zugegen sein, während das Kuratorium die Bevollmächtigten des siegreichen Werkes begrüßte und die offizielle Mitteilung über die Verleihung des Preises machte. Doch der Saal war diesmal nicht so gefüllt, wie bei den beiden vorjährigen Versammlungen. Nur die deutsche und amerikanische Presse waren vollzählig vertreten. Die übrigen Länder, die bei dem gewaltigen Rennen das Nachsehen hatten, schienen kein besonderes Interesse mehr für das zu haben, was jetzt noch kommen konnte, und dementsprechend spärlich war auch ihre Presse vertreten. Dafür sah man manche andere Gesichter, die im vergangenen Jahre noch nicht da waren. Hein Eggerth mit Schmieden und Röge, Wolf Hansen und Berkoff und auch Petersen und sein Pilot Kraus waren unter den Anwesenden, als John Sharp in der zweiten Nachmittagsstunde die Versammlung eröffnete. Sharp trat an das Rednerpult, während seine Blicke die vor ihm Sitzenden musterten. Mit einem leichten Kopfschütteln wandte er sich zu Frank Kelly und sprach halblaut mit ihm.

„Er ist natürlich nicht gekommen. Es ist ja auch unmöglich, Kelly. Er war heute früh um halb zehn noch in Bitterfeld, als ich mit ihm telephonierte."

„Sie meinen den alten Professor, Sharp? Wenn er gesagt hat, er kommt zur Sitzung, dann kommt er auch."

Kelly hatte noch nicht geendet, als eine Tür aufging. Gefolgt von Heinecken und Beckmann trat Professor Eggerth in den Saal.

„Entschuldigen Sie die Verspätung, Mr. Sharp", sagte er und drückte dem Präsidenten des Kuratoriums die Hand. „Wir wurden an der Zollstelle im Hafen etwas länger aufgehalten."

„Wann haben Sie Bitterfeld verlassen, Herr Professor?" fragte Sharp.

„Heute nachmittag um halb vier...", er bemerkte eine Verwunderung auf Sharps Zügen. „Ah, Verzeihung! Ich nannte die mitteleuropäische Zeit unseres Abfluges. Nach amerikanischer Ostzeit sind wir um halb zehn Uhr morgens gestartet."

„Meine Hochachtung, Herr Professor!" mischte sich Kelly ein. „Sie sind zwei Stunden schneller als die Sonne über den Atlantik zu uns gekommen."

Professor Eggerth schaute nach der Saaluhr und nickte.

„So ist es, Mr. Kelly. Wir haben den Flug in vier Stunden gemacht. Nach den Ortszeiten sind wir zwei Stunden vor unserm Start in Bitterfeld in New York angekommen. Die Sonne lief für uns von Westen nach Osten."

Der offizielle Akt wurde schnell und ohne Zwischenfälle erledigt. Während Professor Eggerth und seine Leute noch ein Kreuzfeuer der Pressephotographen über sich ergehen lassen mußten, stürmten die Berichterstatter bereits aus dem Saal, um mit ihren Artikeln noch für die Abendausgaben zurechtzukommen. Hein Eggerth trat zu seinem Vater. Erst jetzt fand der Alte Gelegenheit, seinen Sohn, den Sieger des großen Rennens, zu begrüßen, und die Pressephotographen verfehlten die Gelegenheit nicht, auch diesen denkwürdigen Moment auf die Platte zu bannen. Es war viel Blitzlichtdampf in dem Saal, als der letzte Photograph das Feld räumte.

„Was hast du sonst noch auf dem Herzen, mein Junge?“ fragte der Professor.

„Kelly kennst du schon, Vater. Aber Hobby und Pender möchte ich dir noch vorstellen. Und Thomson, Watson, O'Brien und Jones. Famose Kerls alle. Du mußt sie kennenlernen. Wir wollen in Bay City mit ihnen arbeiten.“

Professor Eggerth sah sich in dem fast leeren Saale um.

„Wo sind sie denn, Hein?“

„In Bay City natürlich, Vater, wo sie hingehören.“

„Ja, aber dann...“

„Dann fliegen wir eben mal schnell nach Bay City rüber“, lachte Hein Eggerth. „Unsere drei Stratosphärenschiffe liegen unten im Hafen. Die schäbigen 1200 Kilometer bis nach Bay City machen wir in einer knappen Stunde. Kelly hat mir schon versprochen, mitzukommen. Mr. Sharp mußt du selber bitten, Vater. Der ist zu sehr Respektsperson. An den traue ich mich nicht ran.“ John Sharp hatte die letzten Worte gehört und verstanden.

„Oh, Mr. Professor“, sagte er in einem englisch gefärbten Deutsch. „Ich komme gern mit in Ihrem Stratosphärenschiff. Wir fliegen alle zusammen nach Bay City.“

***

Der „Wettflug der Nationen“ ist zu Ende, doch die Stratosphärenschiffe der Eggerth-Werke blieben nicht untätig. Neue große Aufgaben stehen ihnen bevor, die Hans Dominik in seinem Buche:

„Ein Stern fiel vom Himmel“

das in naher Zukunft spielt, ausführlich schildert.